空間デザインにはセオリーがある

木造住宅ディテール集

最新版

THE COLLECTION OF
DETAILS ABOUT
WOODEN HOUSES

X-Knowledge

空間デザインにはセオリーがある
木造住宅ディテール集 最新版 CADデータ CD-ROM

平面・断面詳細図をCD-ROMに収録しました。
気になる納まりを見付けたら、CADで自由に拡大しながらご覧ください。

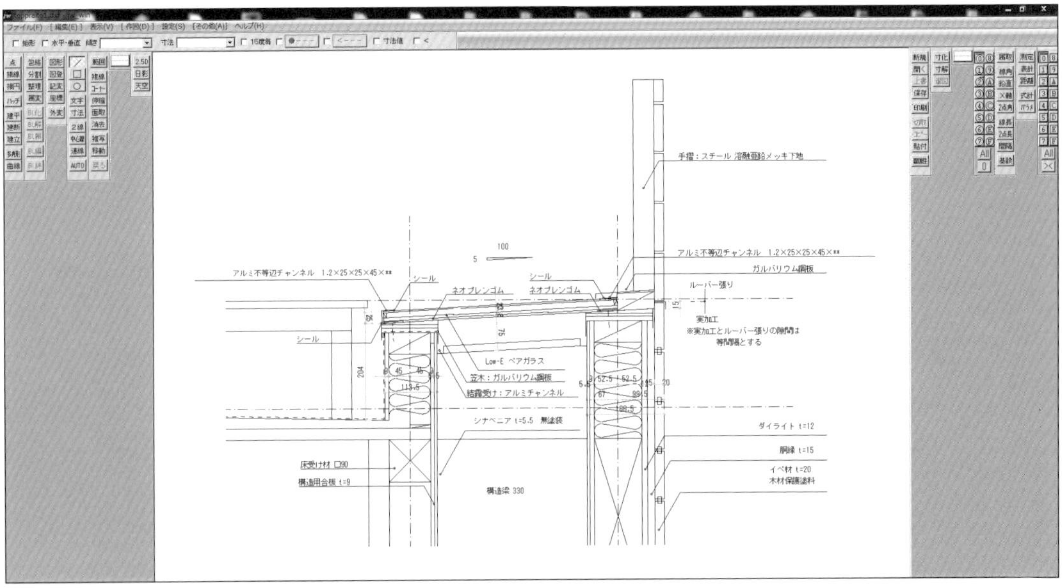

誌面に掲載されている各部位のディテールは、DXFファイル（中間フォーマット）で収録されています。DXFファイルは、Jw_cad、AutoCAD、Vectorworksなど、多くのCADに対応しています。

［本CD-ROMの使用にあたって］

- 本CD-ROMは「木造住宅ディテール集 最新版」をご購入いただいた方が使用するためのものです
- 本CD-ROMに収録されたCADデータはすべて著作権法により保護されています。個人で使用する以外の使用は認められません。また、収録されたCADデータを、弊社および著作権者に無断で譲渡、販売、複製、再配布することなども法律で固く禁じられています
- 本CD-ROMに収録しているCADデータの形式はDXFファイルです。
- 使用者のマシン環境や、OS・アプリケーションのバージョンなどにより、データの一部または全体が正しく表示されない場合があります。ご了承ください
- 本CD-ROMに収録しているCADデータは、本誌の表記と異なる場合があります。ご了承ください

※　以上の条件に同意された場合のみ、本CD-ROMを使用できます

CADデータの使い方

名前	種類	サイズ
CAD_1	ファイル フォルダー	
CAD_2	ファイル フォルダー	

1 CR-ROMを開くとCADデータのフォルダがあります

名前	種類	サイズ
1yuka_kabe_tenjyo	ファイル フォルダー	
2kaikoubu	ファイル フォルダー	
3kaidan	ファイル フォルダー	
4genkan	ファイル フォルダー	
5mizumawari	ファイル フォルダー	
6barukoni-	ファイル フォルダー	
7gaiheki	ファイル フォルダー	
8yane	ファイル フォルダー	

2 CADデータのフォルダを開くと、本誌の「部位」ごとに分類されたフォルダがあります

名前	種類	サイズ
hakidashi_mado.dxf	DXF ファイル	10,451 KB
hikichigaido.dxf	DXF ファイル	384 KB
hikikomido.dxf	DXF ファイル	964 KB
hirakitobira_choubann.dxf	DXF ファイル	572 KB
katabikido.dxf	DXF ファイル	1,288 KB
koshidaka_mado.dxf	DXF ファイル	7,762 KB
mokuseitategu_daikaikou.dxf	DXF ファイル	3,015 KB
oredo.dxf	DXF ファイル	118 KB
rensousasshi.dxf	DXF ファイル	28,514 KB
toppraito1.dxf	DXF ファイル	6,435 KB
toppraito2.dxf	DXF ファイル	904 KB

3 各「部位」のフォルダを開くと、DFXファイルがあります。ファイルをダブルクリックすると詳細図が表示されます

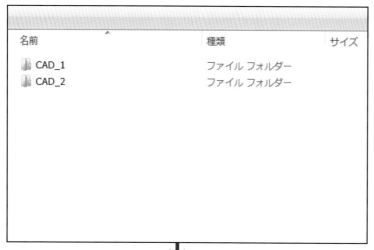

目次

CONTENTS

第1章

オールカラーで分かる！理想の空間をつくるためのディテール集

1 床・壁・天井

2 開口部

3 階段

※本書はエクスナレッジムック「木造住宅ディテール集」(2013年5月刊)を加筆・修正のうえ、再編集したものです。

第2章

施工手順が分かる！立体図で見る木造住宅ディテール集

1 床・壁・天井

2 開口部

3 階段

第1章

オールカラーで分かる！
理想の空間をつくるためのディテール集

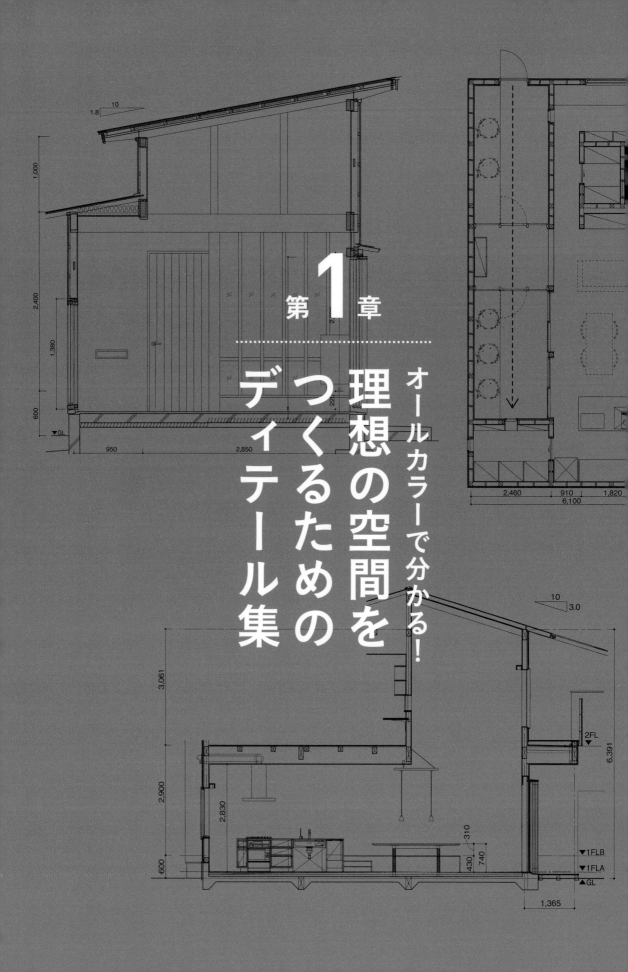

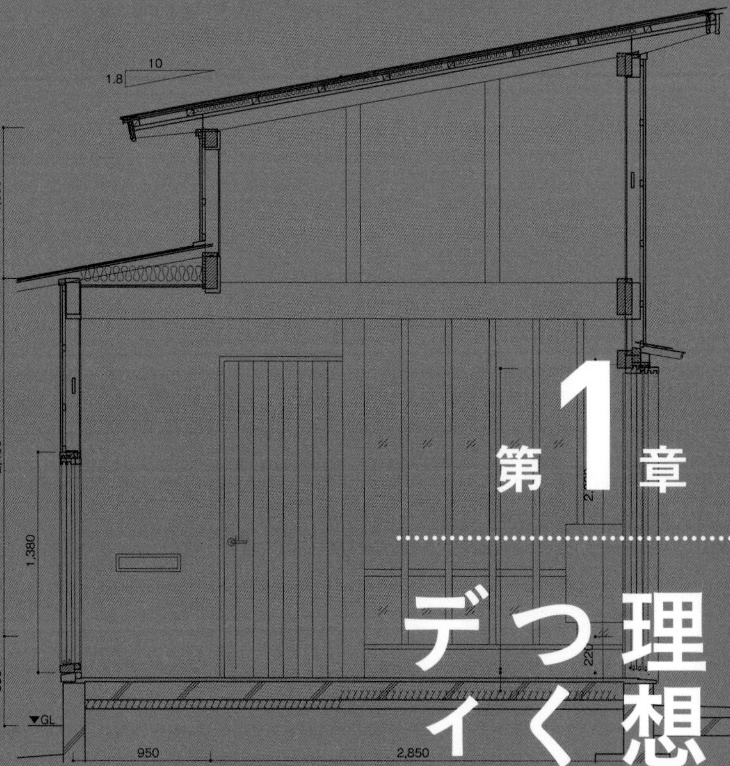

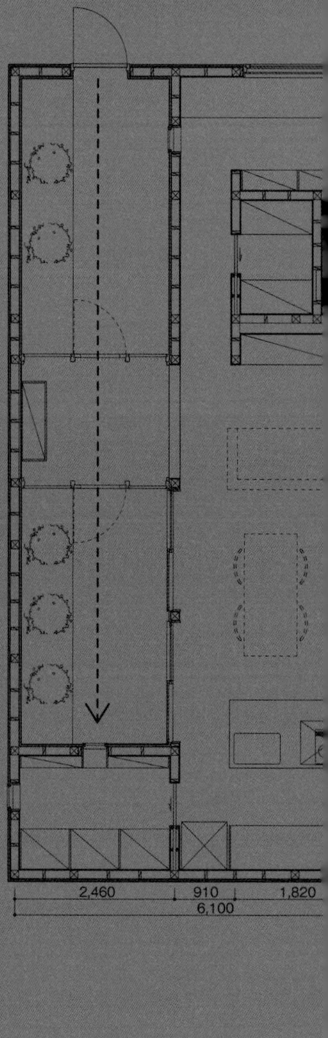

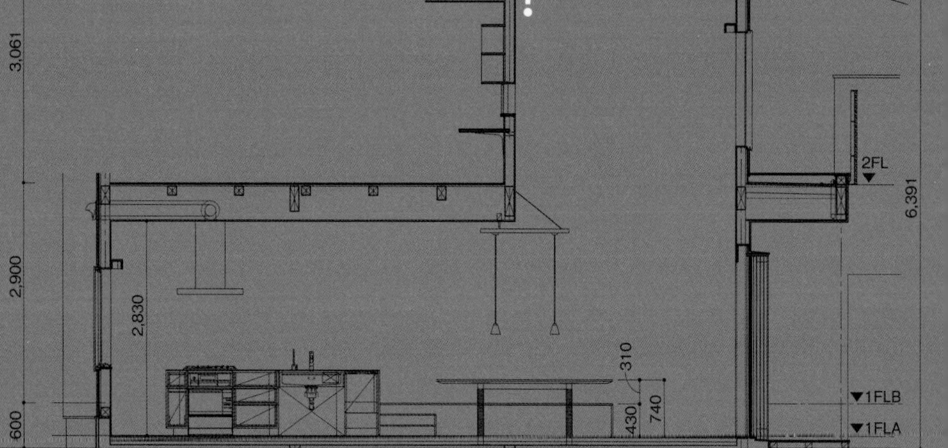

線を消す、凹凸を消す

① 壁と下がり天井の見切［S=1:2］

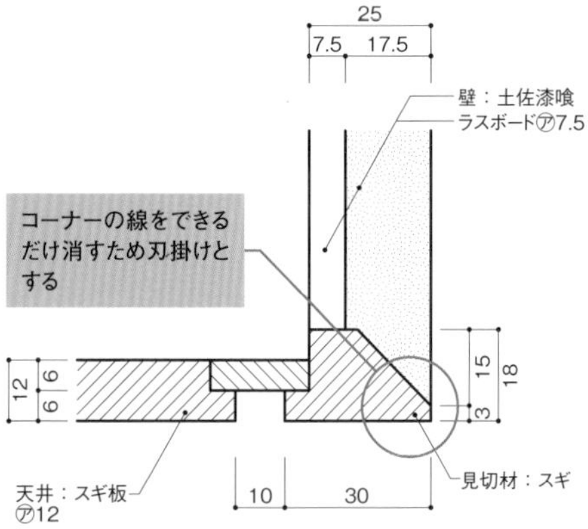
25
7.5
17.5
壁：土佐漆喰
ラスボード㋐7.5
コーナーの線をできるだけ消すため刃掛けとする
12
6
6
15
18
3
天井：スギ板㋐12
10
30
見切材：スギ

② 天井目地の隠し廻り縁［S=1:2］

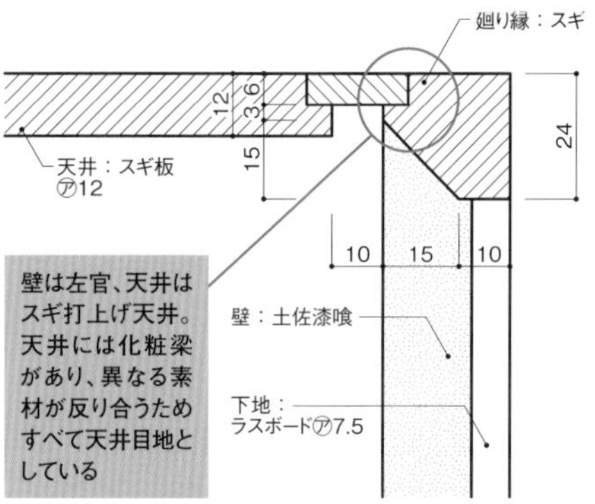
廻り縁：スギ
12
3
6
15
24
天井：スギ板㋐12
10
15
10
壁は左官、天井はスギ打上げ天井。天井には化粧梁があり、異なる素材が反り合うためすべて天井目地としている
壁：土佐漆喰
下地：ラスボード㋐7.5

③ 見付けを抑えた入幅木［S=1:2］

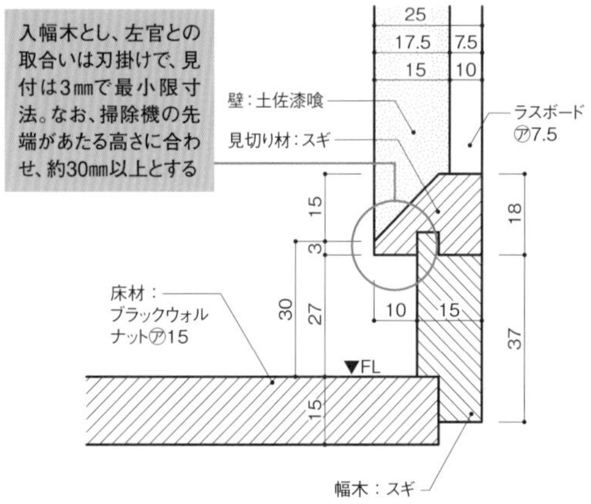
入幅木とし、左官との取合いは刃掛けで、見付は3㎜で最小限寸法。なお、掃除機の先端があたる高さに合わせ、約30㎜以上とする
25
17.5
7.5
15
10
壁：土佐漆喰
見切り材：スギ
ラスボード㋐7.5
15
3
18
30
27
10
15
37
床材：ブラックウォルナット㋐15
▼FL
15
幅木：スギ

壁・床・天井の線を消す

床はムクのフローリング、壁は左官仕上げ、土間には瓦タイルなどを使用した事例。通常、プランニングによってディテールも決まってくるが、このように多様な素材を使う場合は、使い勝手を考慮しつつも、異種材料が取り合う個所は底目地とするなどして、できるだけ線や凹凸の少ないシャープかつ広がりのある空間づくりを心がけたい。

［横関正人］

スリット風の間接照明

打上げ天井の一部がスリットとなっているような、違和感のない間接照明。床の間接照明は、和室の框が土間床から浮いているかのように演出する。［横関正人］

① 天井間接照明［S＝1:10］

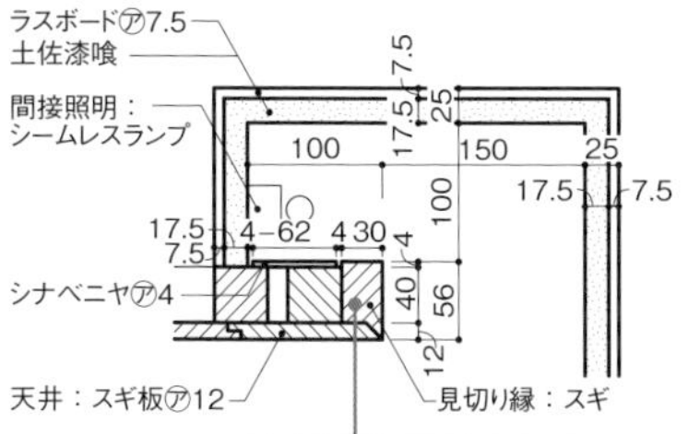

ラスボード⑦7.5
土佐漆喰
間接照明：シームレスランプ
シナベニヤ⑦4
天井：スギ板⑦12
見切り縁：スギ

見切縁を斜めに決り、天井のスリットのように見せている

② 床間接照明［S＝1:10］

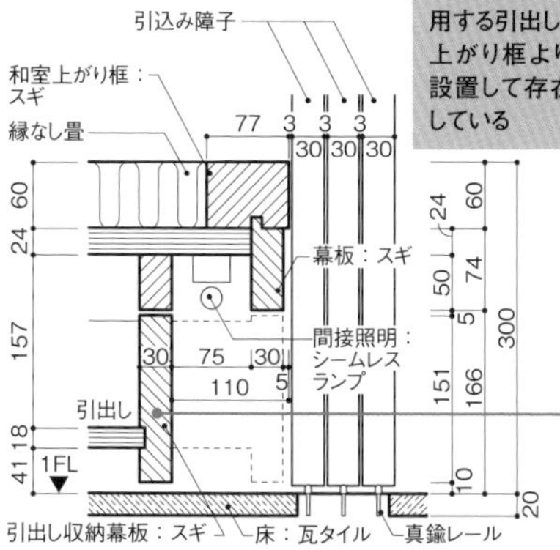

引込み障子
和室上がり框：スギ
縁なし畳
幕板：スギ
間接照明：シームレスランプ
引出し
1FL
引出し収納幕板：スギ
床：瓦タイル
真鍮レール

デッドスペースを活用する引出し収納。上がり框より奥に設置して存在を消している

③ アルミアングルの入幅木［S＝1:2］

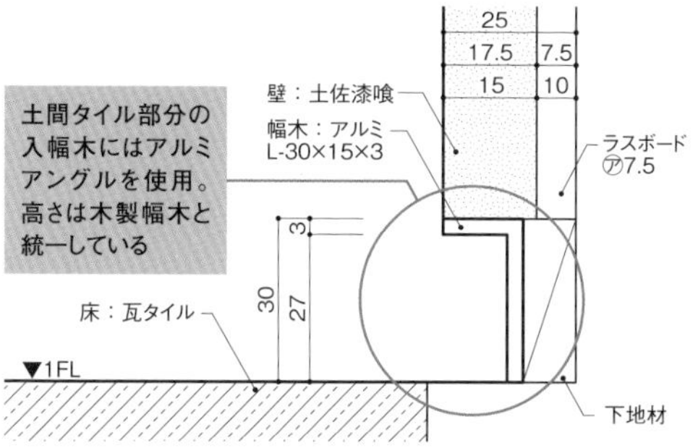

壁：土佐漆喰
幅木：アルミL-30×15×3
ラスボード⑦7.5
床：瓦タイル
1FL
下地材

土間タイル部分の入幅木にはアルミアングルを使用。高さは木製幅木と統一している

段差はあえて框なしで

空間の役割を明確にするため、居室間にあえて段差を設けることもある。ただしその場合でも、段差部分がシャープに見えるような工夫をしている。図の場合は、段差に框を設けないことで、高いほうから見たときに床のフローリングが突然切れているような印象を与える。［横関正人］

① 框のない段差［S＝1:6］

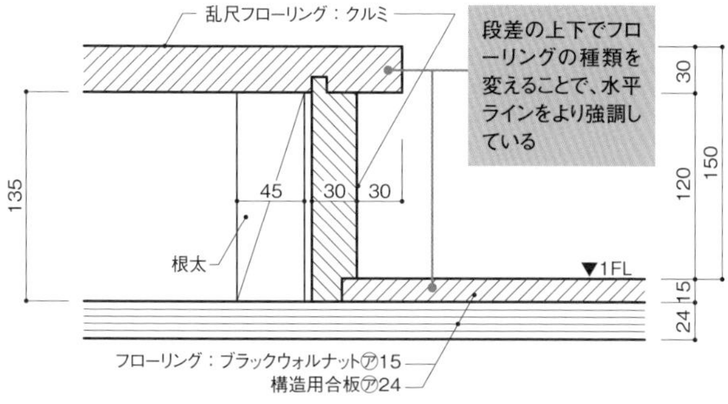

乱尺フローリング：クルミ
根太
1FL
フローリング：ブラックウォルナット⑦15
構造用合板⑦24

段差の上下でフローリングの種類を変えることで、水平ラインをより強調している

キッチンとリビングの間に設けた段差（写真左）と、階段下に設けた段差（写真右）。居室の役割を明快に区分する機能をもたせるとともに、框をあえて設けないことが段差をシャープに見せている

「路地のある寺内町の家」設計＝NEOGEO
写真＝絹巻豊

内外をつなぎつつ、変化をもたらせる

① 内外のつながりと変化に富む空間［S＝1：100］

断面図

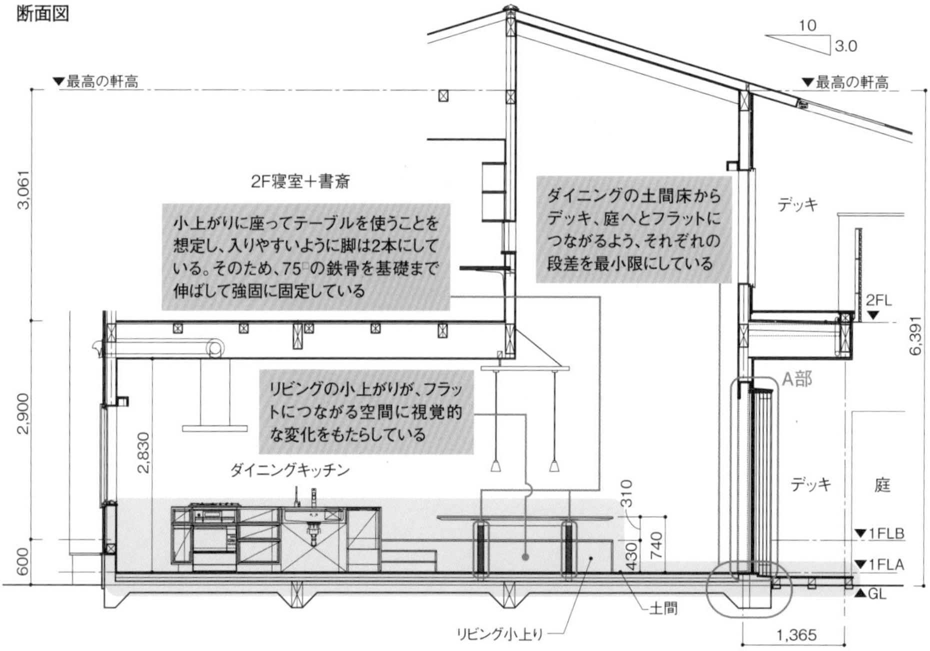
▼最高の軒高
▼最高の軒高
10
3.0
2F寝室＋書斎
小上がりに座ってテーブルを使うことを想定し、入りやすいように脚は2本にしている。そのため、75□の鉄骨を基礎まで伸ばして強固に固定している
ダイニングの土間床からデッキ、庭へとフラットにつながるよう、それぞれの段差を最小限にしている
デッキ
2FL
6,391
3,061
2,900
600
2,830
リビングの小上がりが、フラットにつながる空間に視覚的な変化をもたらしている
A部
ダイニングキッチン
デッキ
庭
310
740
430
▼1FLB
▼1FLA
▲GL
土間
リビング小上り
1,365

キッチンスペースからリビング・ダイニングを見る。土間と庭との高低差を抑えて外部とひとつながりの空間をつくりつつ、1段高いリビングによって変化がもたらされている。吹抜けもさらなる開放感の演出にひと役買っている

② A部開口部断面詳細［S＝1:10］

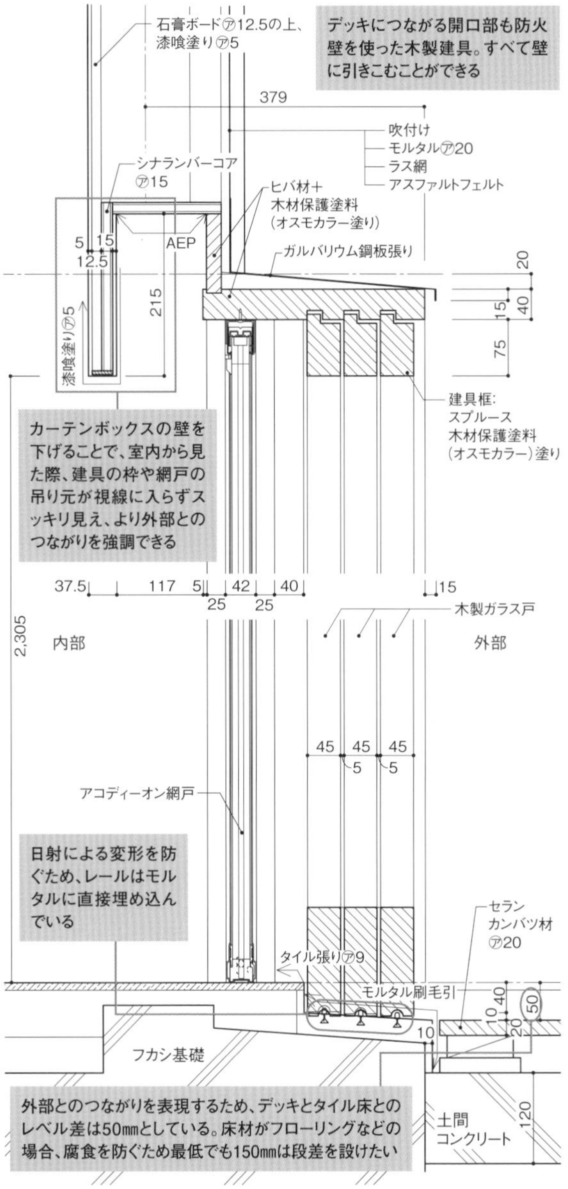

石膏ボード㋐12.5の上、漆喰塗り㋐5
デッキにつながる開口部も防火壁を使った木製建具。すべて壁に引きこむことができる
379
吹付け
モルタル㋐20
ラス網
アスファルトフェルト
シナランバーコア㋐15
ヒバ材＋木材保護塗料（オスモカラー塗り）
AEP
5 15
12.5
ガルバリウム鋼板張り
20
215
15 40
75
漆喰塗り㋐5
建具框：スプルース木材保護塗料（オスモカラー）塗り
カーテンボックスの壁を下げることで、室内から見た際、建具の枠や網戸の吊り元が視線に入らずスッキリ見え、より外部とのつながりを強調できる
37.5 117 5 42 40 15
25 25
木製ガラス戸
2,305
内部
外部
45 45 45
5 5
アコディーオン網戸
日射による変形を防ぐため、レールはモルタルに直接埋め込んでいる
セランカンバツ材㋐20
タイル張り㋐9
モルタル刷毛引
40 10 50
10 20
フカシ基礎
外部とのつながりを表現するため、デッキとタイル床とのレベル差は50㎜としている。床材がフローリングなどの場合、腐食を防ぐため最低でも150㎜は段差を設けたい
土間コンクリート
120

③ リビング小上り断面［S＝1:8］

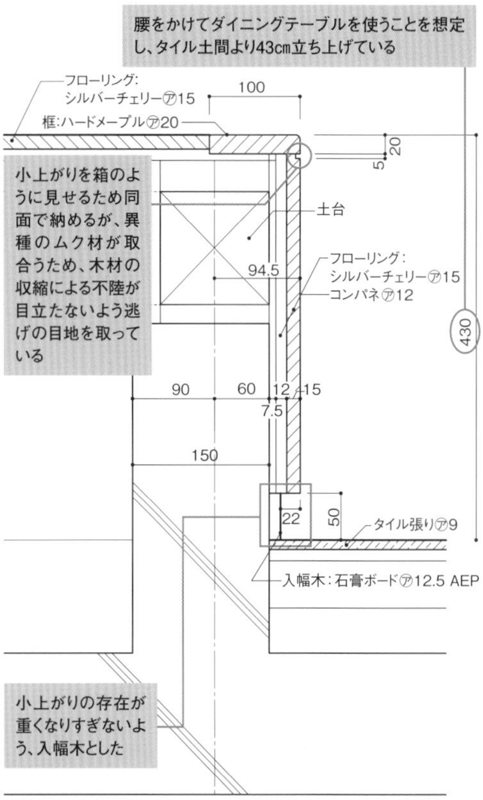

腰をかけてダイニングテーブルを使うことを想定し、タイル土間より43㎝立ち上げている
フローリング：シルバーチェリー㋐15
100
框：ハードメープル㋐20
20
5
小上がりを箱のように見せるため同面で納めるが、異種のムク材が取合うため、木材の収縮による不陸が目立たないよう逃げの目地を取っている
土台
94.5
フローリング：シルバーチェリー㋐15
コンパネ㋐12
430
90 60 12 15
7.5
150
22
50
タイル張り㋐9
入幅木：石膏ボード㋐12.5 AEP
小上がりの存在が重くなりすぎないよう、入幅木とした

備付けのダイニングテーブルは、小上がりのリビングに腰掛けても使用できる

吹抜けからダイニング・リビングを見る。フローリングにはシルバーチェリー、テーブルにはブラックウォルナットを使い、表情の変化を出している

1階のワンルーム的空間の中に、タイルで床を仕上げた土間スペースと板張りのリビングスペースがあり、それらに段差を設けることで空間に変化を与えている。段差を設けることで奥行き感や立体感が出て、土間スペースをより強調している。また、家族どうしの視線のやり取りを自然に生み出すことができた。［松本直子］

「南大塚の住まい」設計＝松本直子建築設計事務所
写真＝小林浩志

吊り鴨居で空間を広げる

① 吊り鴨居［S＝1:8］

平面詳細

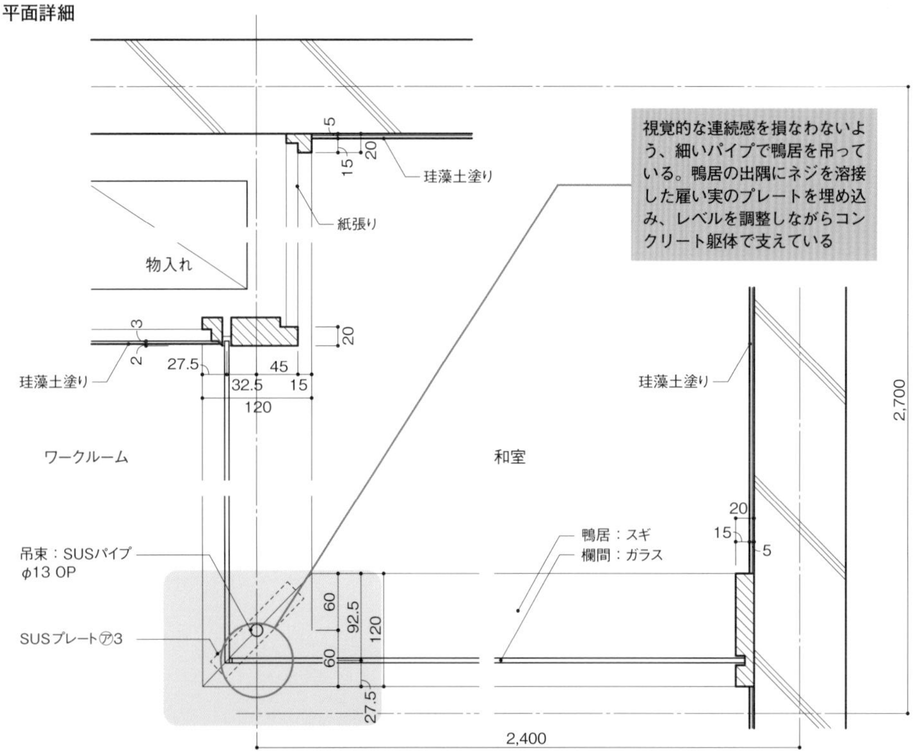
視覚的な連続感を損なわないよう、細いパイプで鴨居を吊っている。鴨居の出隅にネジを溶接した雇い実のプレートを埋め込み、レベルを調整しながらコンクリート躯体で支えている
珪藻土塗り
紙張り
物入れ
ワークルーム
和室
吊束：SUSパイプ φ13 OP
SUSプレート㋐3
鴨居：スギ
欄間：ガラス
2,700
2,400
120
27.5
32.5
45
15
60
92.5

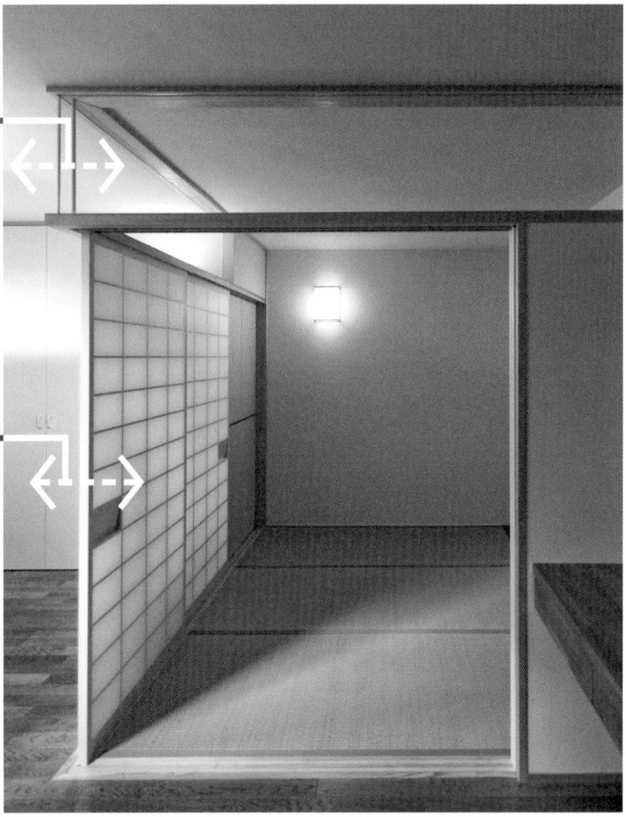

地下に設けられた和室。スキップフロアによって、上階のリビングや庭と立体的につながっている。ふだんは障子を開けておき、隣接するワークルームと一体に。障子を閉めて仕切れば、単体の和室として使うことができる。

やや奥に位置するため、ガラスの欄間で天井をつなげて見せることで、空間に視覚的な広がりを与えている。その結果、地下とは思えないほど明るい空間となっている。［村田淳］

ワークルームから和室を見る。ガラスの欄間が空間に広がりを与えるとともに、光を採り入れている

② 障子部平面詳細［S=1:8］

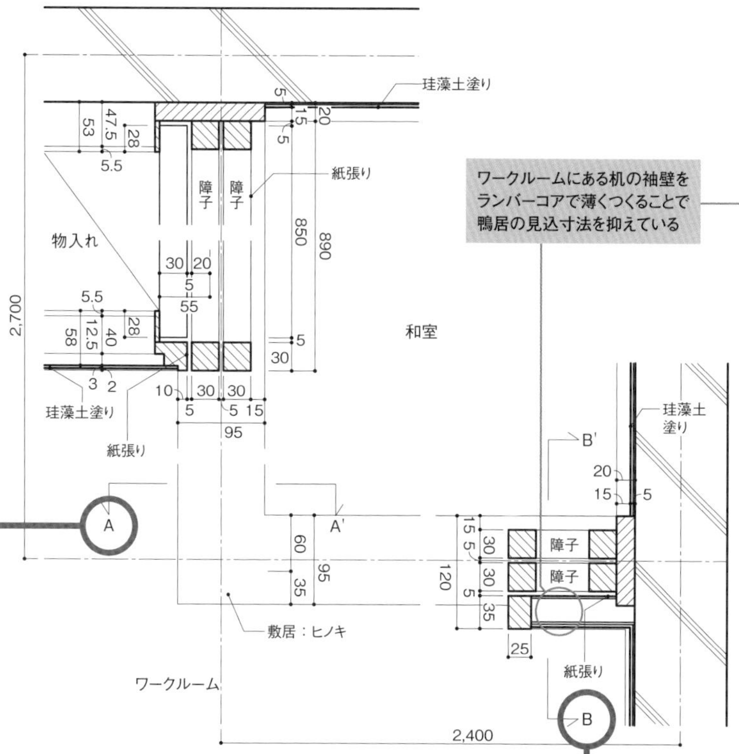

ワークルームにある机の袖壁をランバーコアで薄くつくることで鴨居の見込寸法を抑えている

廊下から和室を見る（写真上）。障子を開け放した状態。障子をすべて閉め切った状態（写真下）

③ A-A'部断面詳細［S=1:5］

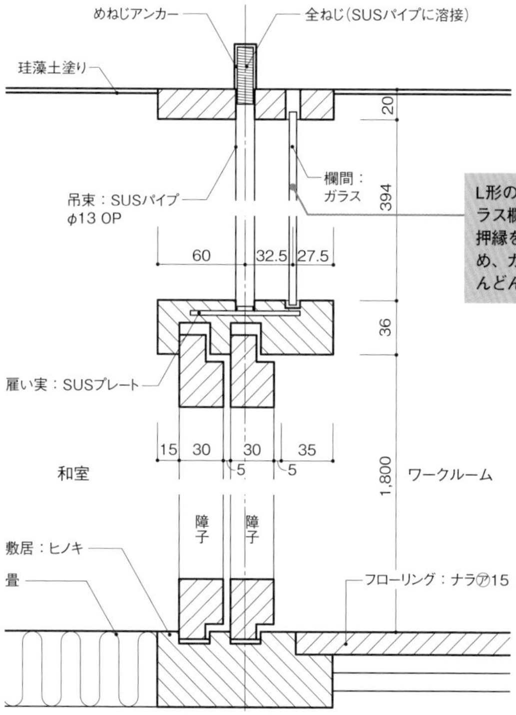

L形の鴨居の上部はガラス欄間になっている。押縁をなくしているため、ガラスは慳飩（けんどん）で納める

④ B-B'部断面詳細［S=1:5］

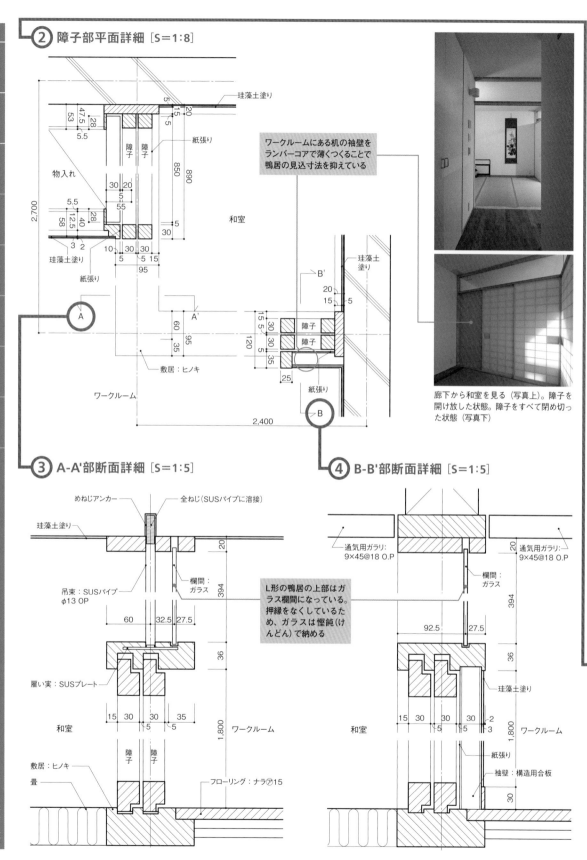

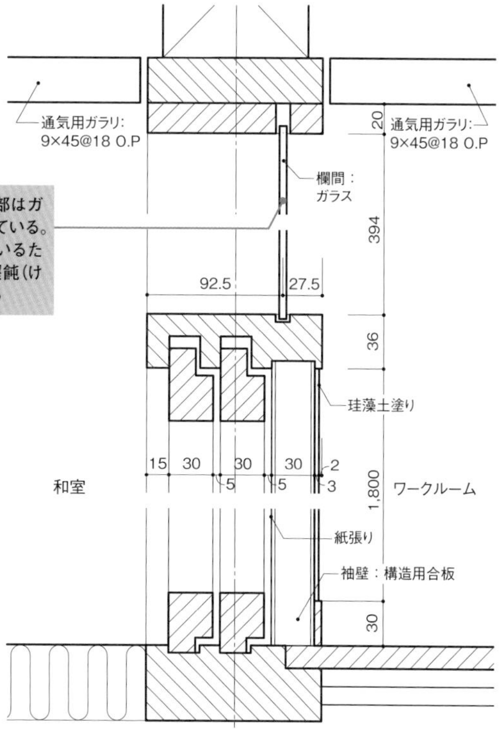

「北町の方形」設計・写真＝村田淳建築研究室

ベタ基礎が床を兼ねる

① 床仕上げ材を省略する ［S＝1:90］

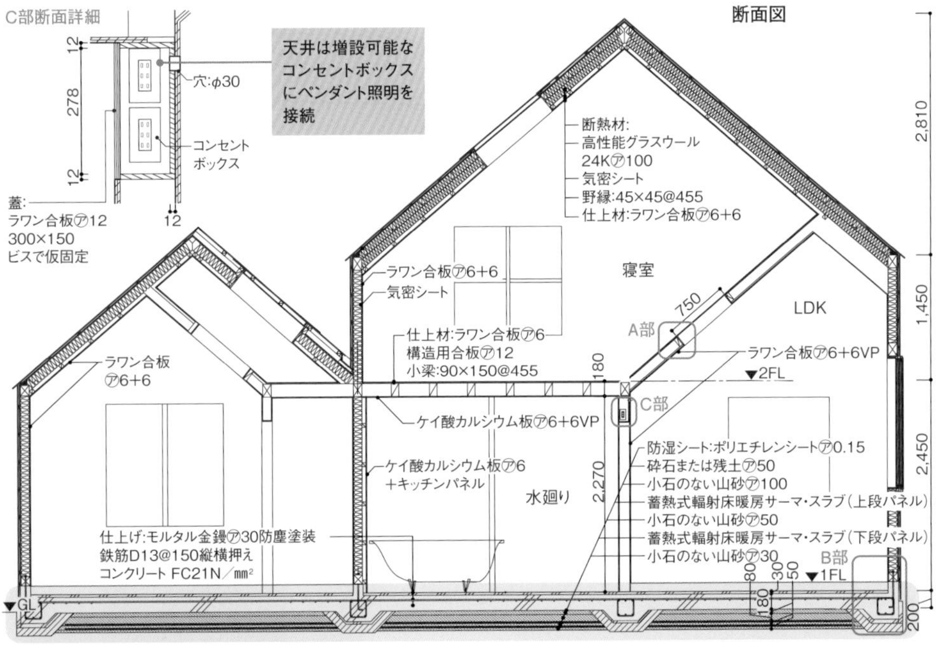

傾いた壁で空間を斜めに分割することで、「屋根のような天井」が現れ、大きな小屋型の中に小さな小屋型を組み合わせたようなかたちとなっている

② A部断面詳細 ［S＝1:10］

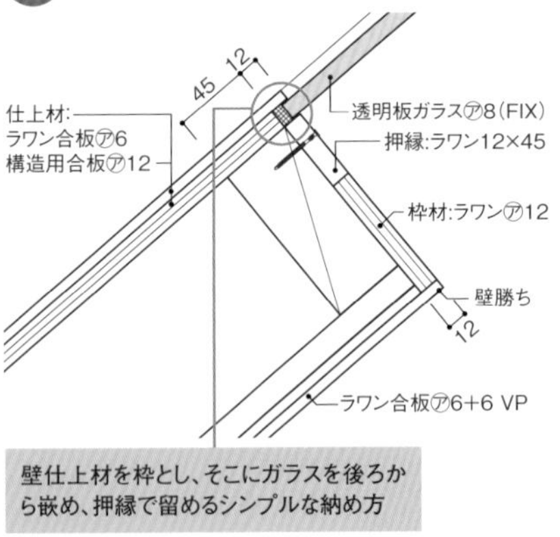

③ B部断面詳細 ［S＝1:6］

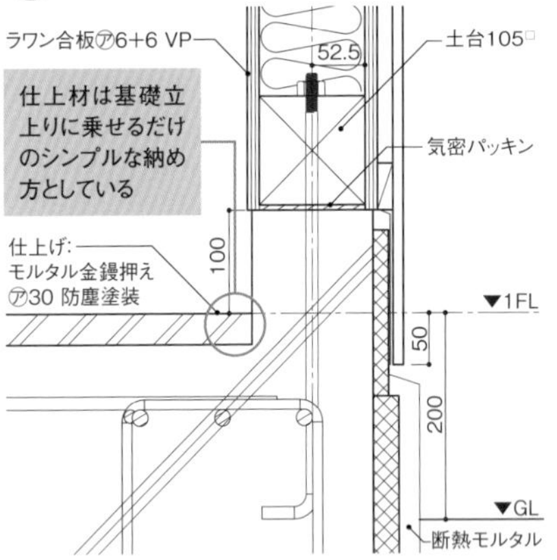

アトリエを兼ねた住宅の事例。アトリエからは音やにおいが出ることから、アトリエと住まいを別棟にしている。

床はベタ基礎をモルタルで仕上げることで床仕上材を省略し、壁はすべてラワン合板張りとしたローコストな納まり。小石のない山砂を敷き詰めた地中に深夜電力使用の蓄熱体を埋め、基礎から建物全体を暖める方式としている。［島田陽］

「比叡平の住宅」設計＝タトアーキテクツ
写真＝繁田諭

壁に穿たれた小さな和室

① 小上がりの和室 [S=1:25]

断面詳細

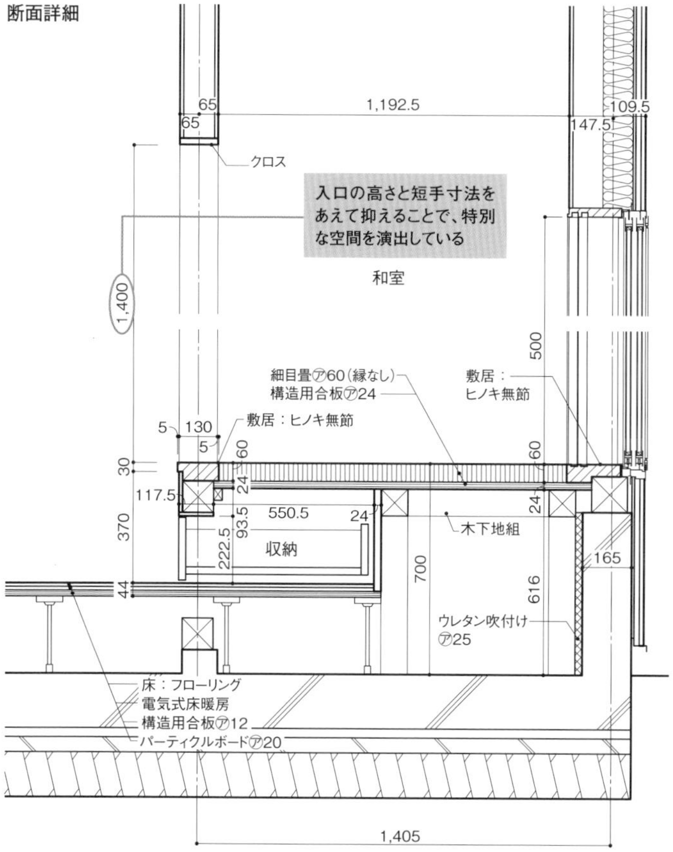

入口の高さと短手寸法をあえて抑えることで、特別な空間を演出している
和室
クロス
細目畳㋐60(縁なし)
構造用合板㋐24
敷居：ヒノキ無節
敷居：ヒノキ無節
収納
木下地組
ウレタン吹付け㋐25
床：フローリング
電気式床暖房
構造用合板㋐12
パーティクルボード㋐20
1,192.5
1,400
1,405
550.5

和室をリビングに隣接させ、床に40㎝の段差をつけ、座れる小上がりとした。

和室への入口は高さを1.4m（和室の天井高さは2.1m）とし、和室の短手寸法を1.2mとすることで、和室というより、リビング横に設置された家具のように演出し、リビングを中心に家族や来客がくつろげる空間とした。

また、和室床下をリビング側から使用できる引出し収納とすることで、デッドスペースを有効活用している。

［中村和基・出原賢一］

壁に穿たれた穴のような小さな和室空間。和室としての役割とファニチャーとしての役割を併せもつ

「尾山台の住宅2」設計・写真＝LEVEL Architects

床の納まり

床の納まりは、1階と2階、根太の有無、また下地や仕上げごとに異なる。ここでは、それらのバリエーションを紹介する。

2階床

① 踏み天井（フローリング）［S＝1:5］

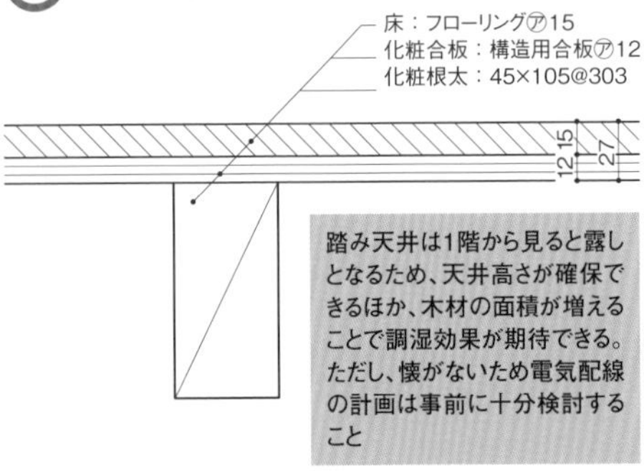
床：フローリング㋐15
化粧合板：構造用合板㋐12
化粧根太：45×105@303
15
12
27
踏み天井は1階から見ると露しとなるため、天井高さが確保できるほか、木材の面積が増えることで調湿効果が期待できる。ただし、懐がないため電気配線の計画は事前に十分検討すること

② 踏み天井（スギ3層パネル）［S＝1:5］

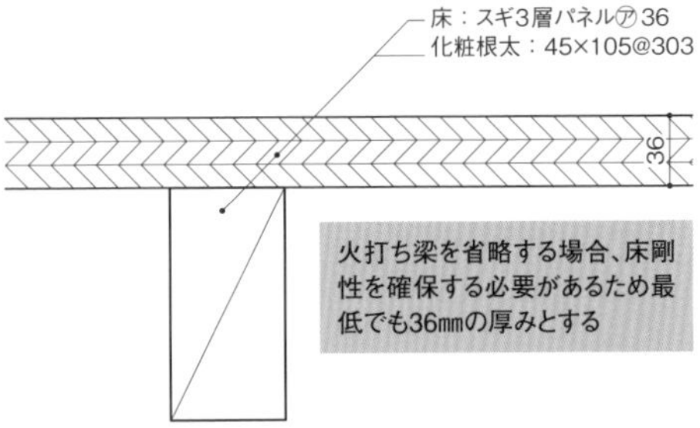
床：スギ3層パネル㋐36
化粧根太：45×105@303
36
火打ち梁を省略する場合、床剛性を確保する必要があるため最低でも36㎜の厚みとする

③ 踏み天井（スパンを飛ばす）［S＝1:5］

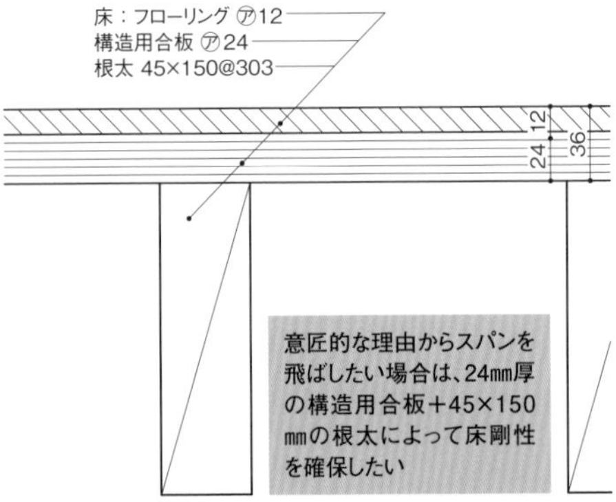
床：フローリング ㋐12
構造用合板 ㋐24
根太 45×150@303
12
24
36
意匠的な理由からスパンを飛ばしたい場合は、24㎜厚の構造用合板＋45×150㎜の根太によって床剛性を確保したい

④ 踏み天井（フローリング×床暖房）［S＝1:5］

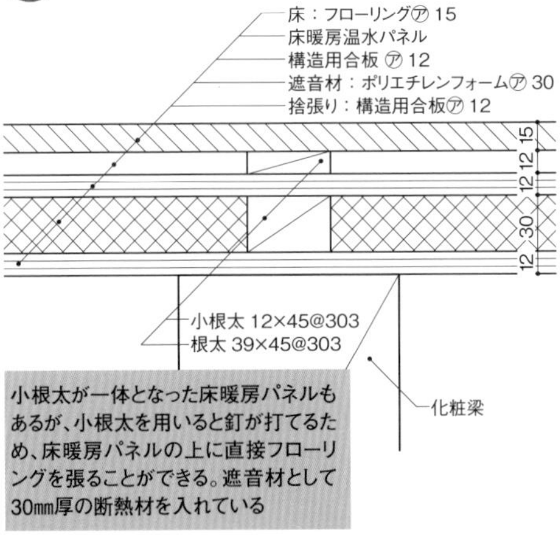
床：フローリング㋐15
床暖房温水パネル
構造用合板 ㋐12
遮音材：ポリエチレンフォーム㋐30
捨張り：構造用合板㋐12
15
12
12
30
12
小根太 12×45@303
根太 39×45@303
化粧梁
小根太が一体となった床暖房パネルもあるが、小根太を用いると釘が打てるため、床暖房パネルの上に直接フローリングを張ることができる。遮音材として30㎜厚の断熱材を入れている

⑤ 天井懐あり（フローリング）［S＝1:5］

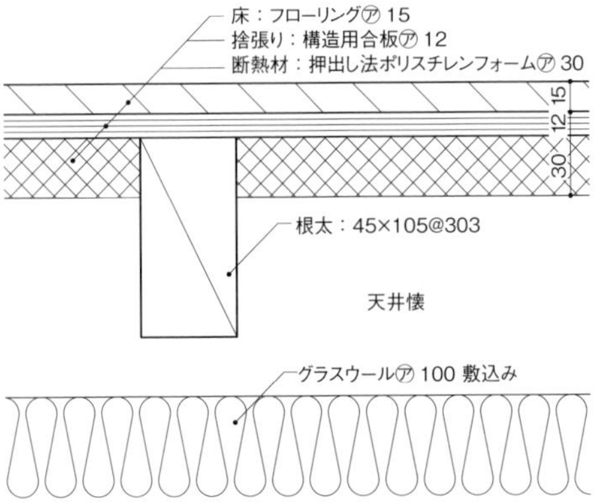

⑥ 天井懐あり（畳＋床暖房）［S＝1:5］

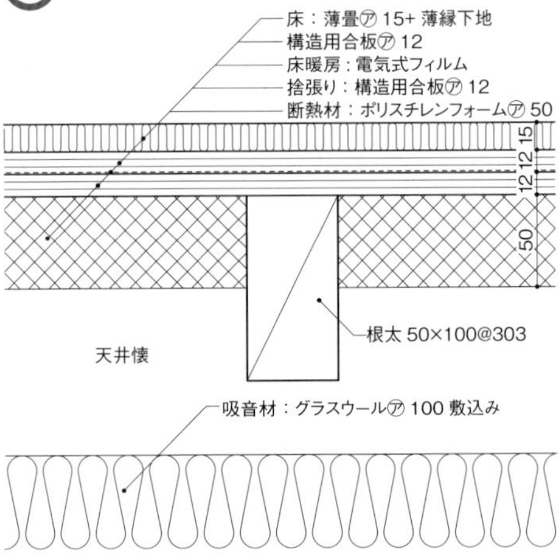

⑦ 根太レス（フローリング）［S＝1:5］

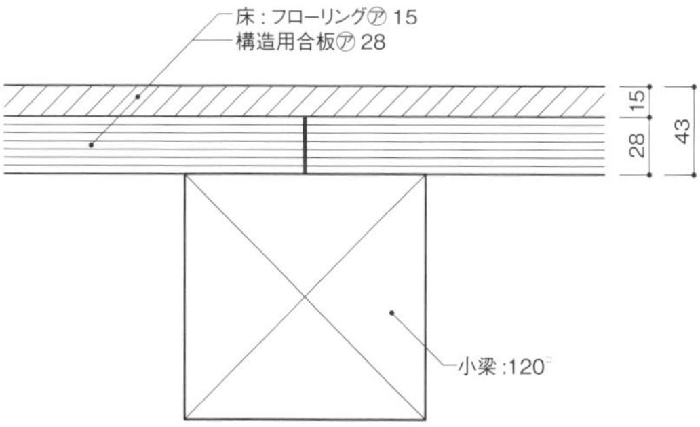

2階床は床剛性を確保する必要があるため、28㎜厚の構造用合板で根太レス工法とするケースが多い

⑧ 根太レス（フローリング×畳）［S＝1:5］

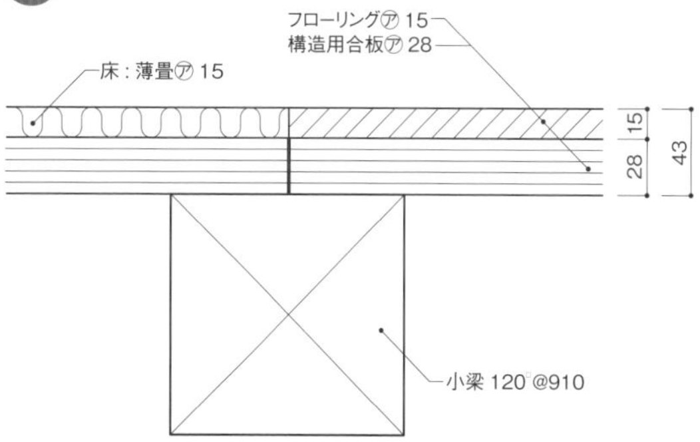

根太レスとした場合でも、15㎜厚の薄畳を使用すればフローリング床とのレベルをそろえることができる

1階床

① 根太床（フローリング）［S＝1:5］

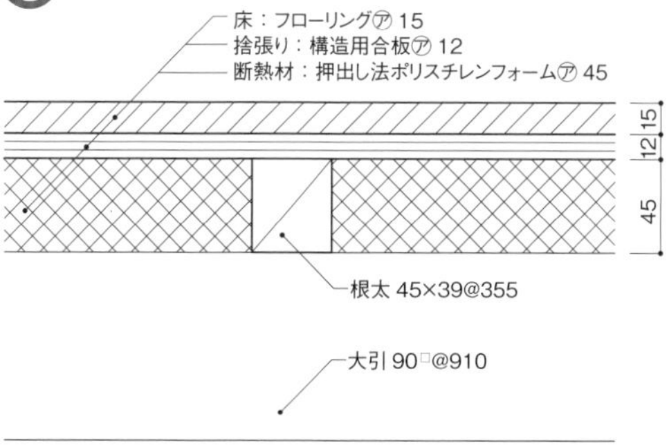

構造用合板を捨張りすることで、施工時に床の上を移動しやすくなる

② 根太床（畳）［S＝1:5］

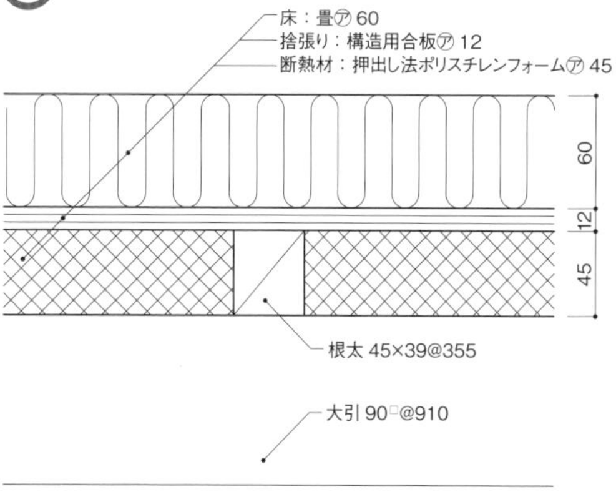

③ 根太床（タイル）［S＝1:5］

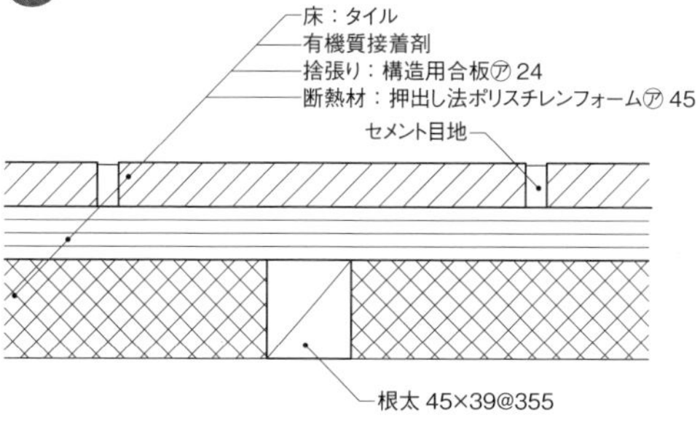

目地の割れを防ぐため、根太のピッチは303㎜以内としたい

④ 根太床（畳×フローリング）［S＝1:5］

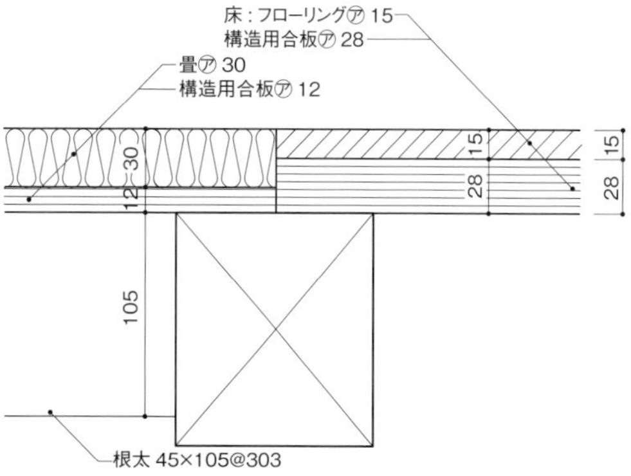

畳スペースは28㎜厚の構造用合板に15㎜厚の薄畳を使用してもよいが、図のように30㎜厚の畳を使用すれば、畳本来の歩行感を損なわずに済む

⑤ 根太レス（フローリング）［S＝1：5］

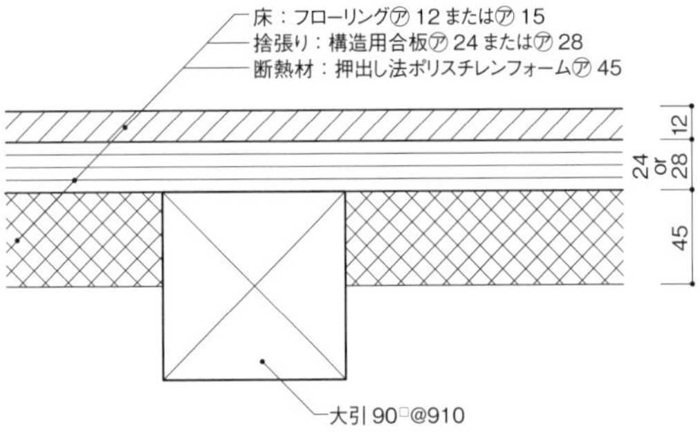

1階床を根太レスとすると施工性が高まるが、床下の配管などの変更が困難になるため、事前に十分な検討が必要。また、近年の住宅のほとんどがベタ基礎を採用しているため、根太レスとして1階の床剛性を確保する必要性も低いと言える

⑥ 根太レス（畳）［S＝1：5］

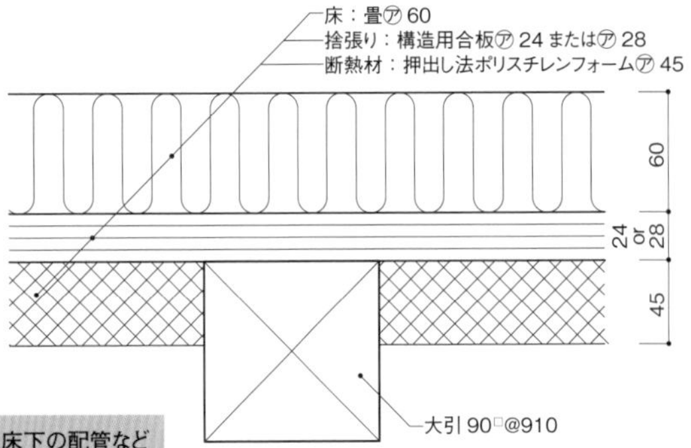
床：畳Ⓣ60
捨張り：構造用合板Ⓣ24またはⓉ28
断熱材：押出し法ポリスチレンフォームⓉ45
60
24 or 28
45
大引90□@910

⑦ 畳×塗り壁（畳寄せあり）［S＝1：5］

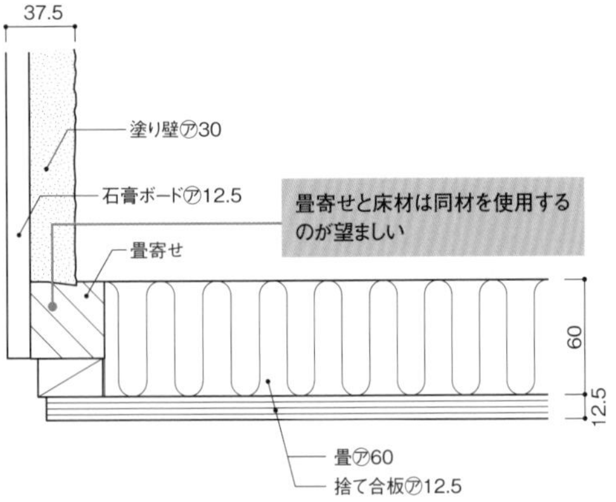

⑧ 畳×フローリング（畳寄せあり）［S＝1：5］

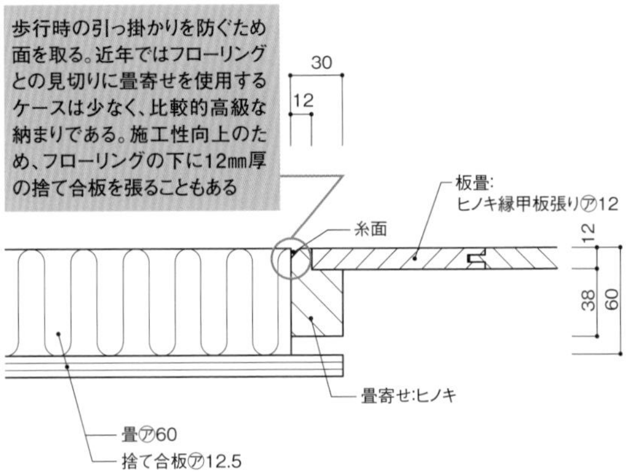
歩行時の引っ掛かりを防ぐため面を取る。近年ではフローリングとの見切りに畳寄せを使用するケースは少なく、比較的高級な納まりである。施工性向上のため、フローリングの下に12㎜厚の捨て合板を張ることもある
30
12
板畳：
ヒノキ縁甲板張りⓉ12
糸面
12
38
60
畳寄せ：ヒノキ
畳Ⓣ60
捨て合板Ⓣ12.5

⑨ 畳×フローリング（敷居）［S＝1：5］

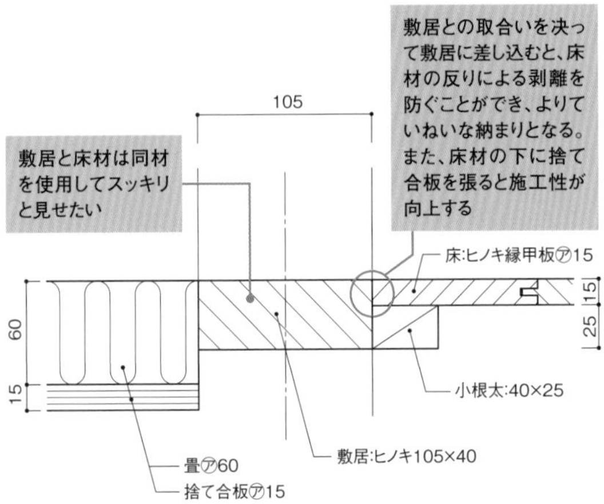
敷居との取合いを決って敷居に差し込むと、床材の反りによる剥離を防ぐことができ、よりていねいな納まりとなる。また、床材の下に捨て合板を張ると施工性が向上する
105
敷居と床材は同材を使用してスッキリと見せたい
床：ヒノキ縁甲板Ⓣ15
15
25
60
15
小根太：40×25
畳Ⓣ60
捨て合板Ⓣ15
敷居：ヒノキ105×40

⑩ タイル×フローリング［S＝1：5］

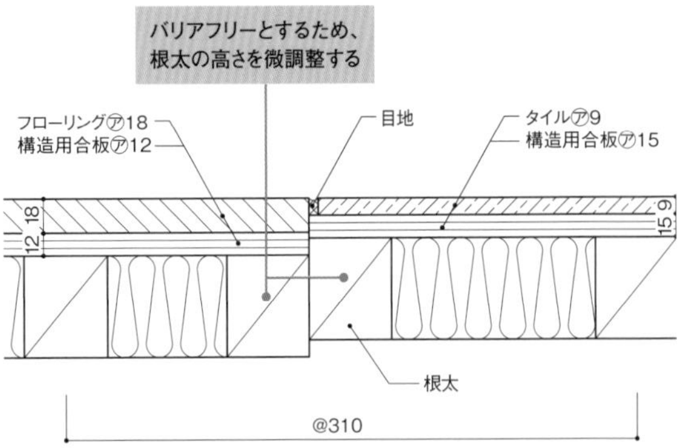
バリアフリーとするため、根太の高さを微調整する
フローリングⓉ18
構造用合板Ⓣ12
目地
タイルⓉ9
構造用合板Ⓣ15
18
12
15
9
根太
@310

内壁の納まり

内壁の納まりは、柱を露しで見せる「真壁」と、柱を露しとしない「大壁」とで異なる。ここでは、隣接する居室との関係に焦点を置いた間仕切り壁の納まりや、幅木の主なバリエーションなどについて取り上げる。

大壁と真壁

① 大壁の和室［S=1:10］

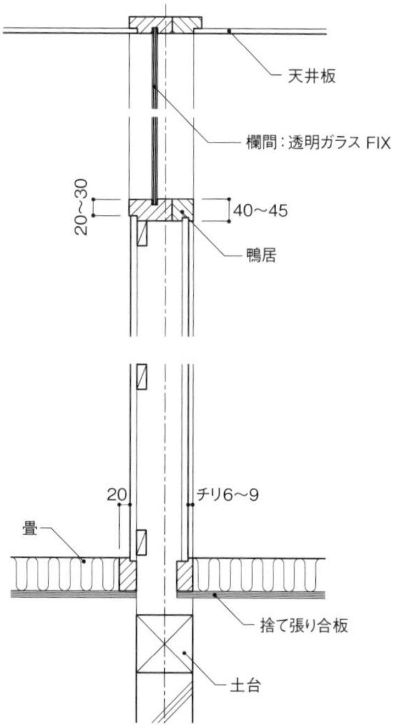

天井板
欄間：透明ガラス FIX
20〜30
40〜45
鴨居
20
チリ6〜9
畳
捨て張り合板
土台

② 真壁和室×大壁洋室［S=1:10］

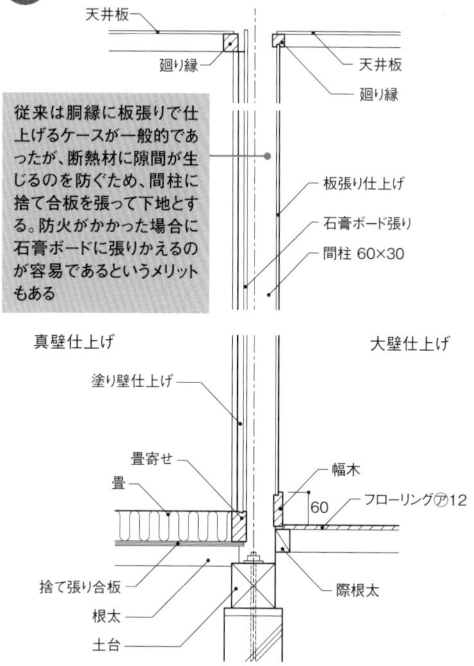

天井板
廻り縁
天井板
廻り縁
従来は胴縁に板張りで仕上げるケースが一般的であったが、断熱材に隙間が生じるのを防ぐため、間柱に捨て合板を張って下地とする。防火がかかった場合に石膏ボードに張りかえるのが容易であるというメリットもある
板張り仕上げ
石膏ボード張り
間柱 60×30
真壁仕上げ
大壁仕上げ
塗り壁仕上げ
畳寄せ
畳
幅木
60
フローリング㋐12
捨て張り合板
根太
土台
際根太

③ 真壁和室×真壁和室［S=1:10］

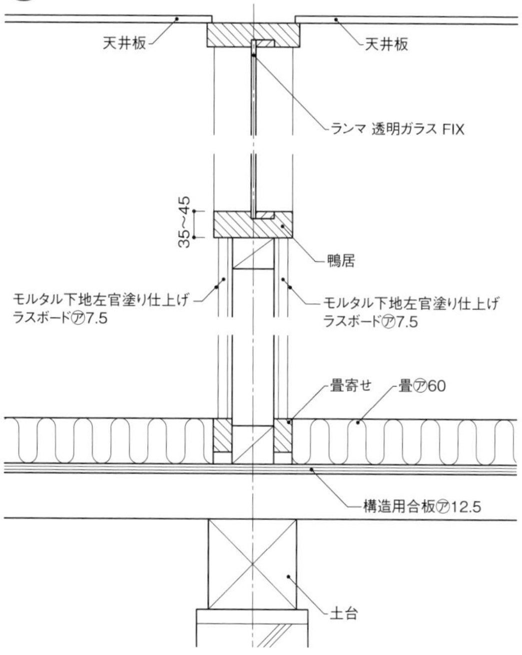

天井板
天井板
ランマ 透明ガラス FIX
35〜45
鴨居
モルタル下地左官塗り仕上げ
ラスボード㋐7.5
モルタル下地左官塗り仕上げ
ラスボード㋐7.5
畳寄せ
畳㋐60
構造用合板㋐12.5
土台

④ 大壁洋室×真壁和室［S=1:10］

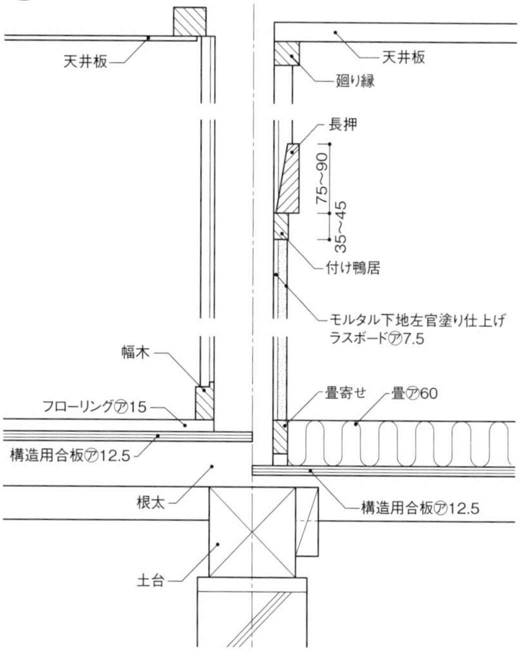

幅木

① 一般的な出幅木［S＝1:3］

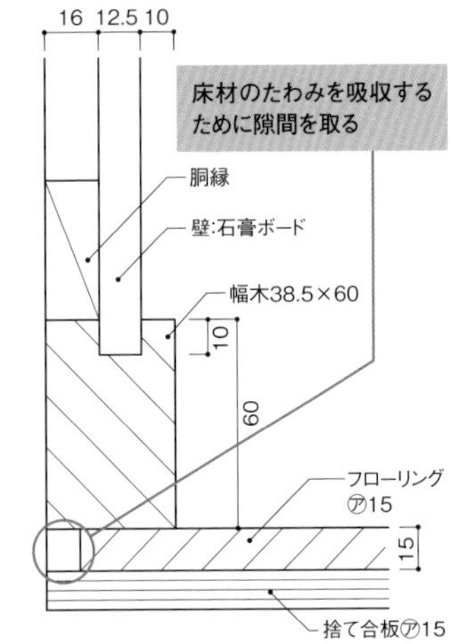
16
12.5
10
床材のたわみを吸収するために隙間を取る
胴縁
壁:石膏ボード
幅木38.5×60
10
60
フローリング㋐15
15
捨て合板㋐15

② 出幅木［S＝1:3］

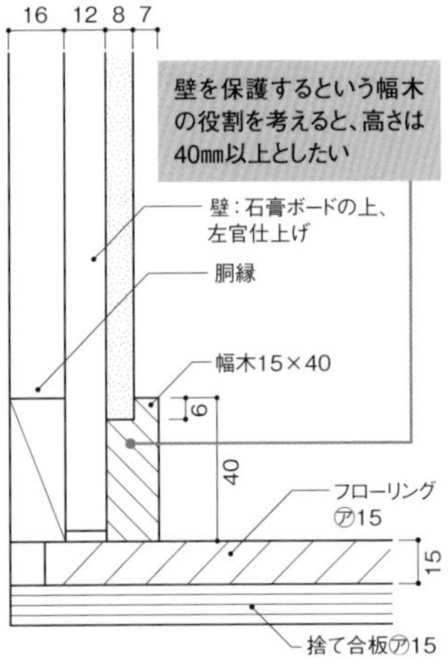
16
12
8
7
壁を保護するという幅木の役割を考えると、高さは40mm以上としたい
壁：石膏ボードの上、左官仕上げ
胴縁
幅木15×40
6
40
フローリング㋐15
15
捨て合板㋐15

③ 付け幅木［S＝1:3］

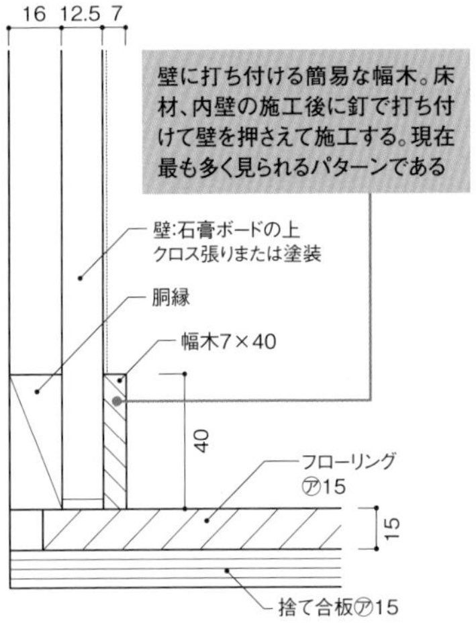
16
12.5
7
壁に打ち付ける簡易な幅木。床材、内壁の施工後に釘で打ち付けて壁を押さえて施工する。現在最も多く見られるパターンである
壁:石膏ボードの上クロス張りまたは塗装
胴縁
幅木7×40
40
フローリング㋐15
15
捨て合板㋐15

④ 平幅木（化粧合板）［S＝1:3］

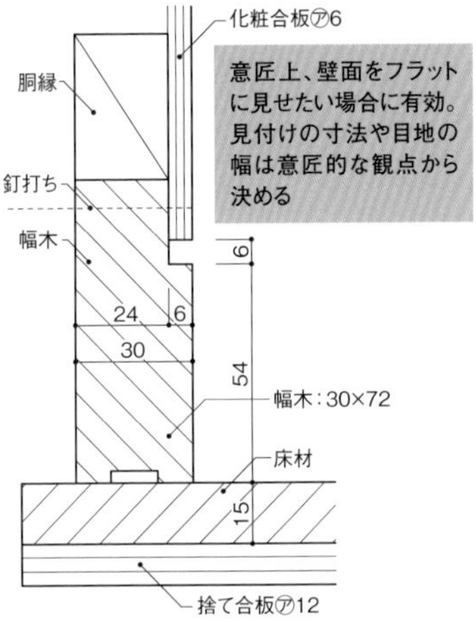
化粧合板㋐6
意匠上、壁面をフラットに見せたい場合に有効。見付けの寸法や目地の幅は意匠的な観点から決める
胴縁
釘打ち
幅木
6
24
6
30
54
幅木：30×72
床材
15
捨て合板㋐12

⑤ 平幅木（左官仕上げ）［S＝1:3］

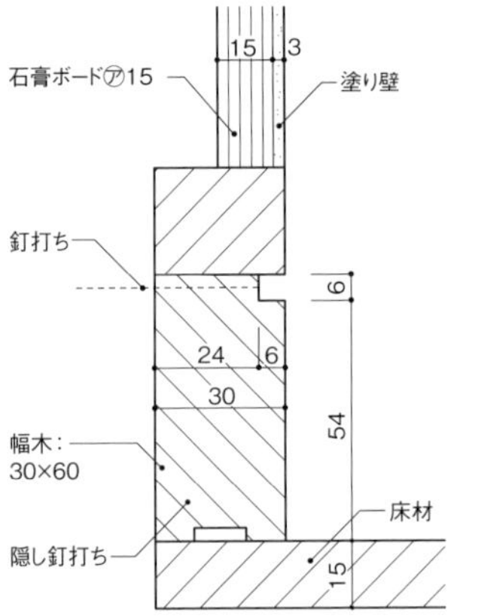

⑥ 平幅木（高さを抑えた納まり）［S＝1:3］

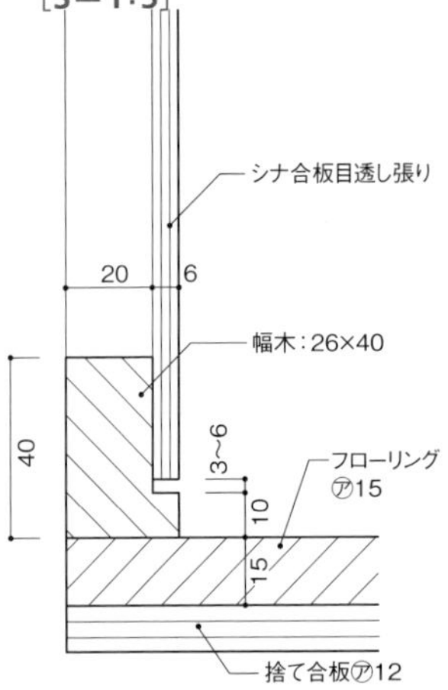
シナ合板目透し張り
20
6
幅木：26×40
40
3〜6
フローリング㋐15
10
15
捨て合板㋐12

⑦ 隠し幅木（高さを抑えた納まり）［S＝1:3］

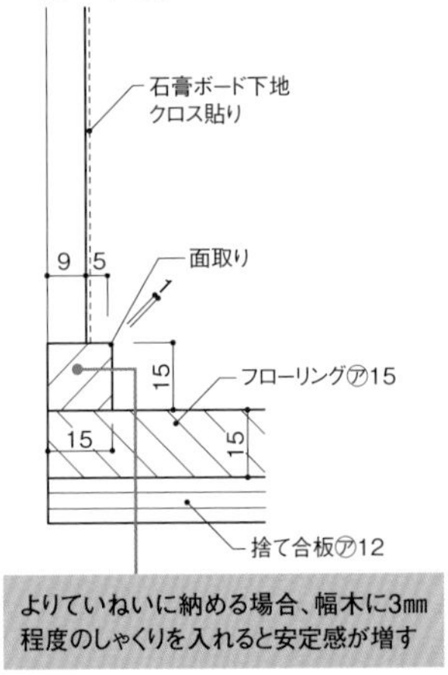
石膏ボード下地クロス貼り
9
5
面取り
15
フローリング㋐15
15
15
捨て合板㋐12
よりていねいに納める場合、幅木に3mm程度のしゃくりを入れると安定感が増す

⑧ 隠し幅木［S＝1:3］

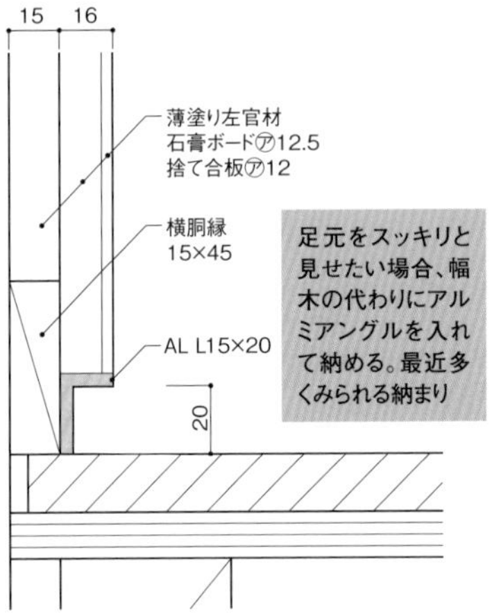
15
16
薄塗り左官材
石膏ボード㋐12.5
捨て合板㋐12
横胴縁
15×45
足元をスッキリと見せたい場合、幅木の代わりにアルミアングルを入れて納める。最近多くみられる納まり
AL L15×20
20

⑨ 幅木なし［S＝1:3］

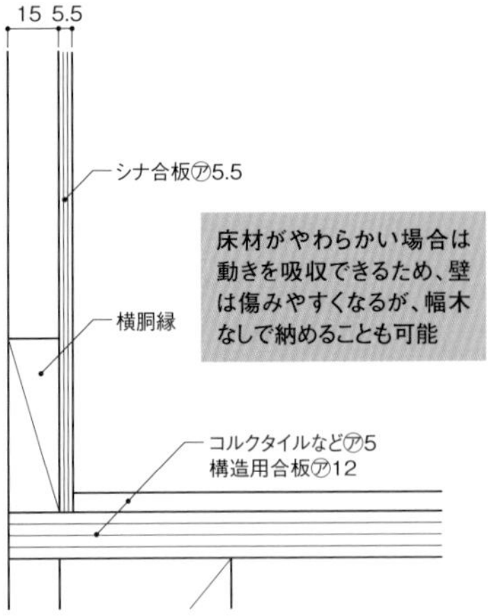
15
5.5
シナ合板㋐5.5
床材がやわらかい場合は動きを吸収できるため、壁は傷みやすくなるが、幅木なしで納めることも可能
横胴縁
コルクタイルなど㋐5
構造用合板㋐12

入隅、出隅

① 壁出隅（左官仕上げ）［S＝1：5］

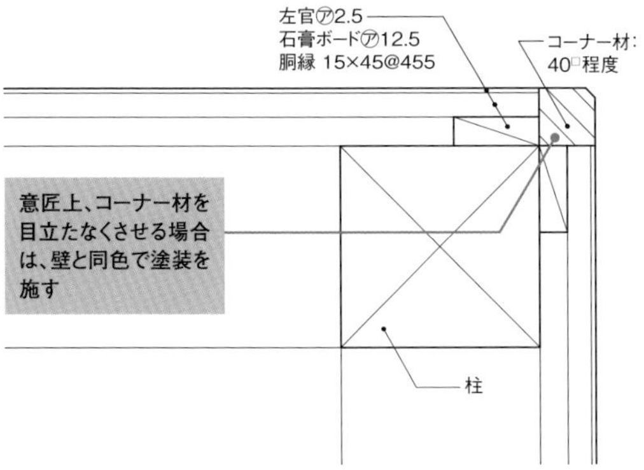

左官㋐2.5
石膏ボード㋐12.5
胴縁 15×45@455
コーナー材：40□程度
意匠上、コーナー材を目立たなくさせる場合は、壁と同色で塗装を施す
柱

② 壁入隅（左官仕上げ）［S＝1：5］

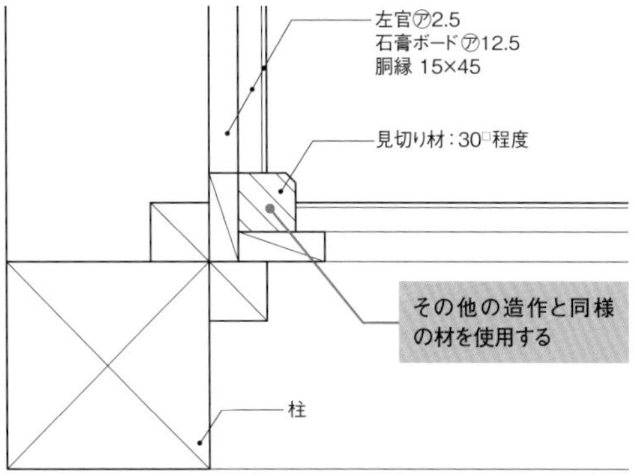

左官㋐2.5
石膏ボード㋐12.5
胴縁 15×45
見切り材：30□程度
その他の造作と同様の材を使用する
柱

天井廻り縁の納まり

天井廻り縁には、壁仕上面と天井仕上面の取合いを調整する役割があるが、近年では意匠的な観点から、廻り縁を隠すケースも多くなっている。

① 隠し廻り縁（天井目地）［S＝1：2］

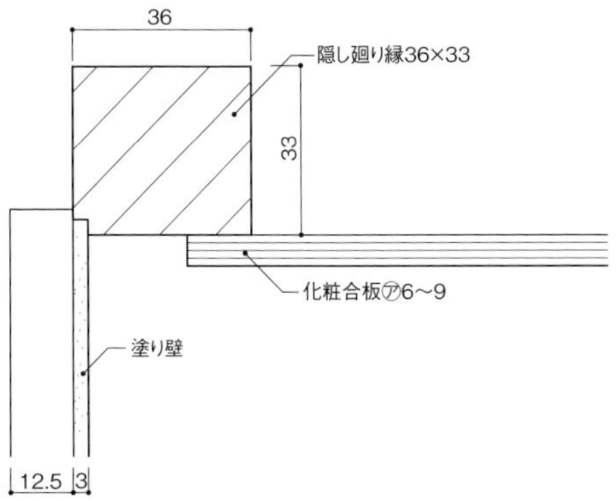

36
隠し廻り縁36×33
33
化粧合板㋐6～9
塗り壁
12.5
3

② 一般的な廻り縁［S＝1：2］

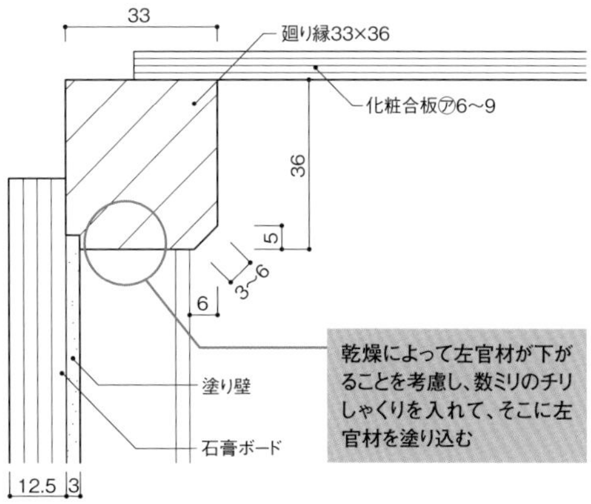

33
廻り縁33×36
化粧合板㋐6～9
36
5
3～6
6
乾燥によって左官材が下がることを考慮し、数ミリのチリしゃくりを入れて、そこに左官材を塗り込む
塗り壁
石膏ボード
12.5
3

③ 隠し廻り縁（壁目地）［S＝1：2］

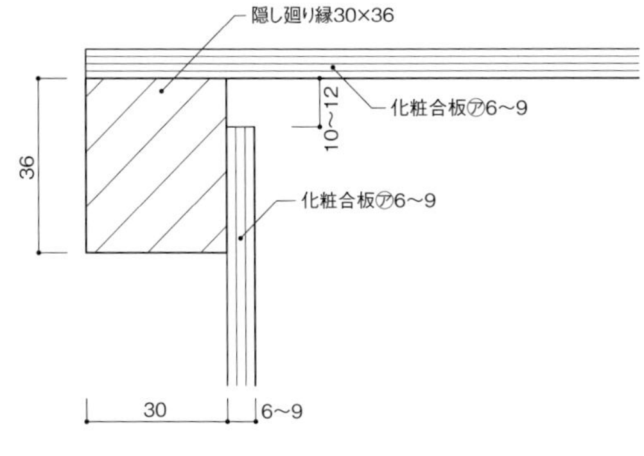

④ 隠し廻り縁（クロス張り）［S＝1：2］

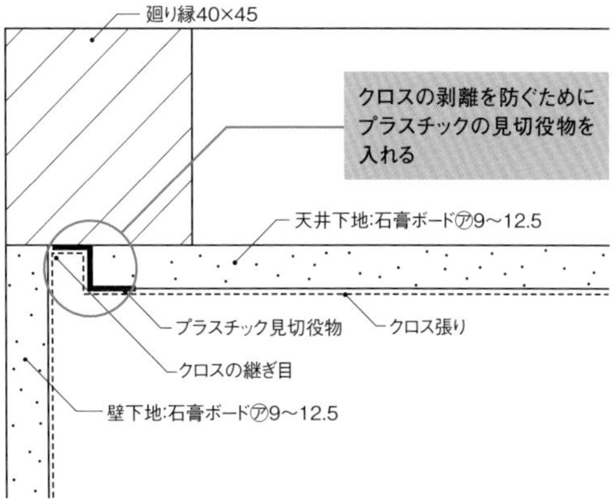

廻り縁40×45
クロスの剥離を防ぐためにプラスチックの見切役物を入れる
天井下地：石膏ボード㋐9～12.5
プラスチック見切役物
クロス張り
クロスの継ぎ目
壁下地：石膏ボード㋐9～12.5

監修：河合孝

引込み戸のテクニック

① 3種類の建具を引込む ［S＝1：15］

平面詳細

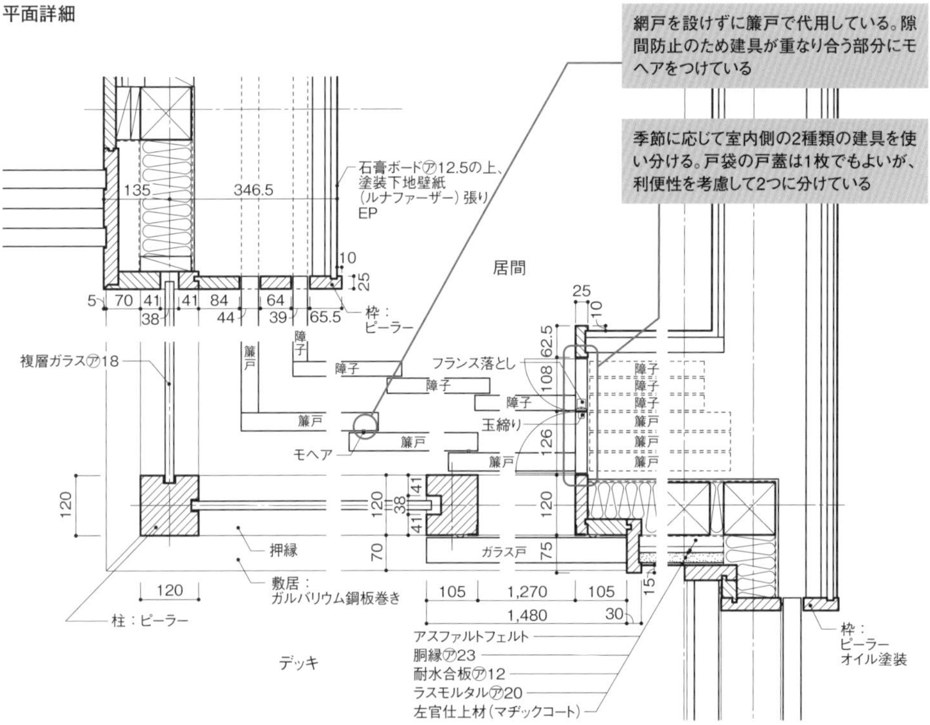
網戸を設けずに簾戸で代用している。隙間防止のため建具が重なり合う部分にモヘアをつけている
季節に応じて室内側の2種類の建具を使い分ける。戸袋の戸蓋は1枚でもよいが、利便性を考慮して2つに分けている
石膏ボード㋐12.5の上、塗装下地壁紙（ルナファーザー）張りEP
居間
枠：ピーラー
複層ガラス㋐18
障子
簾戸
フランス落とし
玉締り
モヘア
ガラス戸
押縁
敷居：ガルバリウム鋼板巻き
柱：ピーラー
デッキ
アスファルトフェルト
胴縁㋐23
耐水合板㋐12
ラスモルタル㋐20
左官仕上材（マヂックコート）
枠：ピーラー オイル塗装
135
346.5
10
25
5
70
41
41
84
64
38
44
39
65.5
62.5
108
126
120
38
41
70
75
15
105
1,270
1,480
30

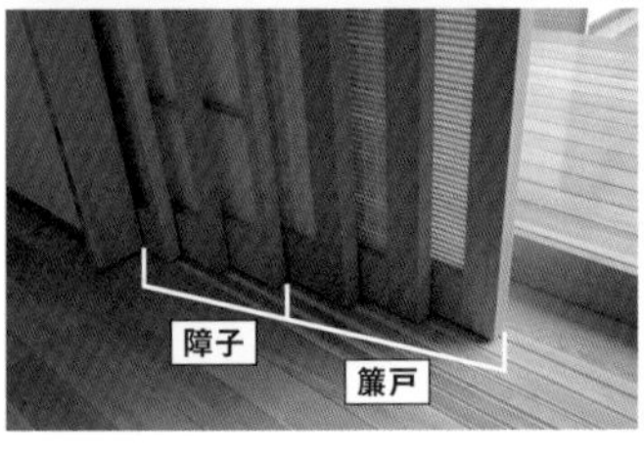

簾戸と障子を戸袋に収納した状態。主庭の風景を存分に楽しめる（写真上）
戸袋には簾戸、障子がそれぞれ格納されている（写真下）

季節に応じた建具

主庭に面したL形の開口部。主庭の風景を見せる大きなFIX窓・片引きの掃出し窓、夏の厳しい日差しをはね返す簾戸、冬の冷気を遮断し室内を柔らかな光で満たす障子という3種類の建具を設けている。

窓廻りは内と外の接点となるので、季節の変化に応じた建具を用意すれば室内の熱環境が向上し、同時にインテリアの楽しみとなる。使わない季節は戸袋に収納すれば、眺めを邪魔することもない。 ［村田淳］

② FIX部断面詳細［S＝1:15］

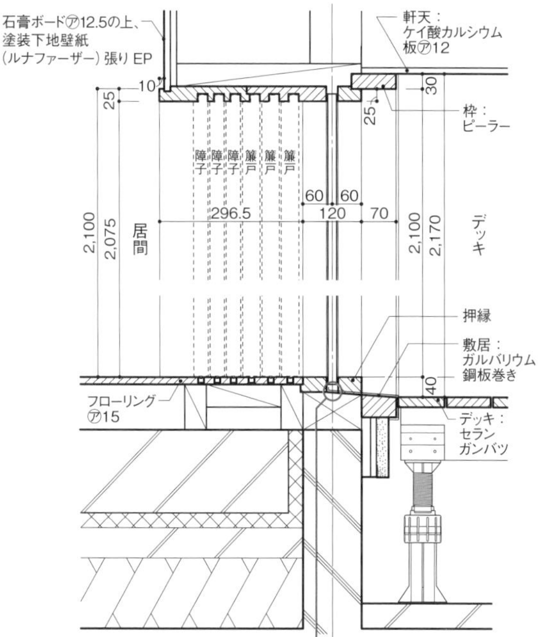
石膏ボード㋐12.5の上、塗装下地壁紙（ルナファーザー）張り EP
軒天：ケイ酸カルシウム板㋐12
枠：ピーラー
障子 障子 障子 簾戸 簾戸 簾戸
居間
デッキ
296.5
60 60
120 70
2,100 2,075 2,100 2,170
10 25 25 30 40
押縁
敷居：ガルバリウム鋼板巻き
フローリング㋐15
デッキ：セランガンバツ

シーリングが切れて水が入ったときに備え、敷居の板金はガラスの室内側まで伸ばす

③ 引き戸部断面詳細［S＝1:15］

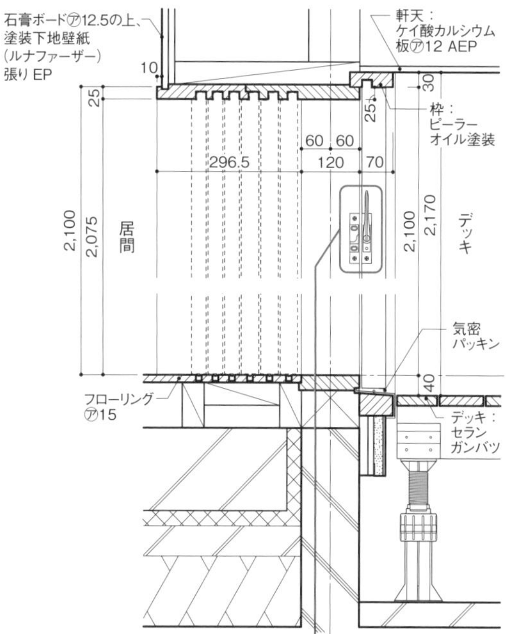

気密性を向上させるために、ガラス戸には引き寄せハンドルを用い、気密パッキンを付けている

① 断面詳細［S＝1:10］

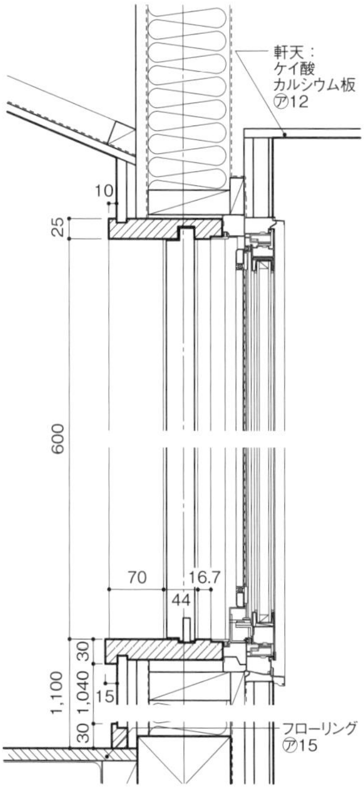

② 平面詳細［S＝1:10］

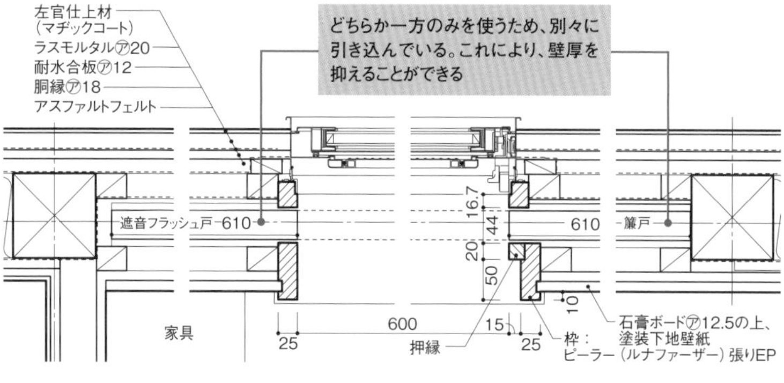
左官仕上材（マヂックコート）
ラスモルタル㋐20
耐水合板㋐12
胴縁㋐18
アスファルトフェルト
どちらか一方のみを使うため、別々に引き込んでいる。これにより、壁厚を抑えることができる
遮音フラッシュ戸 610
610 簾戸
16.7 44 20 50 10
家具
600
15
25 25
押縁
枠：ピーラー
石膏ボード㋐12.5の上、塗装下地壁紙（ルナファーザー）張りEP

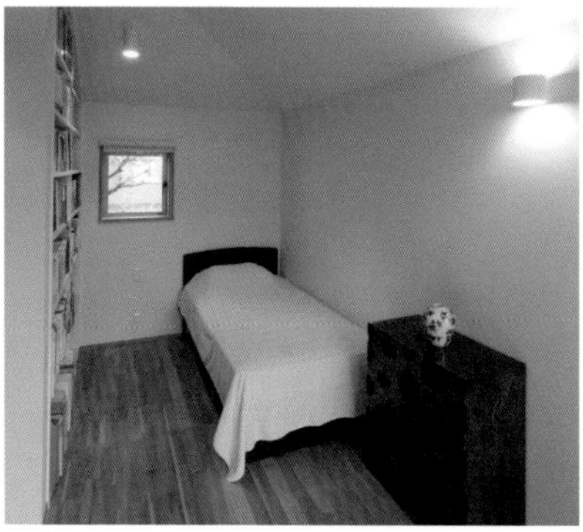

2種の建具を別々に引き込む

寝室に設けた小さな開口部。換気のための簾戸、遮音のためのフラッシュ戸をそれぞれ引込み戸として設けている。

同時に使用することはないため、壁をむやみに厚くしないよう左右に別々に引き込んでいる。この場合、押縁は一方にあれば足りる。［村田淳］

「上野毛の家」設計＝村田淳建築研究室
写真＝田中宏明＋田中宏明写真工房

縦横の框を隠す

① 隠し框平面詳細［S＝1：10］

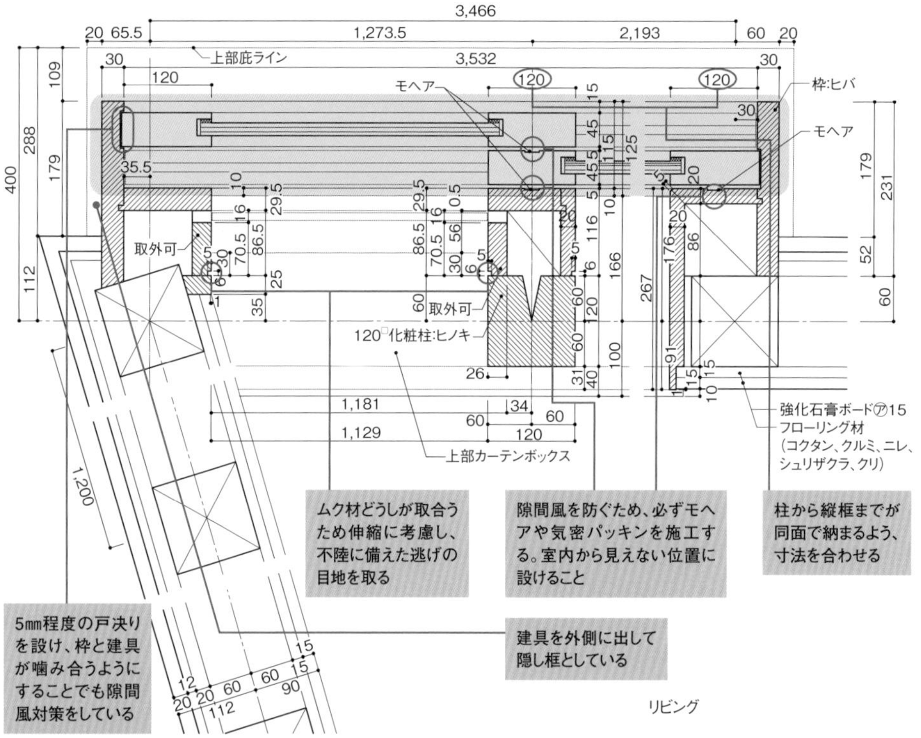
上部庇ライン
モヘアー
枠:ヒバ
モヘア
取外可
取外可
120□化粧柱:ヒノキ
上部カーテンボックス
強化石膏ボード㋐15
フローリング材
(コクタン、クルミ、ニレ、シュリザクラ、クリ)
ムク材どうしが取合うため伸縮に考慮し、不陸に備えた逃げの目地を取る
隙間風を防ぐため、必ずモヘアや気密パッキンを施工する。室内から見えない位置に設けること
柱から縦框までが同面で納まるよう、寸法を合わせせる
5㎜程度の戸決りを設け、枠と建具が噛み合うようにすることでも隙間風対策をしている
建具を外側に出して隠し框としている
リビング

四方の框を隠すことで、板張りの壁との調和が図られている

リビング北側の、川と道路に面した開口部である。左右で大きさの異なる木製引違い窓の枠を外側に出し、四方を隠し框にしている。これは、周囲に張った板壁と調和し、するようシンプルに見えるようにするための納まりである。また枠が隠れるため視界が広くなり、外部の景色も取り込める。主に開閉するのは左の小さいほうの窓で、網戸はロールアップ式のアルミ製品を組み合わせ、ロールブラインドも目立たないように納めている。［松本直子］

水道をつくるため、レールは端部まで伸ばさず空けておく。また板金はきちんと立ち上げておく

縦横の框を枠内に隠してスッキリと見せている（写真上）。レールは板金の水切の上に設ける（写真下）

② 隠し框断面詳細 ［S＝1:20］

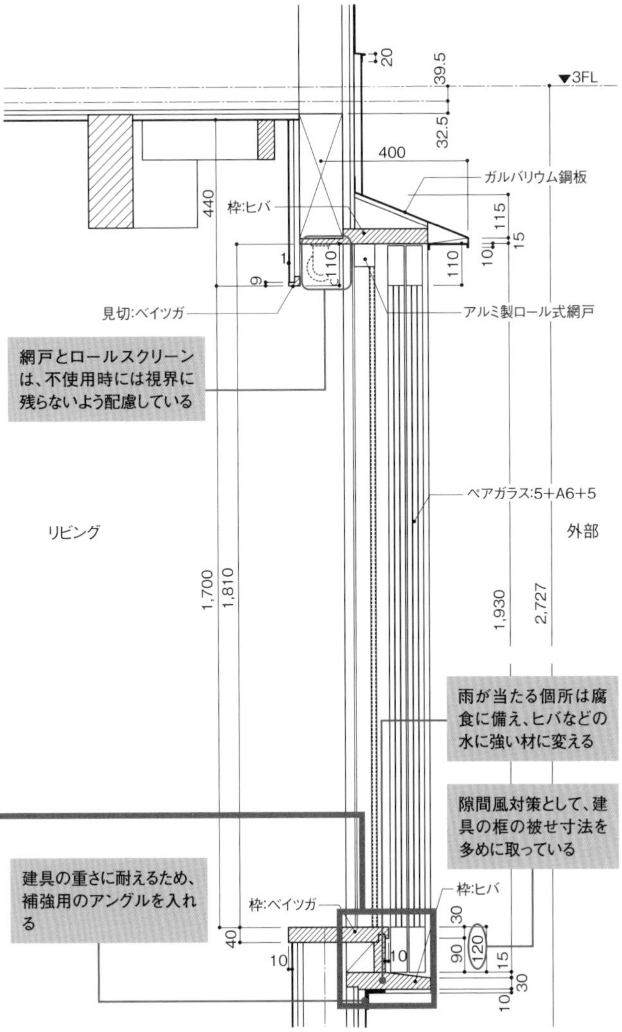

20
39.5
▼3FL
32.5
400
ガルバリウム鋼板
440
枠:ヒバ
115
15
110
10
9
見切:ベイツガ
アルミ製ロール式網戸
網戸とロールスクリーンは、不使用時には視界に残らないよう配慮している
ペアガラス:5+A6+5
リビング
外部
1,700
1,810
1,930
2,727
雨が当たる個所は腐食に備え、ヒバなどの水に強い材に変える
隙間風対策として、建具の框の被せ寸法を多めに取っている
建具の重さに耐えるため、補強用のアングルを入れる
枠:ベイツガ
枠:ヒバ
40
30
90
120
15
30
10

③ 平面図 ［S＝1:50］

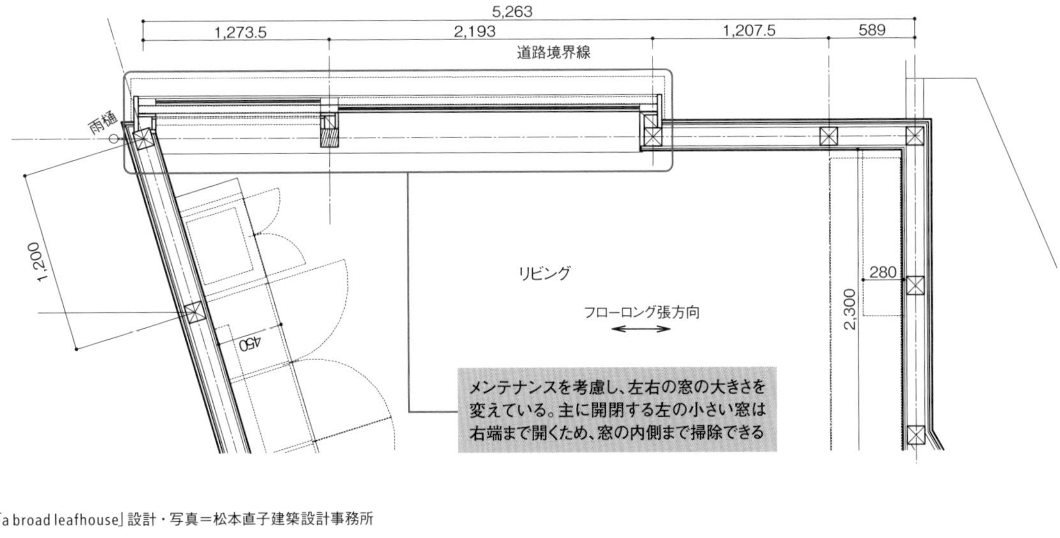

5,263
1,273.5
2,193
1,207.5
589
道路境界線
雨樋
1,200
450
リビング
フローロング張方向
280
2,300
メンテナンスを考慮し、左右の窓の大きさを変えている。主に開閉する左の小さい窓は右端まで開くため、窓の内側まで掃除できる

「a broad leafhouse」設計・写真＝松本直子建築設計事務所

ロールスクリーンをセットインする

奥行きのあるリビングに採光を確保するための大きなハイサイドライト。冬期のコールドドラフトの影響を避ける目的で、ガイドに沿って昇降する電動ロールスクリーンを設置。ガラスとロールスクリーンの間に空気溜まりをつくることで、冷気の降下を抑制している。［村田淳］

① ロールスクリーンボックス断面詳細［S＝1:10］

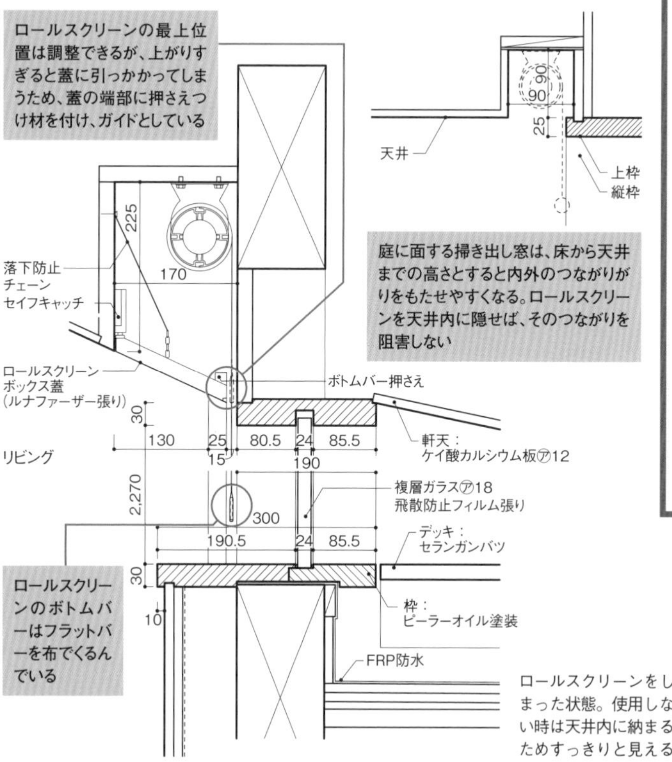

ロールスクリーンをしまった状態。使用しない時は天井内に納まるためすっきりと見える

② 平面詳細［S＝1:6］

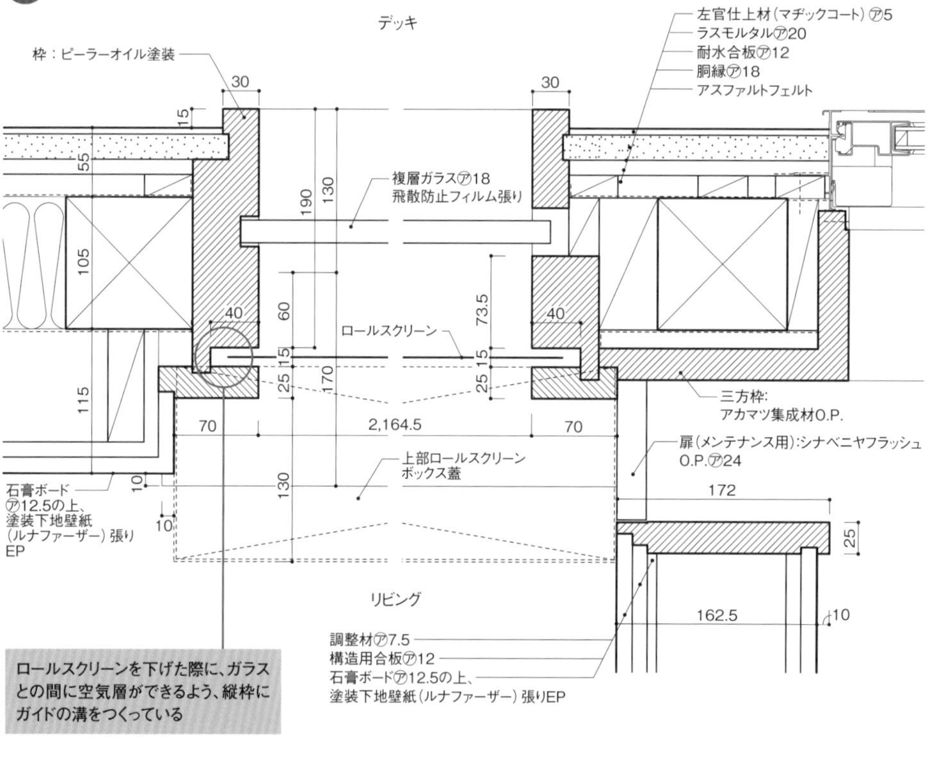

「上野毛の家」設計・写真＝村田淳建築研究室

既製サッシでつくる段窓

住宅用のアルミサッシでは、強度的な問題から大開口をつくるのが難しい。そこで既製の段窓無目材に加え、上下のサッシ間を鉄骨で補強し大開口を実現した。補強材はカーテンボックスと同じスギのムク材で化粧とすることで、自然素材を基調とした空間になじませている。既製のアルミ無目材よりも幅広だが、視覚上の効果でむしろ軽快な印象を与える。［浅利幸男・須賀茂幸］

① 既製サッシでつくる段窓［S=1:6］

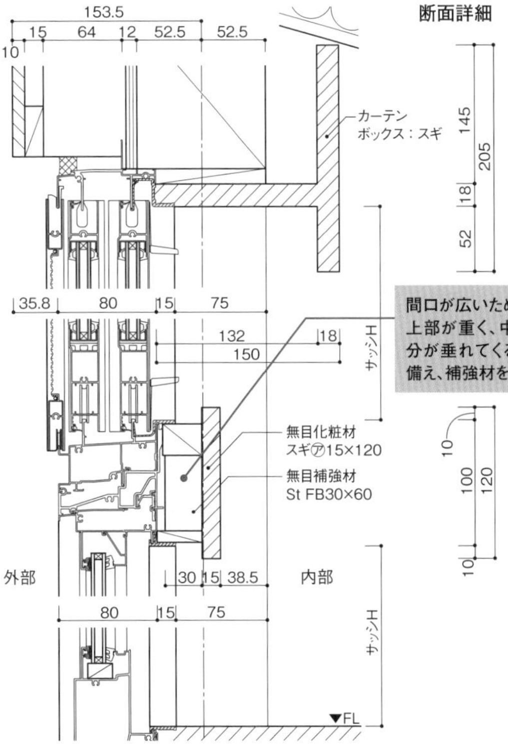
断面詳細
153.5
15
64
12
52.5
52.5
10
カーテンボックス：スギ
145
205
18
52
35.8
80
15
75
132
18
150
サッシH
間口が広いため段窓の上部が重く、中央の部分が垂れてくる場合に備え、補強材を入れる
無目化粧材 スギ㋐15×120
無目補強材 St FB30×60
10
100
120
10
外部
30
15
38.5
内部
80
15
75
サッシH
FL

既製サッシの組み合わせで、外部空間を室内に積極的に取り入れている

② 平面詳細［S=1:5］

上部引違い

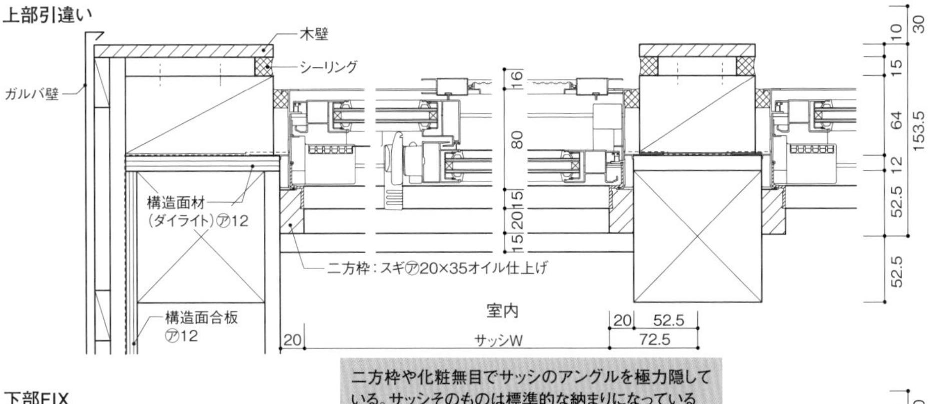

下部FIX

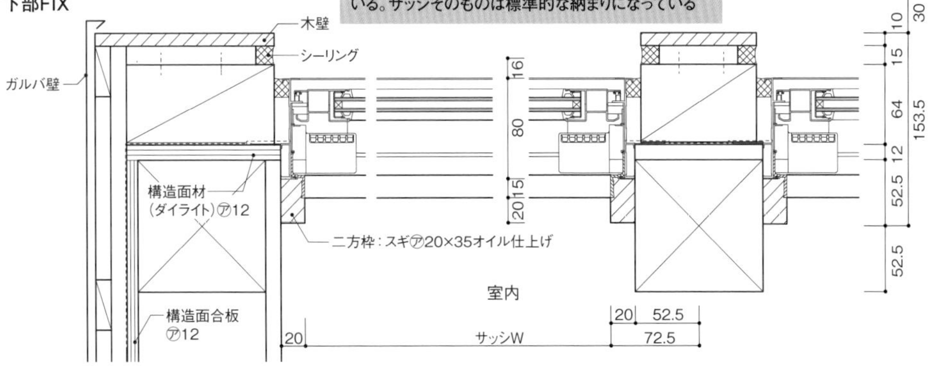
二方枠や化粧無目でサッシのアングルを極力隠している。サッシそのものは標準的な納まりになっている
木壁
シーリング
ガルバ壁
構造面材（ダイライト）㋐12
構造面合板㋐12
二方枠：スギ㋐20×35オイル仕上げ
16
80
15
20
10
30
15
64
153.5
12
52.5
52.5
室内
20
52.5
20
サッシW
72.5

「棲林居」設計＝ラブアーキテクチャー
写真＝西川公朗

隅柱のない和室の開口部

① 隅柱を省略した和室開口部 [S=1:15]

断面詳細

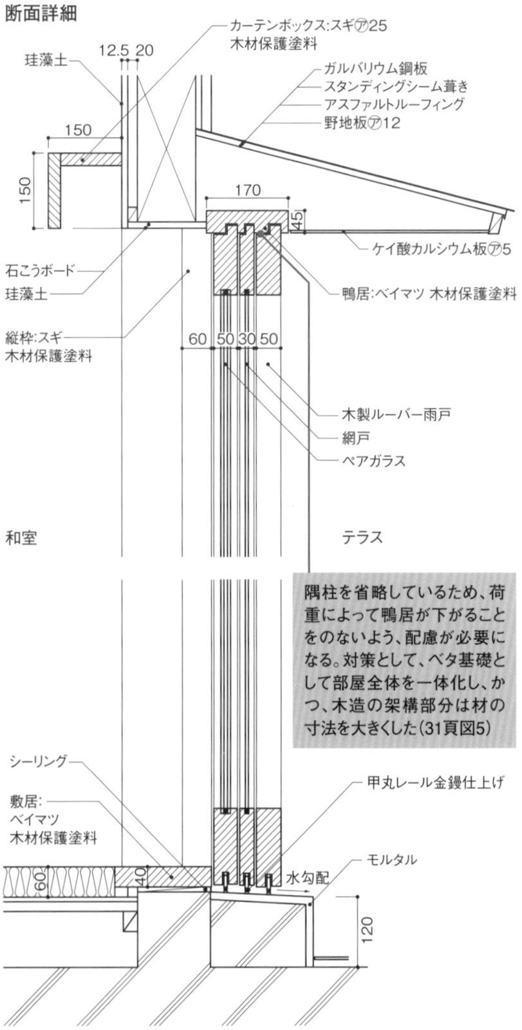
カーテンボックス:スギ㋐25
木材保護塗料
珪藻土
12.5 20
ガルバリウム鋼板
スタンディングシーム葺き
アスファルトルーフィング
野地板㋐12
150
150
170
45
ケイ酸カルシウム板㋐5
石こうボード
珪藻土
鴨居:ベイマツ 木材保護塗料
縦枠:スギ
木材保護塗料
60 50 30 50
木製ルーバー雨戸
網戸
ペアガラス
和室
テラス
隅柱を省略しているため、荷重によって鴨居が下がることをのないよう、配慮が必要になる。対策として、ベタ基礎として部屋全体を一体化し、かつ、木造の架構部分は材の寸法を大きくした(31頁図5)
シーリング
敷居:
ベイマツ
木材保護塗料
甲丸レール金鍍仕上げ
モルタル
60
40
水勾配
120

和室と外部の流動性を高めるべく、隅柱のない納まりとしている

② カーテンボックス断面詳細 [S=1:10]

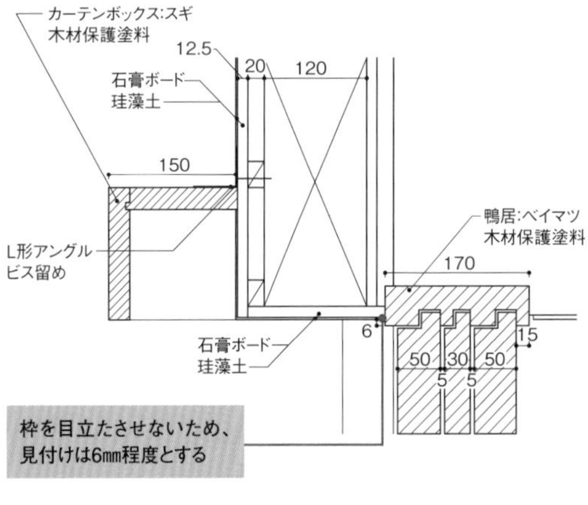
カーテンボックス:スギ
木材保護塗料
12.5
20
120
石膏ボード
珪藻土
150
L形アングル
ビス留め
鴨居:ベイマツ
木材保護塗料
170
6
15
50 30 50
5 5
石膏ボード
珪藻土
枠を目立たさせないため、見付けは6㎜程度とする

隅柱をなくし、外部とのつながりを強調した和室の納まり。隅柱を省略するうえで最も留意しなければならないのは、建具の気密性である。建具が枠に当たる形式とは異なり、お互い動くものどうしが取り合うため、建具が精度よく止まるように、事例では溝を加工し、かつ隙間にはモヘアを入れた。また、建具はそれぞれ勝ち負けの関係になるため、しゃくりを入れて、建具の多少の反りなどにも対応できるようにした。

ただし、最も重要なのは、ディテールよりも全体の「架構計画」だ。隅柱がないことで鴨居が下がってくるなどしないように、十分な強度をもたせる必要がある。

[杉浦英一]

③ 平面詳細［S＝1:8］

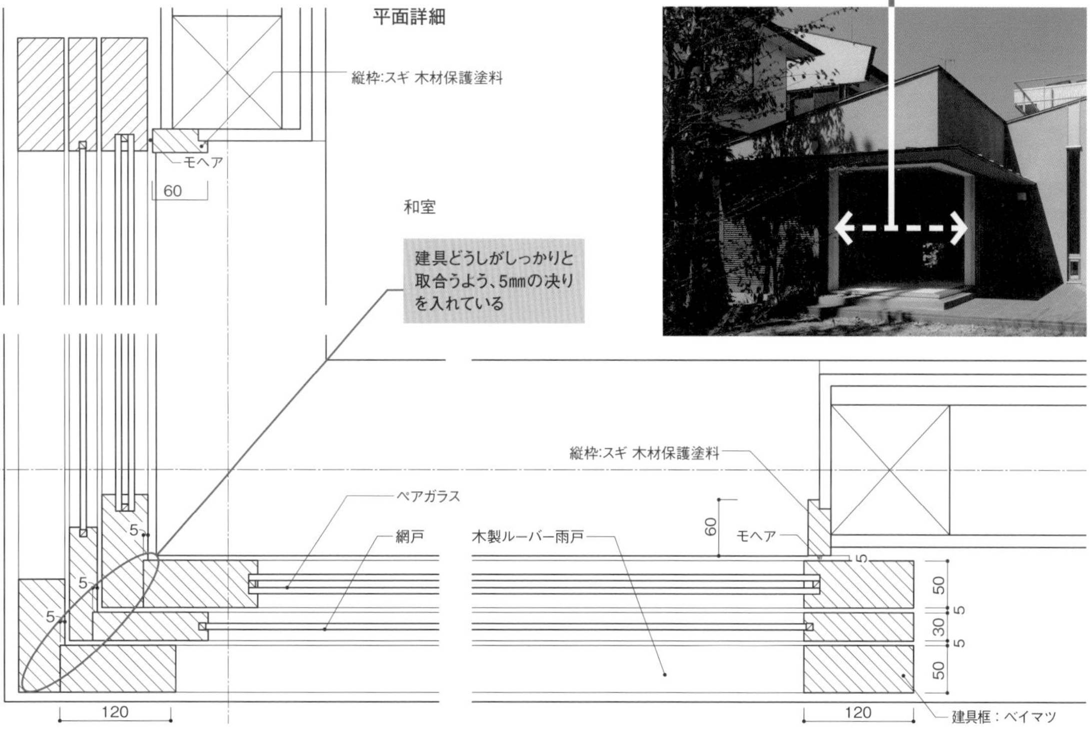

平面詳細
縦枠:スギ 木材保護塗料
モヘア
60
和室
建具どうしがしっかりと取合うよう、5mmの決りを入れている
縦枠:スギ 木材保護塗料
ペアガラス
網戸
木製ルーバー雨戸
60
モヘア
5
5
5
5
50
5
30
5
50
120
120
建具框：ベイマツ

④ 平面図

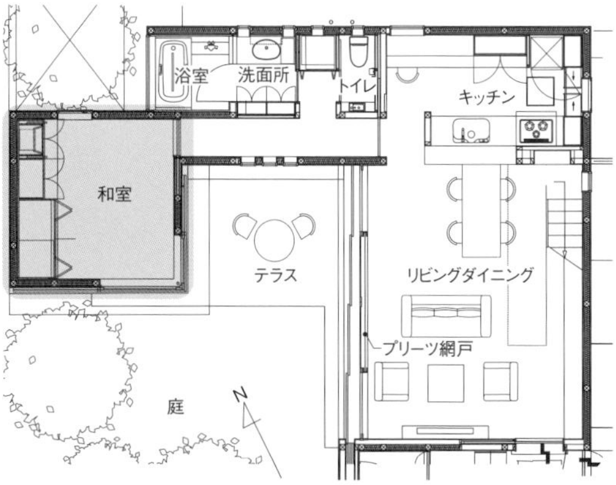

浴室
洗面所
トイレ
キッチン
和室
テラス
リビングダイニング
プリーツ網戸
庭
N

和室は母屋からの「離れ」となっており、母屋から見ると「舞台」のようにも見える

⑤ 架構計画

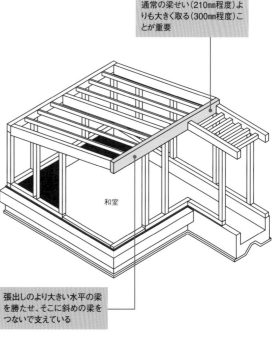

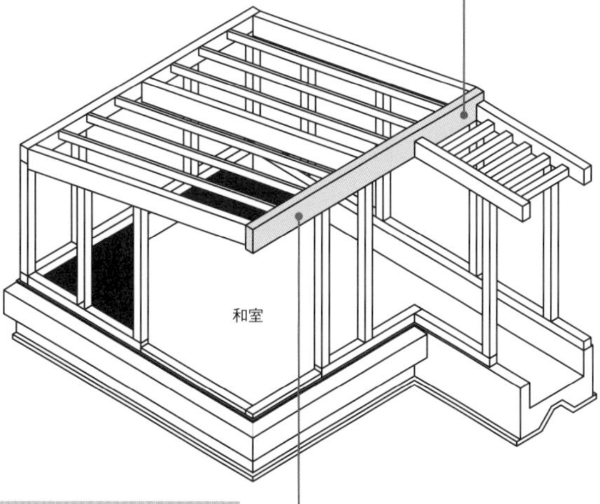

通常の梁せい（210㎜程度）よりも大きく取る（300㎜程度）ことが重要
和室
張出しのより大きい水平の梁を勝たせ、そこに斜めの梁をつないで支えている

「吉祥寺の家2」設計＝杉浦英一建築設計事務所
写真＝堀内広治

開口部

中庭デッキにトップライトを設ける

木造3階建ての2階部分の中庭に設けたトップライト。最も採光条件のよい中庭への光を居室にも引き込む

① トップライト廻り断面詳細［S＝1:25］

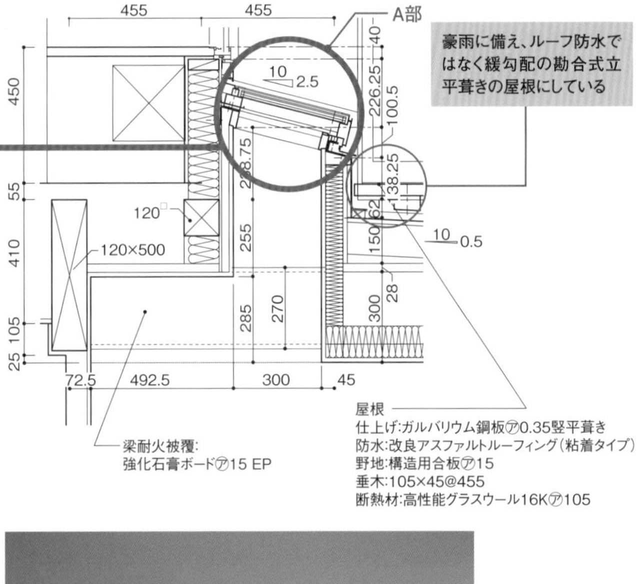

中庭の直下に位置するアトリエ。トップライトからの光が壁を反射している

都心の建て込んだ住宅街で周囲に大きく開くことができないため、木造3階建ての2階に、LDKと階段室でコの字状に囲まれた中庭を設けている。さらに、中庭にトップライトを設置し、暗くなりがちな1階アトリエの採光を確保し、1階開口部の防犯シャッターがすべてしまったときにもアトリエが真っ暗にならないように配慮している。

また中庭とトップライトは、3階建てのなかで孤立しがちな各階の気配を、相互に伝え合う役割も果たしている。

［赤沼修］

② トップライト姿図［S＝1:20］

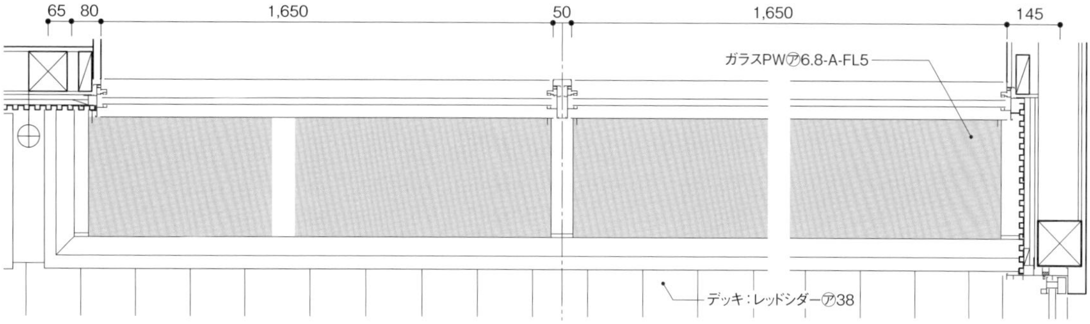

③ トップライト断面詳細［S＝1:20］

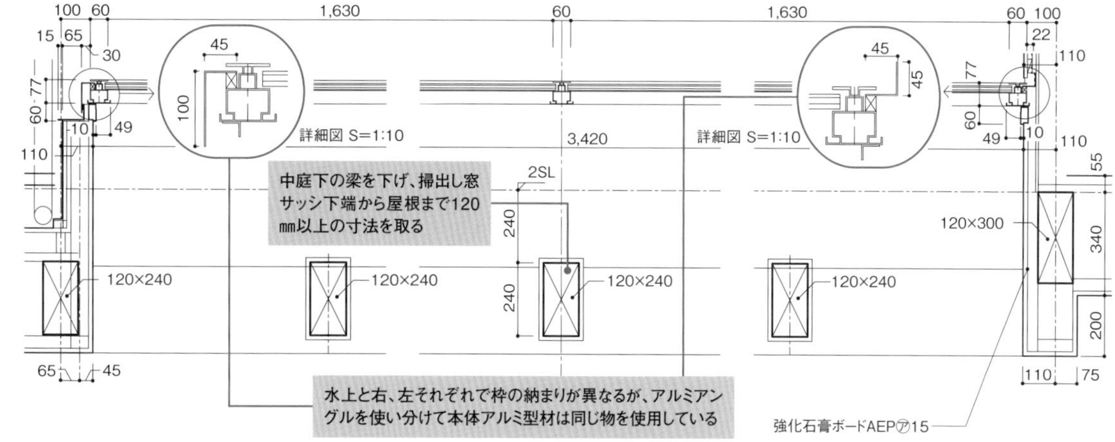

詳細図 S=1:10
詳細図 S=1:10
中庭下の梁を下げ、掃出し窓サッシ下端から屋根まで120mm以上の寸法を取る
120×240
120×240
120×240
120×240
120×300
水上と右、左それぞれで枠の納まりが異なるが、アルミアングルを使い分けて本体アルミ型材は同じ物を使用している
強化石膏ボードAEP㋐15

④ A部詳細［S＝1:6］

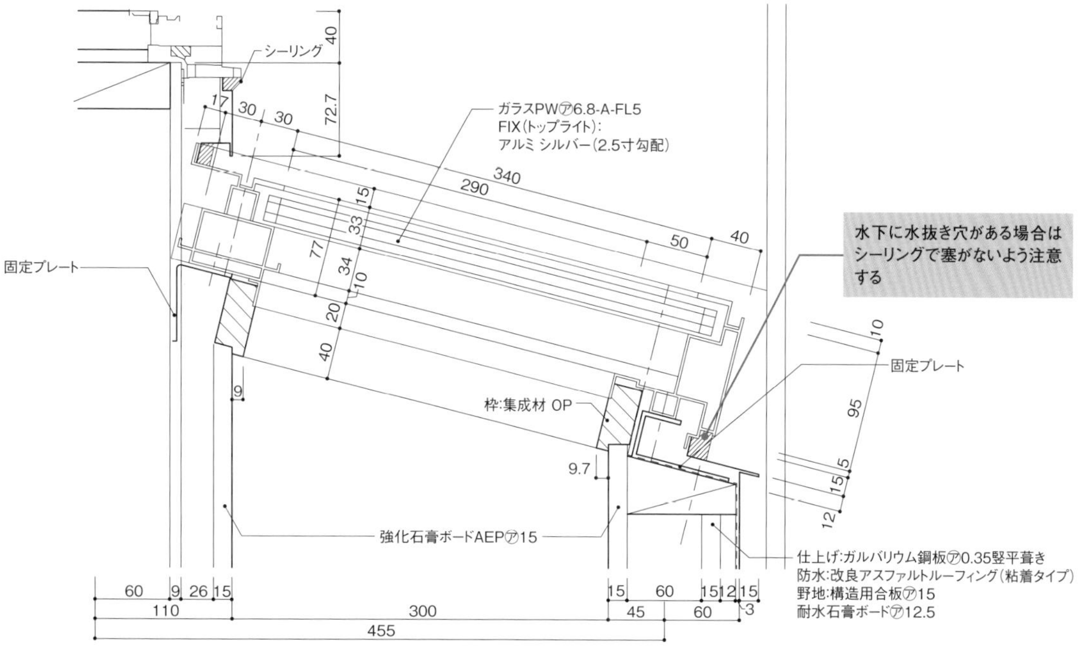

シーリング
ガラスPW㋐6.8-A-FL5
FIX(トップライト)：
アルミ シルバー(2.5寸勾配)
固定プレート
水下に水抜き穴がある場合はシーリングで塞がないよう注意する
固定プレート
枠:集成材 OP
強化石膏ボードAEP㋐15
仕上げ:ガルバリウム鋼板㋐0.35竪平葺き
防水:改良アスファルトルーフィング(粘着タイプ)
野地:構造用合板㋐15
耐水石膏ボード㋐12.5

「アトリエと中庭のある家」設計＝赤沼修設計事務所
写真＝渡辺慎一

入隅で障子を納める

① 入隅の障子の納まり［S＝1:15］

平面詳細

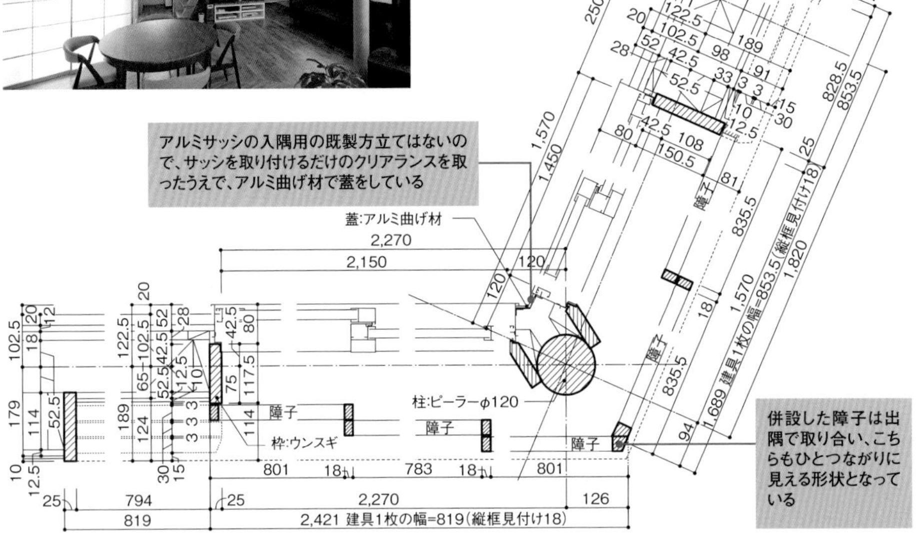

② 断面詳細［S＝1:15］

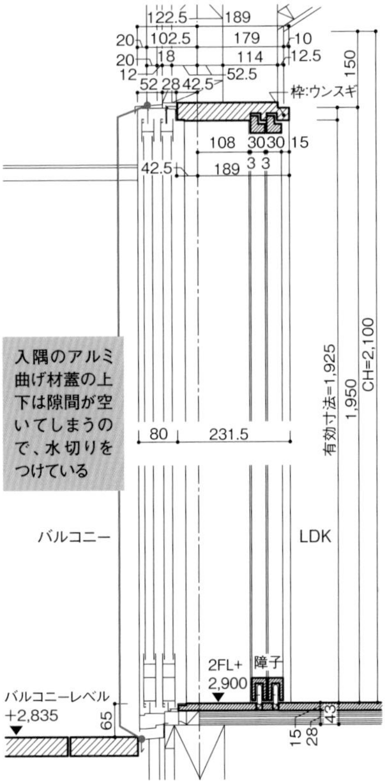

斜めに納める

「く」の字形をしたワンルームのLDKの開口部。コーナーに設けているので必然的に入隅となるが、アルミサッシの入隅用の方立は既製品の用意がない。サッシとサッシの間に壁を入れ、それぞれを独立した開口部とすれば済むが、「く」の字の空間の連続性を強調するために、雨仕舞に注意しながらひとつながりに見えるよう工夫した。［村田淳］

「鎌倉の家」設計・写真＝村田淳建築研究室

① 出隅で直角に納める［S＝1:15］

平面詳細

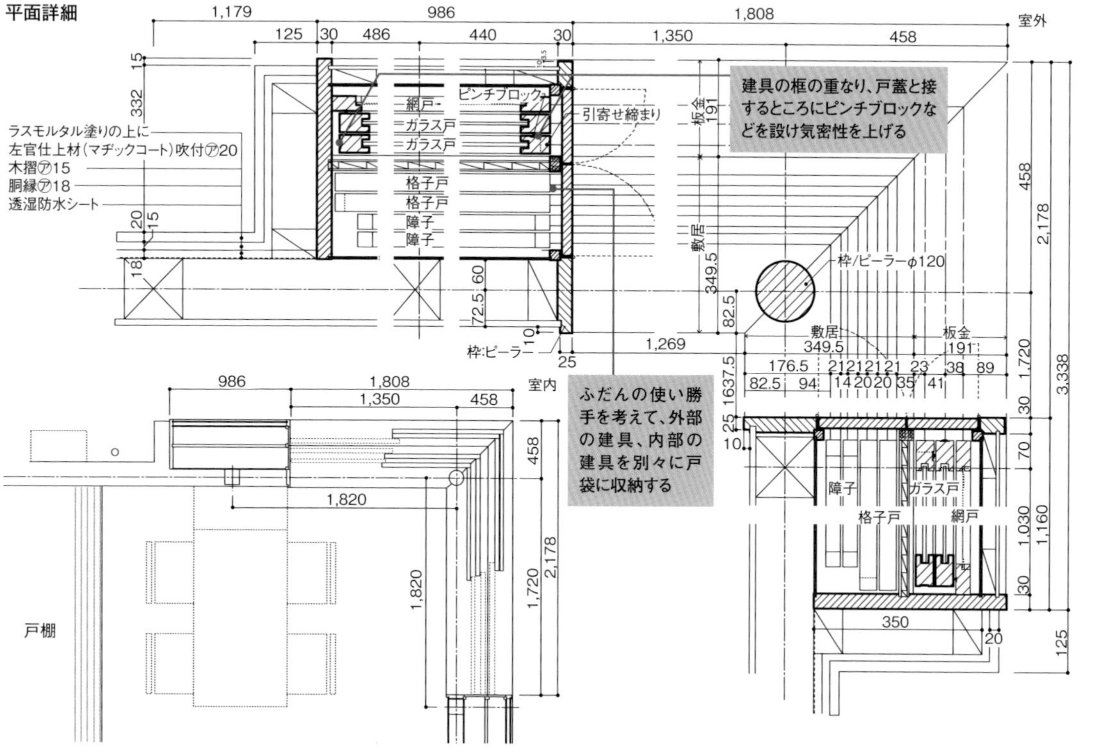

室外
室内
ラスモルタル塗りの上に
左官仕上材(マヂックコート)吹付⑦20
木摺⑦15
胴縁⑦18
透湿防水シート
網戸
ガラス戸
ガラス戸
格子戸
格子戸
障子
障子
ピンチブロック
引寄せ締まり
板金
敷居
枠/ピーラーφ120
枠:ピーラー
戸棚
建具の框の重なり、戸蓋と接するところにピンチブロックなどを設け気密性を上げる
ふだんの使い勝手を考えて、外部の建具、内部の建具を別々に戸袋に収納する

② 断面詳細［S＝1:20］

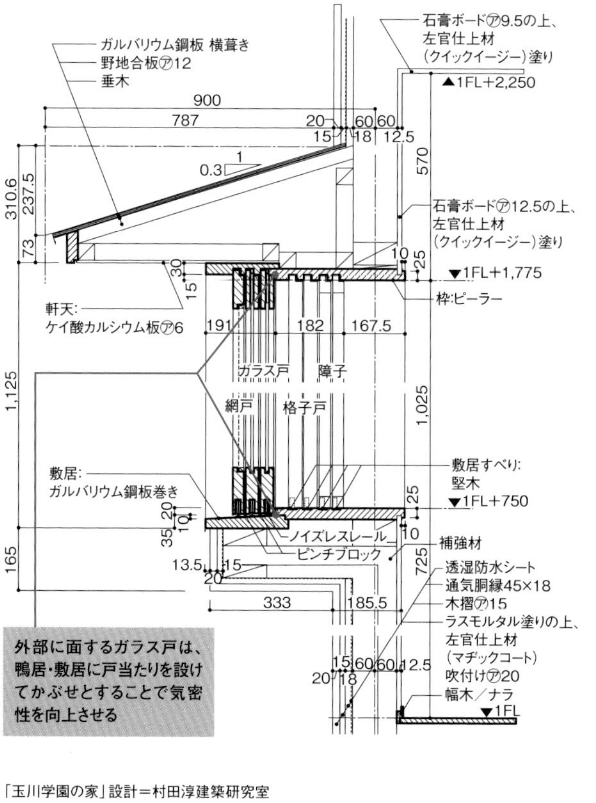

ガルバリウム鋼板 横葺き
野地合板⑦12
垂木
石膏ボード⑦9.5の上、
左官仕上材
(クイックイージー)塗り
▲1FL+2,250
石膏ボード⑦12.5の上、
左官仕上材
(クイックイージー)塗り
▼1FL+1,775
枠:ピーラー
軒天:
ケイ酸カルシウム板⑦6
ガラス戸
障子
網戸
格子戸
敷居:
ガルバリウム鋼板巻き
敷居すべり:
堅木
▼1FL+750
ノイズレスレール
ピンチブロック
補強材
透湿防水シート
通気胴縁45×18
木摺⑦15
ラスモルタル塗りの上、
左官仕上材
(マヂックコート)
吹付け⑦20
幅木/ナラ
▼1FL
外部に面するガラス戸は、鴨居・敷居に戸当たりを設けてかぶせとすることで気密性を向上させる

直角に納める

ダイニングに面したコーナー窓。建築主から、可能な限り窓を開けた自然通風のある暮らし、明るい朝日のもとの朝食という要望があったため、LDKの北側に位置する東のコーナーを開いた窓である。

ここでは複数種の建具がすべて戸袋の中に収納できるように計画している。通風のための網戸、ガラス戸、通風と防犯を両立するガラリ戸(ロック可能)、そして障子である。アルミサッシではなく木製建具を採用している理由はいくつかあるが、開放したときに枠が出隅に残らないようにできることもその1つ。そのため、この場合は閉めたときに建具どうしが出隅で取り合うことになる。気密性向上のために、建具どうし、建具と枠の接する部分にはピンチブロックを設けているが、建具は複数枚あるのでピンチブロックには不連続な部分が生じる。そのため、障子を設けて冷気の侵入を防いでいる。快適な生活を送るためのちょっとした工夫である。［村田淳］

「玉川学園の家」設計＝村田淳建築研究室

column

重伝建地区にも住みよい家を

重伝建地区での設計基準 外観規制に「誤解」も

富田林寺内町（とんだばやしないまち）は、大阪府で唯一、重要伝統的建造物群保存地区［※］（以下、重伝建地区）に指定された街だ。街は南北約300m、東西400mのほぼ楕円形となっている。16世紀半ば、戦国時代に浄土真宗徒の寺内町としてつくられた後、南河内一の商業地として発展。現存する町家は17世紀中頃から幕末にかけての遺構である。

富田林寺内町の建築の許可基準には、屋根の形状や勾配、瓦の材質、軒裏の化粧垂木、外壁の色、開口部の材質、色などについてのさまざまな規定がある。

筆者は、約19年前に手がけた住宅の設計をきっかけに、寺内町内の造り酒屋の蔵をギャラリーとして改修したほか、町への入口でもある本町通商店街入口のゲートのデザイン、2軒の長屋を改修した陶芸工房の設計などを行い、その後は新築住宅の設計も手がけている。

こうした重伝建地区での新築で配慮しなければならないのは、建築の許可基準にもとづいた外観規制を守りながらも、内部は現代のライフスタイルに対応した住まい方ができるようにしなければならないことだ。

外観規制は文字どおり外観のみに関する規定であり、内部は自由に設計することができる。しかしこれを誤解している人は多く、重伝建地区の住宅内部は暗く住みにくいという誤ったイメージをもつ人も少なくない。それもあってか、若い人の定住が進まず、重伝建地区の高年齢化が進んでいる。内部をほかの地域と同等もしくはそれ以上の快適な空間としなければ、高年齢化はますます進むことになるだろう。これは富田林寺内町に限ったことではない。重伝建地区にあって外観規制を遵守しながら、最大限住みやすい内部空間を提案することが重要なのではないかと筆者は考えている。

設計での注意点

富田林寺内町では近年、住民（店舗も含む）主導のさまざまなイベントが行われている。筆者が設計した「路地のある寺内町の家」では、そうしたイベントの際にはオープンハウスのように、「住開き」で住宅を開放をしている。街を訪れた一般の人々が出入りしやすいよう、土間にはギャラリースペースも設けた。重伝建地区でも快適な住まいがつくれるということを知ってもらうことが狙いだ。

もちろん住宅でもあるため、車を入れることが可能な三和土仕上げの前庭・玄関があり、道路面がほとんど開口部となっている。在来木造住宅であるため、耐震性の配慮にも時間をかけたほか、大きく設けた開口を焼スギの腰壁に見せるため大きな建具としている［左頁図1～4参照］。

普段はギャラリー部分が格子戸のままでそのほかは腰壁のみに見えるが、戸を開けると玄関への格子戸に、反対側を開けると駐車スペースとなり、隠し扉のように見せている。玄関への板戸、格子戸の関係は、町家によくある出入口を現代風にアレンジしたもの。これらの仕掛けは、当然内部へのつながりも意識したつくりとなっている。

設計者にできること

私たち設計者は、重伝建地区の外観規制を遵守しつつ、内と外とのつながりや環境に配慮した提案をする必要があると考える。ちなみに、この住宅では外部から見えない屋根で勾配の緩い草屋根を実現している。許可を得るまでに8カ月かかったが、CO_2の削減などの効果に微力ながら貢献している。

重伝建地区で街並みの保存が重要なのは当然だが、同時に人が住み続ける街には何が必要か、考える時代になっている。

［横関正人］

富田林寺内町は、現在も多くの町家が残る大阪府で唯一の重伝建地区である。写真は、地区を南北に縦断する「城之門筋」。1986年に建設省の日本の道100選に選定されている

※：「伝統的建造物群保存地区」（市町村が条例等により決定）のうち、日本の文化財保護法第144条の規定にもとづき、特に価値が高いものとして文部科学大臣が選定したもの。2020年12月現在、日本国内で123地区が指定されている

図1 ギャラリー入口平面詳細［S＝1:15］

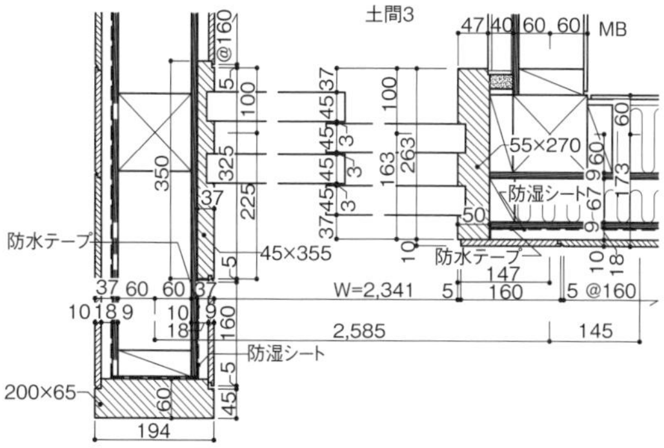

図2 ギャラリー入口断面詳細［S＝1:10］

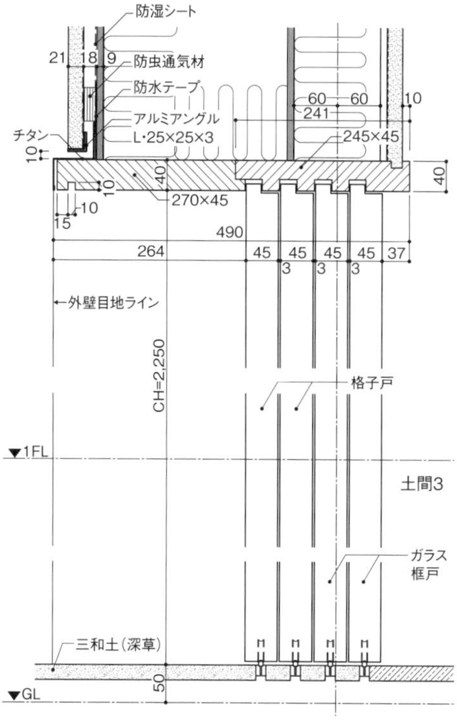

図3 1階平面図

図4 玄関断面詳細［S＝1:10］

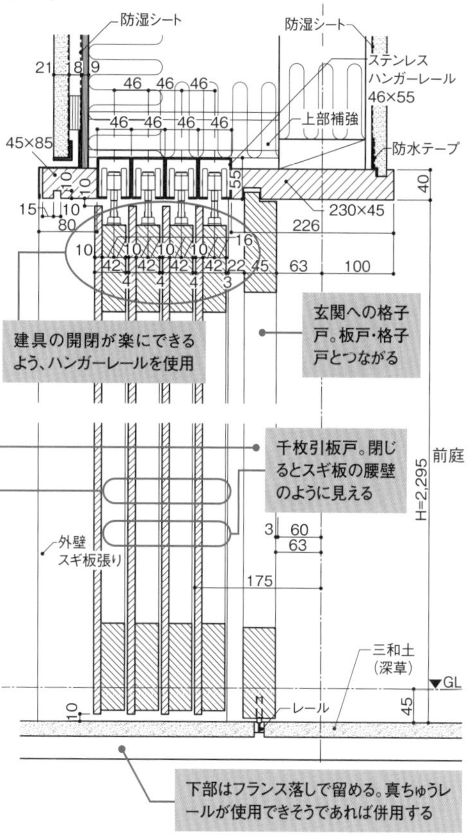

前面道路に面した部分のほとんどを開口部としている。写真左の格子戸は玄関、写真右の焼スギの腰壁のように見える部分は駐車スペースへとつながる勝手口となっている

「路地のある寺内町の家」設計＝NEOGEO
写真＝絹巻豊（37頁）

壁に消える開き戸

① 壁と同面で納める

平面図［S＝1：10］

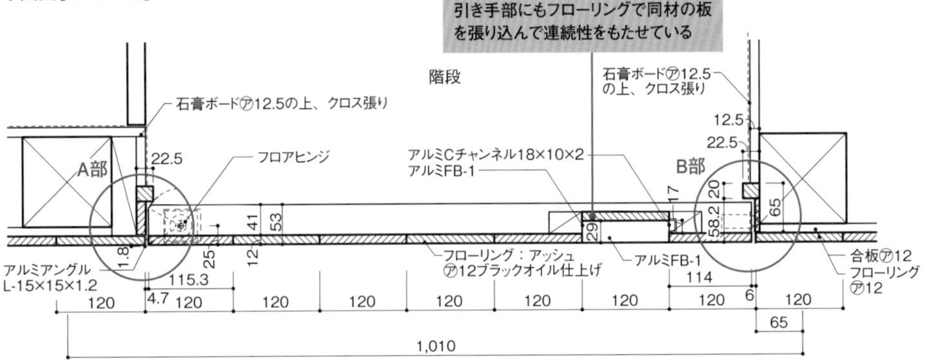

引き手部にもフローリングで同材の板を張り込んで連続性をもたせている

階段

石膏ボード⑦12.5の上、クロス張り

石膏ボード⑦12.5の上、クロス張り

A部

フロアヒンジ

アルミCチャンネル18×10×2
アルミFB-1

B部

12.5
22.5

65

58.2
20
17

22.5
1.8
41
53
25
12

29

アルミアングル
L-15×15×1.2

フローリング：アッシュ
⑦12ブラックオイル仕上げ

アルミFB-1

合板⑦12
フローリング⑦12

115.3
4.7
120　120　120　120　120　120
114
120　6　120
65

1,010

A部詳細図［S＝1：4］

22.5
12.5　10
20
65
45
12.5
1.2

枠材：スプルス12.5×45
EP

アルミアングル L-15×15×1.2

B部詳細図［S＝1：4］

22.5
10　12.5
20
6
65
45
4.8
1.2

枠材：
スプルス
22.5×20
EP

見切りにアルミアングルを使用してコーナーを保護しつつ、見付けを抑えてスッキリと見せる

枠材：スプルス6×45
EP

アルミアングル L-15×15×1.2

引き手部アイソメ図

フローリング⑦12

フローリング⑦12

フローリング⑦12

アルミFB-1

アルミCチャンネル18×10×2

アルミFB-1

② 隠し丁番を使用［S＝1：8］

石膏ボード⑦12.5の上、クロス張り

建具の厚みや重さが少ない場合は隠し丁番を使用するケースもある

22.5
12.5　10
35
20
1.8

隠し丁番

34
46
4

構造用合板⑦12
フローリング⑦12

Al L-15×15×1.2

1.2　7
120　120　120

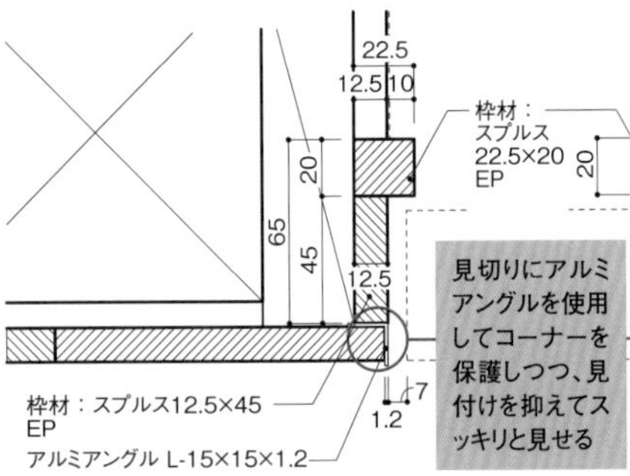

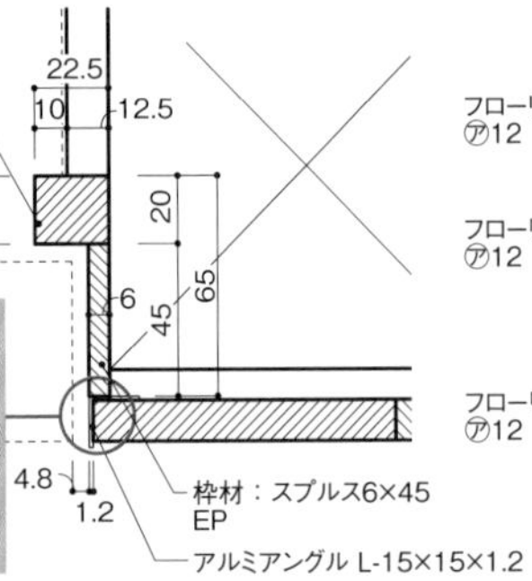

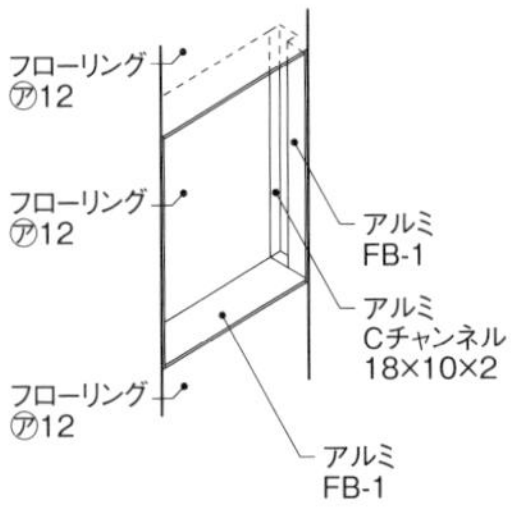

開き戸の取手を壁面にあるブリーズソレイユのステンレスのボックスに似せた形状とすることで、さらに存在感を消している

「下北沢の住宅」設計・写真＝LEVEL Architects

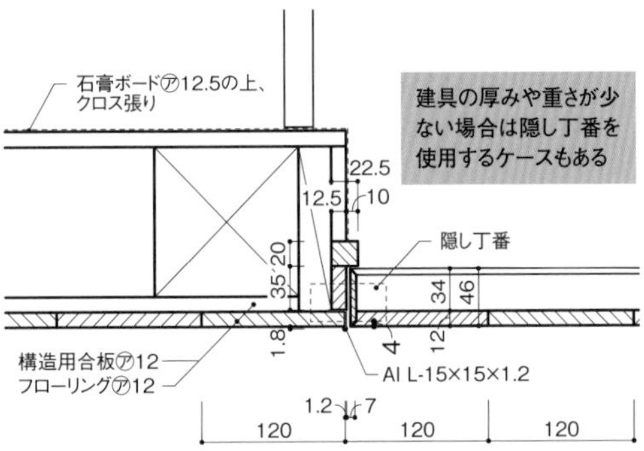

床と同じフローリング材を壁、開き戸に張り、壁と開き戸を同面とすることで一体に見せ、建具の存在感を消している。さらに、フローリングの目地を床・壁と通すことでも調和を図っている。開き戸の大きさはこのフローリングの割付けで決定した。

図中のA部ではフロアヒンジとしているが、建具が薄く、重量がない場合は、②のように隠し丁番としたバリエーションも考えられる。

［中村和基・出原賢一］

ガラスの欄間でゆるやかにつなぐ

2つの小さな個室の出入り口である、片引き戸の事例。小さな部屋であるため、閉塞感を解消するために欄間にガラスを使用している。これにより、プライバシーを確保して個室としての役割を果たしつつ廊下と個室がゆるやかにつながった空間となっている。[村田淳]

① 欄間をガラスに [S=1:8]

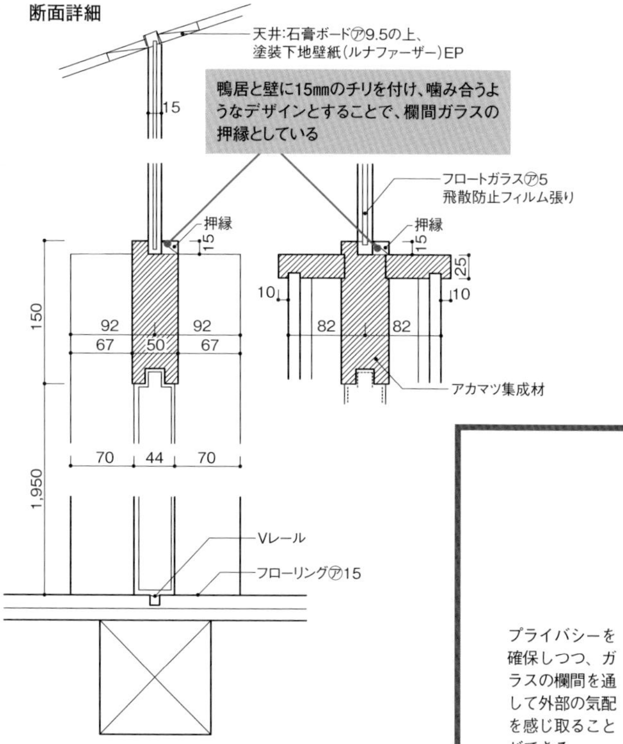
断面詳細
天井:石膏ボード㋐9.5の上、
塗装下地壁紙(ルナファーザー)EP
鴨居と壁に15㎜のチリを付け、噛み合うようなデザインとすることで、欄間ガラスの押縁としている
フロートガラス㋐5
飛散防止フィルム張り
押縁
押縁
アカマツ集成材
Vレール
フローリング㋐15
150
1,950
92
67
50
70
44
82
15
25
10

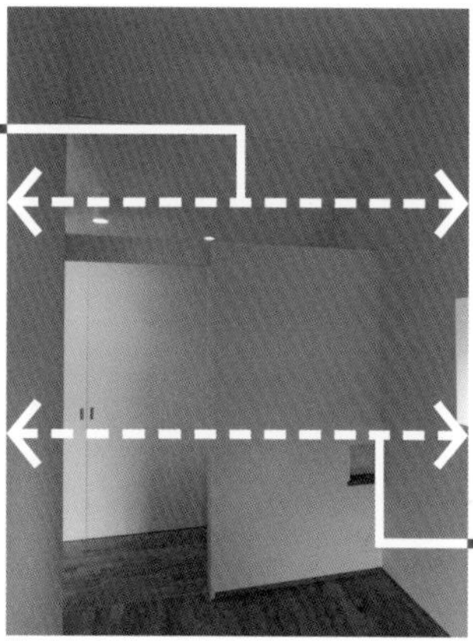

プライバシーを確保しつつ、ガラスの欄間を通して外部の気配を感じ取ることができる

② 欄間部平面詳細 [S=1:10]

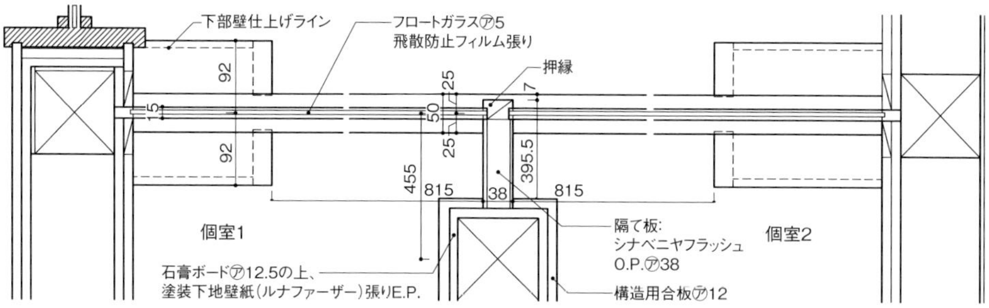

③ 建具部平面詳細 [S=1:10]

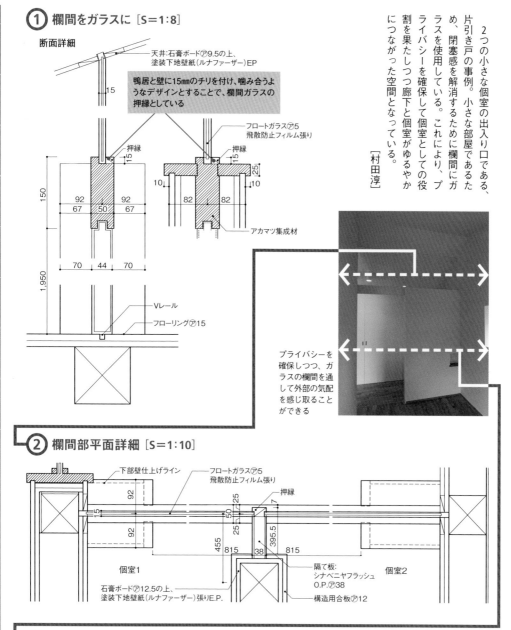

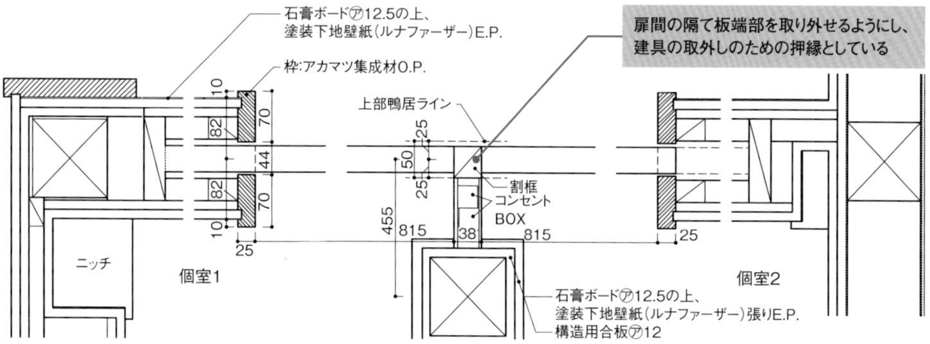
石膏ボード㋐12.5の上、
塗装下地壁紙(ルナファーザー)E.P.
枠:アカマツ集成材O.P.
扉間の隔て板端部を取り外せるようにし、建具の取外しのための押縁としている
上部鴨居ライン
割框
コンセント
BOX
ニッチ
個室1
個室2
石膏ボード㋐12.5の上、
塗装下地壁紙(ルナファーザー)張りE.P.
構造用合板㋐12
10
82
70
44
25
50
455
815
38

「上野毛の家」設計・写真=村田淳建築研究室

階段仕切り戸で冷気を止める

① 仕切り戸で気流を止める [S=1:8]

平面詳細

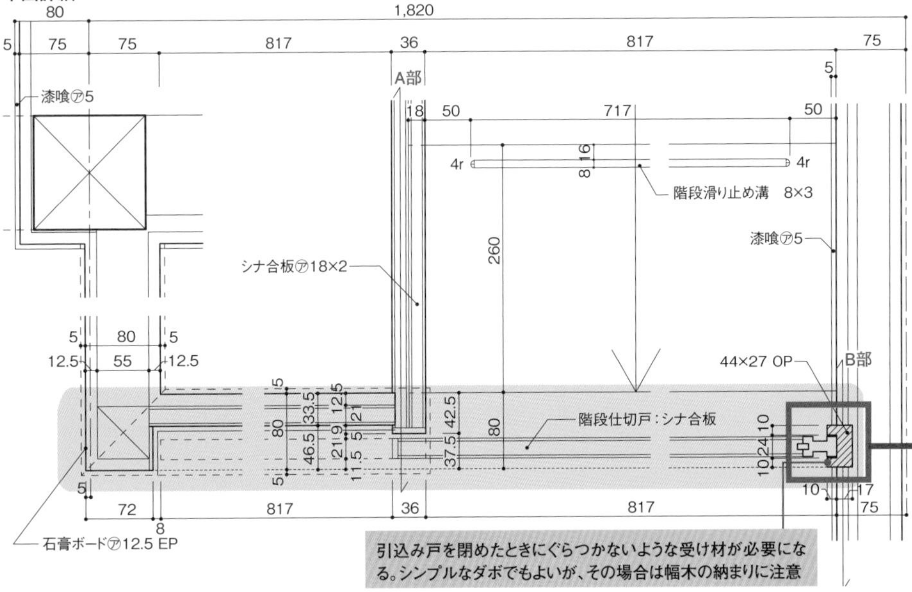

② 引手詳細 [S=1:10]

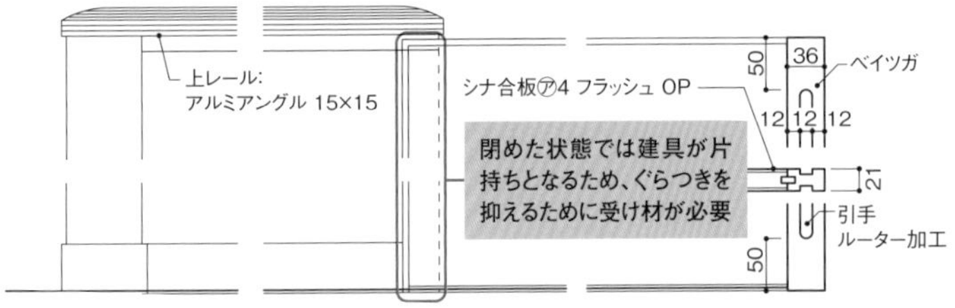

引込み戸を閉じた状態。引込み戸の先は1階へと続く階段となっているため、階下に冷房の冷気が下降するのを腰壁と建具で止めている

空間に視界の抜けや広がりを与えるため、2階LDKと和室の間にある階段をあえて壁で仕切らずに、腰壁としている。

夏の冷房時には、1階へ流れようとする冷気を腰壁と引込み戸で、ある程度抑えることができる。 [赤沼修]

引込み戸を開いた状態。腰壁がシナにより薄くつくることでスッキリと納まっている

③ 腰壁を薄くつくる ［S＝1：10］

断面詳細

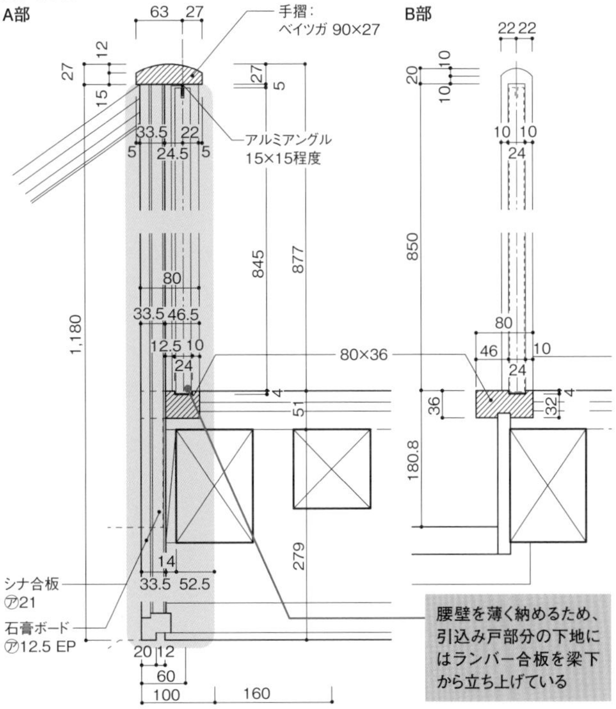

④ 立面図 ［S＝1：80］

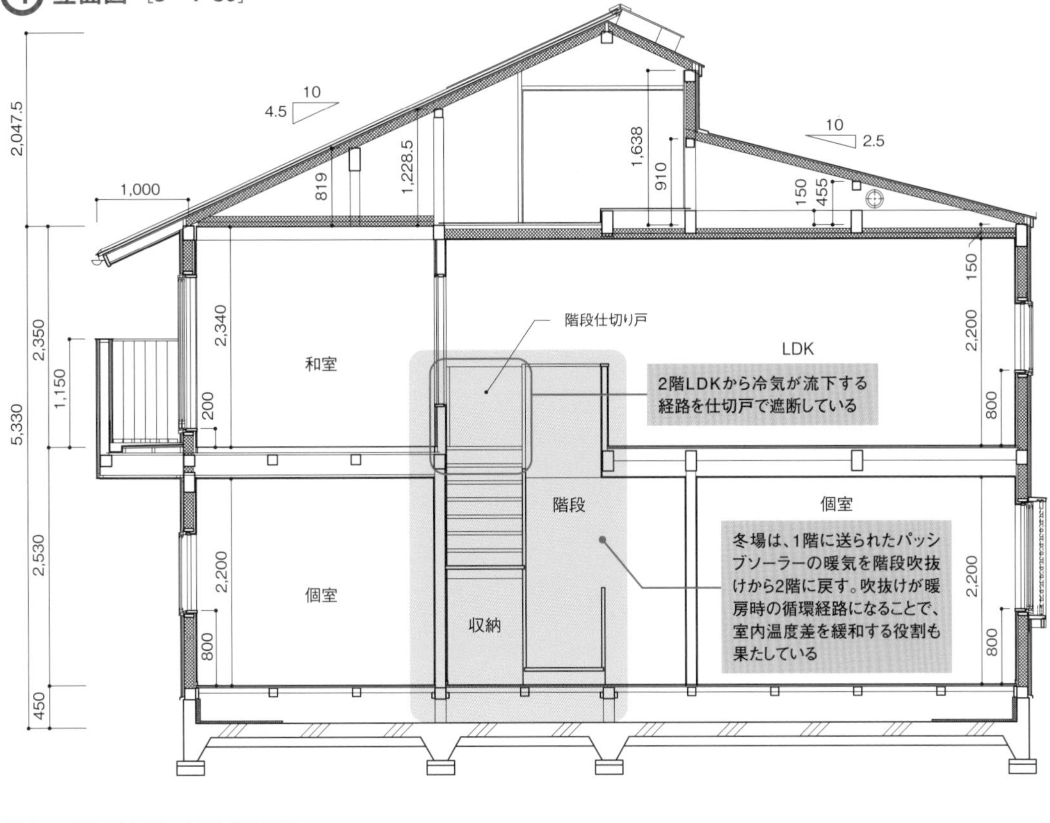

「旗竿三角敷地の家」設計＝赤沼修設計事務所
写真＝渡辺慎一

column

木製建具の引手に通気口を隠す

意匠を邪魔しない通気口

換気経路を確保するため、開き戸に通気口を設ける必要がある場合、扉の下側にスリットを設けて通気を確保するという方法が一般的である。

しかし、建物全体の建具をシンプルな引戸で設計している場合などは、扉の下側をカットした、レバーハンドルのある建具の存在が全体から浮いてしまい、違和感が生じるケースもあるだろう。

そこで、建具の引手そのものが通気口を兼ね備える仕組みを考案した。具体的には、建具面の引き手部分に120㎜四方程度の開口を設けて通気口とし、そこに板を浮かせるように取り付けて、建具の引手で隠す、というものである。

ビジュアル的には、片面からは板がくり抜かれたかれたようなスッキリとした表情となり、反対側の面から見れば、建具に小さな板が取り付いたようなシンプルな表情となる。

使用状況を伝える「サイン」としての役割

このような通気口を設ける際は、孔が通っている向きに注意が必要だ。引手としての使い勝手を考慮し、通気経路は上下ではなく左右方向に設けているが、孔の抜ける方向が壁面側に向いていない場合、引手の板と建具の隙間の大きさによっては内部が見えてしまうので、寸法を微調整する必要がある（図の例では30㎜としている）。

用途や場所によって引手部分の板の仕上げや大きさを変化させることで、さまざまなバリエーションをもたせることができる。

写真の建物では、洗面室とトイレの出入り口にこの引手を設置している。使用中の場合、内部の照明の光がこの隙間から漏れてくることで、使用状況を伝える「サイン」としての役割も兼ねている。

［藤原・室／建築室計事務所］

建具の片側からは小さな孔があいているように見える（写真上）。反対面や横側から見ると、小さな板が取り付いた引手として見える（写真下）

図｜引き手廻り詳細

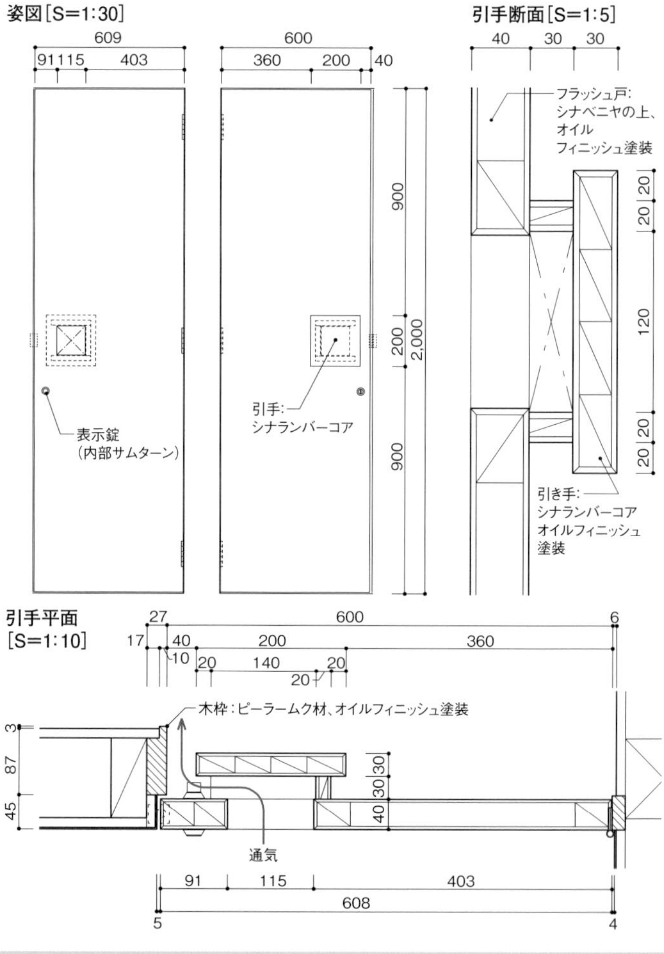

「三田の家」設計＝藤原・室／建築室計事務所

階段幅木をスッキリ見せる

幅木を省略すると線が少なくなり、きれいに見えることが多いが、反面、汚れが目立ちやすくなる。メンテナンスの手間を考えれば、やはり幅木は極力廻したい。しかし、壁まで段鼻を延ばすと幅木が分断されきれいにまわらない。そこで、足を置かない端部は段鼻を引っ込めることで、幅木がスムーズに廻るようにしている。[村田淳]

① 階段詳細［S＝1:50］

平面図

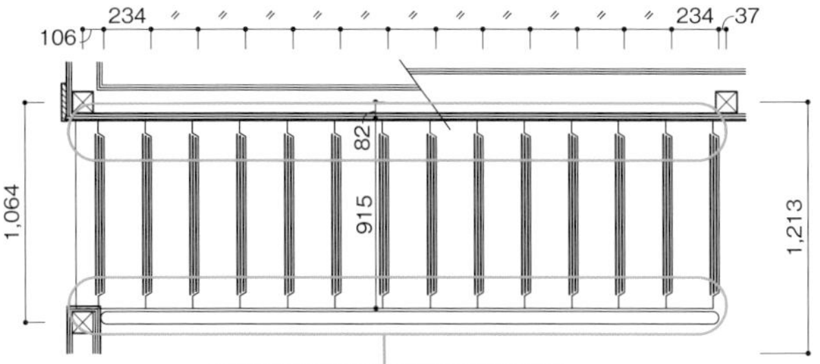

234
234
37
106
82
915
1,064
1,213

幅木がきれいに廻るよう、段鼻の端部のみを引っ込める

姿図

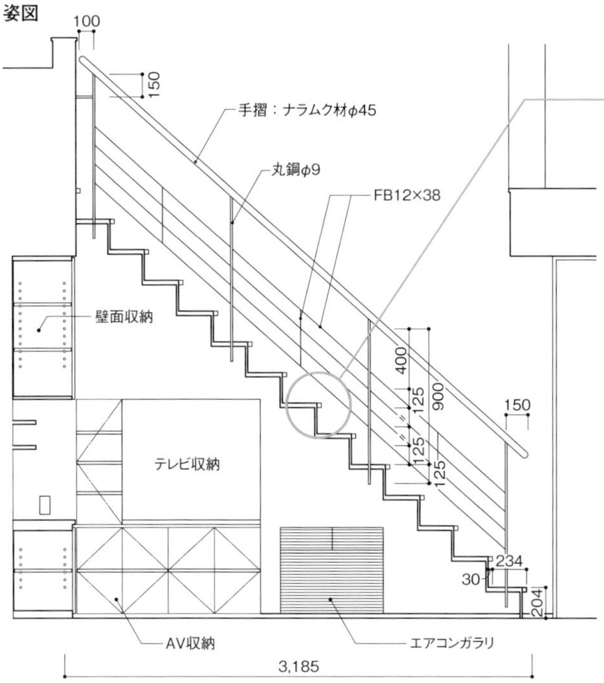

100
150
手摺：ナラムク材φ45
丸鋼φ9
FB12×38
壁面収納
400
125
900
125
125
150
テレビ収納
234
30
204
AV収納
エアコンガラリ
3,185

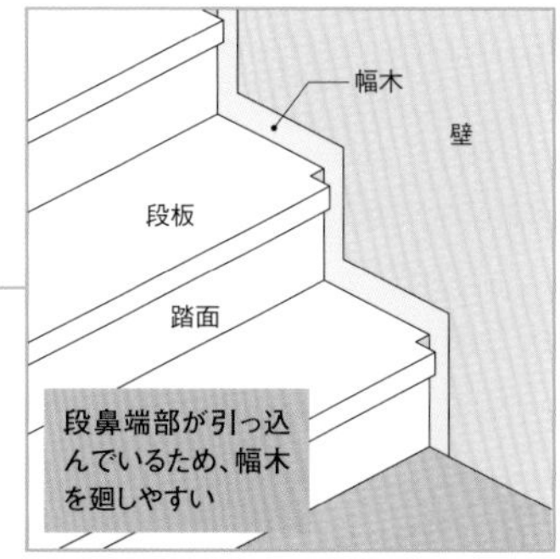

幅木
壁
段板
踏面
段鼻端部が引っ込んでいるため、幅木を廻しやすい

家族間のコミュニケーションのため、個室への動線をリビングに組み込んだ階段

② 踏板詳細［S＝1:15］

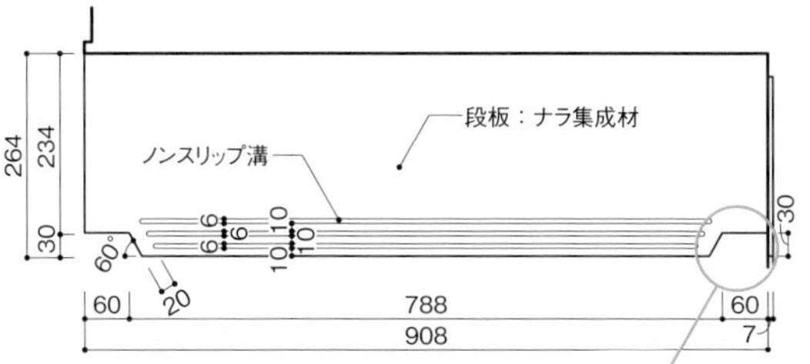

踏面の寸法を稼ぐために、段鼻の中央だけを30㎜ほど跳ね出させることで、幅木がきれいにまわるようにしている

③ 断面詳細［S＝1:15］

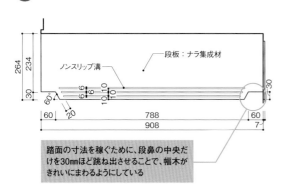

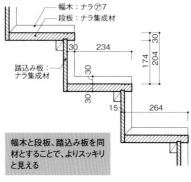

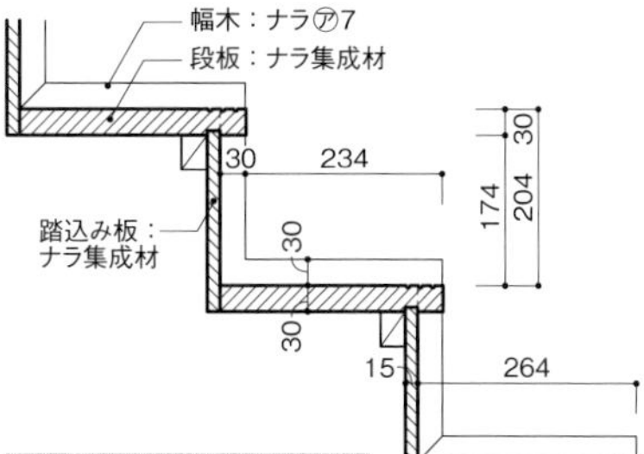

幅木：ナラ㋐7
段板：ナラ集成材
30
234
30
174
204
踏込み板：ナラ集成材
30
30
15
264

幅木と段板、踏込み板を同材とすることで、よりスッキリと見える

「上野毛の家」設計＝村田淳建築研究室
写真＝田中宏明＋田中宏明写真工房

合板で袖壁を薄くスッキリ見せる

折返し階段は、中央の袖壁のデザインによって全体の印象が大きく変わる。ここでは、親柱を八角形に加工し、袖壁を薄くすることで軽やかな印象をつくり出している。合板を3枚重ね合わせてつくるので側桁が不要になり、見え方や納まりがシンプルになる。蹴込み板のない透かし階段の場合には、側桁がない分すっきりとし、広がり感や抜け感がより強く印象づけられる。

袖壁が薄いと階段幅も広くとれ、小さな住宅では有効。［神家昭雄］

① 2階階段部分平面詳細［S=1:30］

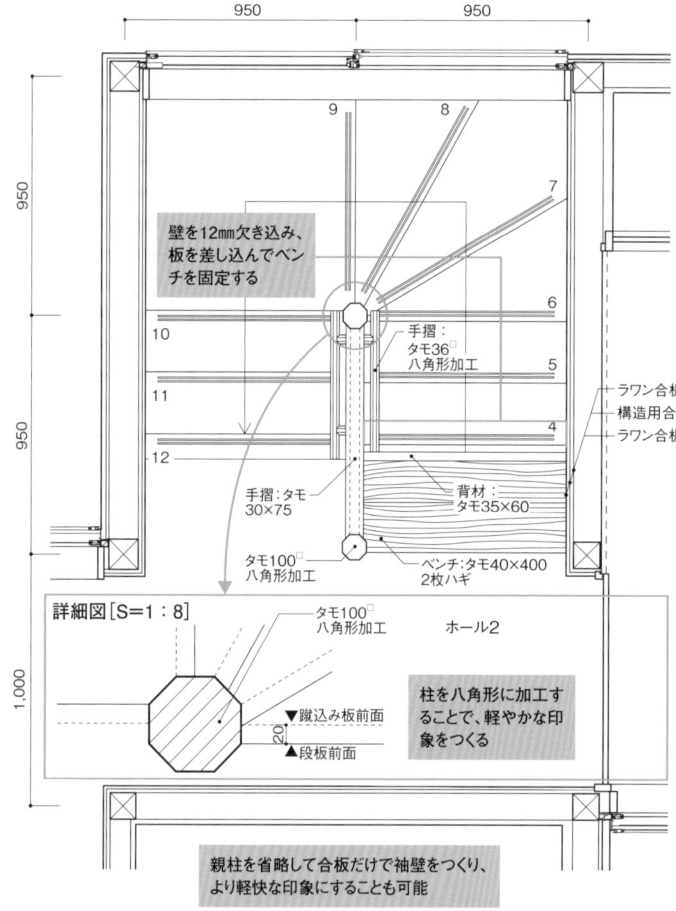
950
950
950
950
1,000
9
8
7
6
5
4
10
11
12
壁を12mm欠き込み、板を差し込んでベンチを固定する
手摺：タモ36□八角形加工
ラワン合板㋐12
構造用合板㋐15
ラワン合板㋐12
手摺：タモ30×75
背材：タモ35×60
タモ100□八角形加工
ベンチ：タモ40×400 2枚ハギ
詳細図［S=1：8］
タモ100□八角形加工
ホール2
▼蹴込み板前面
20
▲段板前面
柱を八角形に加工することで、軽やかな印象をつくる
親柱を省略して合板だけで袖壁をつくり、より軽快な印象にすることも可能

蹴込みのない透かし階段としたパターン（写真左）
袖壁の仕上げや色を周りの壁と変えることでアクセントにもなる（写真右）

② 階段断面詳細 [S=1:30]

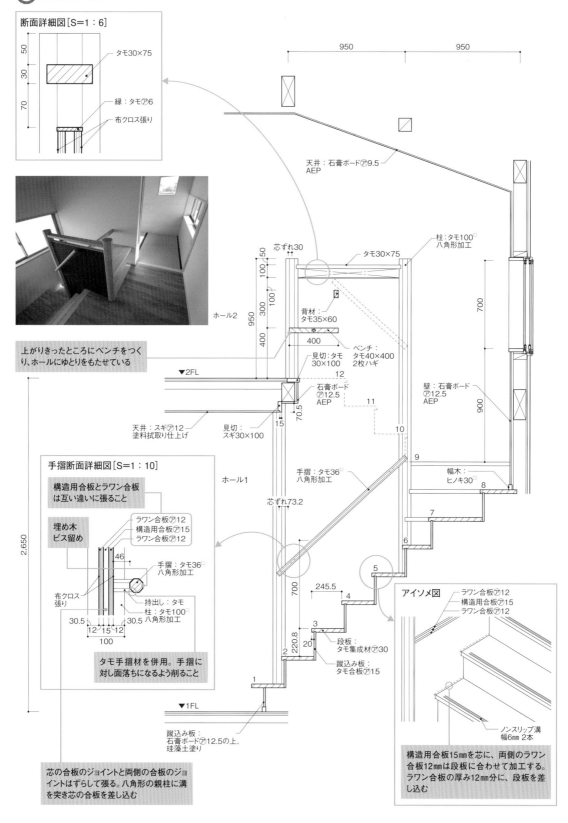

断面詳細図 [S=1：6]

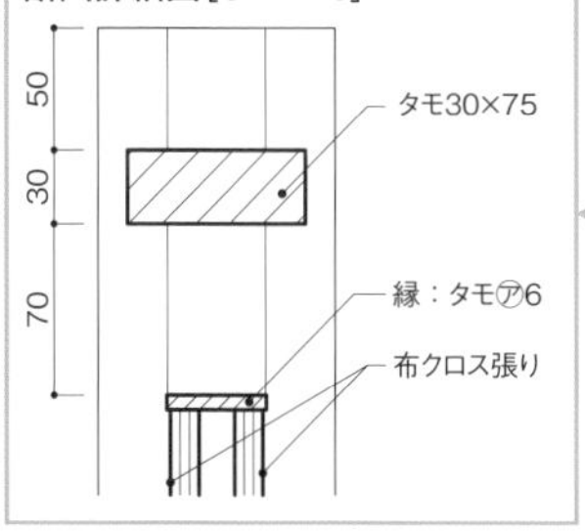
50
30
70
タモ30×75
縁：タモ㋐6
布クロス張り

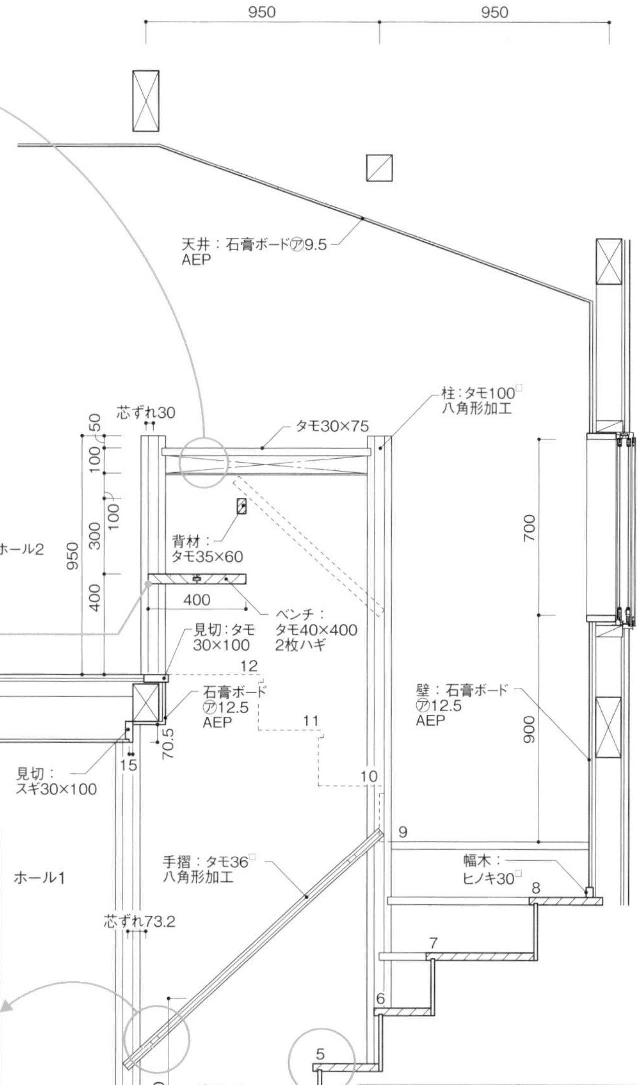
950
950
天井：石膏ボード㋐9.5
AEP
芯ずれ30
50
100
100
300
950
400
タモ30×75
柱：タモ100□
八角形加工
背材：
タモ35×60
ホール2
400
ベンチ：
タモ40×400
2枚ハギ
見切：タモ
30×100
700
上がりきったところにベンチをつくり、ホールにゆとりをもたせている
▼2FL
12
石膏ボード
㋐12.5
AEP
11
70.5
15
10
壁：石膏ボード
㋐12.5
AEP
900
天井：スギ㋐12
塗料拭取り仕上げ
見切：
スギ30×100
9
ホール1
手摺：タモ36□
八角形加工
幅木：
ヒノキ30□
8
芯ずれ73.2
7
2,650
6
700
5
245.5
4
3
220.8
20
段板：
タモ集成材㋐30
2
蹴込み板：
タモ合板㋐15
1
▼1FL
蹴込み板：
石膏ボード㋐12.5の上、
珪藻土塗り
芯の合板のジョイントと両側の合板のジョイントはずらして張る。八角形の親柱に溝を突き芯の合板を差し込む

手摺断面詳細図 [S=1：10]

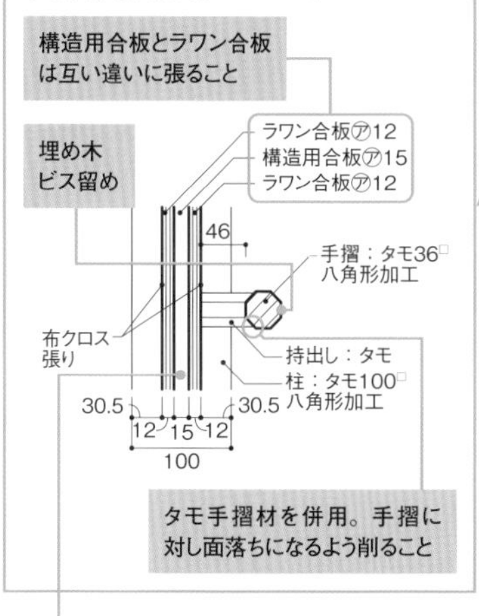
構造用合板とラワン合板は互い違いに張ること
埋め木
ビス留め
ラワン合板㋐12
構造用合板㋐15
ラワン合板㋐12
46
手摺：タモ36□
八角形加工
布クロス張り
持出し：タモ
柱：タモ100□
八角形加工
30.5
12
15
12
30.5
100
タモ手摺材を併用。手摺に対し面落ちになるよう削ること

アイソメ図

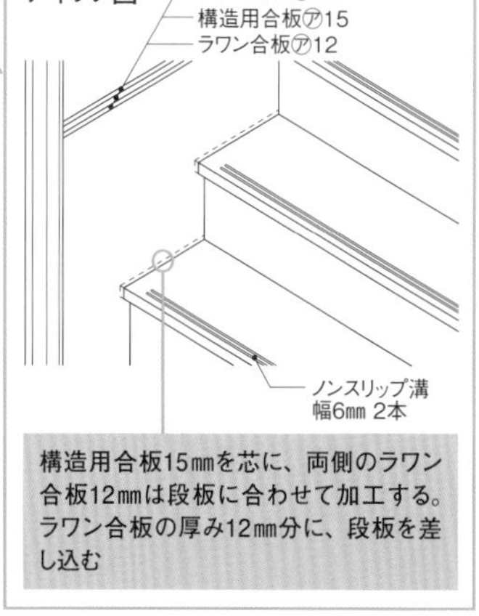
ラワン合板㋐12
構造用合板㋐15
ラワン合板㋐12
ノンスリップ溝
幅6mm 2本
構造用合板15mmを芯に、両側のラワン合板12mmは段板に合わせて加工する。ラワン合板の厚み12mm分に、段板を差し込む

「青江の家」設計・写真＝神家昭雄建築研究室

① ルーバーで光を透す [S=1:40]

断面詳細

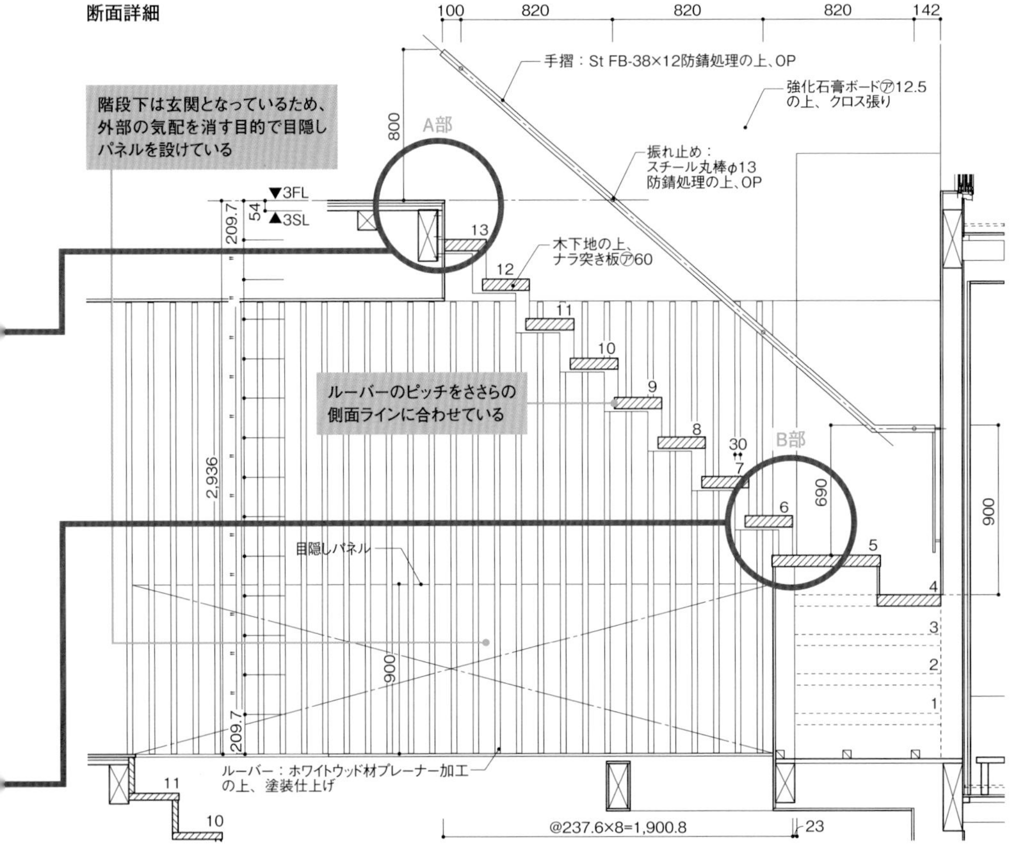

ささらの色を壁面クロスと同色とし、ルーバーと踏板は木の素地とすることで、それぞれの調和を図っている

踏板の片側をイナズマ型のスチールささらで支える階段。壁を木製のルーバーで代用し、蹴込み板を省略することで、上階からの光をゆるやかに取り込み、暗くなりがちな階段室を空間のアクセントとして活用している。
視点の動きに伴い、ルーバーが階段を見え隠れさせる。LDKに立つ位置によっては、視界から階段の姿が消える。［中村和基・出原賢一］

② 平面詳細［S=1:40］

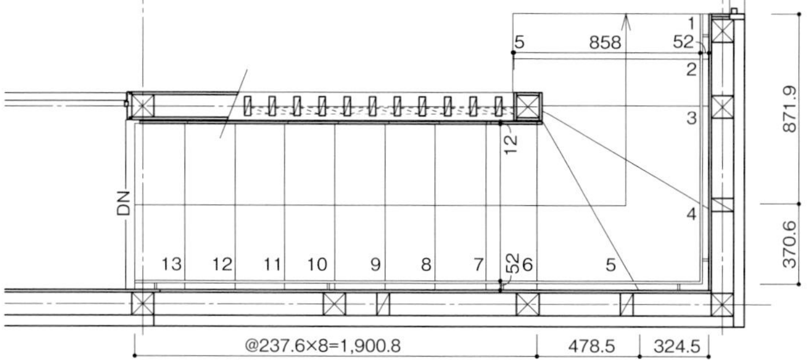

③ ルーバー詳細［S=1:20］

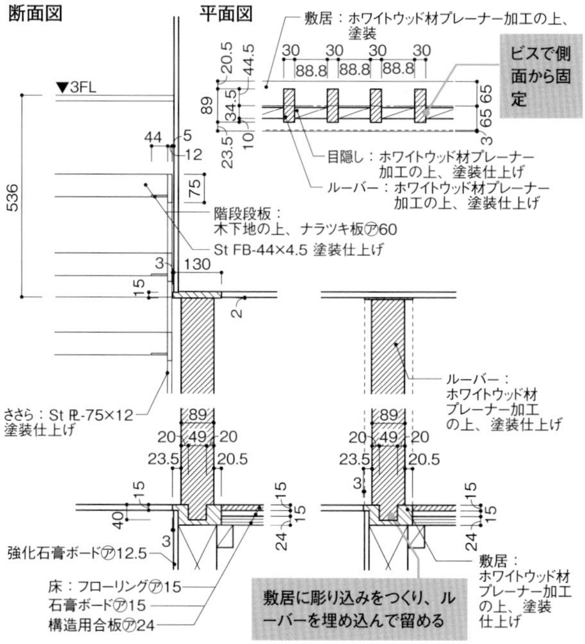

断面図
平面図
▼3FL
536
敷居：ホワイトウッド材プレーナー加工の上、塗装
ビスで側面から固定
目隠し：ホワイトウッド材プレーナー加工の上、塗装仕上げ
ルーバー：ホワイトウッド材プレーナー加工の上、塗装仕上げ
階段段板：木下地の上、ナラツキ板㋐60
St FB-44×4.5 塗装仕上げ
ささら：St PL-75×12 塗装仕上げ
ルーバー：ホワイトウッド材プレーナー加工の上、塗装仕上げ
強化石膏ボード㋐12.5
床：フローリング㋐15
石膏ボード㋐15
構造用合板㋐24
敷居に彫り込みをつくり、ルーバーを埋め込んで留める
敷居：ホワイトウッド材プレーナー加工の上、塗装仕上げ

④ A部詳細［S=1:20］

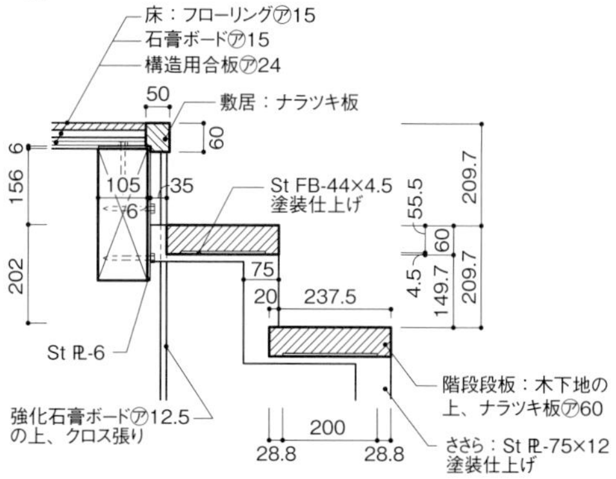

床：フローリング㋐15
石膏ボード㋐15
構造用合板㋐24
敷居：ナラツキ板
St FB-44×4.5 塗装仕上げ
St PL-6
強化石膏ボード㋐12.5の上、クロス張り
階段段板：木下地の上、ナラツキ板㋐60
ささら：St PL-75×12 塗装仕上げ

⑤ B部詳細［S=1:10］

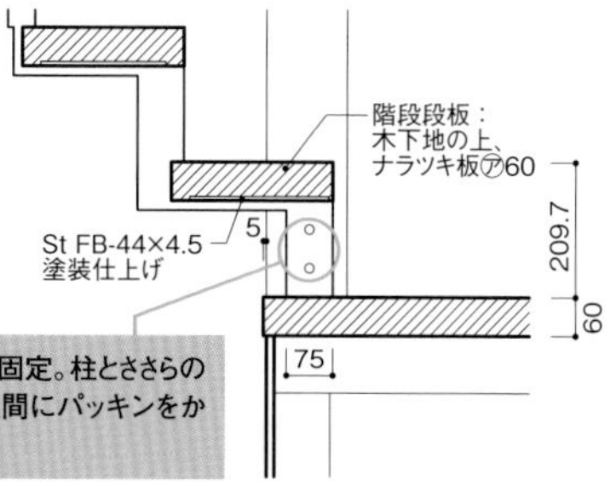

階段段板：木下地の上、ナラツキ板㋐60
St FB-44×4.5 塗装仕上げ
柱に平ビスで固定。柱とささらの間の5㎜の隙間にパッキンをかませる

蹴込み板なしの階段とすることで、上階からの光をルーバー越しにLDKに取り込んでいる

⑥ 手摺詳細［S=1:15］

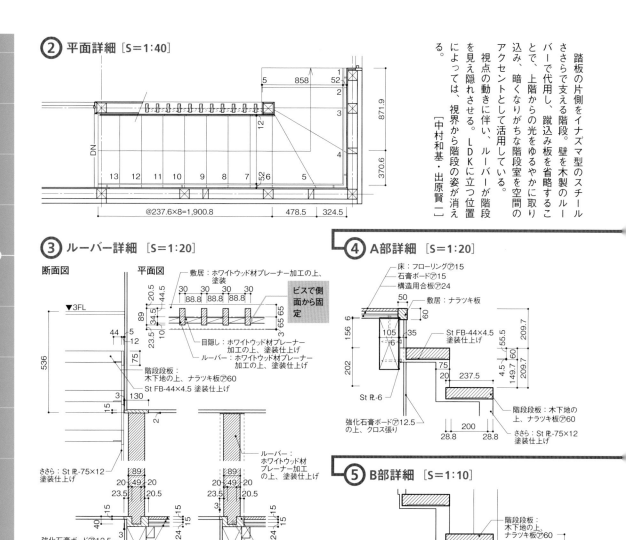

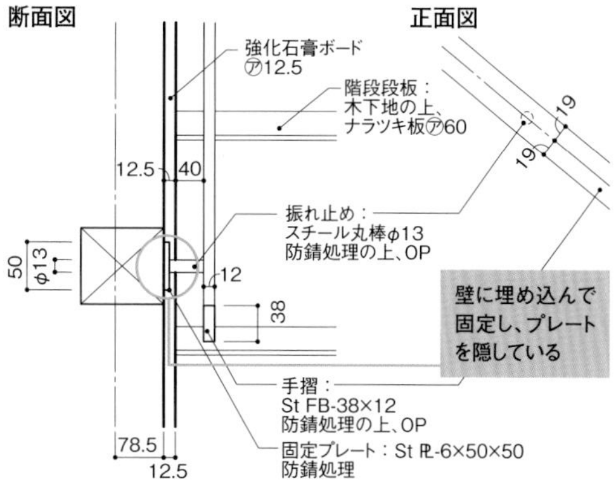

断面図
正面図
強化石膏ボード㋐12.5
階段段板：木下地の上、ナラツキ板㋐60
振れ止め：スチール丸棒φ13 防錆処理の上、OP
壁に埋め込んで固定し、プレートを隠している
手摺：St FB-38×12 防錆処理の上、OP
固定プレート：St PL-6×50×50 防錆処理

「三軒茶屋の住宅」設計＝LEVEL Architects

片持ちで畳から逃がす

和室の畳にかぶさるように設置された階段。印象的ではあるが、畳と階段が干渉しないよう納めるため、壁から持ち出し、床面から浮かせるという工夫が必要だった。

壁面側にささら桁としてH200×W100×T12㎜の角パイプを用い、この角パイプに階段本体であるスチールプレート（T6㎜）を全溶接し、固定している。［中村和基・出原賢一］

① 片持ちの階段［S=1:50］

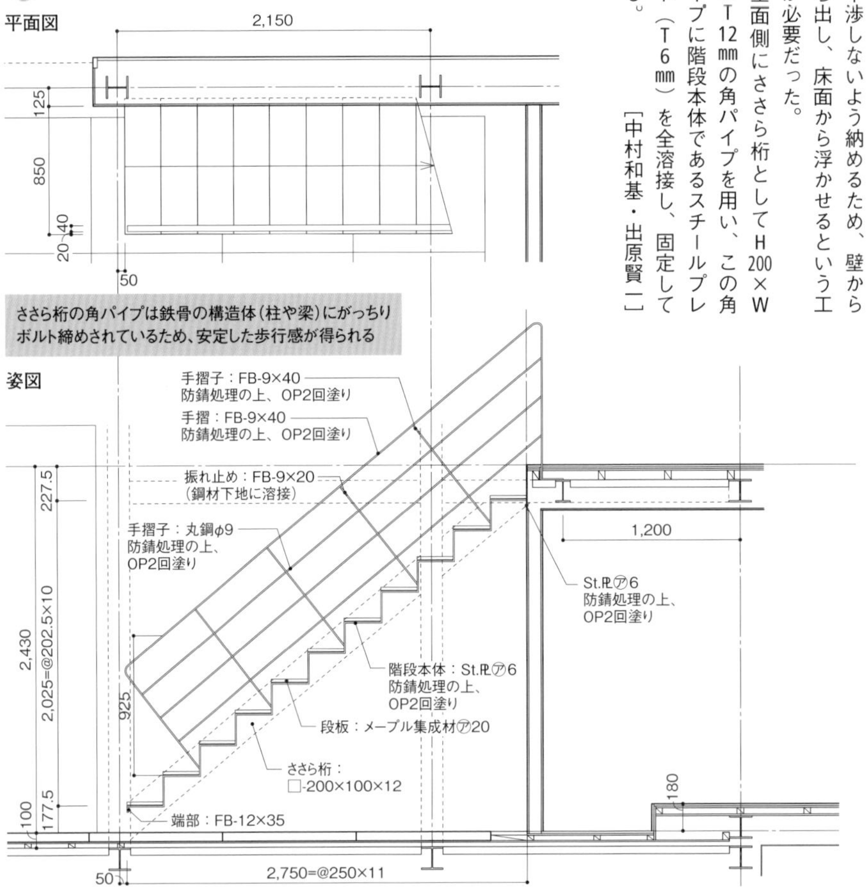

平面図
2,150
125
850
40
20
50
ささら桁の角パイプは鉄骨の構造体（柱や梁）にがっちりボルト締めされているため、安定した歩行感が得られる
姿図
手摺子：FB-9×40 防錆処理の上、OP2回塗り
手摺：FB-9×40 防錆処理の上、OP2回塗り
振れ止め：FB-9×20 （鋼材下地に溶接）
手摺子：丸鋼φ9 防錆処理の上、OP2回塗り
1,200
St.PL㋐6 防錆処理の上、OP2回塗り
階段本体：St.PL㋐6 防錆処理の上、OP2回塗り
段板：メープル集成材㋐20
ささら桁：□-200×100×12
端部：FB-12×35
227.5
2,430
2,025=@202.5×10
925
177.5
100
180
50
2,750=@250×11

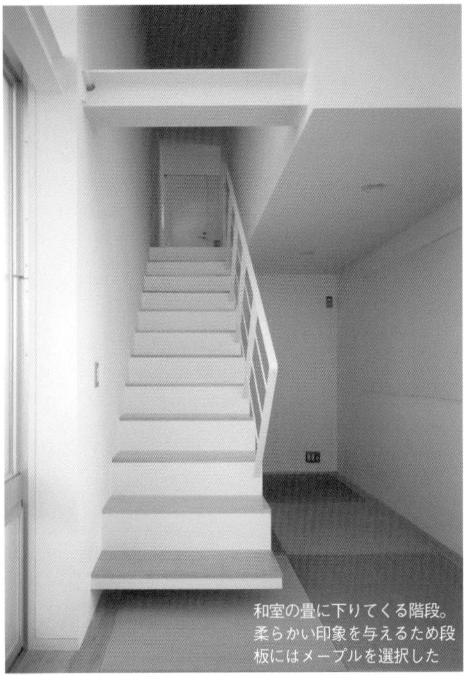

和室の畳に下りてくる階段。柔らかい印象を与えるため段板にはメープルを選択した

② 段板詳細

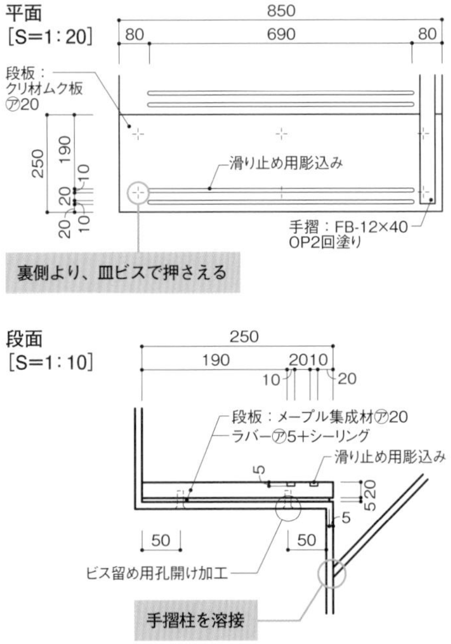

平面［S=1:20］
850
80
690
80
段板：クリ材ムク板㋐20
250
190
10
20
20
10
滑り止め用彫込み
手摺：FB-12×40 OP2回塗り
裏側より、皿ビスで押さえる
段面［S=1:10］
250
190
20 10
10
20
段板：メープル集成材㋐20
ラバー㋐5+シーリング
滑り止め用彫込み
5
5
20
5
50
50
ビス留め用孔開け加工
手摺柱を溶接

「藤沢の住宅」設計＝LEVEL Architects
写真＝島村鋼一

厚さ60㎜の段板で片持ちを実現

段板の芯材であるスチールプレートとささら桁を一体化させ、ささら桁部分を壁内に埋め込んで隠している。さらに、段板をタモ集成材で巻くことで、木の塊が空中に浮いているかのような見え方となる。

スチールプレートとささら桁を溶接で一体化させているため、踏板は60㎜という薄さながら、安定した歩行感が得られている。［彦根明］

踏板が宙に浮いているかのような片持ちのささら桁階段。視線を遮らないため、空間に広がりを生み、同時に強いインパクトを与えている

① 60㎜厚の段板［S=1:10］

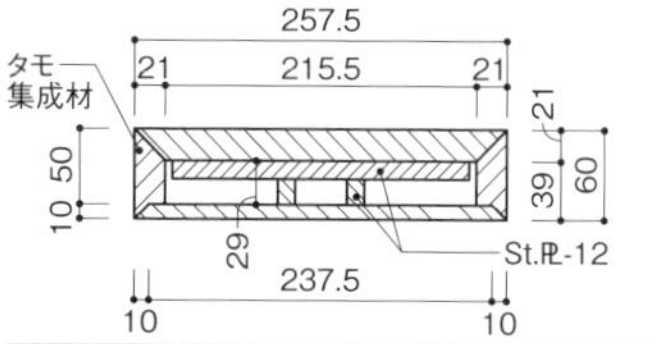

厚みを60㎜に抑えた踏板。コーナーをすべて留め加工とすることで、段板を木の塊のように見せている

② 階段詳細［S=1:50］

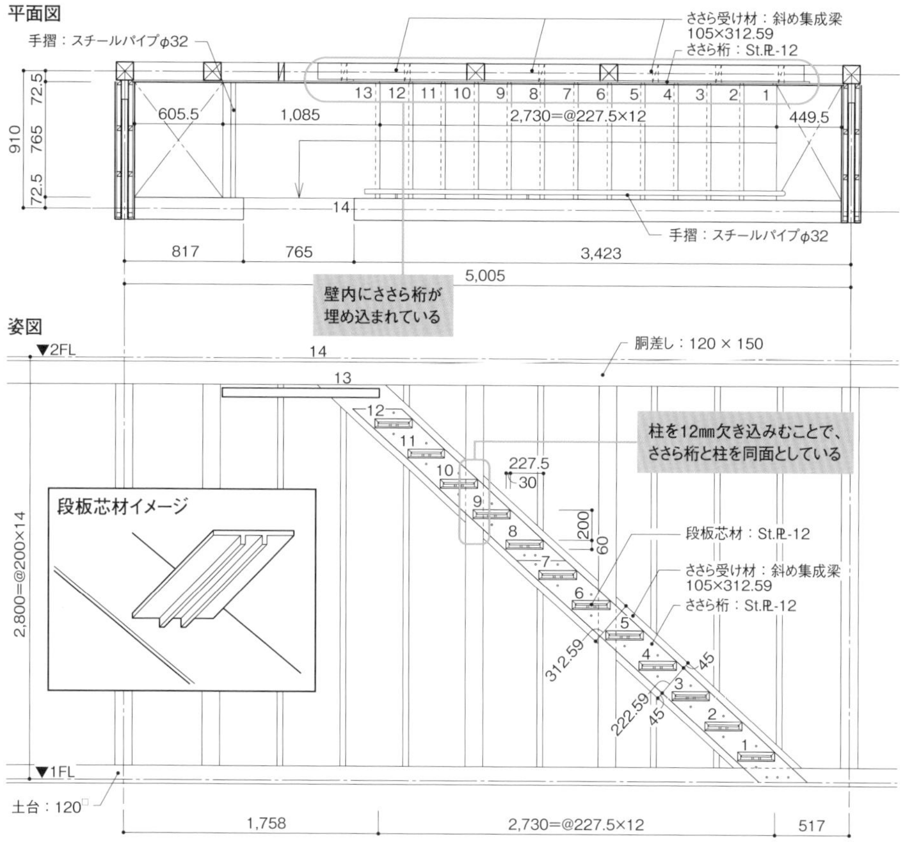

平面図
手摺：スチールパイプφ32
ささら受け材：斜め集成梁 105×312.59
ささら桁：St.PL-12
605.5
1,085
2,730=@227.5×12
449.5
910
72.5
765
72.5
14
手摺：スチールパイプφ32
817
765
3,423
5,005
壁内にささら桁が埋め込まれている
姿図
▼2FL
胴差し：120×150
柱を12㎜欠き込みむことで、ささら桁と柱を同面としている
227.5
30
200
60
段板芯材イメージ
段板芯材：St.PL-12
ささら受け材：斜め集成梁 105×312.59
ささら桁：St.PL-12
312.59
222.59
45
45
2,800=@200×14
▼1FL
土台：120□
1,758
2,730=@227.5×12
517

「OMR」設計・写真＝彦根建築設計事務所

コンパクトかつシンプルならせん階段

① 平面詳細［S=1:50］

1階平面図

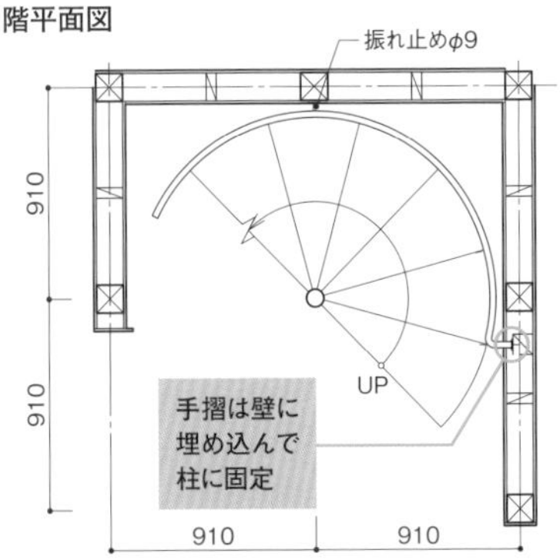
振れ止めφ9
910
910
UP
手摺は壁に
埋め込んで
柱に固定
910
910

3階平面図

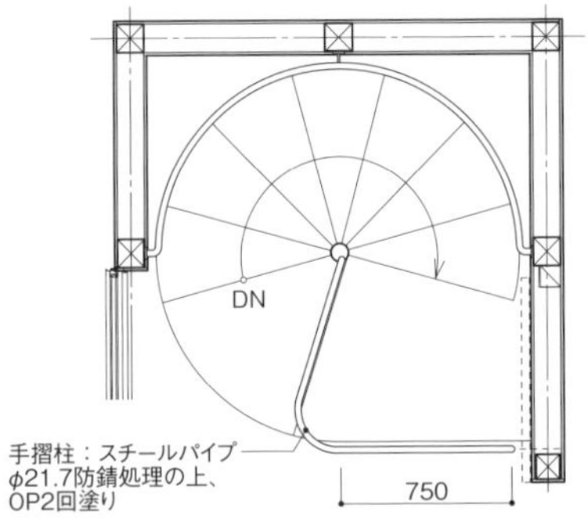
DN
手摺柱：スチールパイプ
φ21.7防錆処理の上、
OP2回塗り
750

厚さ2㎜のスチールプレートを曲げ加工して床・天井の見切としている。写真下は施工中の様子

② らせん階段断面詳細［S=1:40］

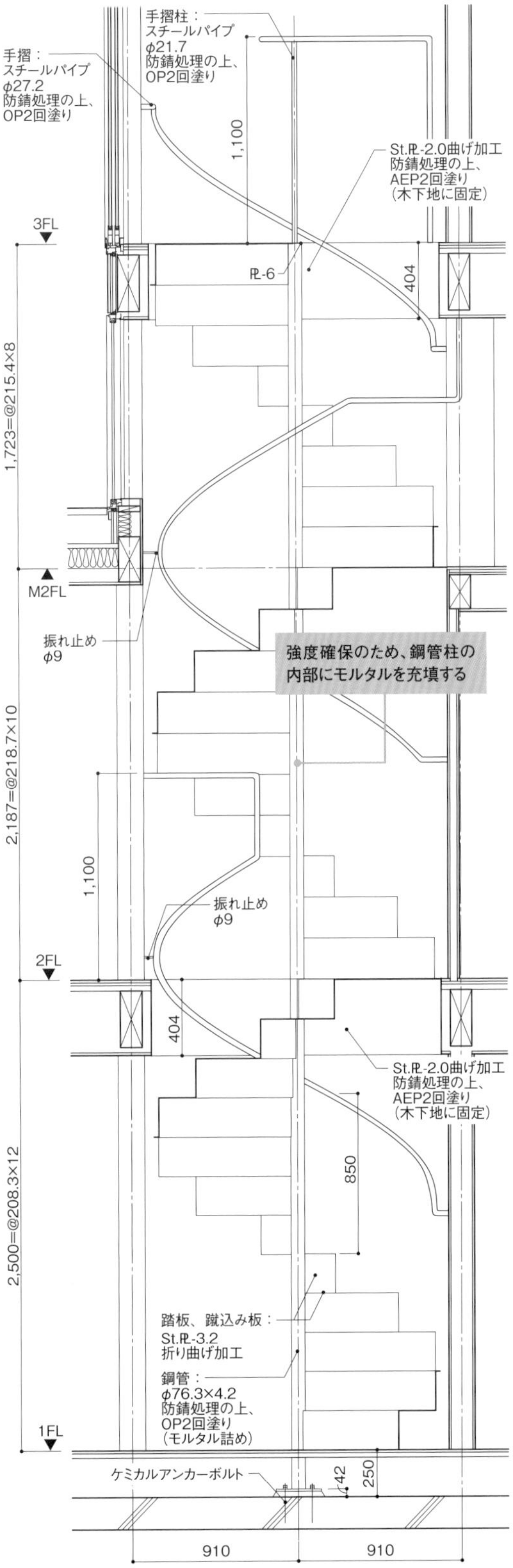
手摺柱：
スチールパイプ
φ21.7
防錆処理の上、
OP2回塗り
手摺：
スチールパイプ
φ27.2
防錆処理の上、
OP2回塗り
1,100
St.PL-2.0曲げ加工
防錆処理の上、
AEP2回塗り
(木下地に固定)
3FL
PL-6
404
1,723=@215.4×8
M2FL
振れ止め
φ9
強度確保のため、鋼管柱の
内部にモルタルを充填する
2,187=@218.7×10
1,100
振れ止め
φ9
2FL
404
St.PL-2.0曲げ加工
防錆処理の上、
AEP2回塗り
(木下地に固定)
850
2,500=@208.3×12
踏板、蹴込み板：
St.PL-3.2
折り曲げ加工
鋼管：
φ76.3×4.2
防錆処理の上、
OP2回塗り
(モルタル詰め)
1FL
ケミカルアンカーボルト
42
250
910
910

狭小住宅につきものの圧迫感を軽減できるよう、線を少しでも減らしてシンプルな階段を目指した。踏板、蹴込み板ともに3.2㎜厚の鉄板を連続して折り曲げて強度をもたせ、鋼管柱からの跳出しだけで支持している。そのため、各踏板を手摺柱でつなげて強度を持たせる必要がなく、手摺は壁から持ち出すだけのシンプルな納まりとしている。

鋼管柱は強度を出すため、中にモルタルを充填している。床の開口部小口は2㎜厚の鉄板を階段に沿って曲げ、床、天井を見切る。

この敷地周辺は電線が多く、3階まですべての階段をクレーンで吊りこむことができなかったため、まず1階から2階ロフトまでの階段を据え付けてから上棟し、残りを上棟後にクレーンで吊りこみ、現場溶接で取り付けた。

段板にノンスリップを設ける場合は、段板の段鼻部分に1㎜のチリをつける。

［中村和基・出原賢一］

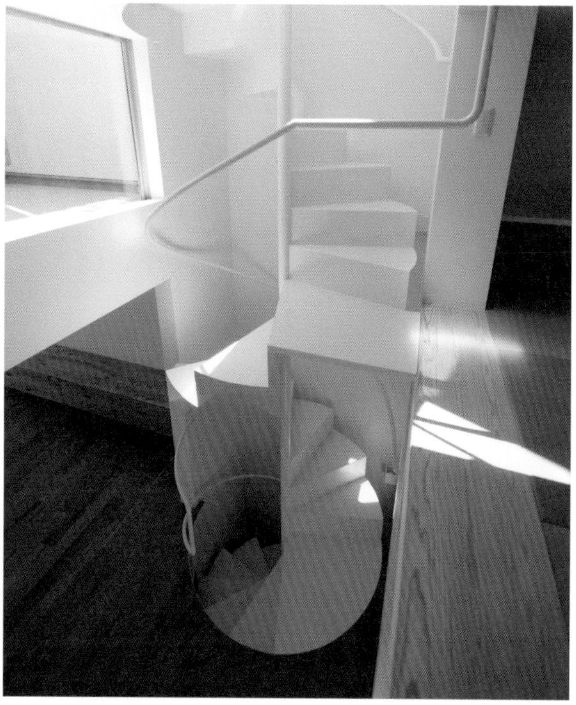

3階から1階までを貫くらせん階段。上下階をくり抜いたような印象をつくっている。シャープながら存在感があり、空間にアクセントを与えている

③ 段板・ノンスリップあり（平面）［S＝1:12］

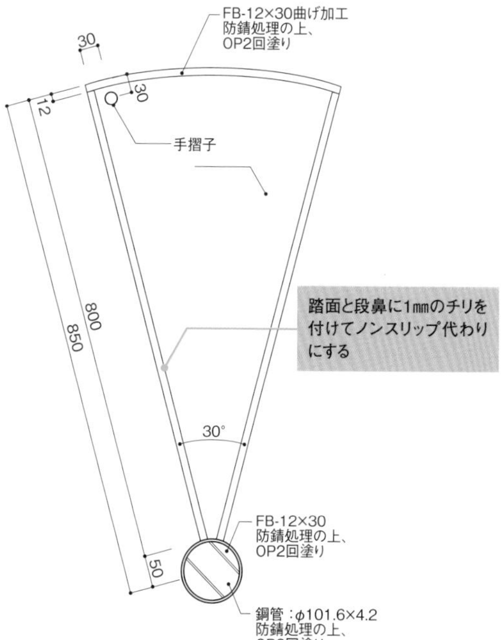

FB-12×30曲げ加工
防錆処理の上、
OP2回塗り
30
30
12
手摺子
800
850
踏面と段鼻に1㎜のチリを付けてノンスリップ代わりにする
30°
FB-12×30
防錆処理の上、
OP2回塗り
50
鋼管：φ101.6×4.2
防錆処理の上、
OP2回塗り
（モルタル詰め）

④ 段板・ノンスリップあり（断面）［S＝1:6］

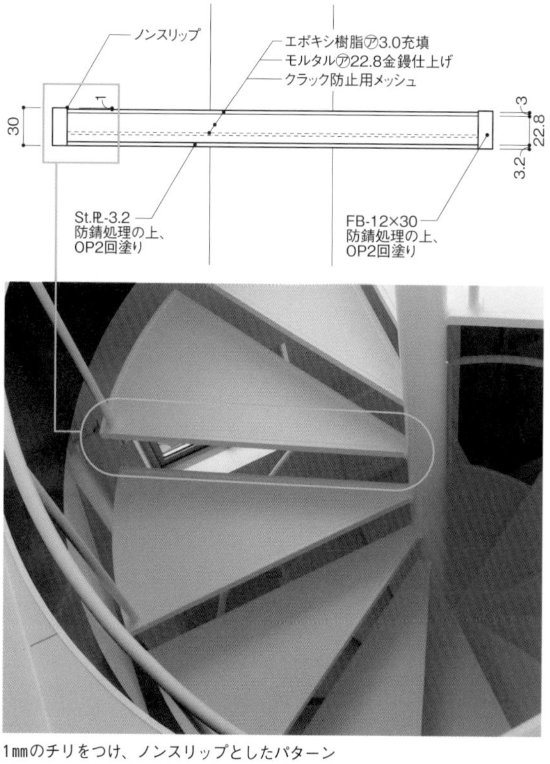

ノンスリップ
エポキシ樹脂㋐3.0充填
モルタル㋐22.8金鏝仕上げ
クラック防止用メッシュ
1
30
3
22.8
3.2
St.PL-3.2
防錆処理の上、
OP2回塗り
FB-12×30
防錆処理の上、
OP2回塗り

1㎜のチリをつけ、ノンスリップとしたパターン

「大井町の住宅」設計・写真＝LEVEL Architects
「日野の住宅」設計・写真＝LEVEL Architects（51頁③、④）

階段を兼ねる収納家具

リビングの一角に設置した階段状の家具。段の形状に合わせた引出しと側面の収納からなる。
昇降の際に段鼻の先端が踏まれて下がり、つられて引出しが出てしまわないように、引出しはやや勾配を付けて設置したほうがよい。［村田淳］

① 階段収納断面［S＝1:20］

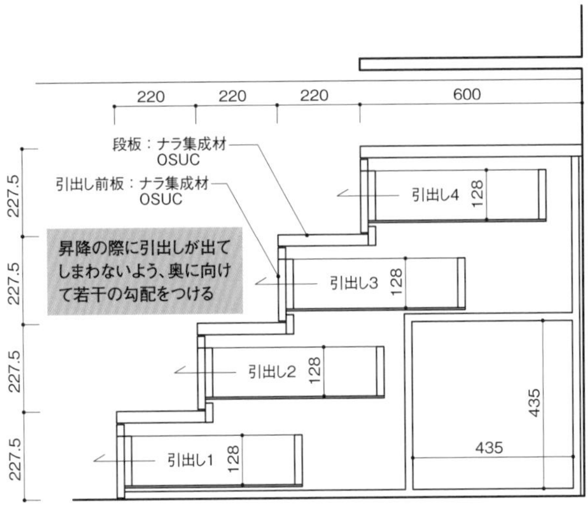
220
220
220
600
段板：ナラ集成材
OSUC
引出し前板：ナラ集成材
OSUC
昇降の際に引出しが出てしまわないよう、奥に向けて若干の勾配をつける
227.5
227.5
227.5
227.5
引出し4
128
引出し3
128
引出し2
128
引出し1
128
435
435

② 階段収納平面［S＝1:30］

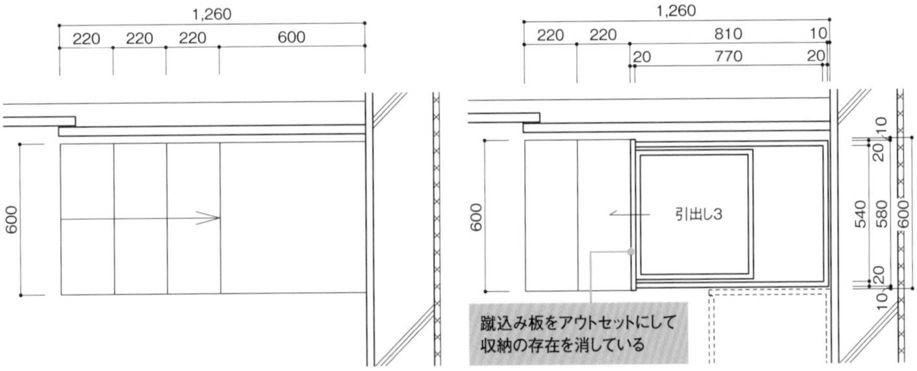
1,260
220
220
220
600
600
1,260
220
220
810
10
20
770
20
600
引出し3
540
580
600
10
20
20
10
蹴込み板をアウトセットにして収納の存在を消している

引出し

③ 平面図

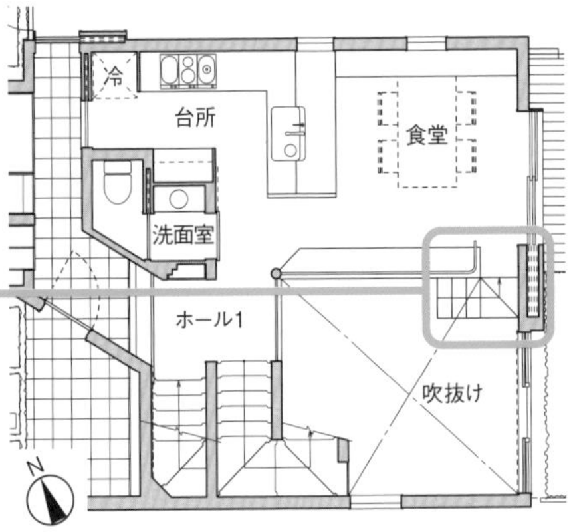
冷
台所
食堂
洗面室
ホール1
吹抜け
N

半地下のリビングと1階のダイニングをつなぐ収納付きの箱階段。これとは別に南側にメインの階段がある

「北町の方形」設計・写真＝村田淳建築研究室

外部の気配を玄関から感じ取る

① 玄関廻り断面詳細［S＝1:50］

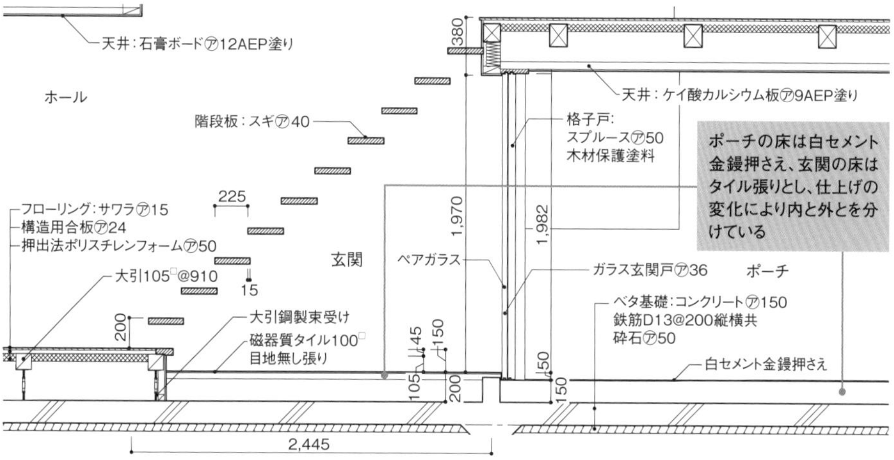

② 玄関廻り平面詳細［S＝1:60］

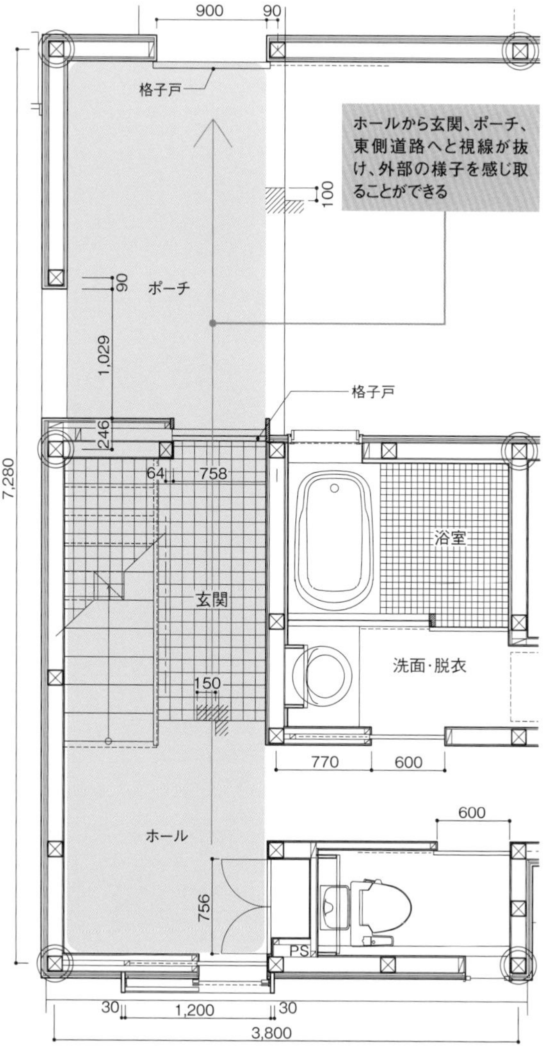

玄関から建具を引込みポーチと一体となった空間。ポーチからは東側道路の様子がわかる

東南角地に建つ小住宅である。東側道路は車の通行が多く、この向きに設けた玄関は直接道路へ出るには注意が必要になる。そこで、ポーチを挟んで外の動きが伝わるように配慮している。玄関にはガラス戸と、防犯を兼ねた格子付き網戸を設置し、通風を確保。建具を引き込めばポーチと一体となった玄関を半屋外空間として利用できる。［七條章裕］

「刀根山の家」設計＝ストック建築設計事務所
写真＝芥子吉富

奥に光と緑の見える玄関

① 1階平面図［S＝1：100］

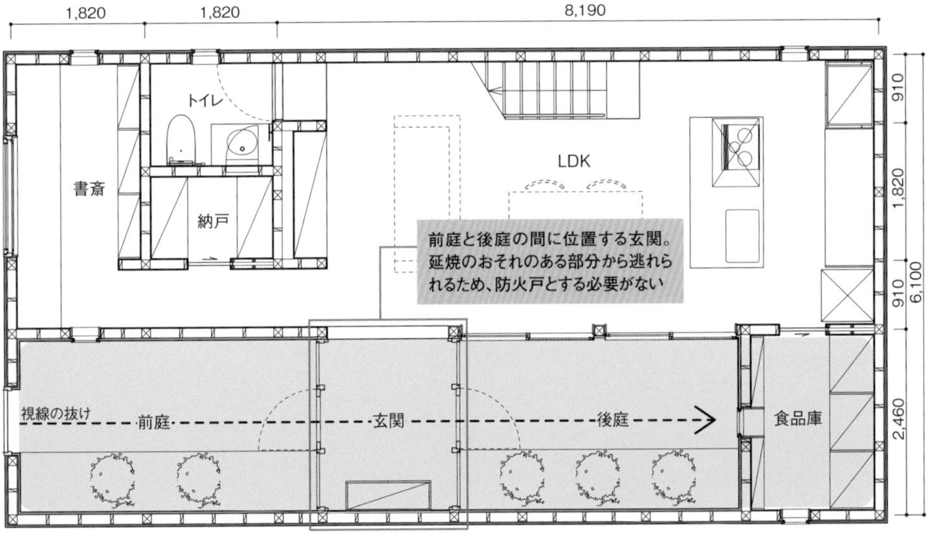
1,820
1,820
8,190
トイレ
書斎
納戸
LDK
前庭と後庭の間に位置する玄関。延焼のおそれのある部分から逃れられるため、防火戸とする必要がない
910
1,820
910
6,100
2,460
視線の抜け
前庭
玄関
後庭
食品庫

写真手前から前庭、玄関、後庭。前庭から後庭まで同種のタイルを使い、内部と外部の一体感を演出している

明るい外から屋内へ入ったときの玄関は、えてして暗い穴のような場所になりがちである。だが、入った玄関の向こうに緑が見えたり日が差したりしていれば、それだけで「家に入る」という感覚の概念がまったく別のものになる。

写真では、手前が門扉からつながる前庭、写真奥側がダイニングキッチンへとつながる後庭となっている。道に面した玄関では実現できないが、中庭のある住宅ではこうしたガラスの玄関もつくることができる。　［彦根明］

② 玄関廻り平面［S＝1:40］

開口部を大きく取ることで、ここが玄関であることを忘れさせるほどの開放感が得られている

（平面図内の寸法・記号）
50 95｜14 36
A部
80｜82.5
50
B部
前庭
玄関（タイル張り）+330
65
+250
80
774
後庭
+250
50
65
705
95 50
36 14

③ A部（FIX）断面詳細［S＝1:6］

水切：
ガルバリウム鋼板
15
74
89
60
29
▲1CL

上枠はドア枠と見えがかりを合わせている

80｜30
110｜52.5

FIXの下枠はなくしてガラスを床にのみ込ませ、中庭との一体感を演出

押縁：タイル⑦9
タイル
タイル
40

④ B部（開き戸）断面詳細［S＝1:6］

シーリング
庇：
ポリカーボネート
水切：
ガルバリウム鋼板
ビス
堅木：タモ集成材
10
▲1CL
50
60
29
枠：ベイスギ
50

耐候性ポリカーボネート板の庇は直接梁に固定することで風圧力に耐える

80｜30
110｜52.5

建具框：ベイスギ
ペアガラス
⑦4～6mm

中庭と同じタイル仕上げとして一体化している

タイル
SUS FB
タイル
40
20

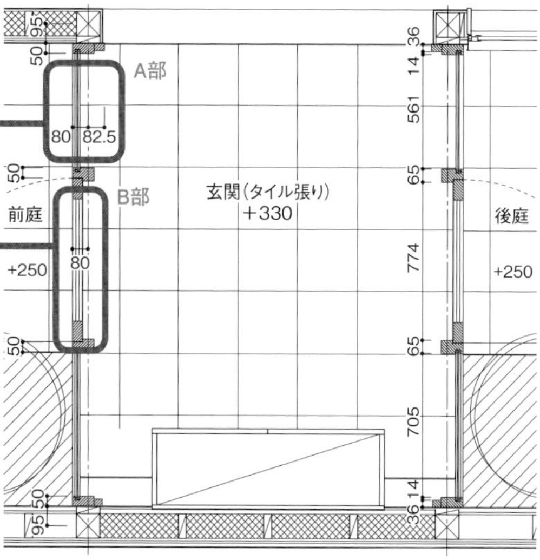

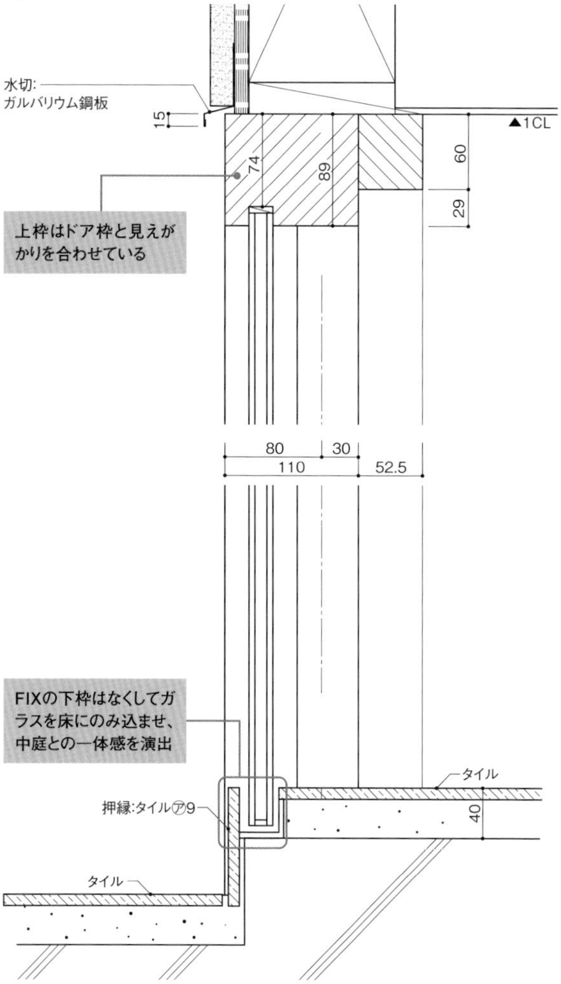

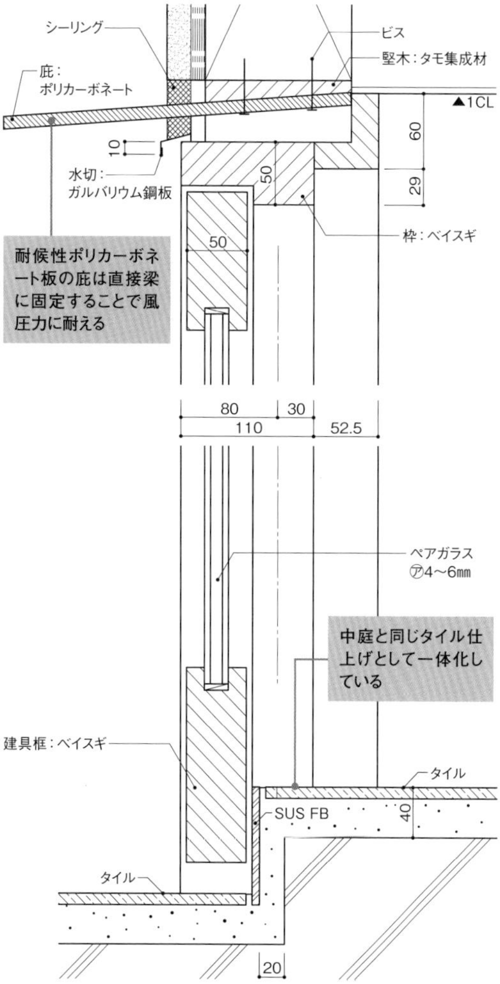

「OMR」設計・写真＝彦根明建築設計事務所

格式のある和風の玄関

① 玄関廻り断面［S＝1:40］

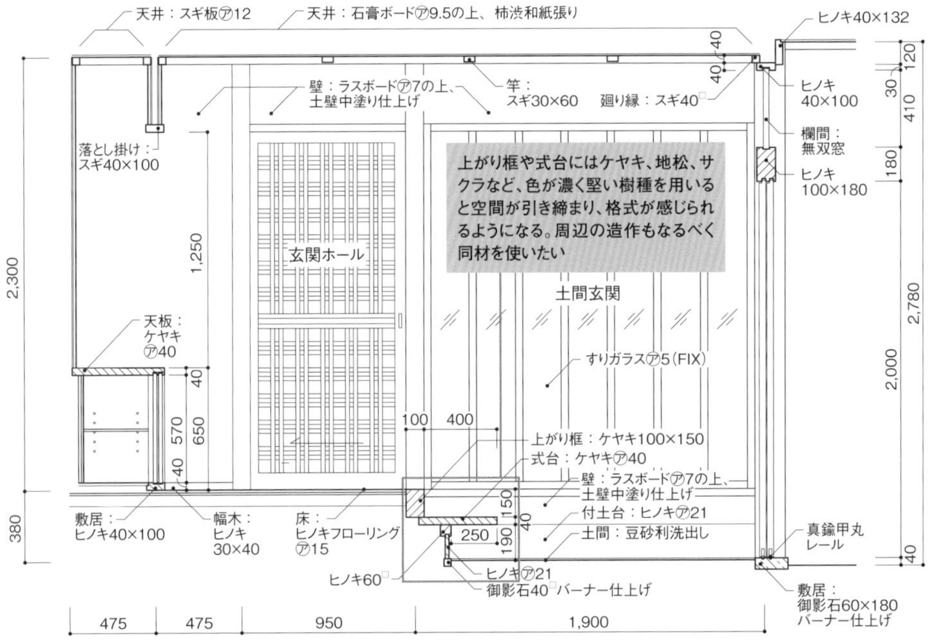

② 玄関廻り平面［S＝1:40］

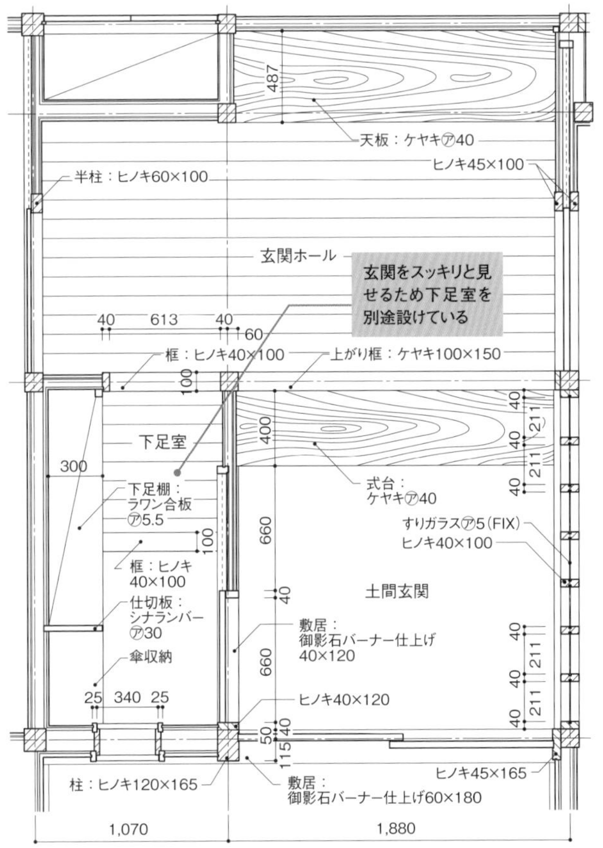

近年ではバリアフリーへの配慮から、上がり框を設けないフラットな玄関とするケースが増えている。しかし、内部と外部を明確に区切りたい、玄関に格式をもたせたいといった場合は、上がり框を高く設定する納まりが依然として効果的だ。

式台を設けた玄関の場合、幅の広い1枚の板を使用するのが一般的である。ただし乾燥が不十分だとねじれたり縮んだりするため、十分に乾燥した木材を使うよう注意したい。板が特に広い場合は、アリ桟（吸い付き桟）を入れることもある。［神家昭雄］

式台のある玄関。式台によって土間との段差が緩和され、昇降しやすくなる

③ 玄関幅木詳細 [S=1:25]

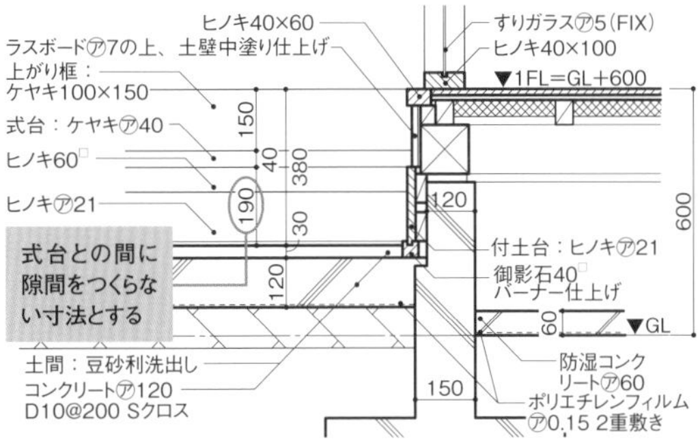

④ 式台詳細 [S=1:25]

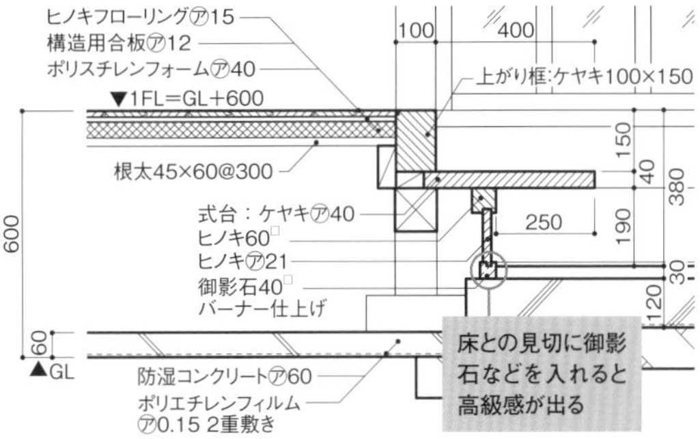

式台のみでスッキリと見せる

① 段差の少ない玄関 [S=1:25]

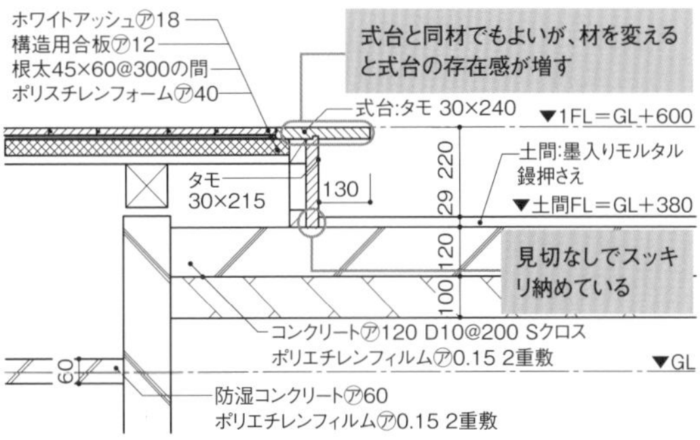

② 高さのある玄関 [S=1:25]

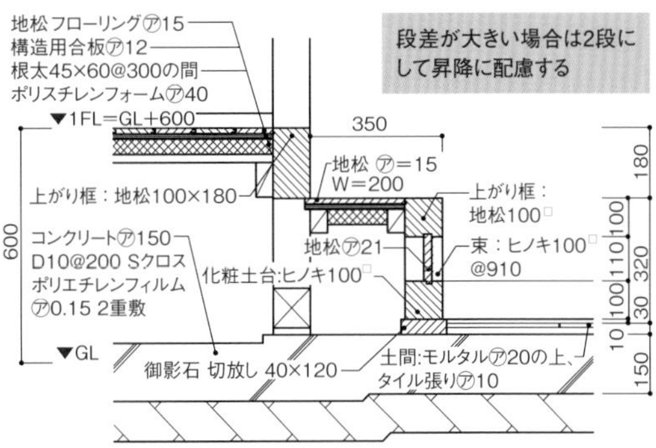

「総社の家」設計・写真＝神家昭雄建築研究室
「今の家」(57頁下) 設計・写真＝神家昭雄建築研究室

column

玄関の役割を見直そう

コミュニケーションの場としての玄関

かつての日本の農家の土間は、作業空間や近所の人々との交流の場として機能していた。本来、玄関は単に住まいの入口としての役割だけでなく、来客を迎える、外部とのコミュニケーションを図るための場でもあったのだ。東日本大震災を機に、人と人との触れ合いや地域のコミュニティの重要性が見直されている昨今、こうした玄関本来の役割を思い出し、気軽に人々が集える場にすることで、街に対して住宅をオープンすることが大切なのではないかと筆者は考えている。

そもそも広くゆったりとした玄関は気持ちがよいものだ。椅子やテーブルを置いて、「土間のサブリビング」のような使い方もできる。

玄関の設計で重要なこととは

筆者が玄関を設計する際に配慮していることは、大きく分けて「光の取り入れ方」「上がり框の高さ」「来客を迎えるもてなしの場所」の3点である。

まず光の取り入れ方については、来客の顔が逆光で暗くならないよう、窓の位置や採光角度を調整して光の入る角度を工夫する。

上がり框はバリアフリーの観点からは低くすることが望ましいが、外部との関係で段差が大きくなる場合や、格式のある玄関としたいときには、式台を設けることで昇降がしやすいよう配慮する。

しつらえは下足箱の上に設けるのが効果的だ。玄関を広くすっきりと見せたい場合は別の場所に下足室などを設け、飾り床やニッチのようなスペースをつくり、これをもてなしの場所とするとよい。広い壁面をつくり、絵画を掛けられるギャラリーのような玄関とすると、コミュニケーションの場として活用しやすくなる。［神家昭雄］

図1 | 広さのある玄関の例 [S=1:40]

立面図

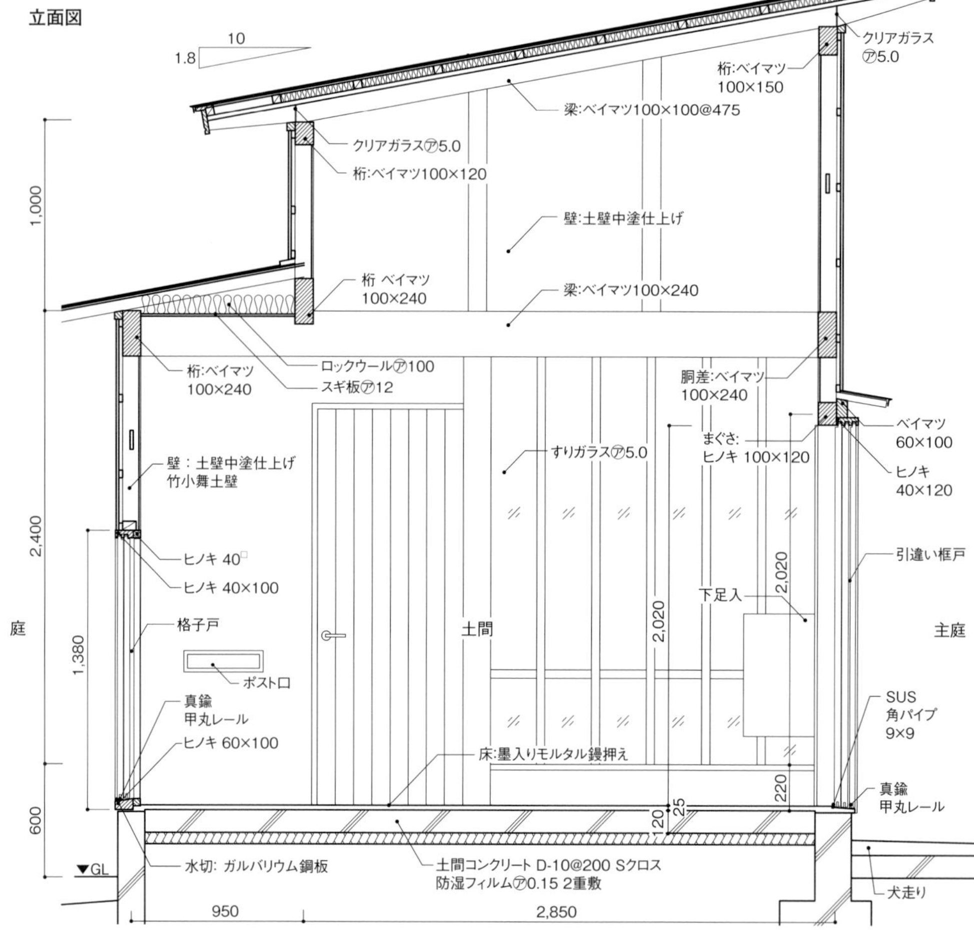

10
1.8
クリアガラス㋐5.0
桁:ベイマツ 100×150
梁:ベイマツ100×100@475
クリアガラス㋐5.0
桁:ベイマツ100×120
壁:土壁中塗仕上げ
桁 ベイマツ 100×240
梁:ベイマツ100×240
桁:ベイマツ 100×240
ロックウール㋐100
スギ板㋐12
胴差:ベイマツ 100×240
ベイマツ 60×100
まぐさ: ヒノキ 100×120
ヒノキ 40×120
すりガラス㋐5.0
壁：土壁中塗仕上げ 竹小舞土壁
ヒノキ 40□
ヒノキ 40×100
引違い框戸
下足入
格子戸
土間
庭
主庭
ポスト口
真鍮 甲丸レール
ヒノキ 60×100
SUS 角パイプ 9×9
床:墨入りモルタル鏝押え
真鍮 甲丸レール
水切: ガルバリウム鋼板
土間コンクリート D-10@200 Sクロス 防湿フィルム㋐0.15 2重敷
犬走り
▼GL
1,000
2,400
1,380
600
2,020
2,020
220
25
120
950
2,850

広い土間の玄関にもてなしのスペースを設けてギャラリーのような空間にし、近隣の住人とのコミュニケーションの場としての側面をもたせている（写真上）。土間から主庭を見る。外部のつながりを十分に感じられる（写真下）

図2｜玄関廻り平面詳細［S=1:50］

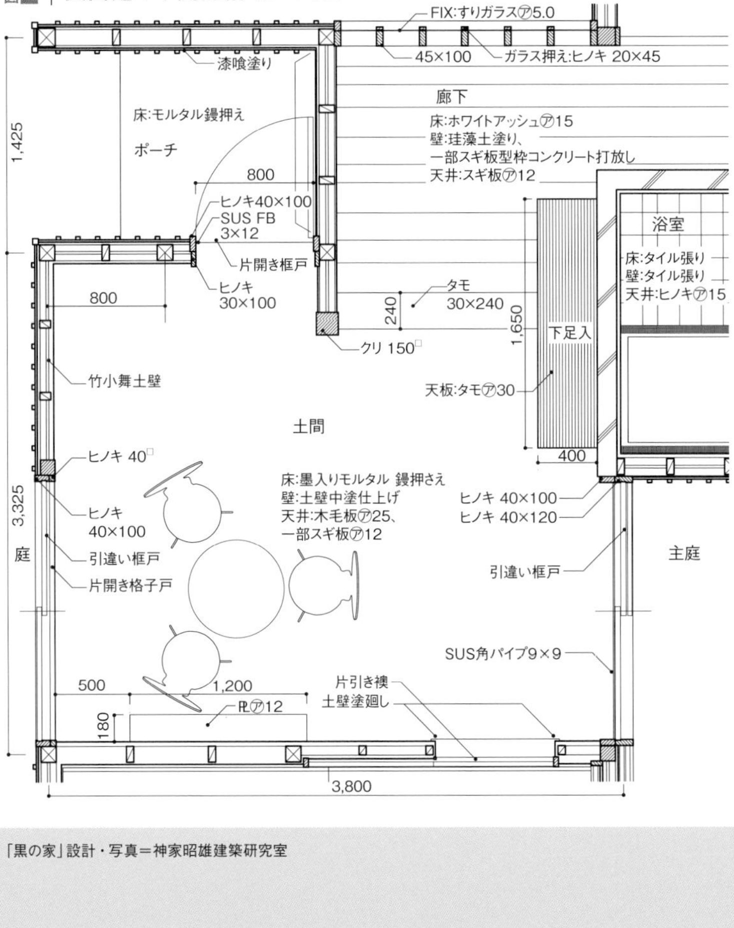

FIX:すりガラス㋐5.0
45×100
ガラス押え:ヒノキ 20×45
漆喰塗り
廊下
床:モルタル鏝押え
床:ホワイトアッシュ㋐15
壁:珪藻土塗り、
一部スギ板型枠コンクリート打放し
天井:スギ板㋐12
1,425
ポーチ
800
ヒノキ40×100
SUS FB
3×12
片開き框戸
浴室
床:タイル張り
壁:タイル張り
天井:ヒノキ㋐15
800
ヒノキ
30×100
タモ
30×240
240
1,650
下足入
クリ 150□
竹小舞土壁
天板:タモ㋐30
土間
ヒノキ 40□
400
床:墨入りモルタル 鏝押さえ
壁:土壁中塗仕上げ
天井:木毛板㋐25、
一部スギ板㋐12
ヒノキ 40×100
ヒノキ 40×120
3,325
ヒノキ
40×100
庭
引違い框戸
片開き格子戸
主庭
引違い框戸
SUS角パイプ9×9
500
1,200
片引き襖
土壁塗廻し
180
PL㋐12
3,800

広めの土間の玄関を、人が集まるギャラリーのような空間とした事例［図1・2］。玄関を気軽にくつろげるサブリビングのような場所としている。四方に出入り口が設けられ、それぞれ居室、離れの和室、主庭、道路に面した庭と直接つながった自由な動線を取っている。道路に面した庭につながる木製建具は格子戸とし、外部からの視線に配慮して高さを約1380㎜に抑えている。［神家昭雄］

「黒の家」設計・写真＝神家昭雄建築研究室

サッシレスの地窓をコーナーに設ける

① 玄関廻り断面 [S＝1:50]

- スギ板張り
- スギ材
- ▼2FL
- 板張り
- 板張り
- 漆喰塗り
- 石膏ボード⑦12.5
- 漆喰⑦15
- 1,650
- 65.5
- 60
- 120
- 120
- 20 14.5
- 60
- 100
- 100
- 2,560
- 2,200
- 340
- 60
- 2,850
- 120
- 120
- 100
- 2,596
- 20
- 100
- 300
- 400
- 400
- 2,200
- 1,063
- 800
- 1,200
- 20 ブラインド ボックス：ベイツガ
- 1,400
- 1,300
- ベイツガ
- 豆砂利洗出し
- ▼1FL
- ポーチ
- 320
- 玄関
- 60
- 520
- ▼GL
- 400
- 地窓：ペアガラス（防犯合せ）5+A6+3+3

出入りのしやすさを考慮した引き戸。上吊金物を使用しつつ、幕板を60㎜下ろすことで隙間風を防いでいる

構造材を持ち出して荷重を支えているため、方立なしで地窓を納めることができる

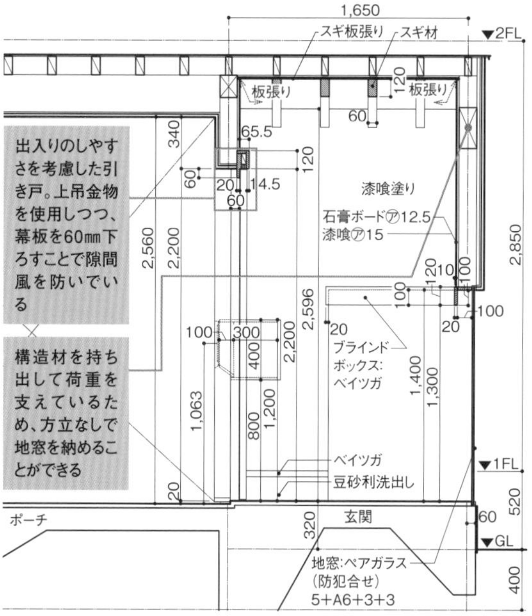

玄関扉正面だけでなく、室内ホール正面からも西窓への視線が抜けるよう、2面コーナーをガラスとして西庭に雁行させている。地窓をガラスのみで納めるとシャープな印象となりすぎるため、上部に設けたベイツガ材のブラインドボックスで木質感を出し、周囲の素材との調和を図っている

② 方立のないコーナーの地窓 [S＝1:30]

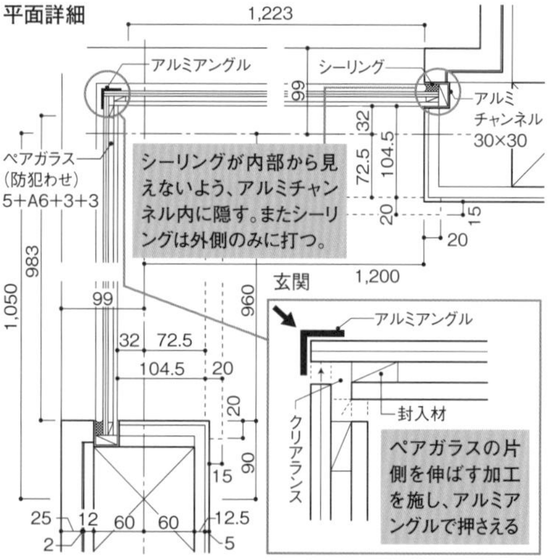

平面詳細

- アルミアングル
- シーリング
- アルミチャンネル 30×30
- 1,223
- 99
- 72.5
- 104.5
- 20
- 15
- 20
- ペアガラス（防犯合わせ）5+A6+3+3
- 983
- 1,050
- 99
- 32 72.5
- 104.5
- 20
- 960
- 1,200
- 玄関
- アルミアングル
- クリアランス
- 20
- 90
- 25 12 60 20
- 12.5
- 2

シーリングが内部から見えないよう、アルミチャンネル内に隠す。またシーリングは外側のみに打つ。

- アルミアングル
- 封入材
- クリアランス

ペアガラスの片側を伸ばす加工を施し、アルミアングルで押さえる

③ 玄関廻り平面 [S＝1:90]

- 納戸
- 床下収納
- 西庭
- 雨樋
- 構造材の持出し
- 玄関
- カウンター
- ホール
- ポーチ
- 押入
- 和室

下屋の下に位置しているため荷重が小さい

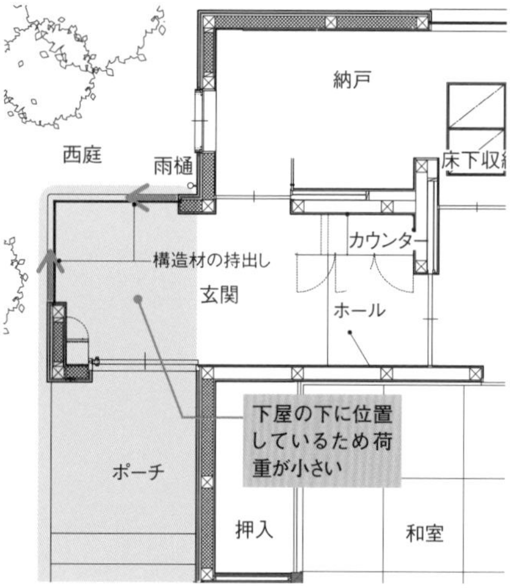

玄関の雰囲気を柔らかく、かつ出入りを楽にするために、玄関扉を引戸としている。隙間風対策として引戸上部の幕板を下げているほか、引き戸用の金物（スーパータイト）を建具の下端に取り付けている

玄関扉を引いた先に西庭が見える地窓を設け、視線を下げさせることで落ち着いた趣きを演出している。さらに、天井の一部を露しとして構造材を見せることで、玄関に高さと開放感をもたせつつ、空間に変化を与えている。
通常であれば、荷重を支えるため地窓のコーナー部分には方立てなどが必要となるが、上部の構造材を持ち出して荷重を受けることで、方立を省略して視界をクリアにできた。［松本直子］

玄関ドアを壁と同面で納める

① 壁と同面に納める［S＝1:5］

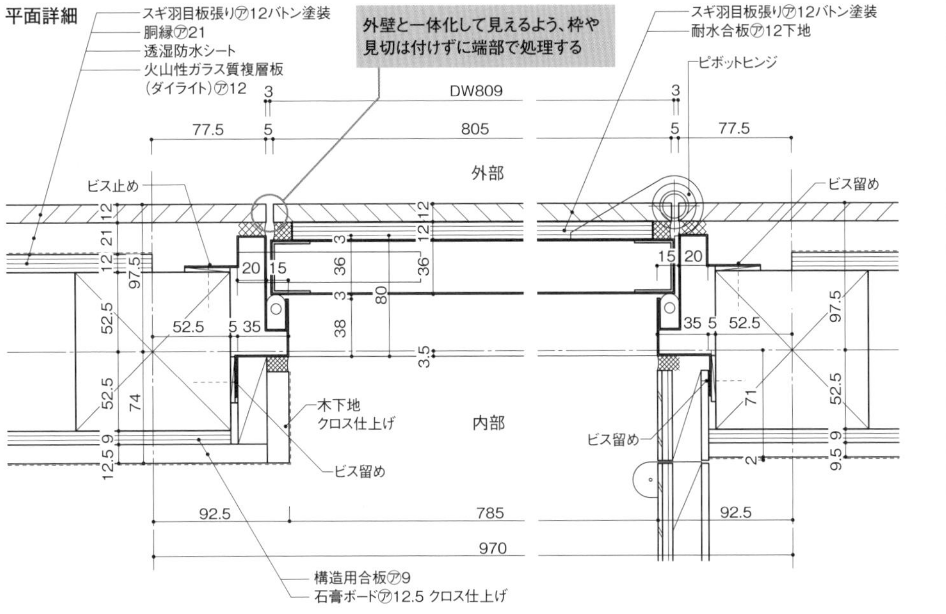

② 壁と同面に納める［S＝1:5］

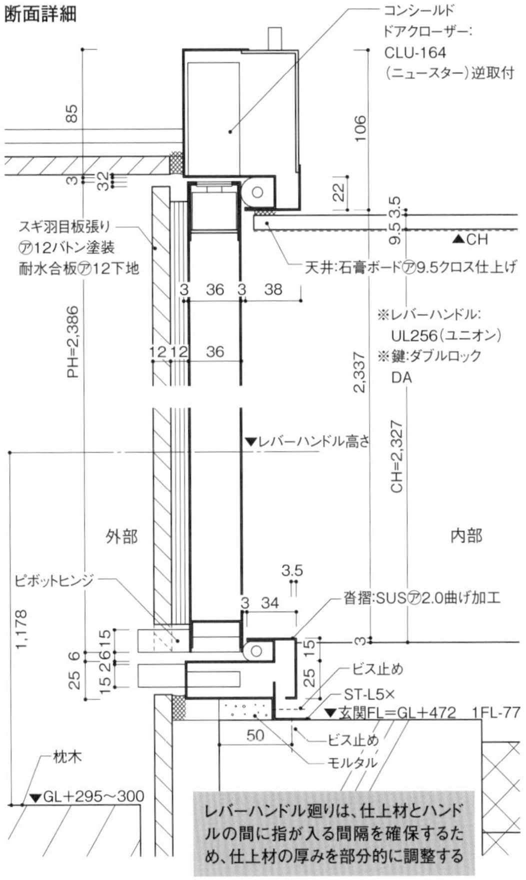

玄関ドアを壁と同化させることで、造形的特徴がはっきり見えてくる

玄関ドアには、可動性・止水性・防火性など多くの要素が集中して求められるため、金物が露出しやすく、外壁と同面・同仕上げにしにくい。ドアクローザーはコンシールドタイプを逆取付けして天井内に隠蔽。四方枠は内部と段差をつくりつつ、内部、外部とも仕上材で小口を隠し、丁番をピボットヒンジにして露出する金物を最小限にした。ドア本体はスチール、仕上げは合板下地に、外壁にそろえて羽目板張りにした。

［浅利幸男・須賀茂幸］

「茅ヶ崎の家」設計＝ラブアーキテクチャー
写真＝島村鋼一

階下に居室のある防水バルコニー

敷地は風致地区に指定されている。屋根形状や勾配、外壁の色などに規制があり、和風の建物にすることが決められていた。南北には隣家が迫っているため開口部を少なくし、竹林が広がる東側の景色を間口いっぱいに取り込むべく、一部に木造ラーメン構法を採用した。その上部にルーフバルコニーを設けている。

防水については緩勾配の板金瓦棒葺きとして、瓦棒桟の上に木下地を組み、その上にスギのデッキ板を張っている。バルコニー面積が小さく受ける水量が少ないので勾配に沿って流れる水は板金軒先を壁から伸ばし樋を付けずにそのまま落としている。立ち上りの手摺壁にはトップライトを設けリビングに光を落とす。

［七條章裕］

① バルコニー断面［S＝1:50］

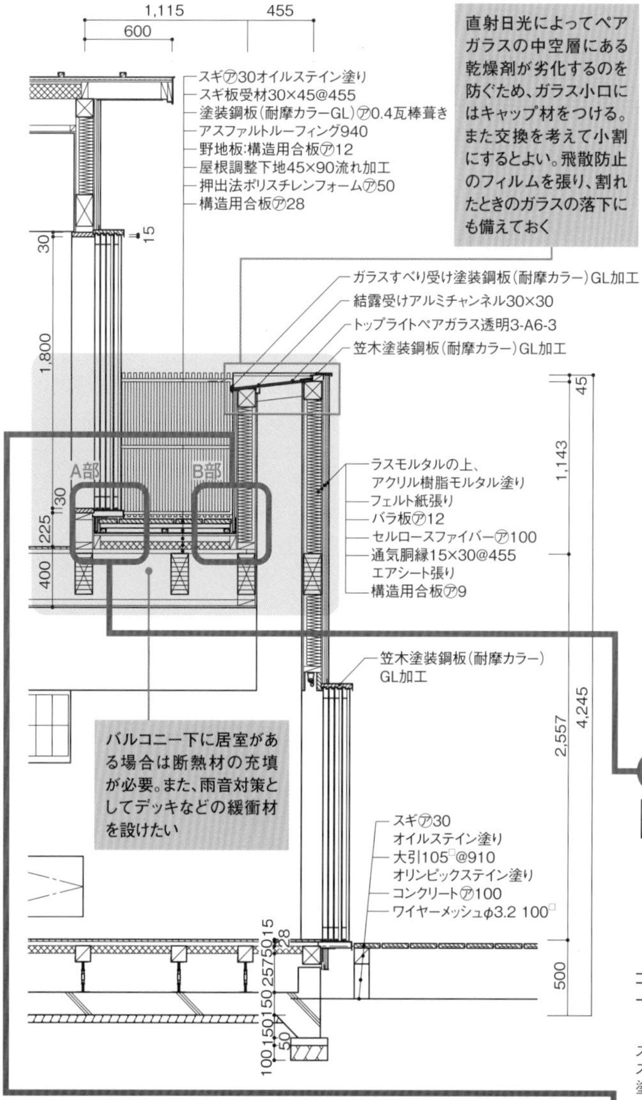
1,115
455
600
スギ㋐30オイルステイン塗り
スギ板受材30×45@455
塗装鋼板（耐摩カラーGL）㋐0.4瓦棒葺き
アスファルトルーフィング940
野地板:構造用合板㋐12
屋根調整下地45×90流れ加工
押出法ポリスチレンフォーム㋐50
構造用合板㋐28
直射日光によってペアガラスの中空層にある乾燥剤が劣化するのを防ぐため、ガラス小口にはキャップ材をつける。また交換を考えて小割にするとよい。飛散防止のフィルムを張り、割れたときのガラスの落下にも備えておく
ガラスすべり受け塗装鋼板（耐摩カラー）GL加工
結露受けアルミチャンネル30×30
トップライトペアガラス透明3-A6-3
笠木塗装鋼板（耐摩カラー）GL加工
A部
B部
ラスモルタルの上、アクリル樹脂モルタル塗り
フェルト紙張り
バラ板㋐12
セルロースファイバー㋐100
通気胴縁15×30@455
エアシート張り
構造用合板㋐9
笠木塗装鋼板（耐摩カラー）GL加工
バルコニー下に居室がある場合は断熱材の充填が必要。また、雨音対策としてデッキなどの緩衝材を設けたい
スギ㋐30
オイルステイン塗り
大引105□@910
オリンピックステイン塗り
コンクリート㋐100
ワイヤーメッシュφ3.2 100□
45
1,143
4,245
2,557
500
30
1,800
130
225
400
15

② A部詳細［S＝1:12］

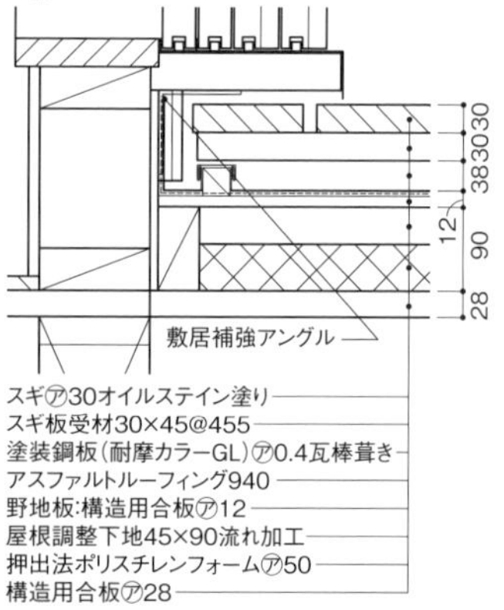
30
30
38
12
90
28
敷居補強アングル
スギ㋐30オイルステイン塗り
スギ板受材30×45@455
塗装鋼板（耐摩カラーGL）㋐0.4瓦棒葺き
アスファルトルーフィング940
野地板:構造用合板㋐12
屋根調整下地45×90流れ加工
押出法ポリスチレンフォーム㋐50
構造用合板㋐28

③ B部詳細［S＝1:12］

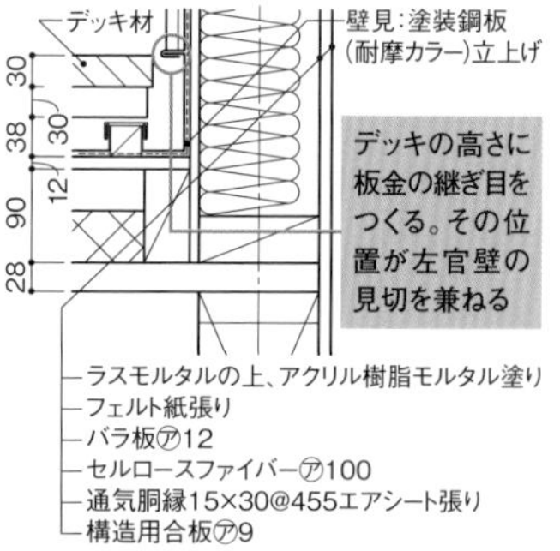
デッキ材
壁見：塗装鋼板（耐摩カラー）立上げ
30
38
30
12
90
28
デッキの高さに板金の継ぎ目をつくる。その位置が左官壁の見切を兼ねる
ラスモルタルの上、アクリル樹脂モルタル塗り
フェルト紙張り
バラ板㋐12
セルロースファイバー㋐100
通気胴縁15×30@455エアシート張り
構造用合板㋐9

個室から続くバルコニーの先の竹林を望む。床からの立上りはバルコニー下地寸法を確保するためのもの

「怡静居」設計＝ストック建築設計事務所
写真＝平井美行

庇を兼ねた小さなバルコニー

新たな造成地に建つ2世帯住宅である。これから建ち並ぶ隣家の影響を受けて通風・採光条件が悪くならないように、光と風を導くインナーコートを建物の中心に配置。外部に対しては格子を多用して視線を遮っている。南向きに建つため、庇を兼ねた小バルコニーを設けた。

バルコニーには防水層はなく、木軸の上にデッキ板を張ったシンプルなつくりになっている。雨が直接下へ落ちるため、そのままでは見上げたバルコニーの裏側の雨垂れ汚れが気になる。そこで、軒天井の代わりになるようにアルミパンチングメタルを張り、汚れが目立たないように配慮している。デッキ材には日光が直接当たり、通風も十分あるので、雨に濡れても乾燥が速く、部材の耐久性は見込める。防水層がないため下地の厚みがなく、薄く仕上げることができた。また、部屋からの段差も抑えることが可能となった。

［七條章裕］

① バルコニー断面［S＝1:60］

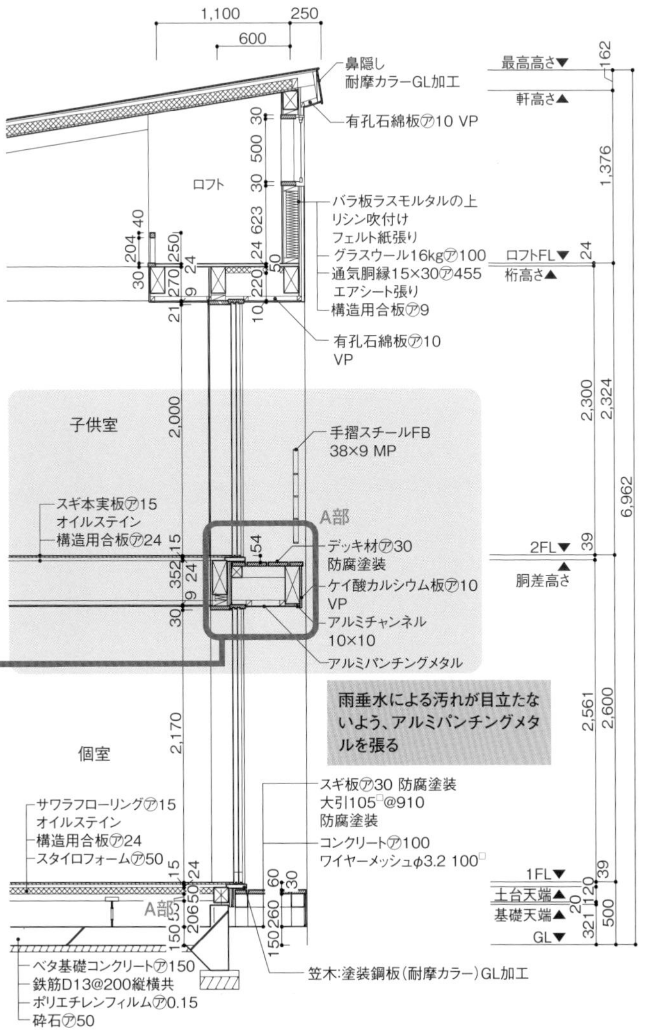

鼻隠し
耐摩カラーGL加工
有孔石綿板㋐10 VP
ロフト
バラ板ラスモルタルの上
リシン吹付け
フェルト紙張り
グラスウール16kg㋐100
通気胴縁15×30㋐455
エアシート張り
構造用合板㋐9
有孔石綿板㋐10
VP
最高高さ
軒高さ
ロフトFL
桁高さ
子供室
手摺スチールFB
38×9 MP
スギ本実板㋐15
オイルステイン
構造用合板㋐24
A部
デッキ材㋐30
防腐塗装
ケイ酸カルシウム板㋐10
VP
アルミチャンネル
10×10
アルミパンチングメタル
2FL
胴差高さ
雨垂水による汚れが目立たないよう、アルミパンチングメタルを張る
個室
スギ板㋐30 防腐塗装
大引105□@910
防腐塗装
コンクリート㋐100
ワイヤーメッシュφ3.2 100□
サワラフローリング㋐15
オイルステイン
構造用合板㋐24
スタイロフォーム㋐50
1FL
土台天端
基礎天端
GL
笠木：塗装鋼板（耐摩カラー）GL加工
ベタ基礎コンクリート㋐150
鉄筋D13@200縦横共
ポリエチレンフィルム㋐0.15
砕石㋐50

② A部断面詳細［S＝1:10］

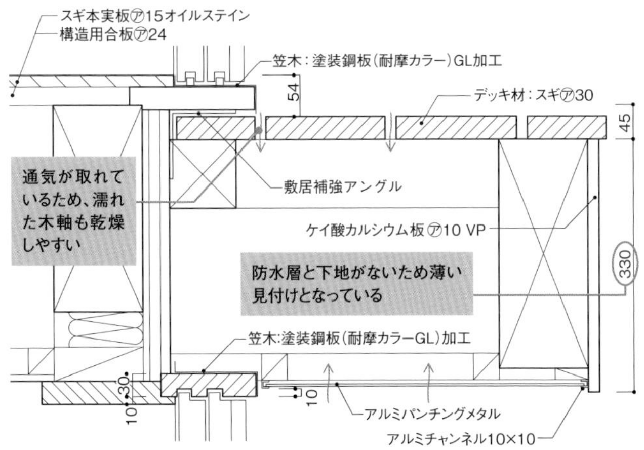

スギ本実板㋐15オイルステイン
構造用合板㋐24
笠木：塗装鋼板（耐摩カラー）GL加工
デッキ材：スギ㋐30
通気が取れているため、濡れた木軸も乾燥しやすい
敷居補強アングル
ケイ酸カルシウム板㋐10 VP
防水層と下地がないため薄い見付けとなっている
笠木：塗装鋼板（耐摩カラーGL）加工
アルミパンチングメタル
アルミチャンネル10×10

庇代わりとなる小バルコニー。跳ね出しではなく、写真中央の黒いスチール柱で受けている

「彩都Y-House」設計＝ストック建築設計事務所
写真＝平井美行

外部床

地形を反映するバルコニー

高低差のある高台に建つ住宅。敷地は崖地で、北側の道路から南側の隣地に向かって階段状の4mの高低差があり、古家には擁壁と高基礎で土留めを兼ねた構造物があった。安全性を証明できない構造物は撤去する必要があったが、予算に余裕がなかったので、古い構造物を補強し安全性を高めて再利用した結果、新たな家も以前と同じ配置になり、地形を反映したものとなった。

バルコニー下は駐車スペースのため、雨が下に落ちないようFRP防水を選択した。

[七條章裕]

① バルコニー断面 [S=1:30]

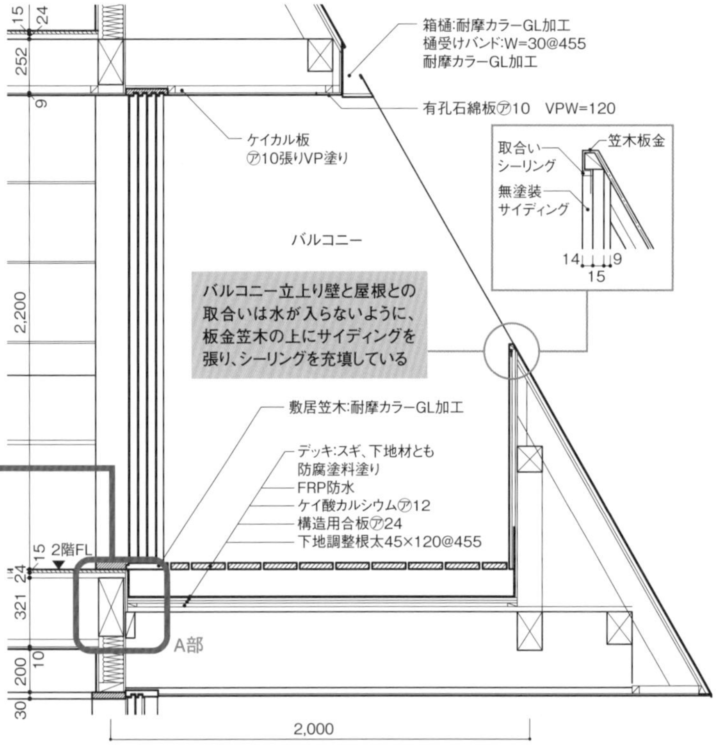
箱樋:耐摩カラーGL加工
樋受けバンド:W=30@455
耐摩カラーGL加工
有孔石綿板㋐10 VPW=120
ケイカル板
㋐10張りVP塗り
取合い
シーリング
笠木板金
無塗装
サイディング
14
9
15
バルコニー
バルコニー立上り壁と屋根との取合いは水が入らないように、板金笠木の上にサイディングを張り、シーリングを充填している
敷居笠木:耐摩カラーGL加工
デッキ:スギ、下地材とも
防腐塗料塗り
FRP防水
ケイ酸カルシウム㋐12
構造用合板㋐24
下地調整根太45×120@455
2階FL
A部
15
24
252
9
2,200
321
10
200
30
2,000

バルコニーから2階リビングを見る。斜めに切り出された屋根の先端と、バルコニー手摺部分の水平ラインが美しい直線を描いている

② バルコニー平面 [S=1:60]

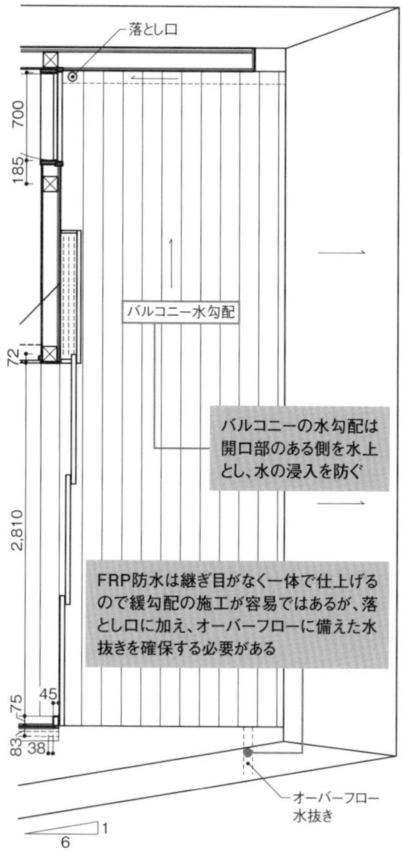
落とし口
700
185
72
2,810
75
45
83
38
バルコニー水勾配
バルコニーの水勾配は開口部のある側を水上とし、水の浸入を防ぐ
FRP防水は継ぎ目がなく一体で仕上げるので緩勾配の施工が容易ではあるが、落とし口に加え、オーバーフローに備えた水抜きを確保する必要がある
オーバーフロー水抜き
1
6

眺望を生かすために2階にリビングを設け、バルコニーを跳ね出して設置、外部空間を引き込んだ

③ A部断面詳細 [S=1:15]

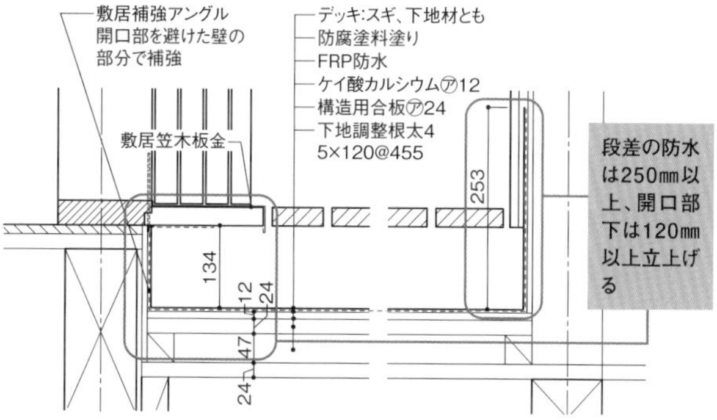
敷居補強アングル
開口部を避けた壁の部分で補強
デッキ:スギ、下地材とも
防腐塗料塗り
FRP防水
ケイ酸カルシウム㋐12
構造用合板㋐24
下地調整根太4
5×120@455
敷居笠木板金
253
134
12
24
47
24
段差の防水は250㎜以上、開口部下は120㎜以上立上げる

隣地との高低差だけでなく、変形敷地の形状や斜線制限の条件によって壁面が屋根と一体となっている。3mほど跳ね出したバルコニー下は駐車スペース

④ 立面図 [S=1:120]

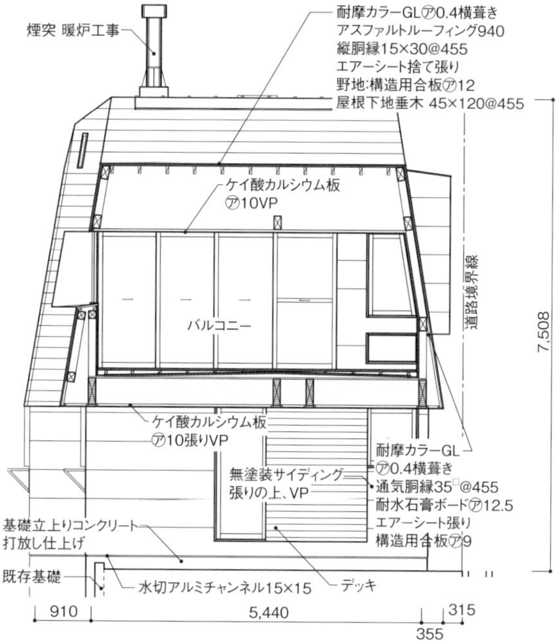
煙突 暖炉工事
耐摩カラーGL㋐0.4横葺き
アスファルトルーフィング940
縦胴縁15×30@455
エアーシート捨て張り
野地:構造用合板㋐12
屋根下地垂木 45×120@455
ケイ酸カルシウム板
㋐10VP
バルコニー
道路境界線
7,508
ケイ酸カルシウム板
㋐10張りVP
無塗装サイディング
張りの上、VP
耐摩カラーGL
㋐0.4横葺き
通気胴縁35 @455
耐水石膏ボード㋐12.5
エアーシート張り
構造用合板㋐9
基礎立上りコンクリート
打放し仕上げ
既存基礎
水切アルミチャンネル15×15
デッキ
910
5,440
315
355

「地形を引き継ぐ家」設計＝ストック建築設計事務所
写真＝平井美行

隣地との間に緩衝帯のコートを設ける

北東角地に建つ住宅である。車や人の通行が多い前面道路側には、開口部は少ない。南側にも隣家が迫っているため、緩衝帯としてコートを設けた。このコートに面して大きな開口部を取ることで、採光と通風を確保している。コートは物干しとしての用途がメインだが、その上にはルーフバルコニーがある。ルーフバルコニーは板金葺きの上にデッキを張り、そこから隣家を越えて古墳の御陵を見晴らせる。物干し用バルコニーは生活動線を考慮し、ユーティリティーとつなげた。上屋があるため木下地の上にデッキ板を張ったシンプルなつくりになっている。

[七條章裕]

① バルコニー断面 [S＝1:60]

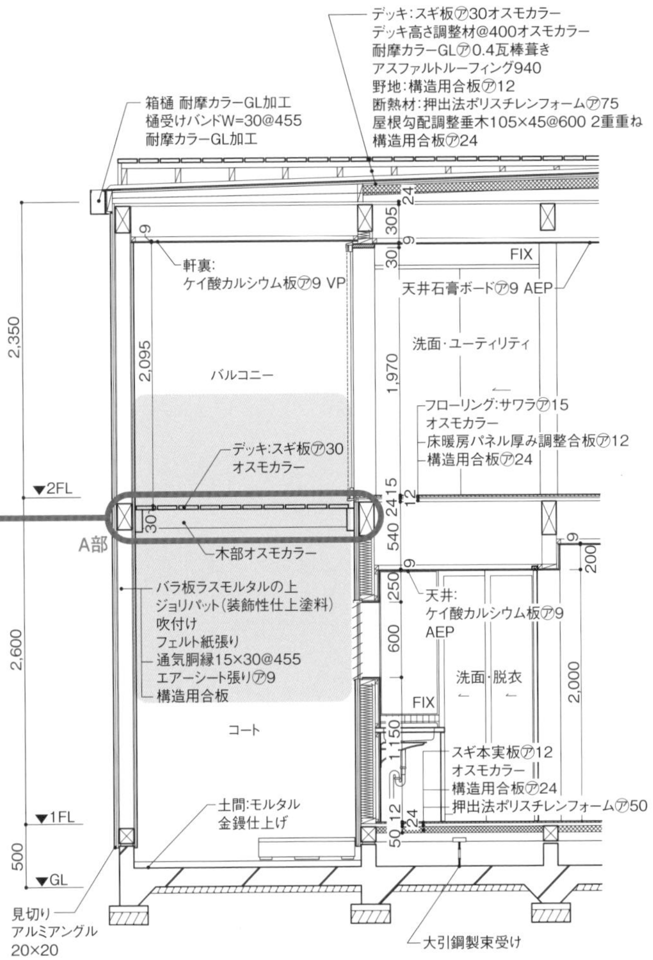
デッキ:スギ板㋐30オスモカラー
デッキ高さ調整材@400オスモカラー
耐摩カラーGL㋐0.4瓦棒葺き
アスファルトルーフィング940
野地:構造用合板㋐12
断熱材:押出法ポリスチレンフォーム㋐75
屋根勾配調整垂木105×45@600 2重重ね
構造用合板㋐24
箱樋 耐摩カラーGL加工
樋受けバンドW=30@455
耐摩カラーGL加工
軒裏:
ケイ酸カルシウム板㋐9 VP
FIX
天井石膏ボード㋐9 AEP
洗面・ユーティリティ
バルコニー
フローリング:サワラ㋐15
オスモカラー
床暖房パネル厚み調整合板㋐12
構造用合板㋐24
デッキ:スギ板㋐30
オスモカラー
2FL
A部
木部オスモカラー
バラ板ラスモルタルの上
ジョリパット(装飾性仕上塗料)
吹付け
フェルト紙張り
通気胴縁15×30@455
エアーシート張り㋐9
構造用合板
天井:
ケイ酸カルシウム板㋐9
AEP
洗面・脱衣
FIX
コート
スギ本実板㋐12
オスモカラー
構造用合板㋐24
押出法ポリスチレンフォーム㋐50
1FL
土間:モルタル
金鏝仕上げ
GL
見切り
アルミアングル
20×20
大引鋼製束受け
2,350
2,095
1,970
2,600
2,000
500

② A部詳細 [S＝1:10]

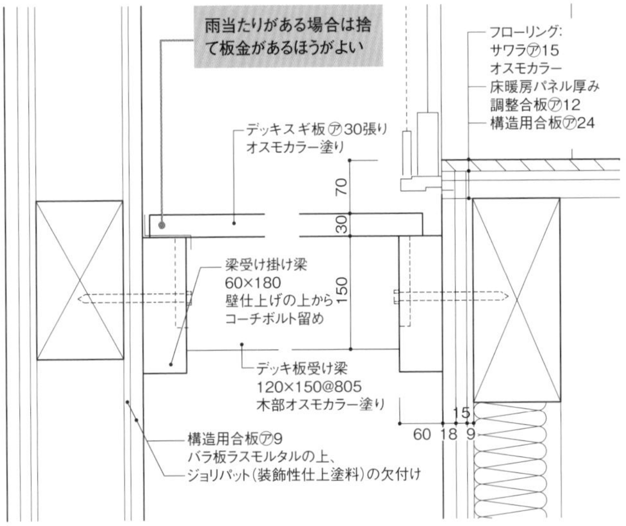
雨当たりがある場合は捨て板金があるほうがよい
フローリング:
サワラ㋐15
オスモカラー
床暖房パネル厚み
調整合板㋐12
構造用合板㋐24
デッキスギ板㋐30張り
オスモカラー塗り
梁受け掛け梁
60×180
壁仕上げの上から
コーチボルト留め
デッキ板受け梁
120×150@805
木部オスモカラー塗り
構造用合板㋐9
バラ板ラスモルタルの上、
ジョリパット(装飾性仕上塗料)の欠付け
70
30
150
15
60 18 9

コート内にある物干し用のルーフバルコニー。格子を取り付けることで南隣地側からの視線を抑え、落ち着きをもたらす

「御陵前の家」設計＝ストック建築設計事務所
写真＝平野和司

15㎜の隙間から風を通す手摺

バルコニーの手摺は、プライバシーの保護と風通しのよさを両立させるものであること、加えて、耐久性の高い材質を用いることを条件に考えたい。これらの機能と外見的な美しさを得るために30×50㎜の高耐久材（エステックウッド）を用い、フレームはスチールとしている。バルコニー床はFRP防水を施しているが、笠木の上にまでデッキ材を敷くことで床面を広く見せえるようにしている。［松本直子］

① バルコニー断面［S=1:10］

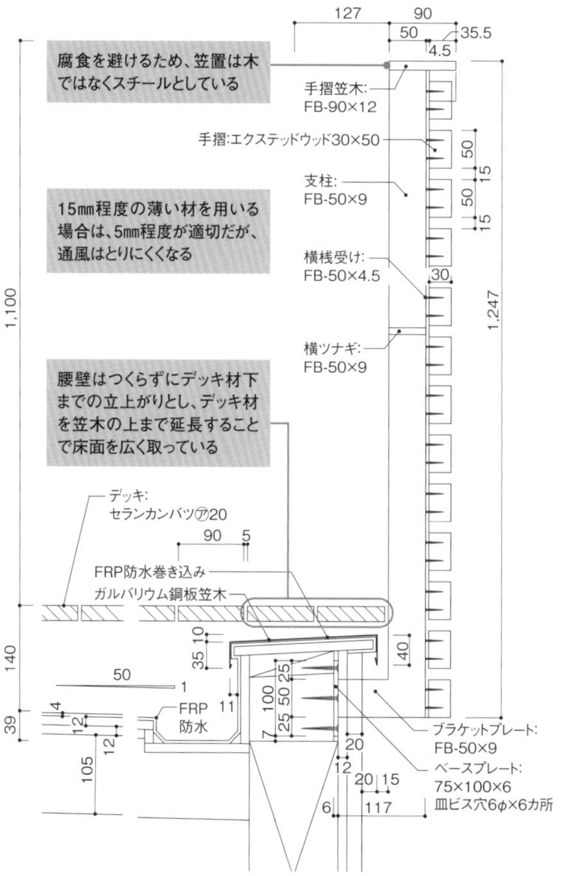

腐食を避けるため、笠置は木ではなくスチールとしている
手摺笠木：FB-90×12
手摺：エクステッドウッド30×50
支柱：FB-50×9
15㎜程度の薄い材を用いる場合は、5㎜程度が適切だが、通風はとりにくくなる
横桟受け：FB-50×4.5
横ツナギ：FB-50×9
腰壁はつくらずにデッキ材下までの立上がりとし、デッキ材を笠木の上まで延長することで床面を広く取っている
デッキ：セランカンバツ㋐20
FRP防水巻き込み
ガルバリウム鋼板笠木
FRP防水
ブラケットプレート：FB-50×9
ベースプレート：75×100×6 皿ビス穴6φ×6カ所

15㎜の隙間から十分な通風を確保しつつ、外部からの視線は完全に遮っている。スチールの支柱も隠れ、水平のラインのみが強調されている

② 手摺支柱姿図［S=1:20］

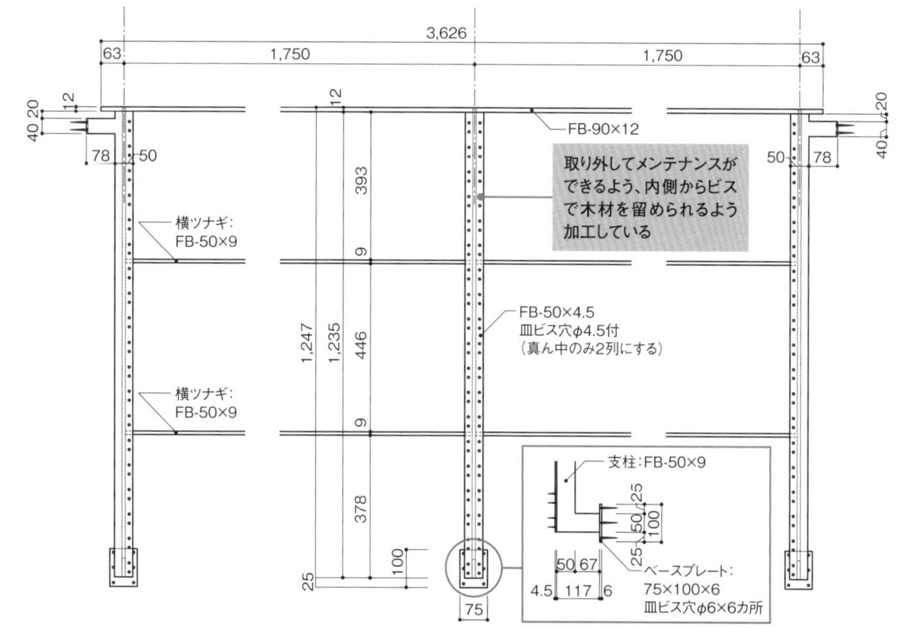

FB-90×12
取り外してメンテナンスができるよう、内側からビスで木材を留められるよう加工している
横ツナギ：FB-50×9
FB-50×4.5 皿ビス穴φ4.5付（真ん中のみ2列にする）
支柱：FB-50×9
ベースプレート：75×100×6 皿ビス穴φ6×6カ所

「南大塚の住まい」設計＝松本直子建築設計事務所
写真＝平野和司

column

最低限のルール 瑕疵担保の防水基準

2000年4月に施行された「住宅瑕疵担保履行法」(特定住宅瑕疵担保責任の履行の確保等に関する法律)では、新築住宅の「構造耐力上主要な部分」と「雨水の浸入を防止する部分」の瑕疵について、事業者が10年間の担保責任を負うよう定めている。住宅瑕疵担保履行法の技術的な基準書である「設計施工基準」は、瑕疵担保責任保険に加入するために満たすべき施工基準が定められており、外壁や開口部、屋根などについて、防水・雨仕舞いの基本として最低限押さえておくべき数値を記している。いま一度それらの具体的な数値をおさらいしておこう。

[編集部]

雨仕舞いの基本!「住宅瑕疵担保履行法」設計施工基準のおさらい

屋根の防水

1. 屋根は、勾配屋根とする。なお、陸屋根については、第8条(バルコニー及び陸屋根)に規定する。
2. 屋根には、下葺きを施すこととし、下葺き材の品質及び葺き方は次の各号に適合するものとする。
 (1) 下葺き材は、JIS A 6005(アスファルトルーフィングフェルト)に適合する**アスファルトルーフィング940**又はこれと同等以上の防水性能を有するものとする。
 (2) 上下(流れ方向)は**100㎜以上**、左右は**200㎜以上**重ね合わせることとする。
 (3) 谷部及び棟部は、谷底又は棟頂部より両方向へそれぞれ250㎜以上重ね合わせるものとする。ただし、下葺き材製造者の施工基準において端部に止水措置を施すなど、当該基準が雨水の浸入を防止するために適切であると認められる場合は当該基準によることができる。
 (4) 屋根面と壁面の取合い部においては、壁面に沿って**250㎜以上**かつ雨押さえ上端より**50㎜以上**とする。

3 (略)

外壁の防水

1 外壁は、防水紙又は雨水の浸透を防止する仕上材等を用い、構造方法に応じた防水措置を施すものとする。
2 防水紙の品質及び張り方は、次の各号によるものとする。
 (1) 通気構法(外壁内に通気層を設け、壁体内通気を可能とする構造)とした外壁に用いる防水紙は、**JIS A6111(透湿防水シート)**に適合する外壁用透湿防水シート又はこれと同等以上の透湿性能及び防水性能を有するものとし、通気層の躯体側に施すものとする。
 (2) 前号以外の外壁に用いる防水紙は、**JIS A6005(アスファルトルーフィングフェルト)**に適合する**アスファルトフェルト430**又はこれと同等以上の防水性能を有するもの(**透湿防水シートを除く**)とする。
 (3) 略
 (4) 外壁開口部の周囲(サッシ、その他の壁貫通口等の周囲)は、防水テープを用い**防水紙を密着させる**ものとする。

バルコニー及び陸屋根の防水

1. 床は、**1/50**以上の勾配を設けるものとする。ただし、防水材製造者の施工基準において表面排水を行いやすい措置を施すなど、当該基準が雨水の浸入を防止するうえで適切であると認められる場合は当該基準によることができる。
2. 防水材は、下地の変形及び目違いに対し安定したもので、かつ、破断又は孔あきが生じにくいものとし、以下の防水工法のいずれかとする。なお、歩行を前提とする場合は、強度や耐久性を確保するものとする。
 (1) **金属板(鋼板)ふき**
 (2) **塩化ビニル樹脂系シート防水工法**
 (3) **アスファルト防水工法**
 (4) **改質アスファルトシート防水工法**
 (5) **FRP系塗膜防水工法**。ただし、ガラスマット補強材を**2層(ツープライ)以上**とすること。なお、防水材製造者の施工基準において、施工面積が小さく、ガラスマット補強材に十分な強度が認められる場合など、当該基準が雨水の浸入を防止するために適切であると認められる場合は1層以上とすることができる。
 (6) **FRP系塗膜防水**と**改質アスファルトシート防水**又は**ウレタン塗膜防水**を組み合わせた工法

3 壁面との取り合い部分(手すり壁又はパラペット(本条において、以下「手すり壁等」という)との取り合い部分を含む)の防水層は、開口部の下端で**120㎜以上**、それ以外の部分で**250㎜以上**立ち上げ、その端部にシーリング材又は防水テープを用いる等、適切な防水措置を施すものとする。
4 排水溝は勾配を確保し、排水ドレン取付部は防水層の補強措置及び取合い部の止水措置を施すものとする。
5 手すり壁等は、次の各号による防水措置を施すものとする。
 (1) 防水紙は、**JIS A6005**(アスファルトルーフィングフェルト)に適合する**アスファルトフェルト430**、**JIS A6111**(透湿防水シート)に適合する外壁用透湿防水シート又はこれらと同等以上の防水性能を有するものとする。
 (2) 防水紙は、手すり壁等の下端から張り上げ、手すり壁等の上端部で重ね合わせるものとする。
 (3) 上端部は、金属製の笠木を設置するなど適切な防水措置を施すものとする。
 (4) 上端部に笠木等を釘やビスを用いて固定する場合は、釘又はビス等が防水層を貫通する部分にあらかじめ**防水テープやシーリングなどを用い止水措置を施す**ものとする。
 (5) 外壁を通気構法とした場合の手すり壁等は、外壁の通気を妨げない形状とすること。

意外な落とし穴!? こんな個所にも要注意

図1 | 下屋と外壁の取合い① [S=1:5]

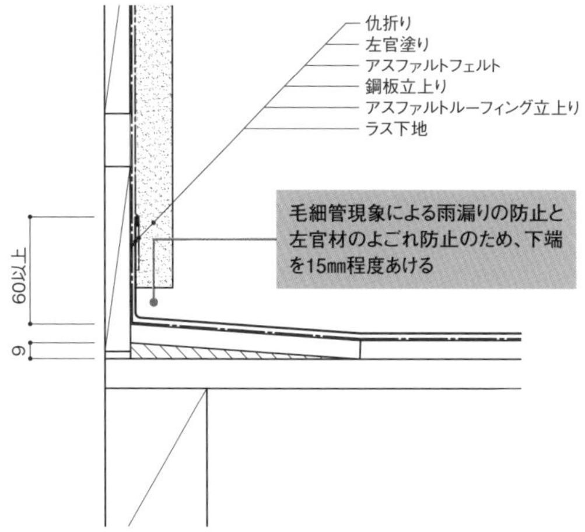
仇折り
左官塗り
アスファルトフェルト
鋼板立上り
アスファルトルーフィング立上り
ラス下地
毛細管現象による雨漏りの防止と左官材のよごれ防止のため、下端を15㎜程度あける
60以上
6

図2 | 下屋と外壁の取合い② [S=1:5]

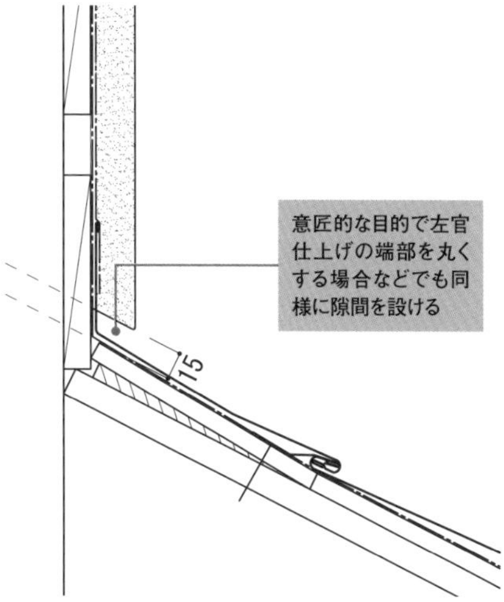
意匠的な目的で左官仕上げの端部を丸くする場合などでも同様に隙間を設ける
15

図3 | 浴室立上り部の防水 [S=1:4]

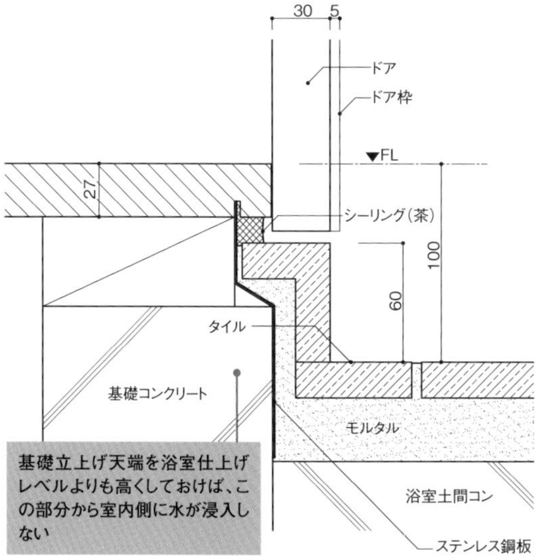
30
5
ドア
ドア枠
▼FL
27
シーリング(茶)
100
60
タイル
基礎コンクリート
モルタル
浴室土間コン
ステンレス鋼板
基礎立上げ天端を浴室仕上げレベルよりも高くしておけば、この部分から室内側に水が浸入しない

図4 | 持出しバルコニーの防水 [S=1:5]

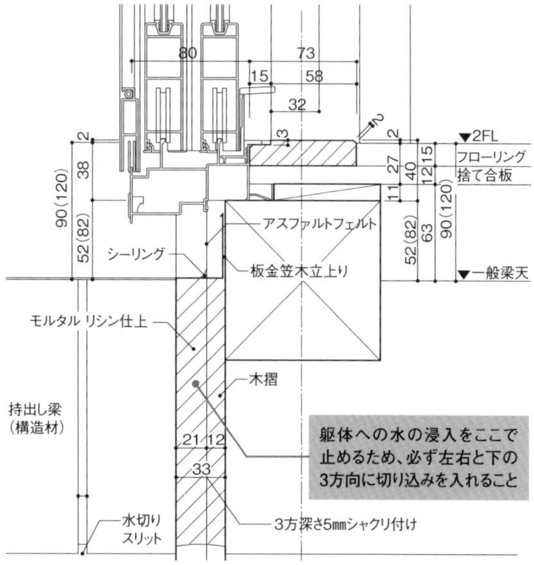
80
73
15
58
32
2
3
2
▼2FL
フローリング
捨て合板
38
90(120)
52(82)
27
40
12
15
11
63
52(82)
90(120)
アスファルトフェルト
シーリング
板金笠木立上り
▼一般梁天
モルタル リシン仕上
木摺
持出し梁
(構造材)
21
12
33
躯体への水の浸入をここで止めるため、必ず左右と下の3方向に切り込みを入れること
水切り
スリット
3方深さ5㎜シャクリ付け

防水の観点から納まりが重要となる場所は限られているが、ここでは意外な防水の落とし穴を紹介している。施工者の立場から雨仕舞い上特に気をつけてほしいのは、ムク材を使用する場合、木材の伸縮を想定する、という点だ。ムクの木材が乾燥でやせることは避けられないため、その際にシーリングが切れたり、隙間が生じたりし、そこが水の浸入口となる。これを防ぐために決りを入れる、スリットを入れるなどの対処をしてほしい。 [梶原康信]

図5 | 開口部下の防水 [S=1:5]

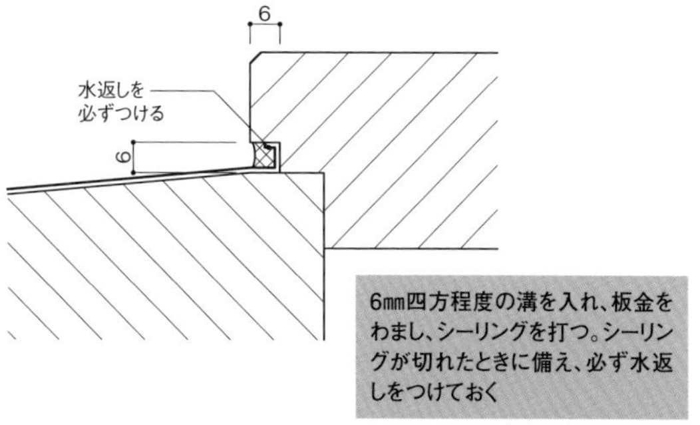
6
水返しを
必ずつける
6
6㎜四方程度の溝を入れ、板金をわまし、シーリングを打つ。シーリングが切れたときに備え、必ず水返しをつけておく

浴室の納まりの基本を押さえる

バスコートに囲われ、周囲からの視線を気にすることなく屋外の景色を楽しめる浴室。腰壁まではタイル張りとし、上部には水に強いサワラ板を張って視覚的変化も演出している。出入戸はヒバの木製建具を上吊りし、ガイドは壁付けになるようステンレスで加工、また建具枠にはアルミ材を使うなど、足元廻りが傷まないようにしている。開口部は風通しのため2カ所設け、一方は防犯的配慮を施したうえで開け放しておけるようにしている。窓廻りには壁面内にブラインドボックスを設けた。

［松本直子］

① 1階浴室廻り平面［S＝1:60］

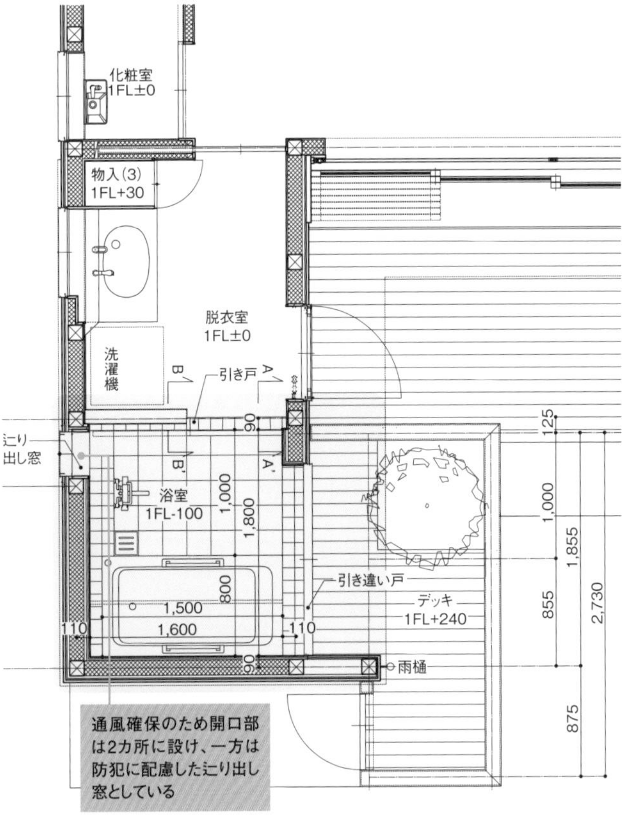
化粧室
1FL±0
物入(3)
1FL+30
脱衣室
1FL±0
洗濯機
引き戸
辷り
出し窓
浴室
1FL-100
引き違い戸
デッキ
1FL+240
雨樋
1,000
1,800
800
1,500
1,600
110
110
90
90
125
1,000
1,855
855
2,730
875
通風確保のため開口部は2カ所に設け、一方は防犯に配慮した辷り出し窓としている

異なる素材の組合せによる視覚的変化と屋外の景色を楽しめる浴室。ブラインドボックスでデッキからの視線にも配慮している

② 1階浴室廻り断面［S＝1:40］

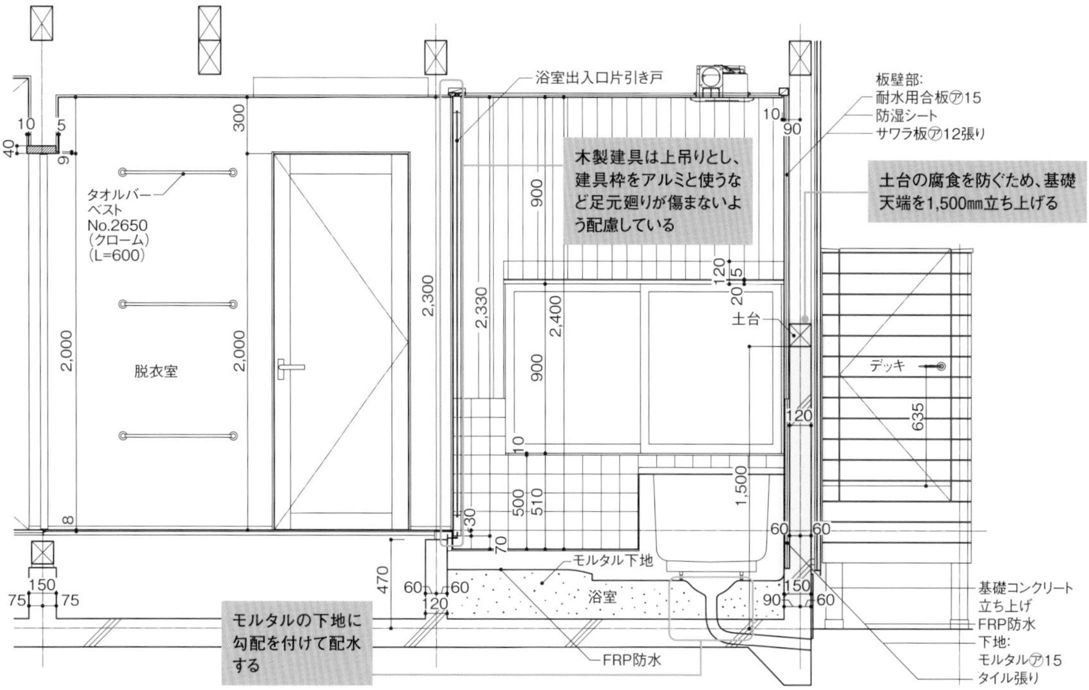
木製建具は上吊りとし、建具枠をアルミと使うなど足元廻りが傷まないよう配慮している
土台の腐食を防ぐため、基礎天端を1,500㎜立ち上げる
モルタルの下地に勾配を付けて配水する
浴室出入口片引き戸
板壁部:
耐水用合板⑦15
防湿シート
サワラ板⑦12張り
タオルバー
ベスト
No.2650
（クローム）
（L=600）
脱衣室
土台
デッキ
モルタル下地
浴室
FRP防水
基礎コンクリート
立ち上げ
FRP防水
下地:
モルタル⑦15
タイル張り

③ 開口部平面詳細［S＝1:30］

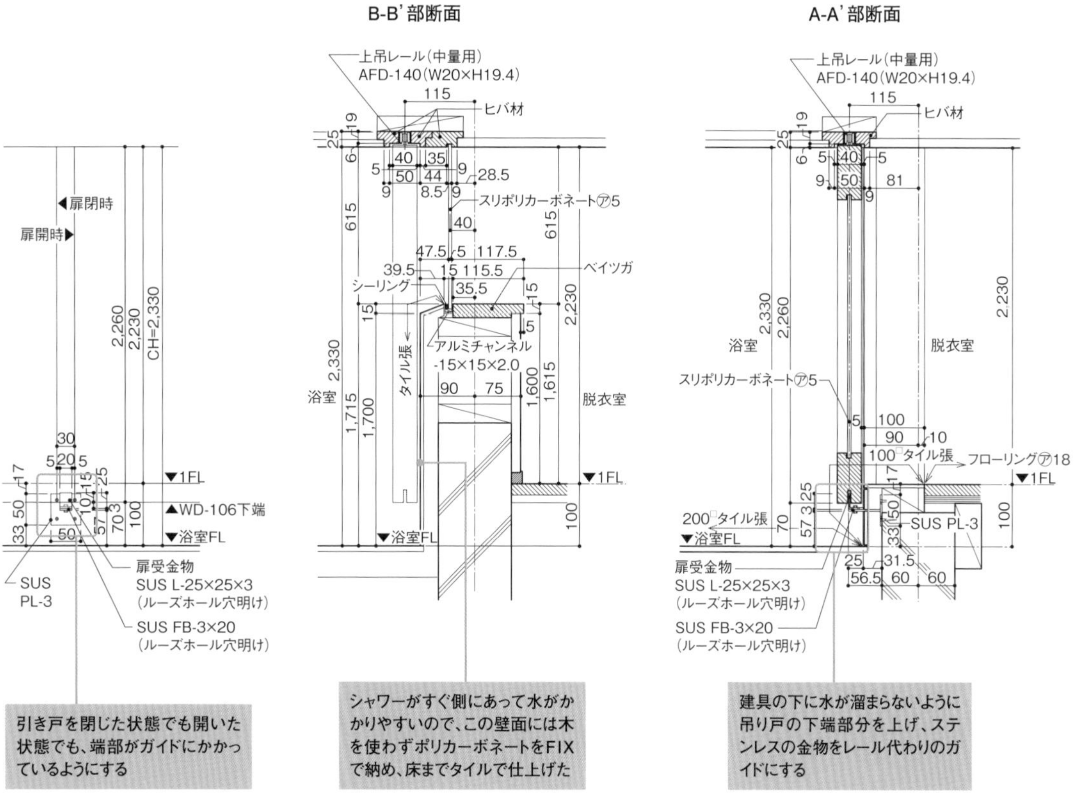
B-B' 部断面
A-A' 部断面
◀扉閉時
扉開時▶
▼1FL
▲WD-106下端
▼浴室FL
SUS
PL-3
扉受金物
SUS L-25×25×3
（ルーズホール穴明け）
SUS FB-3×20
（ルーズホール穴明け）
上吊レール（中量用）
AFD-140（W20×H19.4）
ヒバ材
スリポリカーボネート⑦5
ベイツガ
シーリング
タイル張
アルミチャンネル
-15×15×2.0
浴室
脱衣室
100□タイル張
フローリング⑦18
200□タイル張
SUS PL-3
引き戸を閉じた状態でも開いた状態でも、端部がガイドにかかっているようにする
シャワーがすぐ側にあって水がかかりやすいので、この壁面には木を使わずポリカーボネートをFIXで納め、床までタイルで仕上げた
建具の下に水が溜まらないように吊り戸の下端部分を上げ、ステンレスの金物をレール代わりのガイドにする

「椚田の住まい」設計＝松本直子建築設計事務所

④ 3階浴室廻り平面［S＝1:60］

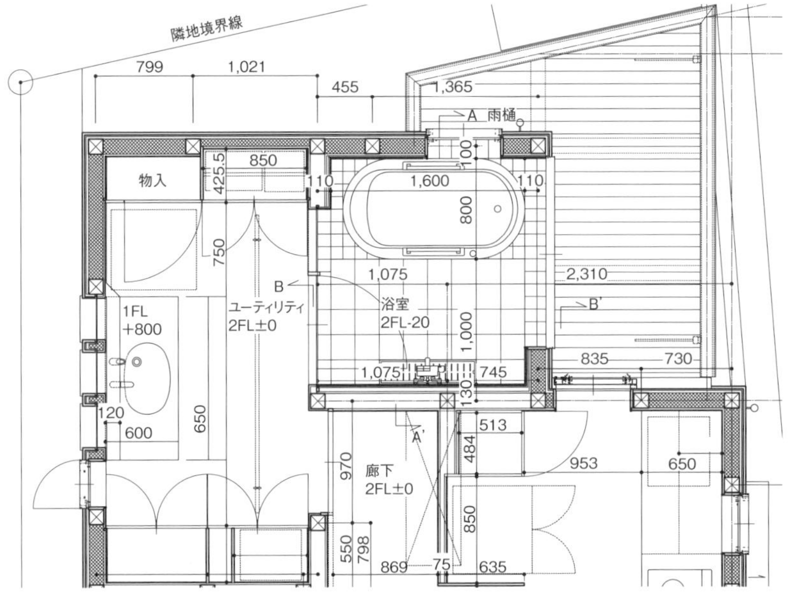

一方こちらは、木造3階建ての2階部分に設けた浴室。浴室からデッキへ直接出入りできる動線としているため、出入口はガラス扉とし、シャワー水栓は横壁面に取り付けている。ガラス戸の枠はアルミ材を用いて腐食防止への配慮とした。

⑤ A-A'断面詳細［S＝1:30］

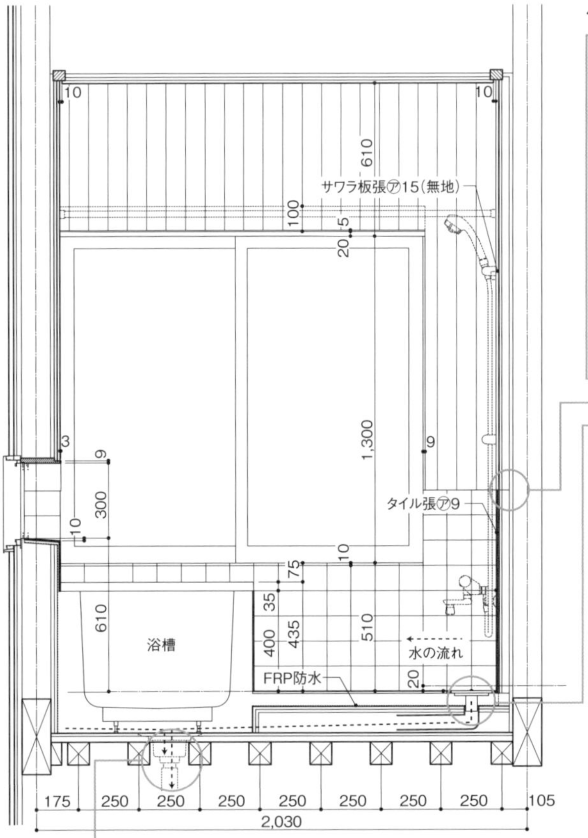

仕上げの境界

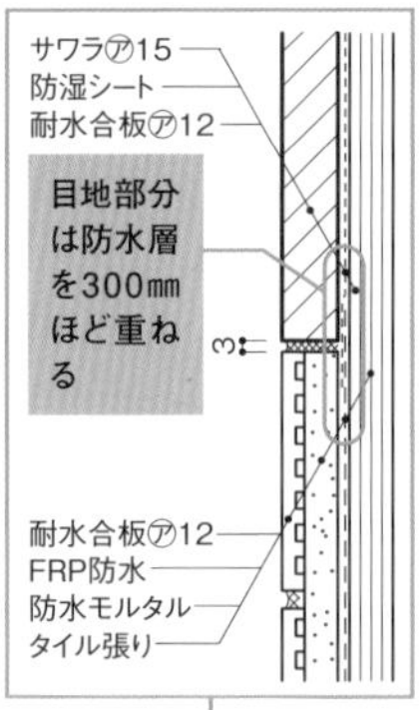

排水目皿

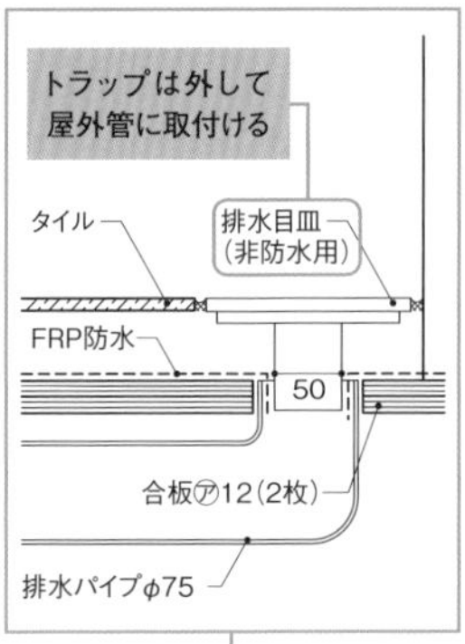

浴槽からの排水と目皿からの排水をここで受け、階下に落とす

排水に向けて溝を設け、直接バスタブからの水を受けることで排水を確実にしている

排水を確実にするために浴槽下に排水のための溝を設け、この上にFRP防水を施工している

⑥ B-B'断面詳細［S＝1:30］

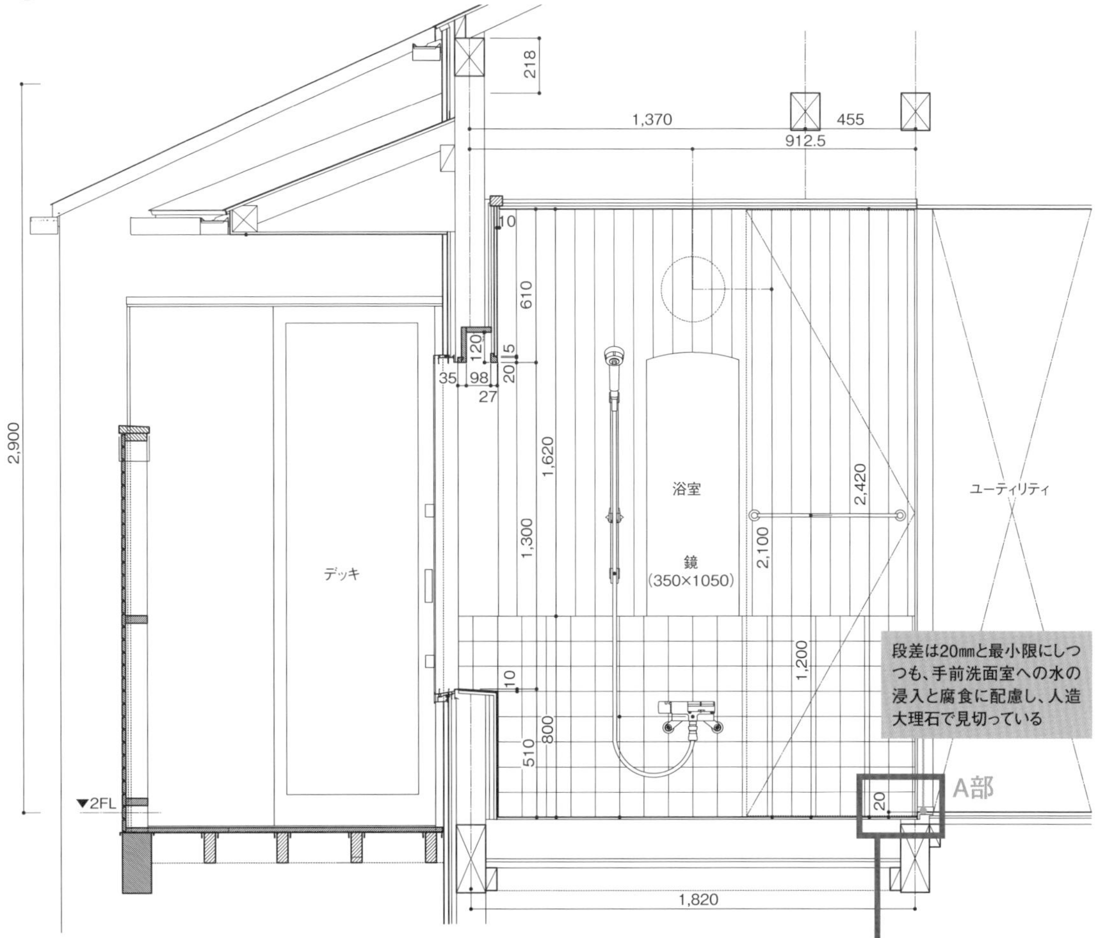

段差は20㎜と最小限にしつつも、手前洗面室への水の浸入と腐食に配慮し、人造大理石で見切っている

⑦ A部断面詳細

FIX部

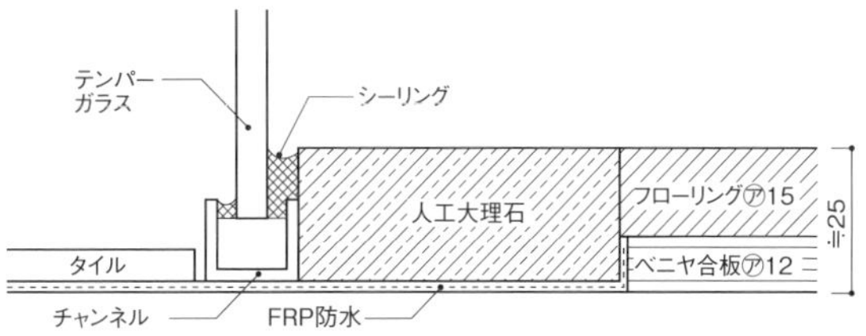

水に濡れる可能性のある個所には、タイルか石など耐水性の高いものを使う

開き戸部

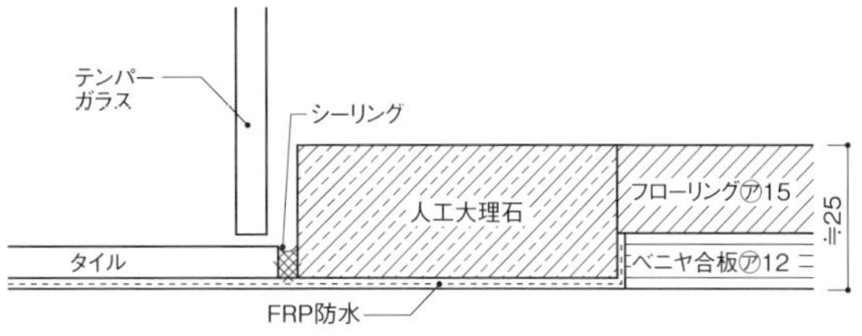

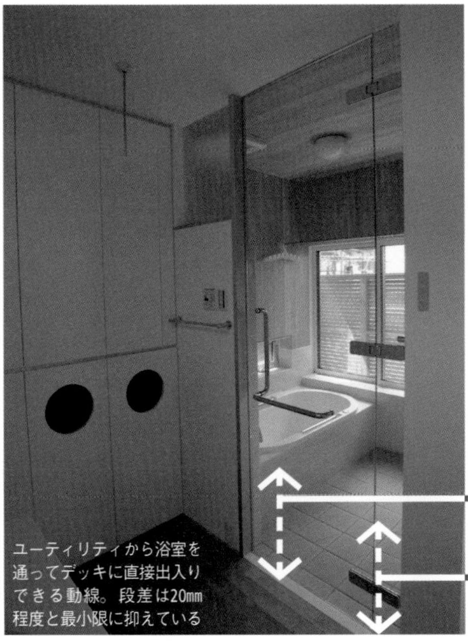

ユーティリティから浴室を通ってデッキに直接出入りできる動線。段差は20㎜程度と最小限に抑えている

「大森の住まい」設計＝松本直子建築設計事務所

水廻り

FRPで仕上げる浴室

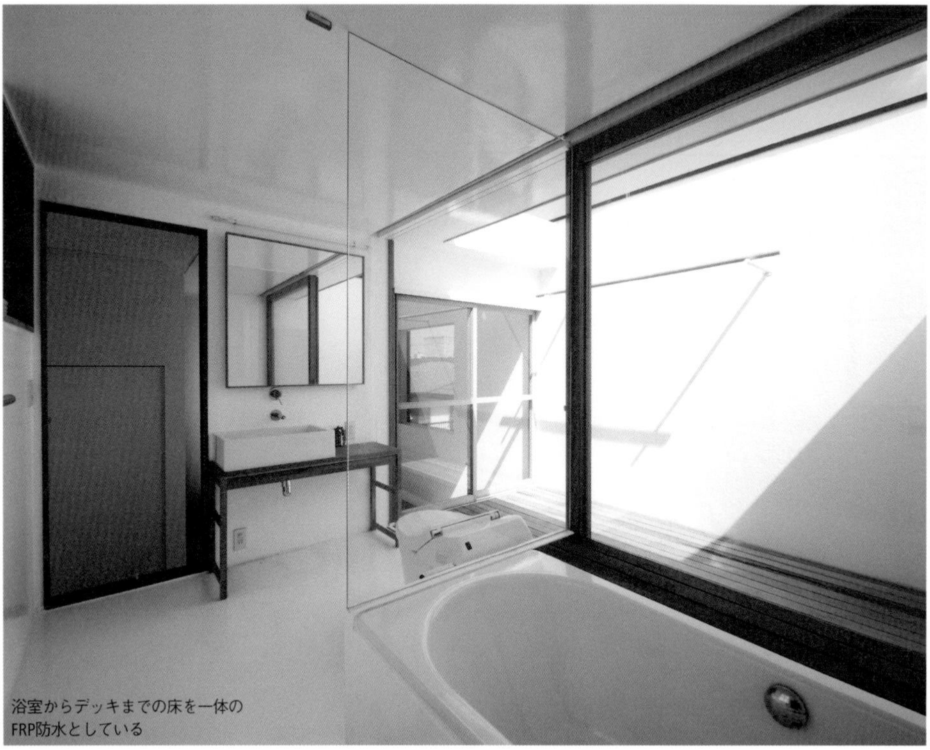
浴室からデッキまでの床を一体の
FRP防水としている

① 浴室廻り平面［S＝1：40］

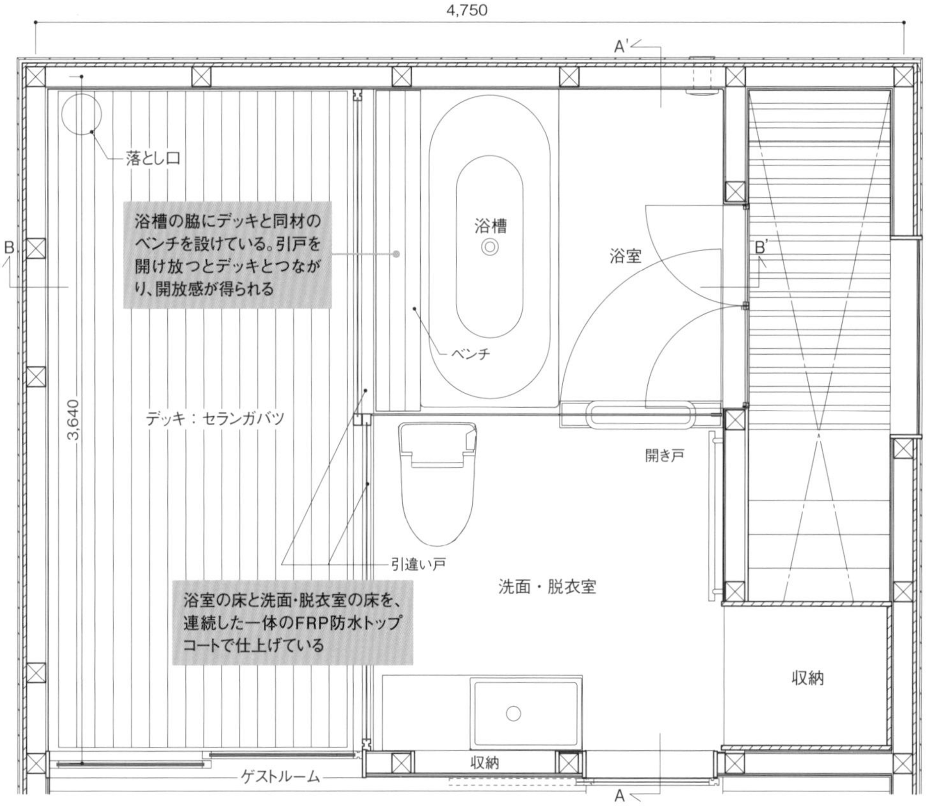
4,750
A'
落とし口
浴槽の脇にデッキと同材のベンチを設けている。引戸を開け放つとデッキとつながり、開放感が得られる
浴槽
浴室
B
B'
ベンチ
3,640
デッキ：セランガバツ
開き戸
引違い戸
洗面・脱衣室
浴室の床と洗面・脱衣室の床を、連続した一体のFRP防水トップコートで仕上げている
収納
収納
ゲストルーム
A

最上階の浴室であり、デッキとつながっていることから、デッキと浴室の防水を一体のFRP防水トップコート仕上げとしている。防滑仕上げのため、あえてガラス繊維の残る処理とした。さらに防滑性が必要な場合は珪砂入りのトップコートを使用する。FRP仕上げは目地にとらわれることなく設計することができ、メンテナンス性も高いというメリットがある。排水ユニットのステンレス枡までFRPを被せるので、樹脂製の蓋は端部をFRPの厚みだけ削って納めている。

[島田陽]

② A-A'断面［S＝1：50］

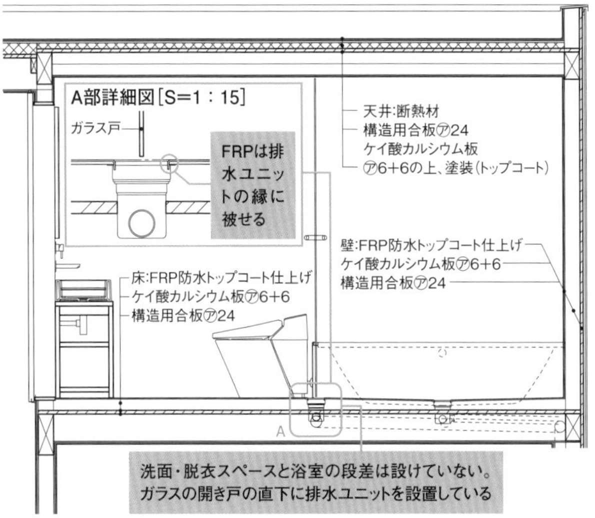
A部詳細図［S＝1：15］
ガラス戸
FRPは排水ユニットの縁に被せる
天井:断熱材
構造用合板㋐24
ケイ酸カルシウム板
㋐6+6の上、塗装（トップコート）
壁:FRP防水トップコート仕上げ
ケイ酸カルシウム板㋐6+6
構造用合板㋐24
床:FRP防水トップコート仕上げ
ケイ酸カルシウム板㋐6+6
構造用合板㋐24
A
洗面・脱衣スペースと浴室の段差は設けていない。ガラスの開き戸の直下に排水ユニットを設置している

③ B-B'断面［S＝1：50］

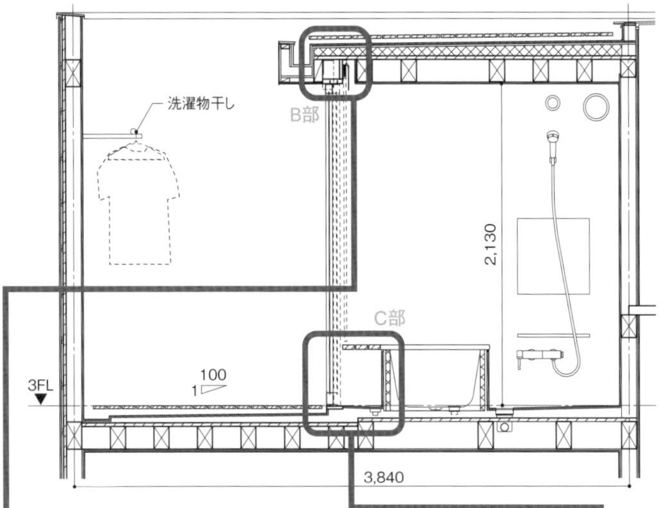

床・壁・天井ともにFRPで仕上げた浴室。塗り壁のような、なめらかでやさしい質感が得られる

④ B部詳細［S＝1：8］

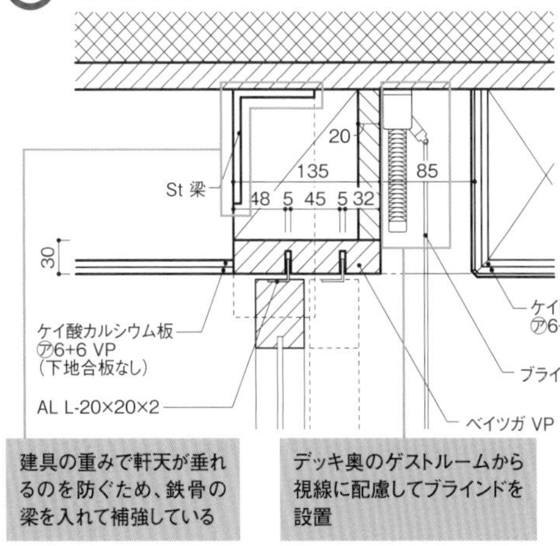
St 梁
20
135
48 5 45 5 32
85
30
ケイ酸カルシウム板
㋐6+6 VP
（下地合板なし）
AL L-20×20×2
ケイ酸カルシウム板
㋐6+6 VP
ブラインド
ベイツガ VP
建具の重みで軒天が垂れるのを防ぐため、鉄骨の梁を入れて補強している
デッキ奥のゲストルームから視線に配慮してブラインドを設置

⑤ C部詳細［S＝1：10］

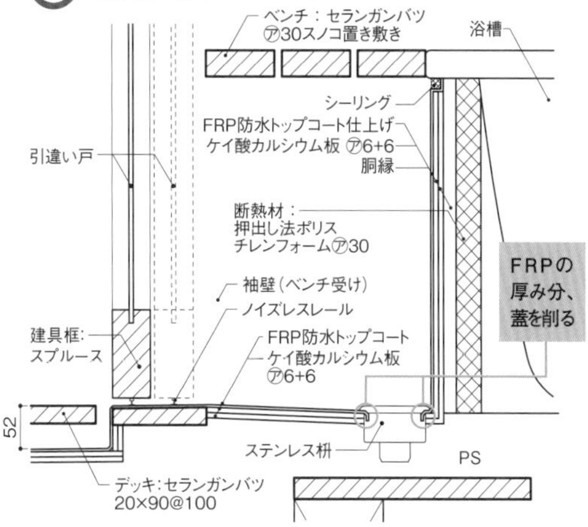
ベンチ：セランガンバツ
㋐30スノコ置き敷き
浴槽
シーリング
FRP防水トップコート仕上げ
ケイ酸カルシウム板 ㋐6+6
胴縁
引違い戸
断熱材：
押出し法ポリスチレンフォーム㋐30
袖壁（ベンチ受け）
ノイズレスレール
建具框：
スプルース
FRP防水トップコート
ケイ酸カルシウム板
㋐6+6
FRPの厚み分、蓋を削る
52
ステンレス枡
PS
デッキ：セランガンバツ
20×90@100

「二子新地の住居」設計＝タトアーキテクツ
写真＝北村光隆

カラーモルタル仕上げで演出

防水・撥水性能を要求される浴室。仕上げに使用できる素材も部位ごとの制約がある。この事例では、手前にある洗面室との連続性を演出するため、床・壁・天井をカラーモルタルの撥水材仕上げとして、見切のない洞窟のような連続空間をつくった。白モルタルは色粉を混ぜたときの発色がよく、色を調整しやすい。ここでは開口部のブラインドの色に合わせた。

この事例ではモルタルの下地に撥水剤を塗布したラス網を使用しているが、モルタルのクラックの可能性を低減させるため、両面ガラス繊維ネット張りセメントモルタル板（デラクリート）などを使うとよい。ただしラス網に比べるとコストは高くなる。

［浅利幸男・須賀茂幸］

① 浴槽廻り断面［S＝1:10］

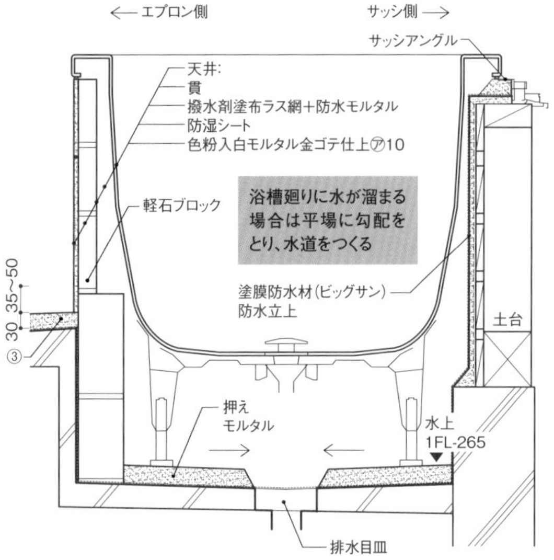

←エプロン側
サッシ側→
サッシアングル
天井:
貫
撥水剤塗布ラス網＋防水モルタル
防湿シート
色粉入白モルタル金ゴテ仕上㋐10
軽石ブロック
浴槽廻りに水が溜まる場合は平場に勾配をとり、水道をつくる
塗膜防水材（ビッグサン）防水立上
土台
35〜50
30
③
押え モルタル
水上 1FL-265
排水目皿

② 浴室・壁・床・天井断面詳細［S＝1:6］

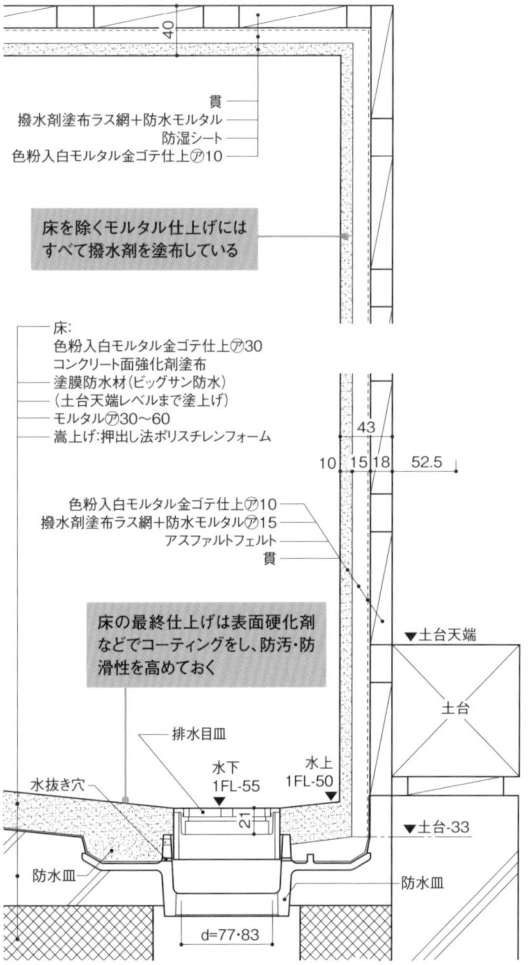

40
貫
撥水剤塗布ラス網＋防水モルタル
防湿シート
色粉入白モルタル金ゴテ仕上㋐10
床を除くモルタル仕上げにはすべて撥水剤を塗布している
床:
色粉入白モルタル金ゴテ仕上㋐30
コンクリート面強化剤塗布
塗膜防水材（ビッグサン防水）
（土台天端レベルまで塗上げ）
モルタル㋐30〜60
嵩上げ:押出し法ポリスチレンフォーム
43
10 15 18 52.5
色粉入白モルタル金ゴテ仕上㋐10
撥水剤塗布ラス網＋防水モルタル㋐15
アスファルトフェルト
貫
床の最終仕上げは表面硬化剤などでコーティングをし、防汚・防滑性を高めておく
土台天端
土台
排水目皿
水下 1FL-55
水上 1FL-50
水抜き穴
21
土台-33
防水皿
防水皿
d=77・83

金鏝仕上げで、仕上げ面に適度なムラができるので、洗面室に自然素材を使っている場合でも違和感なくなじむ

「茅ヶ崎の家」設計＝ラブアーキテクチャ
写真＝島村鋼一

浴室のガラスドア

① 平面詳細 [S=1:8]

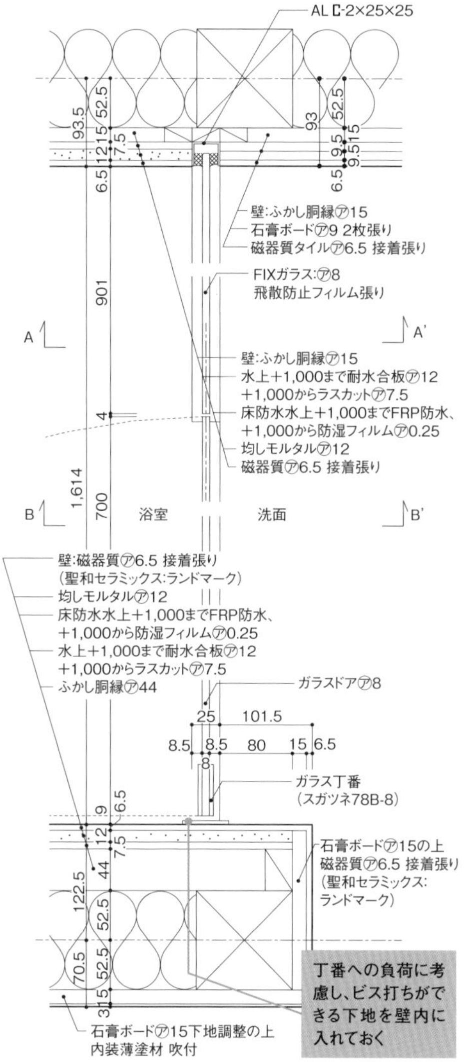
AL C-2×25×25
93.5
52.5
15
12
7.5
6.5
93
52.5
15
9.5
9.5
6.5
壁:ふかし胴縁⑦15
石膏ボード⑦9 2枚張り
磁器質タイル⑦6.5 接着張り
901
FIXガラス:⑦8
飛散防止フィルム張り
A
A'
壁:ふかし胴縁⑦15
水上+1,000まで耐水合板⑦12
+1,000からラスカット⑦7.5
4
床防水水上+1,000までFRP防水、
+1,000から防湿フィルム⑦0.25
均しモルタル⑦12
磁器質⑦6.5 接着張り
1,614
700
B
浴室
洗面
B'
壁:磁器質⑦6.5 接着張り
(聖和セラミックス:ランドマーク)
均しモルタル⑦12
床防水水上+1,000までFRP防水、
+1,000から防湿フィルム⑦0.25
水上+1,000まで耐水合板⑦12
+1,000からラスカット⑦7.5
ふかし胴縁⑦44
ガラスドア⑦8
25
101.5
8.5
8.5
80
15
6.5
8
ガラス丁番
(スガツネ78B-8)
9
6.5
12
7.5
44
122.5
52.5
70.5
52.5
15
3
石膏ボード⑦15の上
磁器質⑦6.5 接着張り
(聖和セラミックス:
ランドマーク)
石膏ボード⑦15下地調整の上
内装薄塗材 吹付
丁番への負荷に考慮し、ビス打ちができる下地を壁内に入れておく

② A-A'(FIX)部断面詳細 [S=1:6]

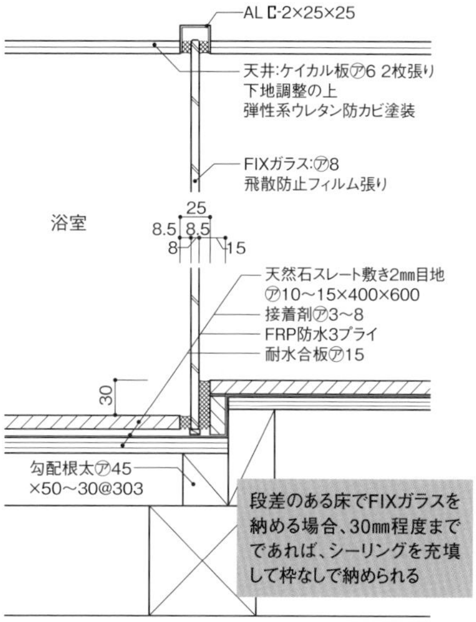
AL C-2×25×25
天井:ケイカル板⑦6 2枚張り
下地調整の上
弾性系ウレタン防カビ塗装
FIXガラス:⑦8
飛散防止フィルム張り
浴室
25
8.5
8.5
8
15
天然石スレート敷き2㎜目地
⑦10~15×400×600
接着剤⑦3~8
FRP防水3プライ
耐水合板⑦15
30
勾配根太⑦45
×50~30@303
段差のある床でFIXガラスを納める場合、30㎜程度までであれば、シーリングを充填して枠なしで納められる

③ B-B'(開き戸)部断面詳細 [S=1:6]

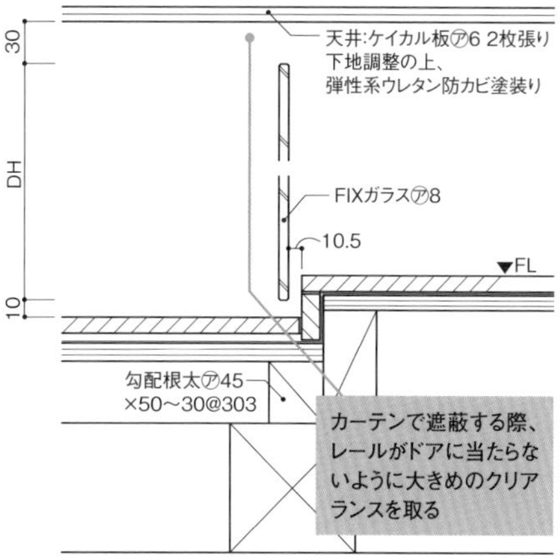
30
天井:ケイカル板⑦6 2枚張り
下地調整の上、
弾性系ウレタン防カビ塗装り
DH
FIXガラス⑦8
10.5
FL
10
勾配根太⑦45
×50~30@303
カーテンで遮蔽する際、レールがドアに当たらないように大きめのクリアランスを取る

フレームレスなガラス間仕切りは浴室と洗面室を一体空間に見せてくれる。ガラス溝のアルミチャンネルの小口をシールで隠すとより効果的

壁・天井にアルミチャンネルを埋め込み、片袖FIXのガラスドアの溝にする。浴室と洗面室との段差の30㎜を水返しにしているが、FIXガラスは高さ30㎜でシーリングが見えてくるので施工に注意が必要。ドアは吊元下部が干渉するので切り欠きを施す。[浅利幸男・須賀茂幸]

「赤坂の家」設計=ラブアーキテクチャ
写真=西川公朗

オーディオルーム設計4つのポイント

① 立面図 [S=1:90]

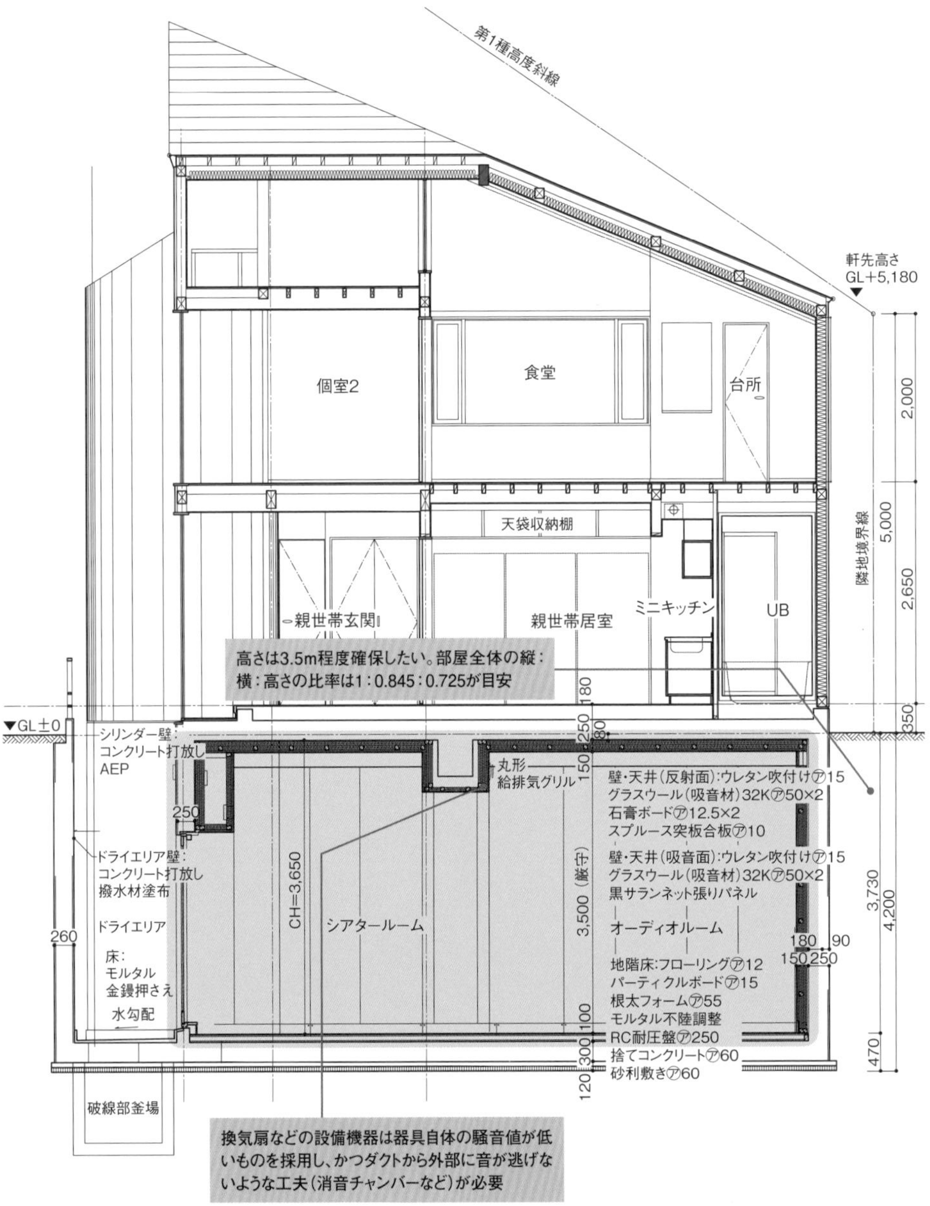
第1種高度斜線
軒先高さ
GL+5,180
個室2
食堂
台所
天袋収納棚
親世帯玄関
親世帯居室
ミニキッチン
UB
隣地境界線
2,000
5,000
2,650
350
高さは3.5m程度確保したい。部屋全体の縦：横：高さの比率は1：0.845：0.725が目安
▼GL±0
シリンダー壁：
コンクリート打放し
AEP
丸形
給排気グリル
250
ドライエリア壁：
コンクリート打放し
撥水材塗布
ドライエリア
260
床：
モルタル
金鏝押さえ
水勾配
CH=3,650
シアタールーム
3,500（厳守）
壁・天井（反射面）：ウレタン吹付け㋐15
グラスウール（吸音材）32K㋐50×2
石膏ボード㋐12.5×2
スプルース突板合板㋐10
壁・天井（吸音面）：ウレタン吹付け㋐15
グラスウール（吸音材）32K㋐50×2
黒サランネット張りパネル
オーディオルーム
地階床：フローリング㋐12
パーティクルボード㋐15
根太フォーム㋐55
モルタル不陸調整
RC耐圧盤㋐250
捨てコンクリート㋐60
砂利敷き㋐60
180
250
80
150
100
300
120
180
90
150
250
3,730
4,200
470
破線部釜場
換気扇などの設備機器は器具自体の騒音値が低いものを採用し、かつダクトから外部に音が逃げないような工夫（消音チャンバーなど）が必要

近年、ホームシアターを自宅に設けたいという要望が増えている。筆者の事務所では、オーディオルームコンサルタントの石井伸一郎氏に協力いただきながら、これまで5件ほどオーディオルームの設計を手がけてきた。この「石井式オーディオルーム」で重要な点は、主に「部屋のプロポーション」「遮音」「音響設計」「配線スペース」の4点である。

1. 部屋のプロポーション

ホームシアターで最も重要なポイントが、部屋の縦・横・高さの寸法比率である。理想的なプロポーションをもたせることがよい音を響かせるためには必須で、ある程度の広さの部屋であれば、通常の居室に比べて天井を高くすることが必要となる。この事例では天井の高さを3.5mとしている。これは、他の居室に比べ1m以上高い。

2. 遮音

一般的な住宅でホームシアターを快適に使用するには、遮音に留意することが絶対条件となる。この事例では地下のRC部分に設けたが、木造部分に設ける場合は石膏ボードの重ね張りなどで遮音層をつくったうえで、設備の貫通部やジョイント部分のシーリング

この部屋の長さは7.6mあるため、最適な天井高さとして3.5m（1：0.72）を確保した

② 壁構成アイソメ図

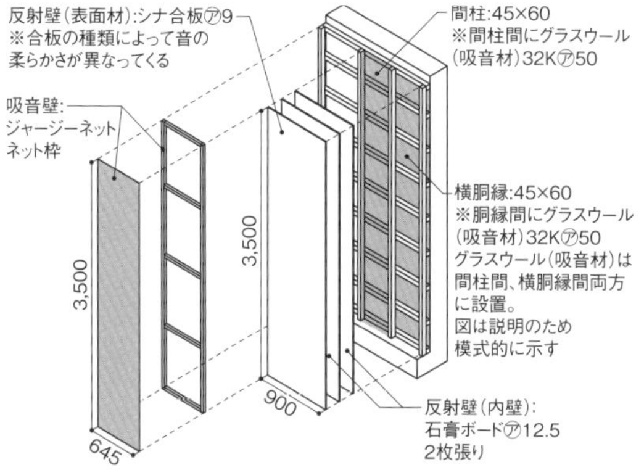
反射壁（表面材）：シナ合板㋐9
※合板の種類によって音の柔らかさが異なってくる
吸音壁：ジャージーネット
ネット枠
3,500
645
3,500
900
間柱：45×60
※間柱間にグラスウール（吸音材）32K㋐50
横胴縁：45×60
※胴縁間にグラスウール（吸音材）32K㋐50
グラスウール（吸音材）は間柱間、横胴縁間両方に設置。
図は説明のため模式的に示す
反射壁（内壁）：
石膏ボード㋐12.5
2枚張り

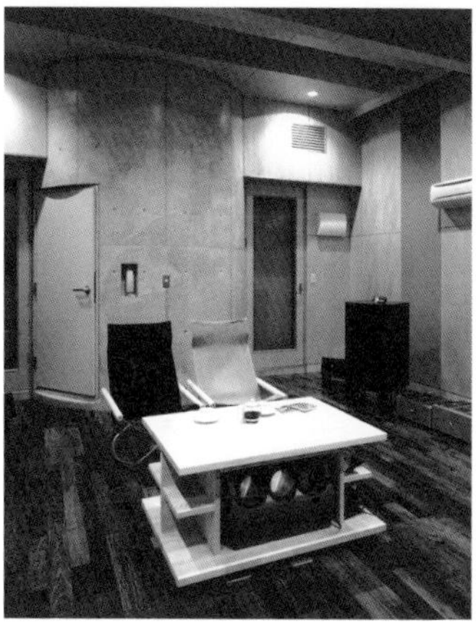

部屋の中央にプロジェクターを設置するような場合は、床下に配線用のルートを確保する必要がある

を徹底し、完全に密閉した空間をつくることが重要である。

3. 音響設計（室内仕上げ）

このオーディオルームの特徴は、反射壁（天井）、吸音壁（天井）を帯状に設けている点。反射部分は木質の板、吸音部分は下地にグラスウールを入れたクロスで構成し、聞く音楽の種類・音質の好みで、反射部分と吸音部分の比率を微調整することが望ましい。また遮音部分は、音圧に耐えるようにある程度の重量と厚みのある素材を使用する必要があり、その表面材の木の種類によっても音の性質が変化する。

表面材の塗装も重要な要素で、たとえばニスを厚く塗ると音質が硬くなってしまう。ワックス仕上げなど、表面が硬くならないもののほうが、音質が柔らかくなる。

4. 配線スペース

ホームシアターにはオーディオ機器の設置がつきもので、配線がフレキシブルに調整できる必要がある。幅木部分を着脱可能とするなど、自由に配線を隠せる設計としたい。

ホームシアターは、居住スペースを生かすために、極力無駄なスペースを減らすこと、かつ一般的な工法でそれほどのコストをかけずに良質の音が得られることが重要だ。リビングスペースの延長として、家族がくつろげ、人が集まれるような稼働率の高い部屋になるよう設計したい。［杉浦英一］

③ オーディオルーム平面詳細［S＝1:50］

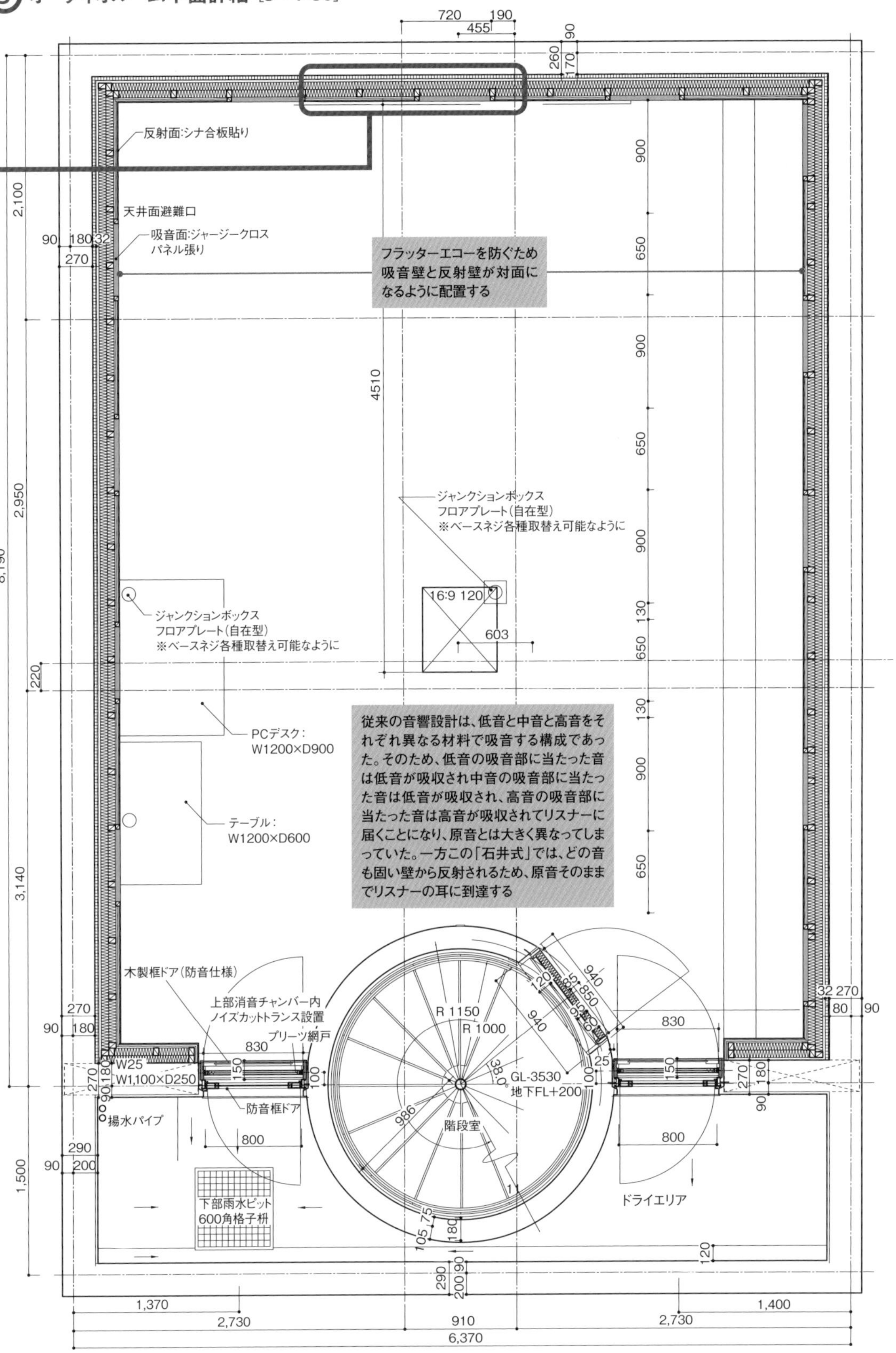
反射面:シナ合板貼り
天井面避難口
吸音面:ジャージークロス
パネル張り
フラッターエコーを防ぐため
吸音壁と反射壁が対面に
なるように配置する
ジャンクションボックス
フロアプレート(自在型)
※ベースネジ各種取替え可能なように
16:9 120
603
ジャンクションボックス
フロアプレート(自在型)
※ベースネジ各種取替え可能なように
PCデスク:
W1200×D900
テーブル:
W1200×D600
従来の音響設計は、低音と中音と高音をそれぞれ異なる材料で吸音する構成であった。そのため、低音の吸音部に当たった音は低音が吸収され中音の吸音部に当たった音は低音が吸収され、高音の吸音部に当たった音は高音が吸収されてリスナーに届くことになり、原音とは大きく異なってしまっていた。一方この「石井式」では、どの音も固い壁から反射されるため、原音そのままでリスナーの耳に到達する
木製框ドア(防音仕様)
上部消音チャンバー内
ノイズカットトランス設置
プリーツ網戸
W25
W1,100×D250
防音框ドア
揚水パイプ
下部雨水ピット
600角格子枡
R 1150
R 1000
GL-3530
地下FL+200
階段室
ドライエリア
720
190
455
8,190
2,100
2,950
3,140
1,500
4510
1,370
2,730
910
2,730
1,400
6,370

④ 壁断面詳細［S=1:15］

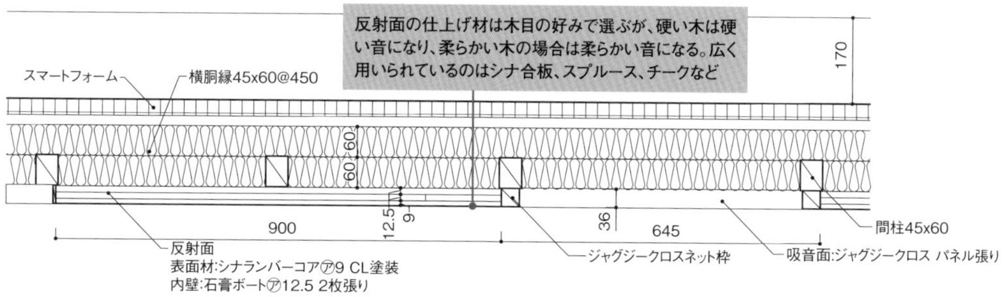

170
スマートフォーム
横胴縁45x60@450
60
60
900
12.5
9
36
645
間柱45x60
反射面
表面材:シナランバーコア㋐9 CL塗装
内壁:石膏ボード㋐12.5 2枚張り
ジャグジークロスネット枠
吸音面:ジャグジークロス パネル張り

反射面の仕上げ材は木目の好みで選ぶが、硬い木は硬い音になり、柔らかい木の場合は柔らかい音になる。広く用いられているのはシナ合板、スプルース、チークなど

⑤ 床断面詳細［S=1:15］

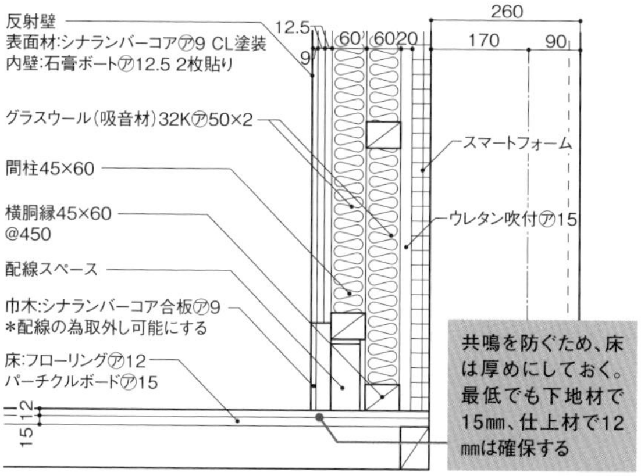

反射壁
表面材:シナランバーコア㋐9 CL塗装
内壁:石膏ボード㋐12.5 2枚貼り
グラスウール（吸音材）32K㋐50×2
間柱45×60
横胴縁45×60
@450
配線スペース
巾木:シナランバーコア合板㋐9
*配線の為取外し可能にする
床:フローリング㋐12
パーチクルボード㋐15
12.5
9
60
60
20
260
170
90
スマートフォーム
ウレタン吹付㋐15
12
15

共鳴を防ぐため、床は厚めにしておく。最低でも下地材で15㎜、仕上材で12㎜は確保する

⑥ 天井断面詳細［S=1:15］

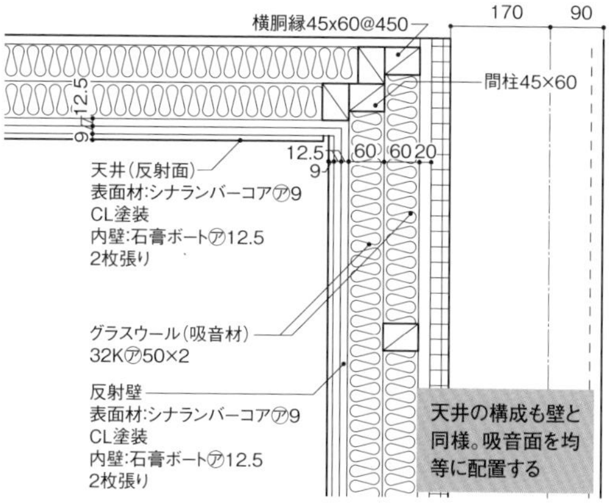

横胴縁45x60@450
170
90
間柱45×60
12.5
9
12.5
9
60
60
20
天井（反射面）
表面材:シナランバーコア㋐9
CL塗装
内壁:石膏ボード㋐12.5
2枚張り
グラスウール（吸音材）
32K㋐50×2
反射壁
表面材:シナランバーコア㋐9
CL塗装
内壁:石膏ボード㋐12.5
2枚張り

天井の構成も壁と同様。吸音面を均等に配置する

⑦ オーディオルーム断面詳細［S=1:80］

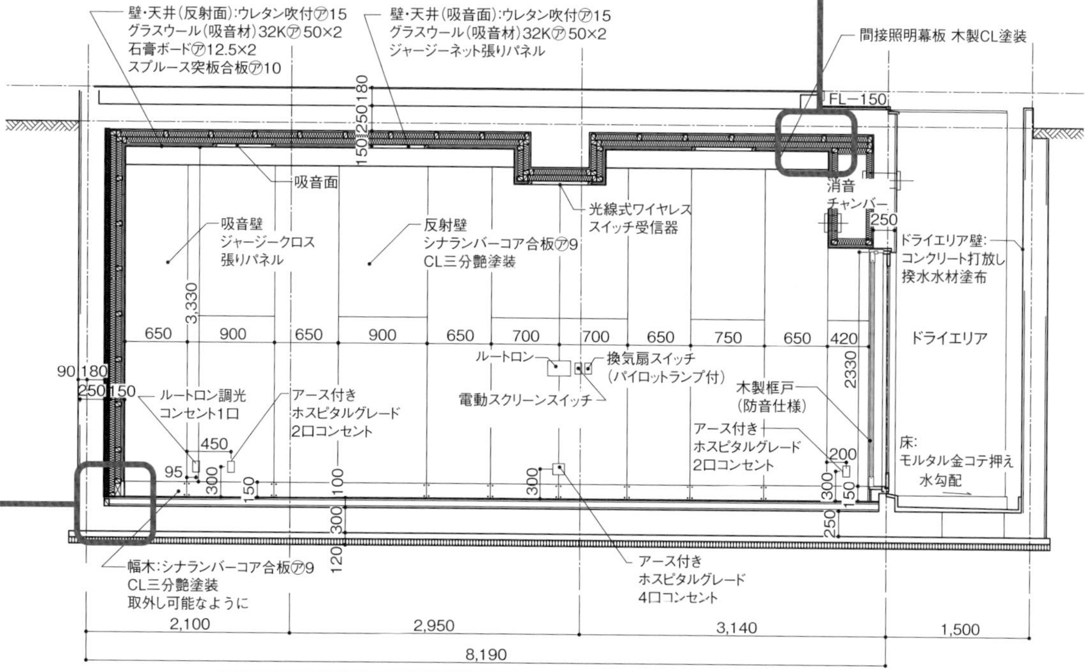

壁・天井（反射面）:ウレタン吹付㋐15
グラスウール（吸音材）32K㋐ 50×2
石膏ボード㋐12.5×2
スプルース突板合板㋐10
壁・天井（吸音面）:ウレタン吹付㋐15
グラスウール（吸音材）32K㋐ 50×2
ジャージーネット張りパネル
間接照明幕板 木製CL塗装
FL−150
180
250
150
吸音面
消音
チャンバー
250
光線式ワイヤレス
スイッチ受信器
吸音壁
ジャージークロス
張りパネル
反射壁
シナランバーコア合板㋐9
CL三分艶塗装
ドライエリア壁:
コンクリート打放し
撥水材塗布
ドライエリア
3,330
650
900
650
900
650
700
700
650
750
650
420
2330
90
180
250
150
ルートロン
換気扇スイッチ
（パイロットランプ付）
ルートロン調光
コンセント1口
アース付き
ホスピタルグレード
2口コンセント
電動スクリーンスイッチ
木製框戸
（防音仕様）
アース付き
ホスピタルグレード
2口コンセント
床:
モルタル金コテ押え
水勾配
450
95
300
150
100
300
200
300
150
300
250
120
幅木:シナランバーコア合板㋐9
CL三分艶塗装
取外し可能なように
アース付き
ホスピタルグレード
4口コンセント
2,100
2,950
3,140
1,500
8,190

吸音面の総面積は、クラシック音楽試聴が主の場合は15〜20%、ジャズの場合は20〜25%。ホームシアターの場合は25〜30%とし、できるだけ均等に配置する

「浜田山の家」設計＝杉浦英一建築設計事務所・石井伸一郎
写真＝堀内広治

column

古民家再生 最大の魅力は「時間の視覚化」

「過去と現在が対話する」魅力的な空間

筆者は1988年、5人の建築家たちと「古民家再生工房」という設計集団を立ち上げ、活動を始めた。団体発足の背景には、バブル経済期の建築において、いわゆるスクラップ&ビルドが繰り返されていたことが大きく関係している。

当時、筆者の住む地域には古い民家がまだ多く残されており、美しい田園の景観をつくっていた。しかし、まるで古い建物は時代遅れで価値がないものとでもいわんばかりに、時とともにたくさんの民家が壊されていくのを目の当たりにしてきた。

そんな状況に、筆者は違和感を覚えた。ヨーロッパでは古い建物ほど、魅力的な改造を施されたうえで大切に住み継がれる。日本でも同様のことができるはずだと考え、身近にある民家の再生を始めたのである。

古民家に住む人々は、寒い、暗い、不便、危険、など多くの問題を抱えながら生活している。それでも、先祖から受け継いだものを自分たちの代で壊したくないという思いが、彼らをそこに留まらせていた。そうした思いをくみ取ることも建築家の役割ではないかと筆者は考えた。

実際に古民家の再生に取り組んでみると、これが実におもしろく、クリエイティブな仕事だということが分かる。再生された古民家の魅力は、現代の生活に見合った利便性やデザイン性を確保しながらも、長い時を刻んだ柱や梁が家の歴史を感じさせ、住む人に安らぎを与えるという点だ。また、そこには圧倒的な存在感があり、新しく取り入れたデザインは古いものとの対比によって、より生き生きと輝く。過去と現代が対話するその空間は、新鮮であり、魅力的である。

一般的に古民家の再生は、既存の建物による制約が多く、自由な発想が成立しにくいと考えられがちだ。だがそれは違う。たとえ新築の住宅でも、敷地や周辺環境、クライアントの要望などの制約はついてまわる。筆者は、民家をむしろ「創造のための器」ととらえ、制約があるからこそ生まれる空間をつくりたいと考えている。

実測調査で魅力を引きだす

古民家には必要な図面がそろっていないことが多い。そのため設計に際しては、まず実測調査を行い、建物の図面を起こす必要がある。民家の魅力は特に架構のおもしろさにあるので、見えない部分の構造は小屋裏に入って調査する。また長い間に雨漏りやシロアリの被害を受けていることが多いので、傷んでいる個所も慎重に調べていく。調査で重要なことは、その民家の空間が持っている特質や魅力を十分に理解することだ。そうすることで設計の方針が見えてくる。

古民家の再生とは、単に改修して復元することではない。また、現代風にアレンジすることでもない。古民家の持っている特質を生かしつつ、現代の生活スタイルに合わせて間取りや空間を再構築し、新たなデザイン性や素材の利点、そして新たな思考をも付加することで、新しい命を吹き込み、よみがえらせることなのだ。

古民家再生の仕事で筆者がテーマとしているのは「時間の視覚化」である。古い民家には、歴史や記憶の蓄積によって醸された実体としての時間の存在がある。そこに新しい「時間」を吹き込むことで、過去と現代を対比的に視覚化するのだ。時間というファクターを取り入れるからこそ、新築住宅ではつくりえない豊かな空間をつくりだせると思っている。それだけではない。古民家再生で学んだ伝統的な技術や知恵の多くは、新築住宅にも生かせるのだ。その新築で得た新しいデザイン（新しい時間）は、さらにまた古民家の再生に生かせるのである。

このまま少子化が進めば、人口は減少傾向となり住宅が余る時代が来るだろう。地球環境保全や省エネルギーの観点からも、壊してはつくるという発想からの転換が必要だ。停滞する経済状況のなかで、人々の価値観も変わり始めている。効率や合理性を超えた「心の豊かさ」を人が求めるようになった今、歴史をくぐりぬけてきたものを大切に使いながら次の時代につないでいく古民家再生は、さらに重要な意義を帯びつつあるのではないだろうか。［神家昭雄］

古民家の改修事例。梁や柱など、構造体は古いものをそのまま使っている。これらのコントラストが、「時間を視覚化」する

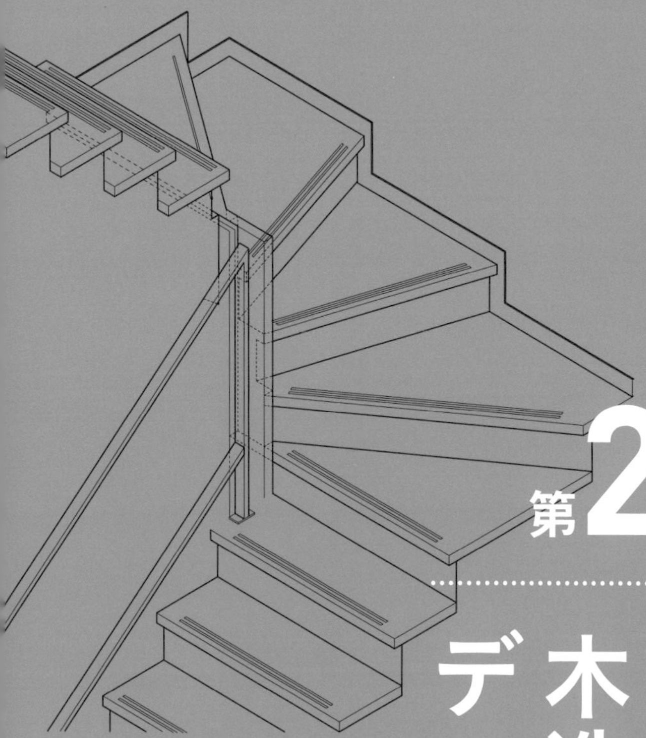

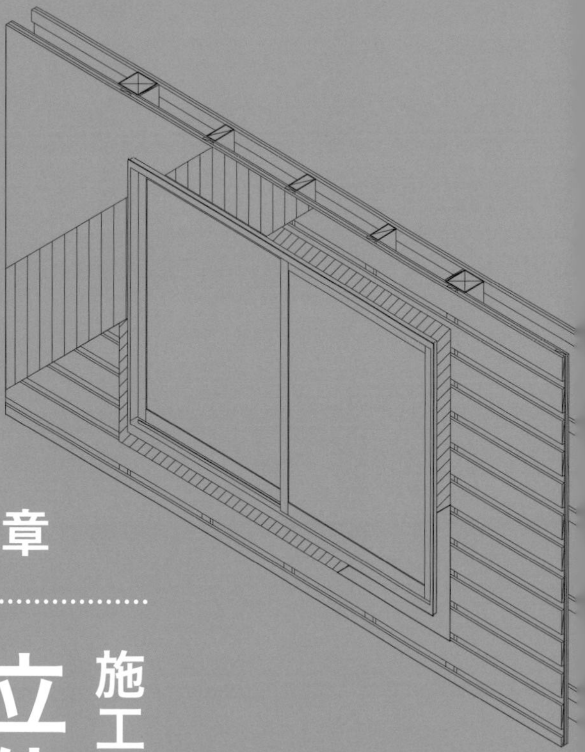

第2章

施工手順が分かる！
立体図で見る木造住宅ディテール集

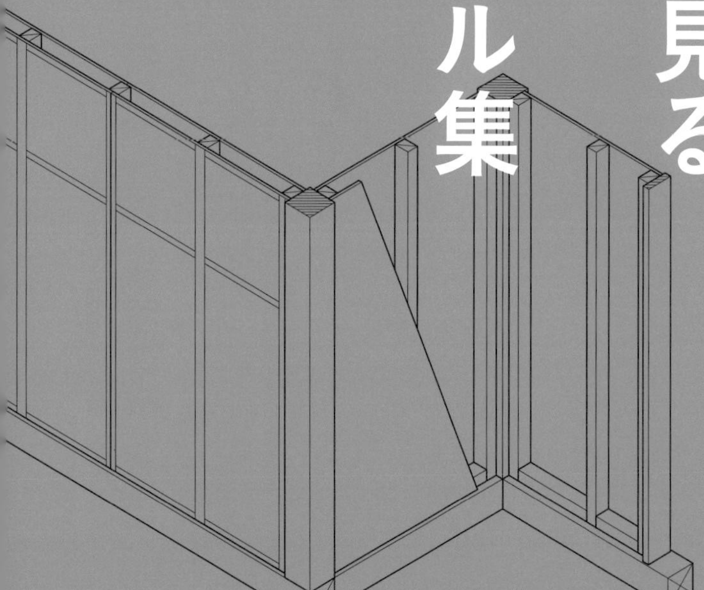

1 まるわかり！床・壁・天井ができるまで

ここでは、それぞれが端部で取合う内壁、床、天井の施工手順について紹介する。最も一般的な例として、剛床（根太レス）でのフローリング床、大壁仕様、打上げ天井を例に挙げる

STEP 1 軸を組む

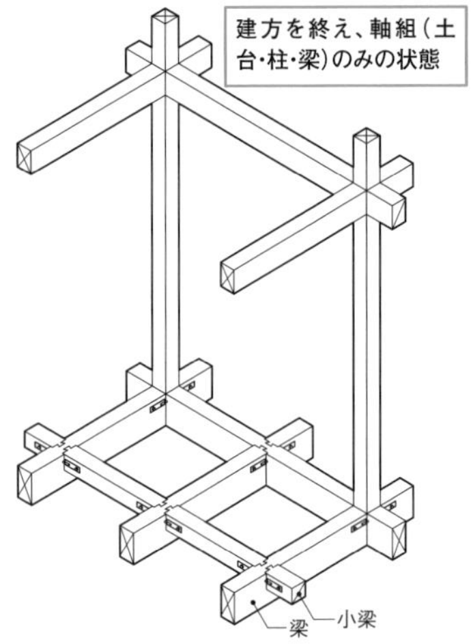
建方を終え、軸組（土台・柱・梁）のみの状態
小梁
梁

STEP 2 床に構造用合板を張る

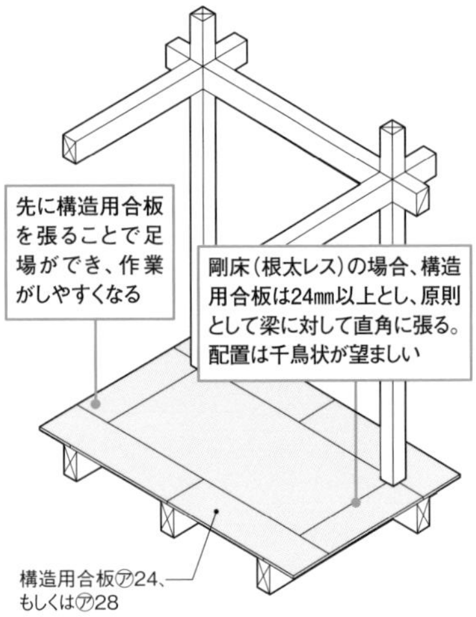
先に構造用合板を張ることで足場ができ、作業がしやすくなる
剛床（根太レス）の場合、構造用合板は24㎜以上とし、原則として梁に対して直角に張る。配置は千鳥状が望ましい
構造用合板㋐24、もしくは㋐28

STEP 3 壁の下地をつくる

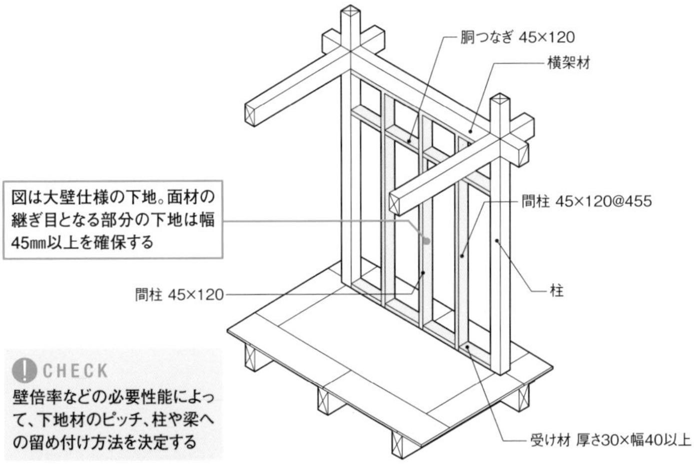
胴つなぎ 45×120
横架材
図は大壁仕様の下地。面材の継ぎ目となる部分の下地は幅45㎜以上を確保する
間柱 45×120@455
柱
間柱 45×120
受け材 厚さ30×幅40以上

CHECK
壁倍率などの必要性能によって、下地材のピッチ、柱や梁への留め付け方法を決定する

STEP 4 面材を張る

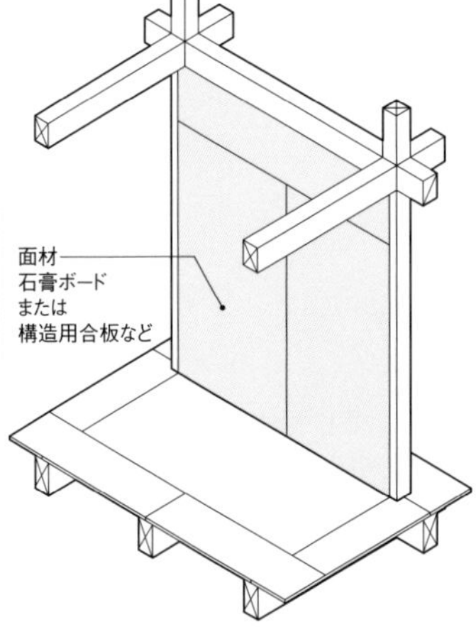
面材
石膏ボード
または
構造用合板など

CHECK
壁倍率などの必要性能によって、下地材のピッチ、柱や梁への留め付け方法を決定する

STEP 5

天井の下地を組む

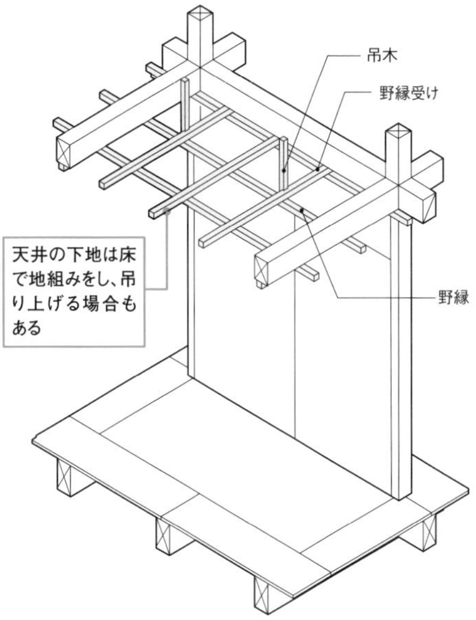
吊木
野縁受け
野縁
天井の下地は床で地組みをし、吊り上げる場合もある

STEP 6

天井にボードを張り、仕上げを行う

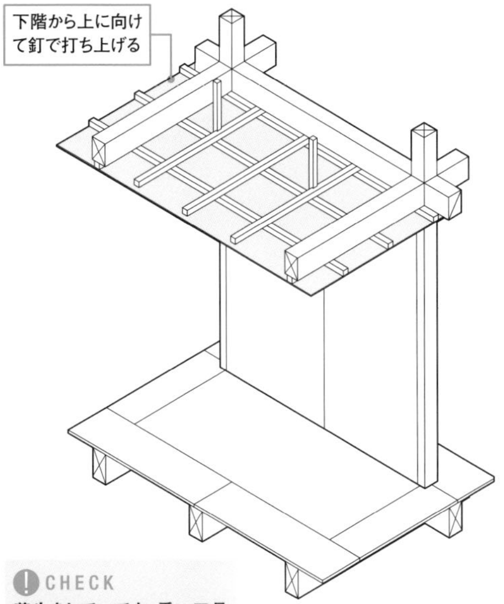
下階から上に向けて釘で打ち上げる

CHECK

養生をしていても、重い工具の落下などによって床に傷が付くことがある。そのため先に天井下地、天井仕上げを終えてから床を仕上げる

STEP 7

フローリングを張る

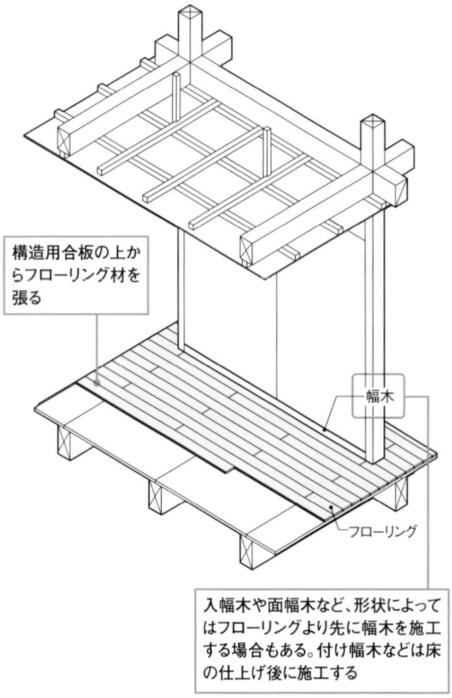
構造用合板の上からフローリング材を張る
幅木
フローリング
入幅木や面幅木など、形状によってはフローリングより先に幅木を施工する場合もある。付け幅木などは床の仕上げ後に施工する

STEP 8

壁の仕上げを行う

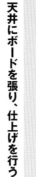

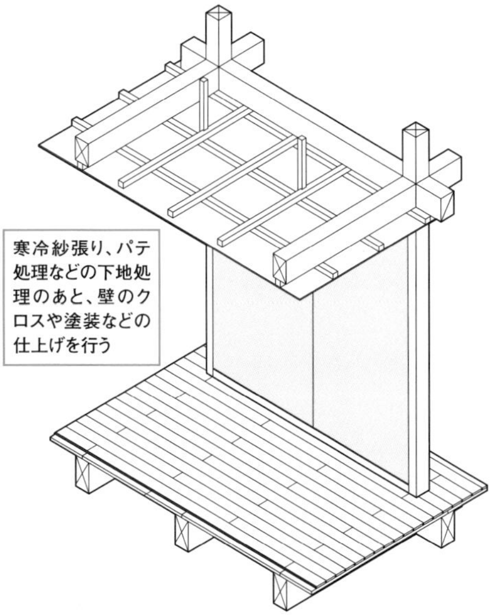
寒冷紗張り、パテ処理などの下地処理のあと、壁のクロスや塗装などの仕上げを行う

解説：神田雅子／アーキキャラバン建築設計事務所

床

床は仕上げの納まりだけでなく、主要構造部としての性能が問われる。特に2階以上の床には構面としての性能が求められる

床組の基本

1 1階床―転ばし根太

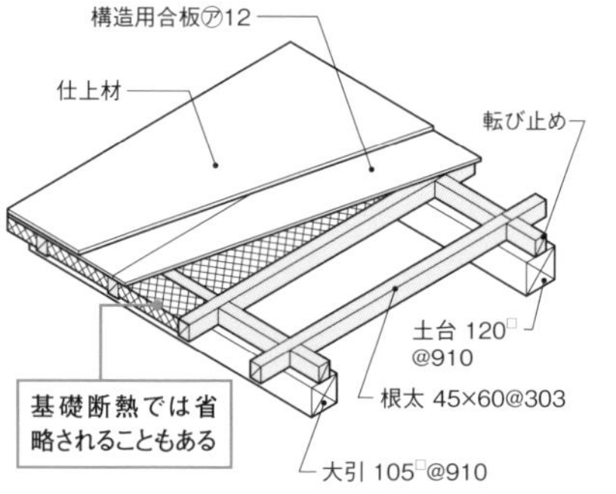
構造用合板㋐12
仕上材
転び止め
土台 120□
@910
根太 45×60@303
基礎断熱では省略されることもある
大引 105□@910

2 1階床 ―半欠き根太

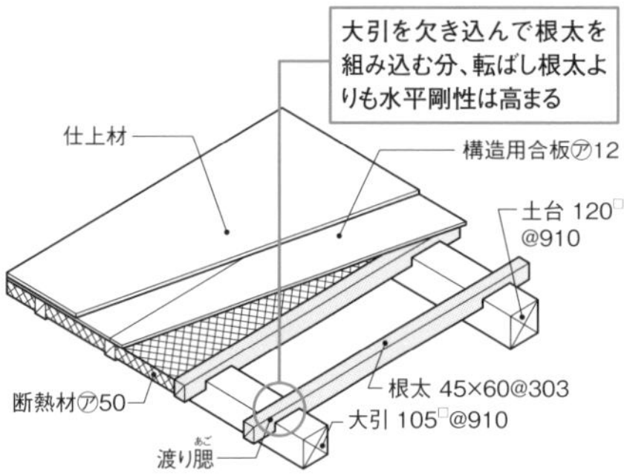
大引を欠き込んで根太を組み込む分、転ばし根太よりも水平剛性は高まる
仕上材
構造用合板㋐12
土台 120□
@910
根太 45×60@303
断熱材㋐50
大引 105□@910
渡り腮

3 2階床―転ばし根太

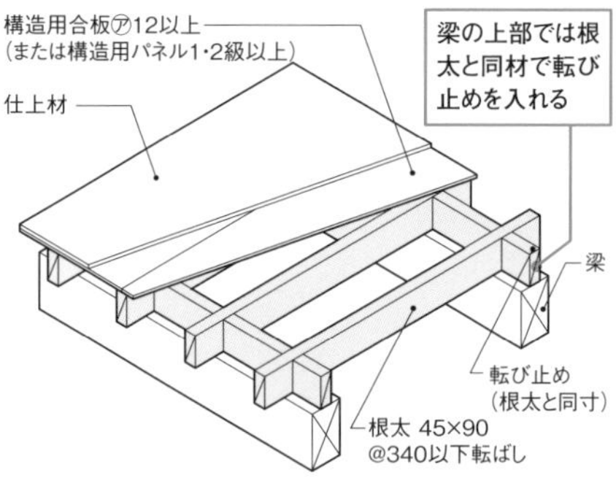
構造用合板㋐12以上
(または構造用パネル1・2級以上)
仕上材
梁の上部では根太と同材で転び止めを入れる
梁
転び止め
(根太と同寸)
根太 45×90
@340以下転ばし

4 2階床―剛床(根太レス)床

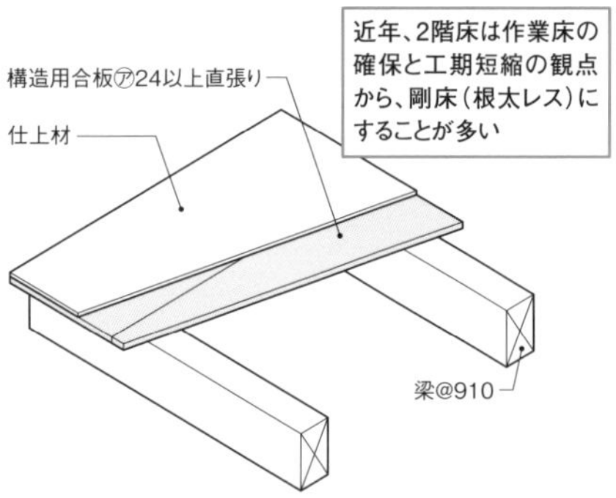
構造用合板㋐24以上直張り
仕上材
近年、2階床は作業床の確保と工期短縮の観点から、剛床(根太レス)にすることが多い
梁@910

仕上げ別 床の納まり

1 フローリング(根太床)

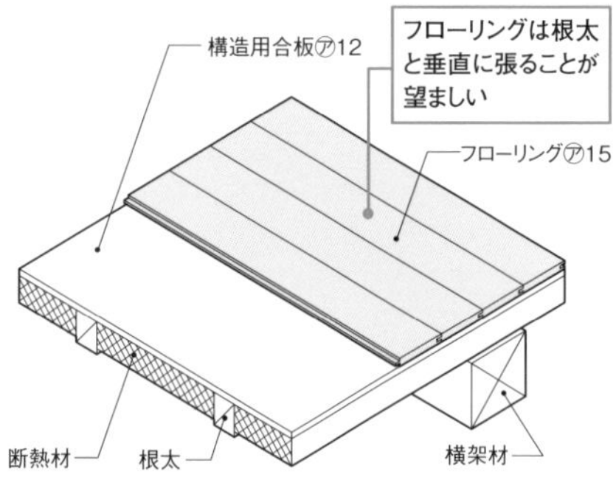
構造用合板㋐12
フローリングは根太と垂直に張ることが望ましい
フローリング㋐15
断熱材
根太
横架材

断面詳細[S=1:10]

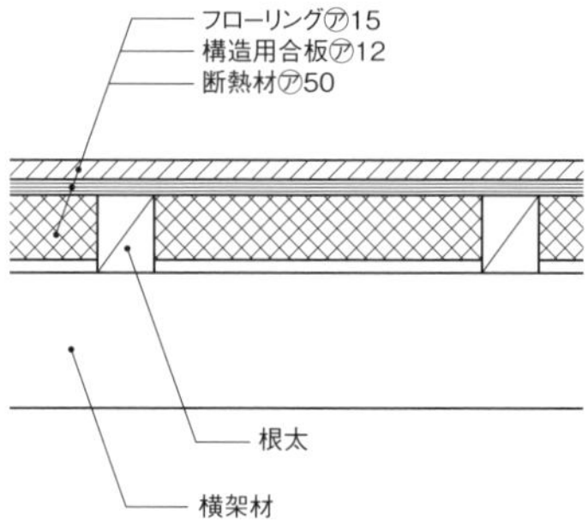

2 フローリング+床暖房(根太床)

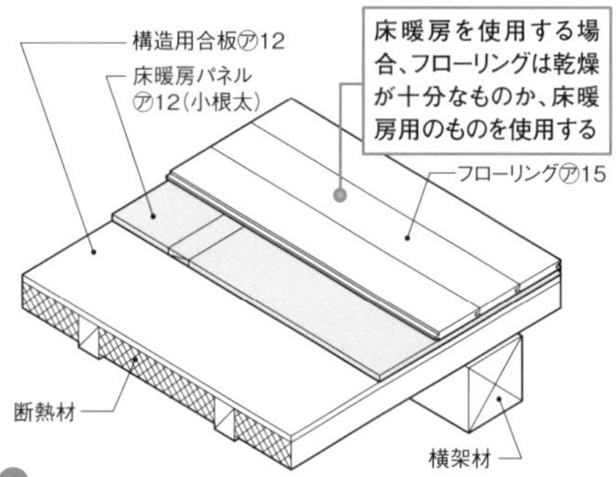
構造用合板㋐12
床暖房パネル
㋐12(小根太)
床暖房を使用する場合、フローリングは乾燥が十分なものか、床暖房用のものを使用する
フローリング㋐15
断熱材
横架材

断面詳細[S=1:10]

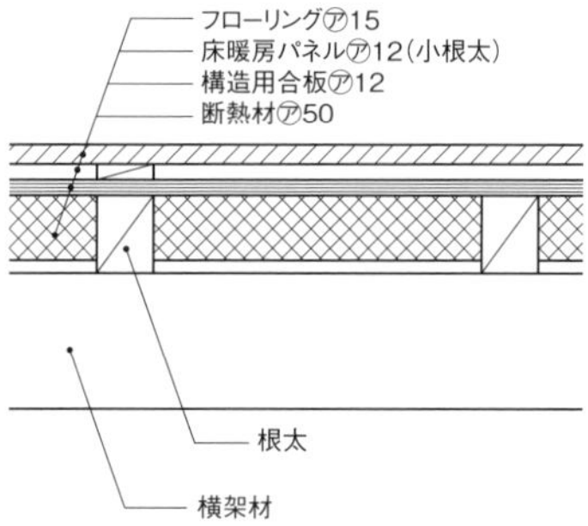

3 畳(根太床)

断面詳細[S=1:10]

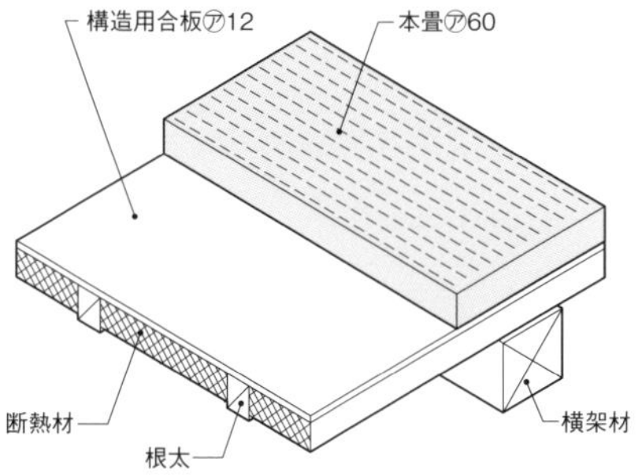

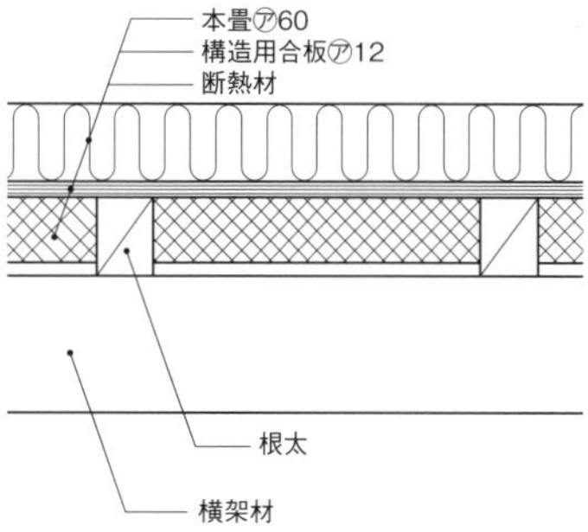

4 畳+床暖房(根太床)

断面詳細[S=1:10]

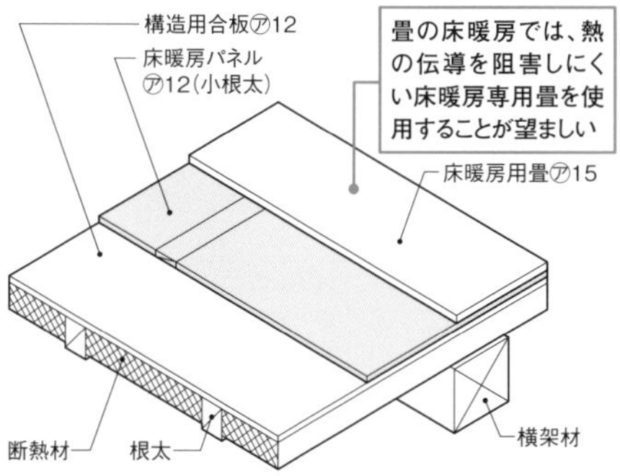

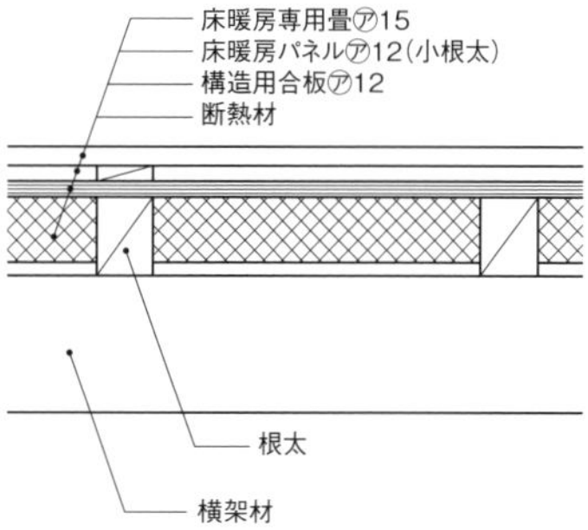

5 タイル(根太床)

断面詳細[S=1:10]

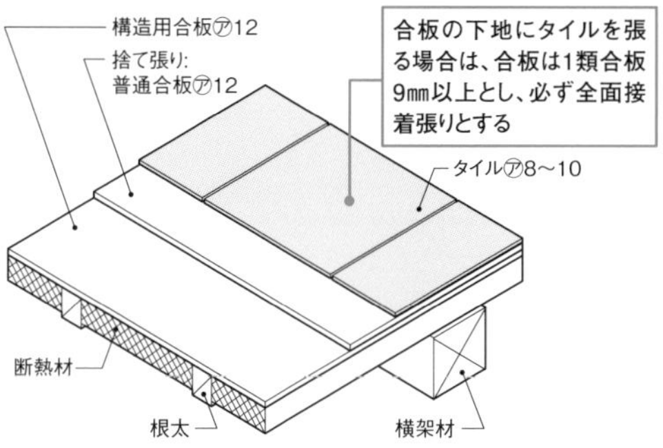

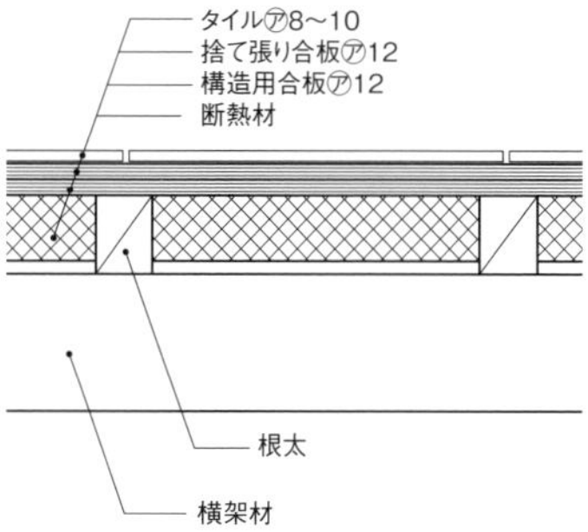

6 タイル+床暖房(根太床)

断面詳細[S=1:10]

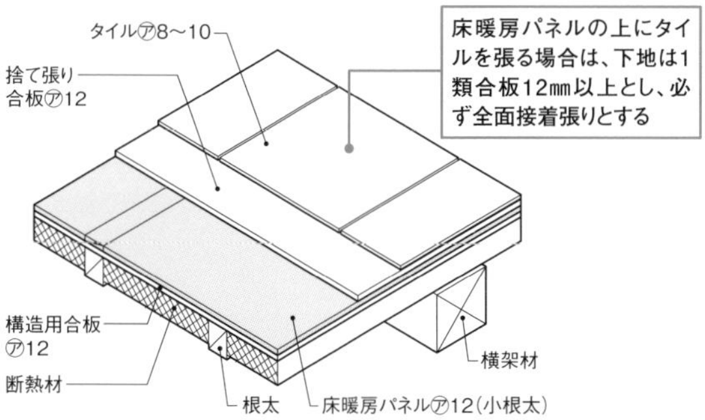

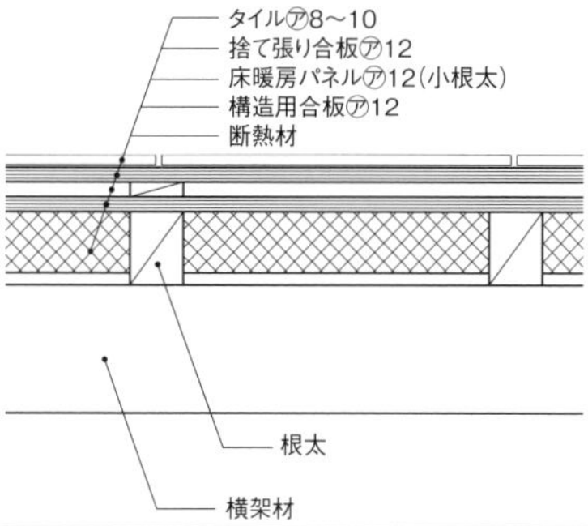

解説:神田雅子／アーキキャラバン建築設計事務所

7 2階床—フローリング(剛床)

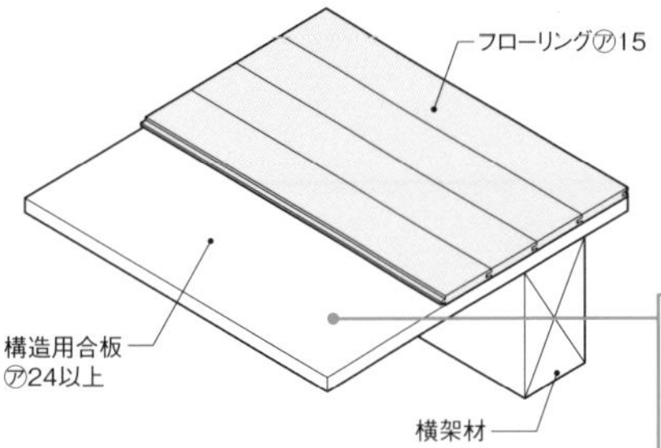

床剛性が必要な2階床は、24㎜厚以上の構造用合板で根太レスとするケースが多い。2階床では先に構造用合板を張ることで足場ができ、作業がしやすくなる

断面詳細[S=1:10]

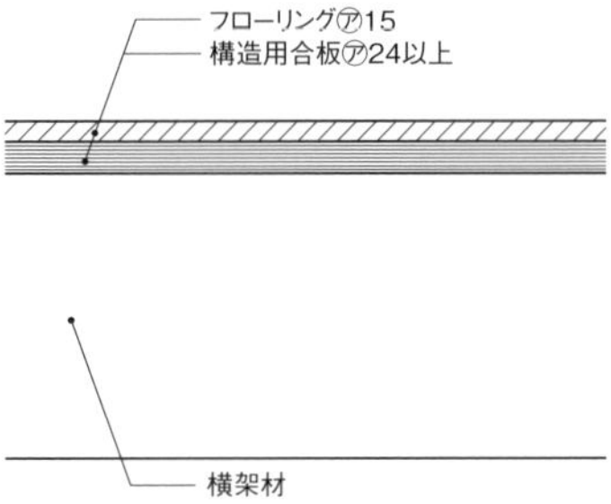

8 2階床—フローリング(スギ3層パネル下地)

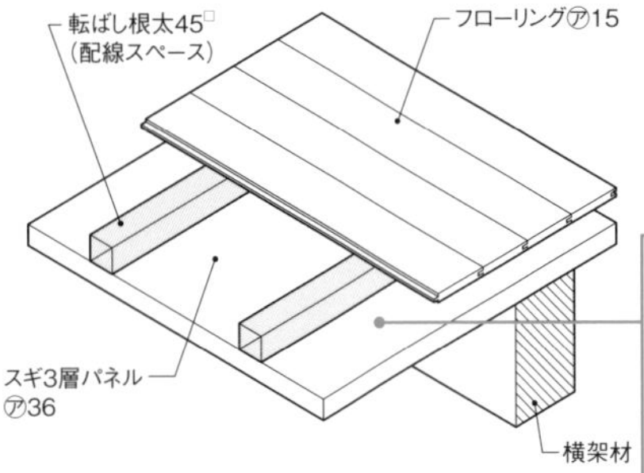

スギ3層パネルは水平構面を確保できると同時に、床、天井の仕上げ材にもなる。階下の天井材として使われるほか、層間の音などを気にする必要がないロフトなどの床と天井を兼ねることもできる

断面詳細[S=1:10]

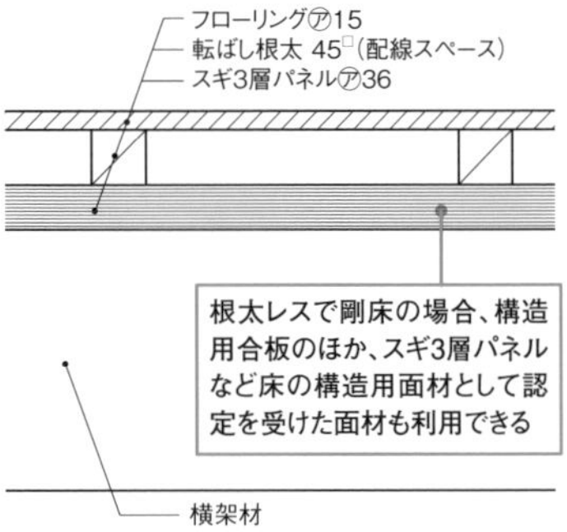

根太レスで剛床の場合、構造用合板のほか、スギ3層パネルなど床の構造用面材として認定を受けた面材も利用できる

9 異素材の取合い—畳+フローリング

畳とフローリングは見切りなしで納めるのが難しいため、畳寄せで見切るのが一般的

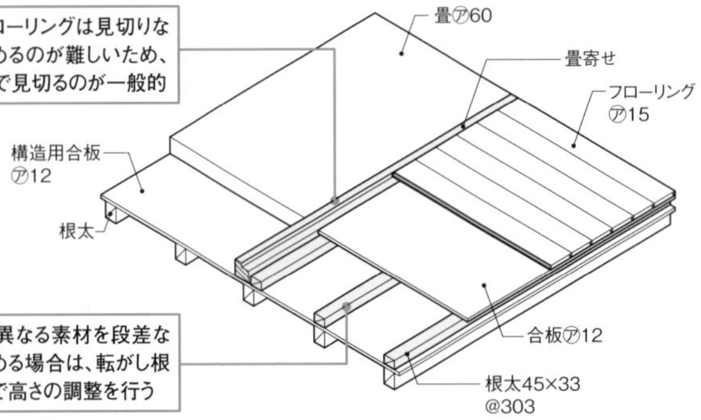

厚みの異なる素材を段差なしで納める場合は、転がし根太などで高さの調整を行う

断面詳細[S=1:20]

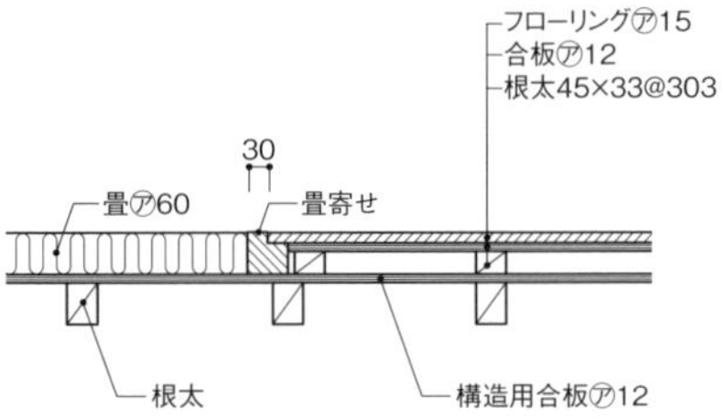

10 異素材の取合い—タイル+フローリング

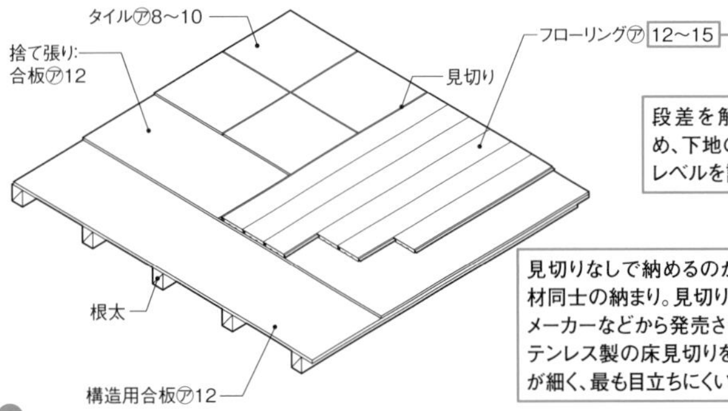

段差を解消するため、下地の厚みで床レベルを調整する

見切りなしで納めるのが難しい素材同士の納まり。見切りにはタイルメーカーなどから発売されているステンレス製の床見切りを使うと、線が細く、最も目立ちにくい

断面詳細[S=1:20]

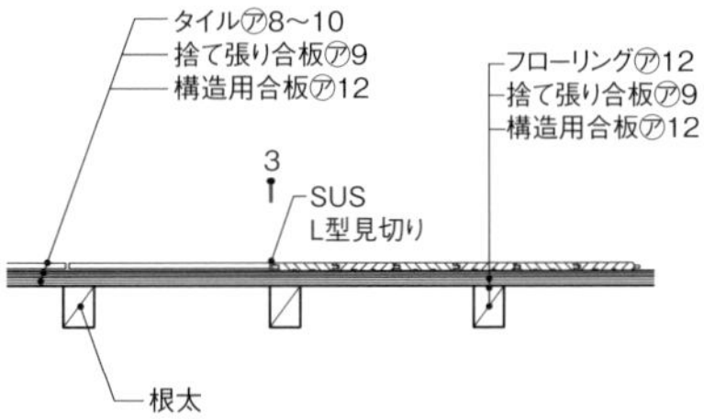

1 畳+フローリング

[S=1:10]

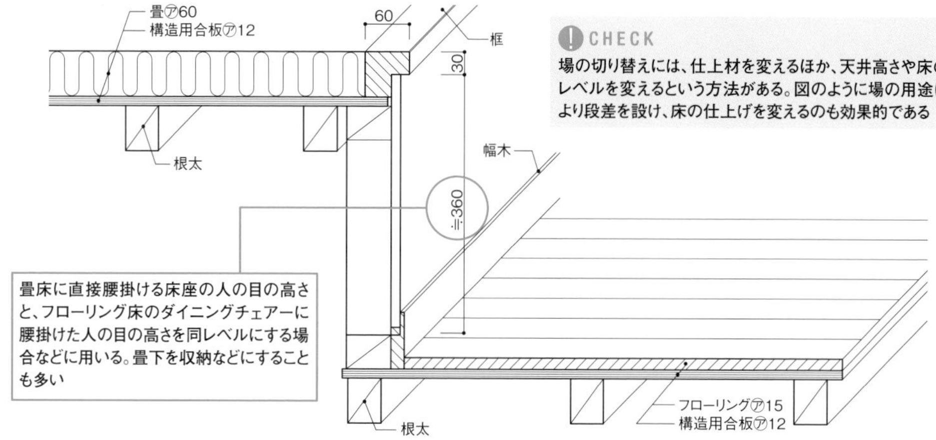
畳㋐60
構造用合板㋐12
60
框
30
根太
幅木
≒360
畳床に直接腰掛ける床座の人の目の高さと、フローリング床のダイニングチェアーに腰掛けた人の目の高さを同レベルにする場合などに用いる。畳下を収納などにすることも多い
フローリング㋐15
構造用合板㋐12
根太

CHECK
場の切り替えには、仕上材を変えるほか、天井高さや床のレベルを変えるという方法がある。図のように場の用途により段差を設け、床の仕上げを変えるのも効果的である

2 タイル+フローリング

[S=1:10]

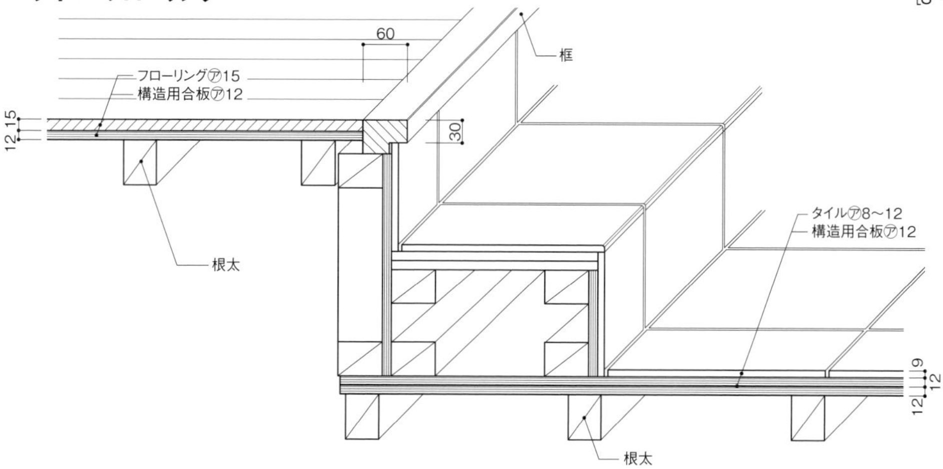

視線のバリアフリー

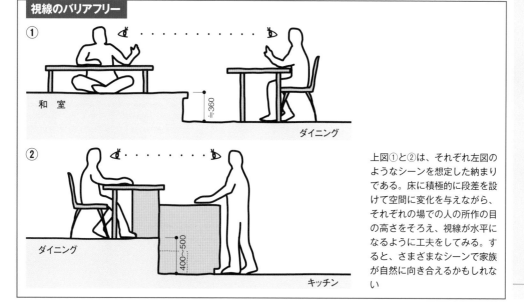

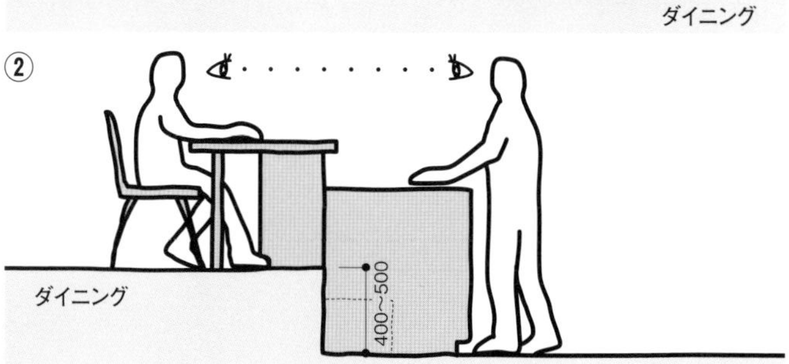
②
ダイニング
400〜500
キッチン

上図①と②は、それぞれ左図のようなシーンを想定した納まりである。床に積極的に段差を設けて空間に変化を与えながら、それぞれの場での人の所作の目の高さをそろえ、視線が水平になるように工夫をしてみる。すると、さまざまなシーンで家族が自然に向き合えるかもしれない

解説:神田雅子/アーキキャラバン建築設計事務所

内壁

壁の下地にはさまざまな仕様があるが、ここでは耐力壁の仕様を満たす構成をメインに取り上げ、汎用性のある仕上げと組み合わせた層構成を紹介する

内壁の基本構成を知る

① 真壁＋貫

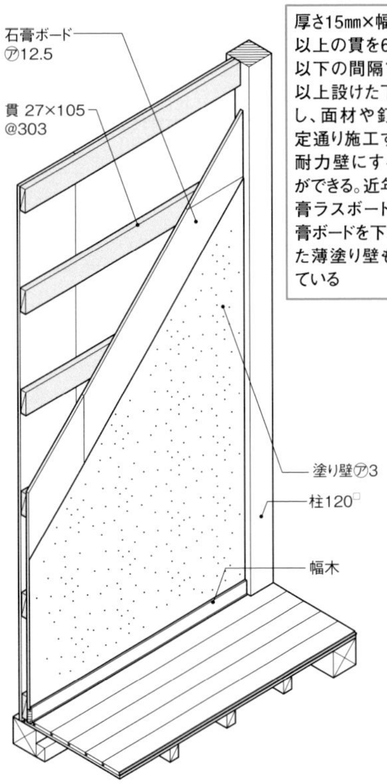

厚さ15㎜×幅90㎜以上の貫を610㎜以下の間隔で5本以上設けた下地とし、面材や釘を規定通り施工すれば耐力壁にすることができる。近年は石膏ラスボードや石膏ボードを下地とした薄塗り壁も増えている

② 真壁＋受け材

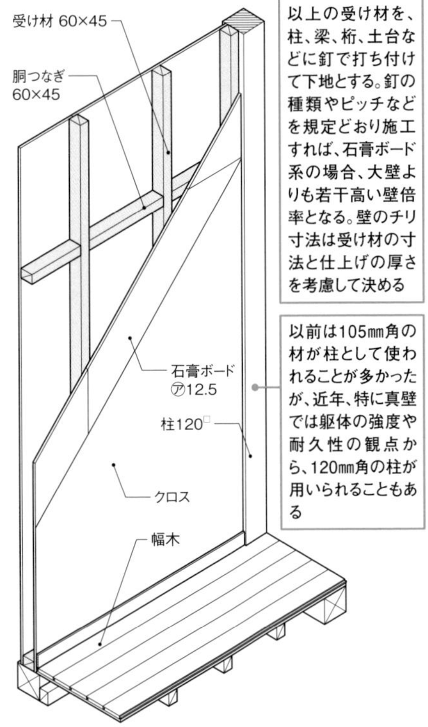
受け材 60×45
胴つなぎ
60×45
石膏ボード
㋐12.5
柱120□
クロス
幅木

厚さ30㎜×幅40㎜以上の受け材を、柱、梁、桁、土台などに釘で打ち付けて下地とする。釘の種類やピッチなどを規定どおり施工すれば、石膏ボード系の場合、大壁よりも若干高い壁倍率となる。壁のチリ寸法は受け材の寸法と仕上げの厚さを考慮して決める

以前は105㎜角の材が柱として使われることが多かったが、近年、特に真壁では躯体の強度や耐久性の観点から、120㎜角の柱が用いられることもある

③ 大壁＋胴縁

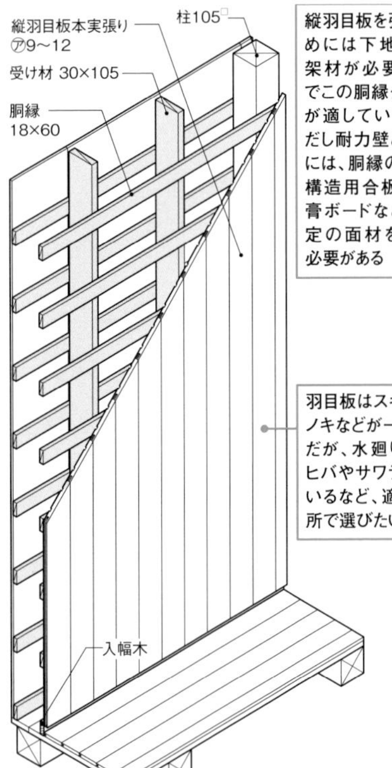
縦羽目板本実張り
㋐9～12
柱105□
受け材 30×105
胴縁
18×60
入幅木

縦羽目板を張るためには下地に横架材が必要なのでこの胴縁タイプが適している。ただし耐力壁とするには、胴縁の上に構造用合板や石膏ボードなど、規定の面材を張る必要がある

羽目板はスギやヒノキなどが一般的だが、水廻りにはヒバやサワラを用いるなど、適材適所で選びたい

④ 大壁＋間柱

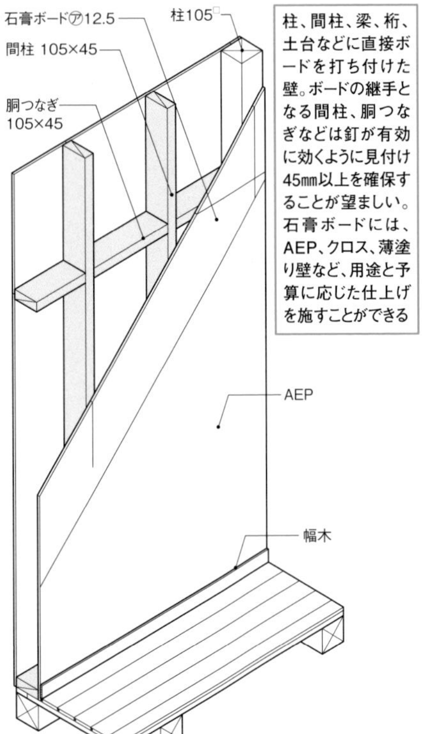
石膏ボード㋐12.5
柱105□
間柱 105×45
胴つなぎ
105×45
AEP
幅木

柱、間柱、梁、桁、土台などに直接ボードを打ち付けた壁。ボードの継手となる間柱、胴つなぎなどは釘が有効に効くように見付け45㎜以上を確保することが望ましい。石膏ボードには、AEP、クロス、薄塗り壁など、用途と予算に応じた仕上げを施すことができる

5 耐力壁の仕様を満たす内壁

CHECK
すべての壁を耐力壁とする必要はないが、応力の分散という観点から、場合によっては間仕切り壁は耐力壁の仕様となるように考え、バランスよく配置したい。ここでは、大壁・真壁それぞれについて耐力壁の仕様を満たす事例を挙げる

真壁―受け材タイプ

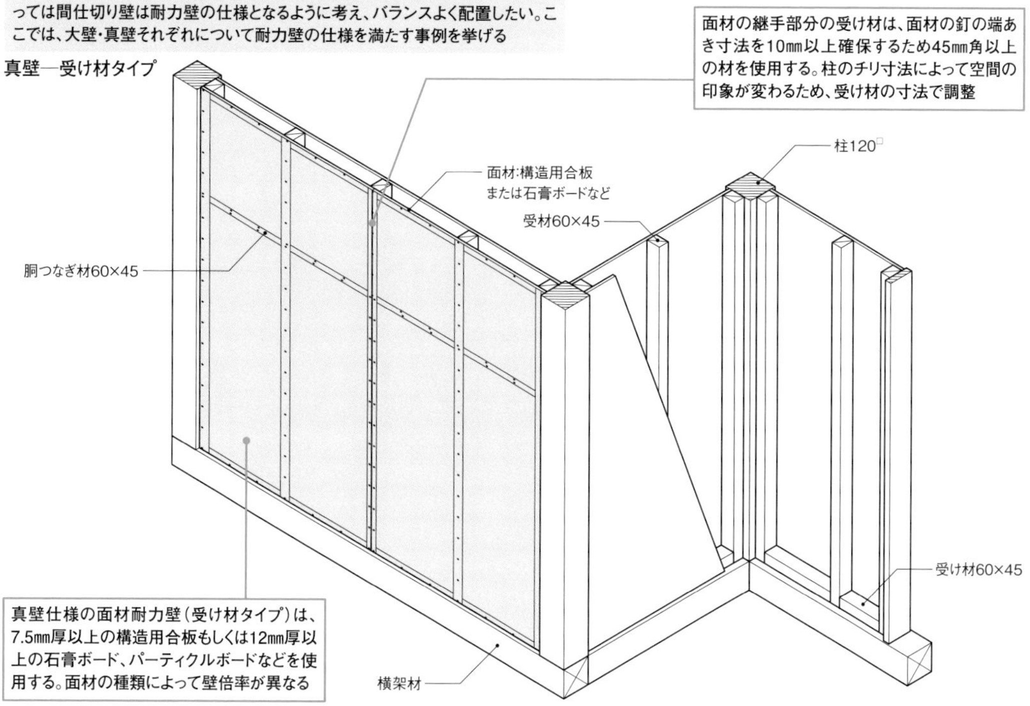
面材の継手部分の受け材は、面材の釘の端あき寸法を10㎜以上確保するため45㎜角以上の材を使用する。柱のチリ寸法によって空間の印象が変わるため、受け材の寸法で調整
柱120□
面材:構造用合板
または石膏ボードなど
受材60×45
胴つなぎ材60×45
受け材60×45
真壁仕様の面材耐力壁（受け材タイプ）は、7.5㎜厚以上の構造用合板もしくは12㎜厚以上の石膏ボード、パーティクルボードなどを使用する。面材の種類によって壁倍率が異なる
横架材

真壁―貫タイプ

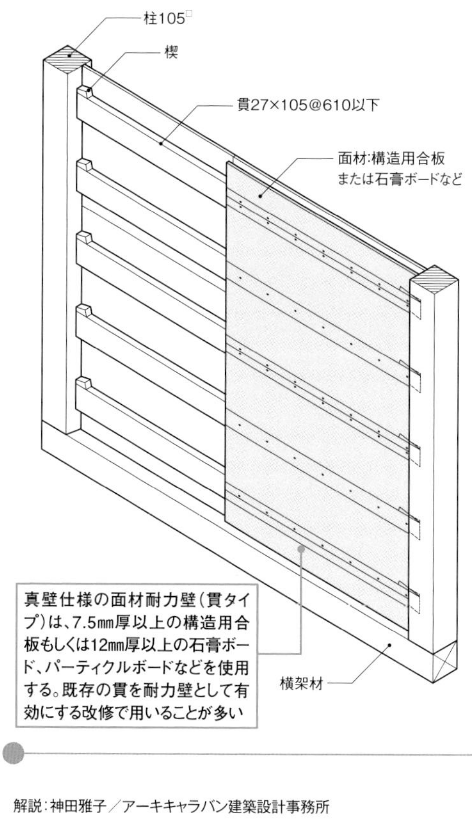
柱105□
楔
貫27×105@610以下
面材:構造用合板
または石膏ボードなど
真壁仕様の面材耐力壁（貫タイプ）は、7.5㎜厚以上の構造用合板もしくは12㎜厚以上の石膏ボード、パーティクルボードなどを使用する。既存の貫を耐力壁として有効にする改修で用いることが多い
横架材

大壁―受け材タイプ

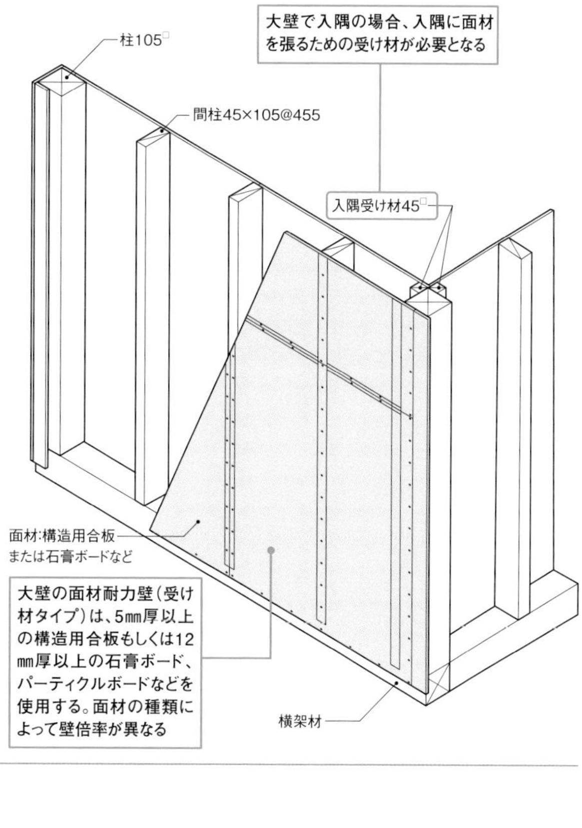
大壁で入隅の場合、入隅に面材を張るための受け材が必要となる
柱105□
間柱45×105@455
入隅受け材45□
面材:構造用合板
または石膏ボードなど
大壁の面材耐力壁（受け材タイプ）は、5㎜厚以上の構造用合板もしくは12㎜厚以上の石膏ボード、パーティクルボードなどを使用する。面材の種類によって壁倍率が異なる
横架材

解説：神田雅子／アーキキャラバン建築設計事務所

1 取り合う角度で納まりも異なる

[S=1:10]

壁の途中で取り合う

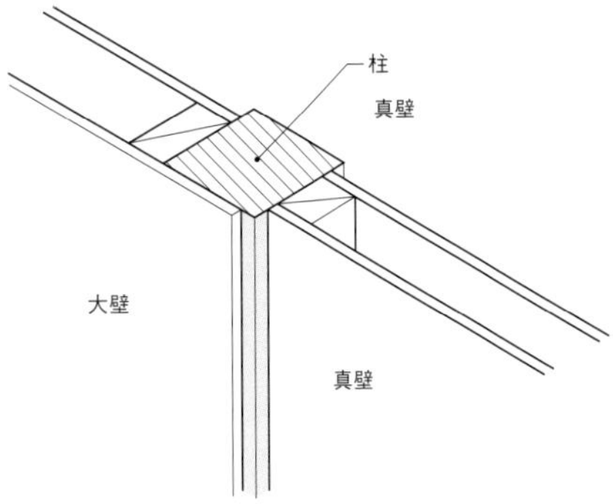

壁の途中で大壁と真壁が取合う場合、2方向のチリを同寸にして納めることで、直角方向に垂壁などがある場合でも破綻なく納まる

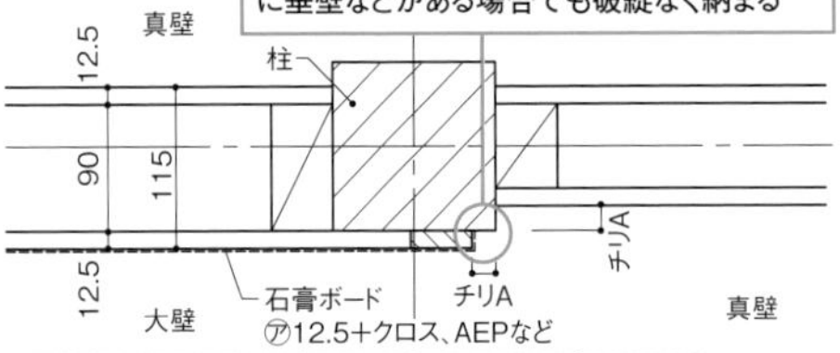
真壁
柱
12.5
90
115
12.5
チリA
石膏ボード
㋐12.5+クロス、AEPなど
チリA
大壁
真壁

CHECK
真壁では、チリ寸法の大きさや面の取り方が空間の印象を左右する。また、梁や柱などの構造材は、見せる部分と隠れる部分の仕上げが異なる点に注意

直角に取り合う

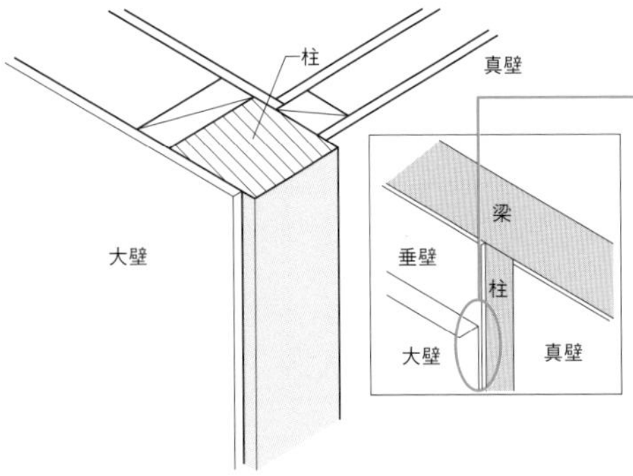

出隅で真壁と大壁が取合う場合は、真壁のチリと同寸になるように大壁の端部を納めておけば、直角方向に垂壁がある場合でも破綻なく納まる

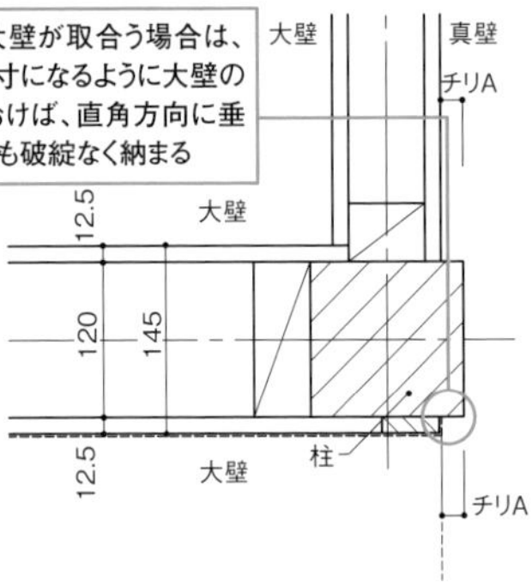

2 板張りの出隅(横羽目張り)

外壁の出隅であれば見切り材を入れて納める方法もあるが、内部では遣り違い(交互に勝ち負けを違える)が納まりがよいだろう。留めの納まりが最もきれいだが、経年変化で開く可能性が高い

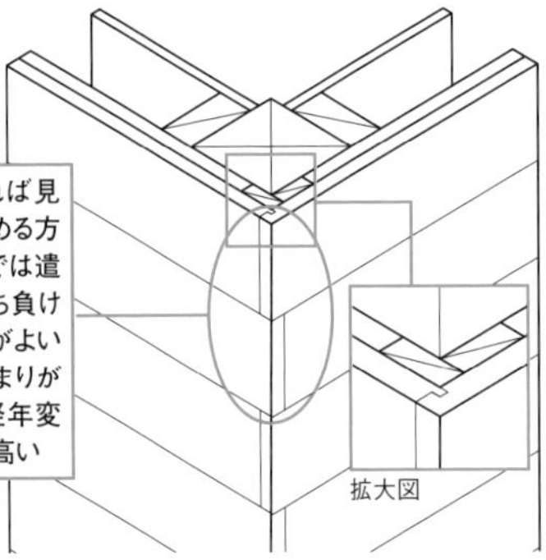
拡大図

1 板張りの入隅(本実張り)

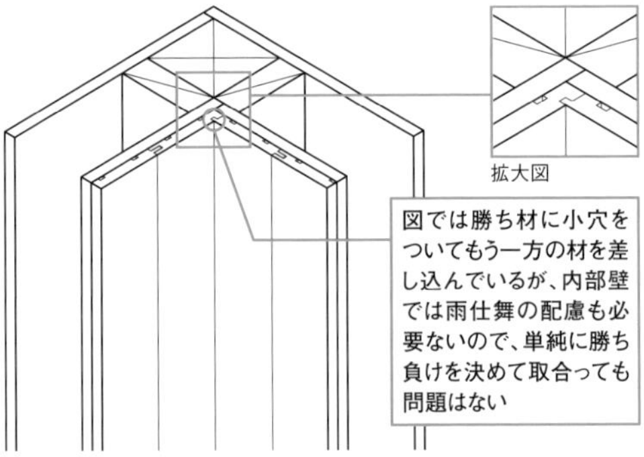
拡大図

図では勝ち材に小穴をついてもう一方の材を差し込んでいるが、内部壁では雨仕舞の配慮も必要ないので、単純に勝ち負けを決めて取合っても問題はない

4 合板の出隅

通常は、出隅で化粧合板の小口を見せたくないので、シャープな見切り材を入れる。見付けを小さくして合板の突き板と同材で色を合わせれば、見切り材の存在をほとんど意識させずに納まる

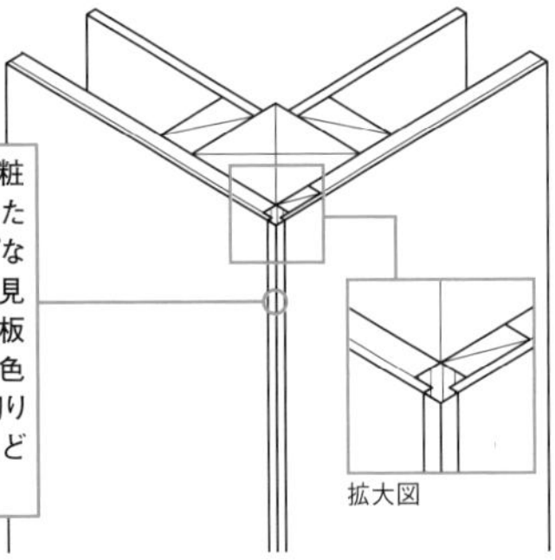
拡大図

3 合板の入隅

あえて見切り材を入れて納める方法もあるが、機能上は単純に勝ち負けを決めて取り合えばよい

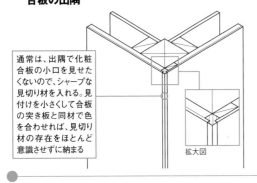

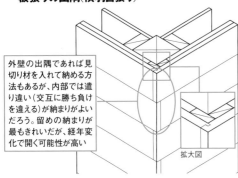

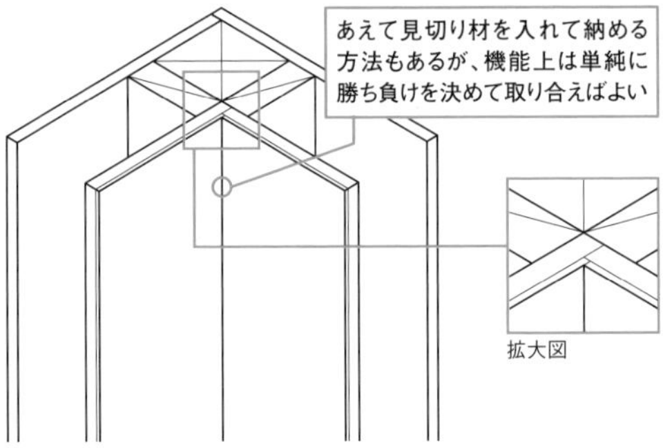
拡大図

板張りのバリエーションと異素材の取合い

1 縦羽目板・本実張り

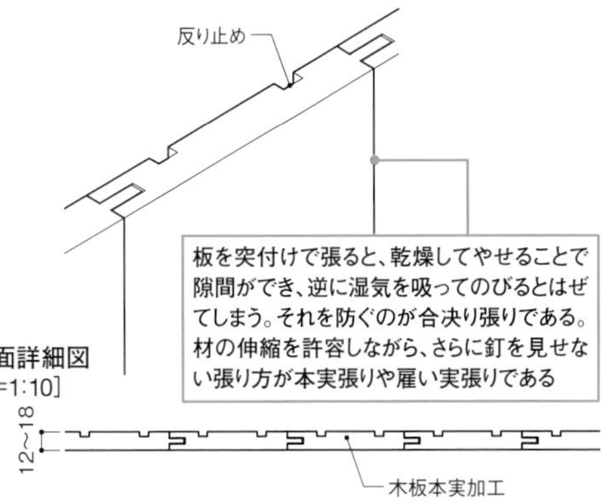
反り止め
平面詳細図
[S=1:10]
12〜18
木板本実加工

板を突付けで張ると、乾燥してやせることで隙間ができ、逆に湿気を吸ってのびるとはぜてしまう。それを防ぐのが合決り張りである。材の伸縮を許容しながら、さらに釘を見せない張り方が本実張りや雇い実張りである

2 縦羽目板・目透し本実張り

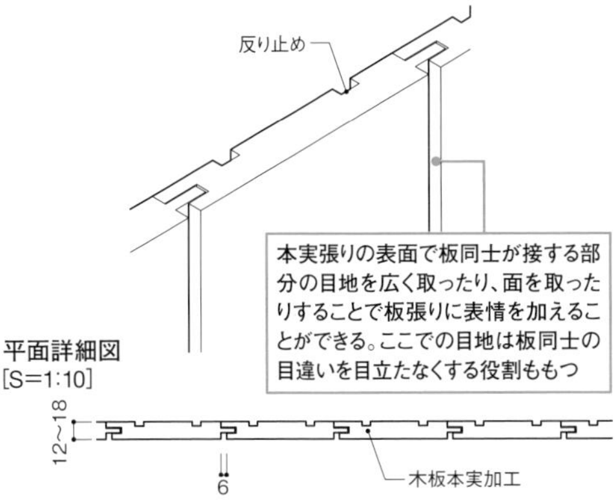
反り止め
平面詳細図
[S=1:10]
12〜18
6
木板本実加工

本実張りの表面で板同士が接する部分の目地を広く取ったり、面を取ったりすることで板張りに表情を加えることができる。ここでの目地は板同士の目違いを目立たなくする役割ももつ

3 化粧合板・目透し張り

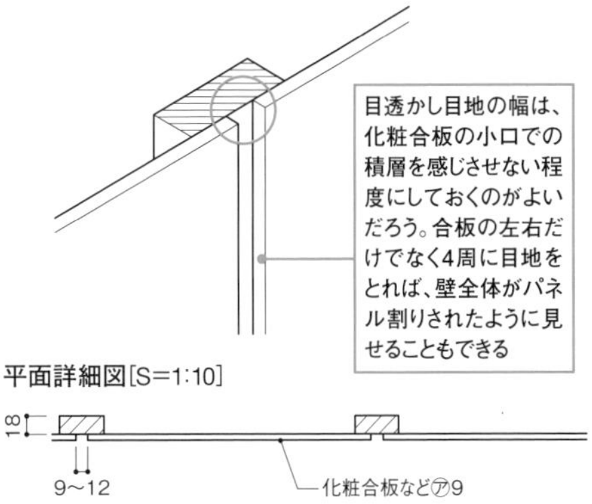
平面詳細図[S=1:10]
18
9〜12
化粧合板など⑦9

目透かし目地の幅は、化粧合板の小口での積層を感じさせない程度にしておくのがよいだろう。合板の左右だけでなく4周に目地をとれば、壁全体がパネル割りされたように見せることもできる

4 化粧合板・見切縁押さえ

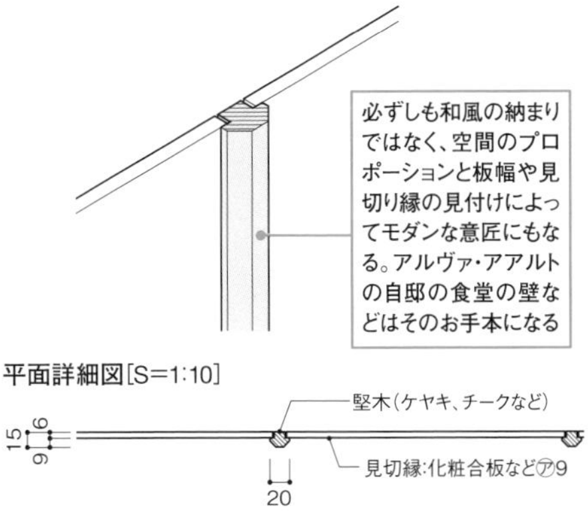
平面詳細図[S=1:10]
堅木(ケヤキ、チークなど)
15
6
9
20
見切縁:化粧合板など⑦9

必ずしも和風の納まりではなく、空間のプロポーションと板幅や見切り縁の見付けによってモダンな意匠にもなる。アルヴァ・アアルトの自邸の食堂の壁などはそのお手本になる

5 タイルとクロスが取り合う

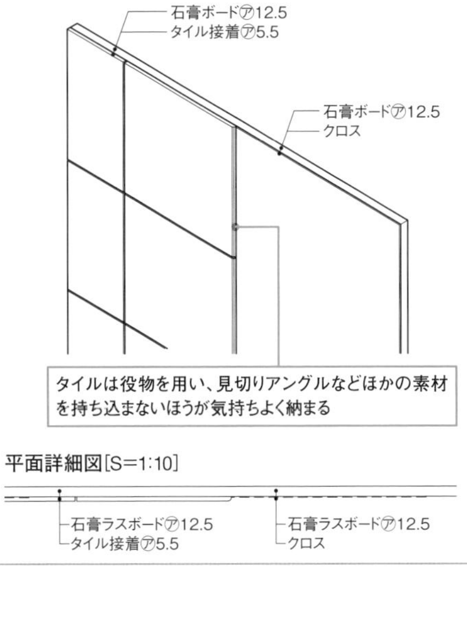
石膏ボード⑦12.5
タイル接着⑦5.5
石膏ボード⑦12.5
クロス
平面詳細図[S=1:10]
石膏ラスボード⑦12.5
タイル接着⑦5.5
石膏ラスボード⑦12.5
クロス

タイルは役物を用い、見切りアングルなどほかの素材を持ち込まないほうが気持ちよく納まる

6 板張りと合板が取り合う

CHECK

材料の伸縮や施工上の逃げを隠す見切り材をいかに美しく見せるかということも重要だが、経年変化や機能性を考慮してもなお、見切り材がなくても差し障りのない納まりもある

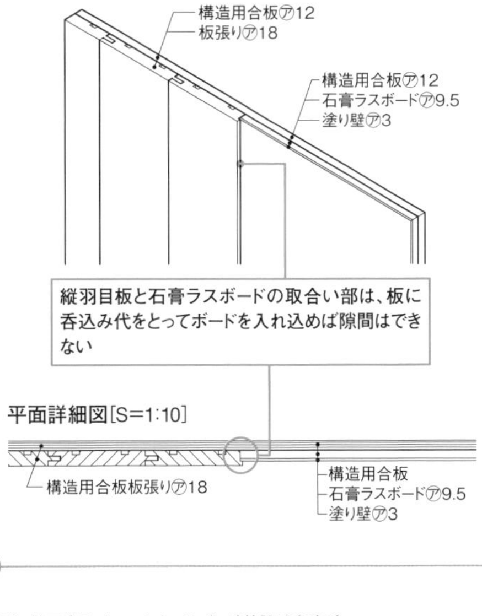
構造用合板⑦12
板張り⑦18
構造用合板⑦12
石膏ラスボード⑦9.5
塗り壁⑦3
平面詳細図[S=1:10]
構造用合板板張り⑦18
構造用合板
石膏ラスボード⑦9.5
塗り壁⑦3

縦羽目板と石膏ラスボードの取合い部は、板に呑込み代をとってボードを入れ込めば隙間はできない

解説:神田雅子/アーキキャラバン建築設計事務所

幅木のバリエーションを知る

① 出幅木―背面は壁と同面

[S=1:5]

壁とのチリ寸法の調整や面取りをすることで印象が変わる

単純な断面形状で壁材の端部を隠し、伸縮を許容する納まり

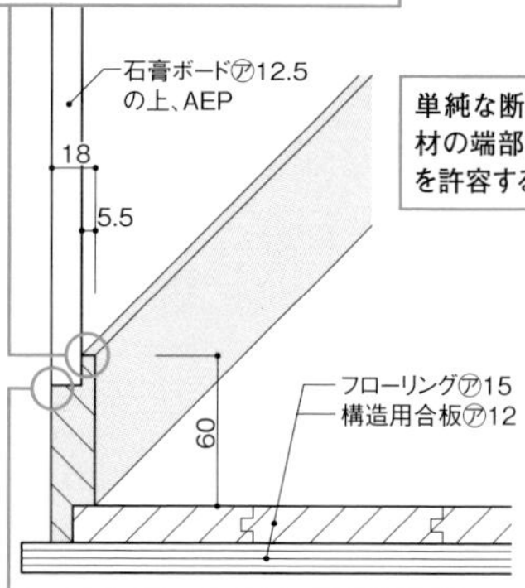

背面が壁と同面であるため、壁、幅木ともに直接間柱に留め付けることができる

② 出幅木―床に小穴入れ

[S=1:5]

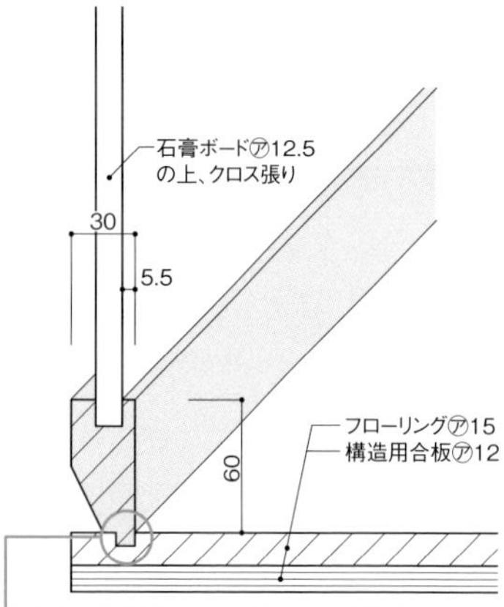

出幅木のなかでもていねいな納まり。小穴入れに差し込むことで木材の動きを抑制できる

③ 出幅木―床にのせる

[S=1:5]

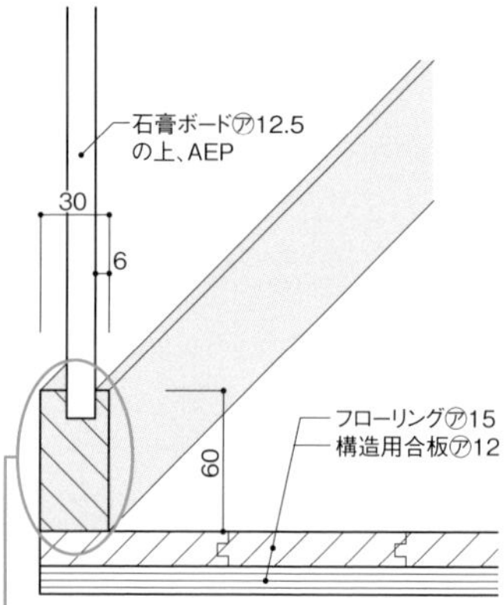

床を仕上げたあと、間柱に幅木を取り付けた納まり

④ 出幅木―最後に隠す

[S=1:5]

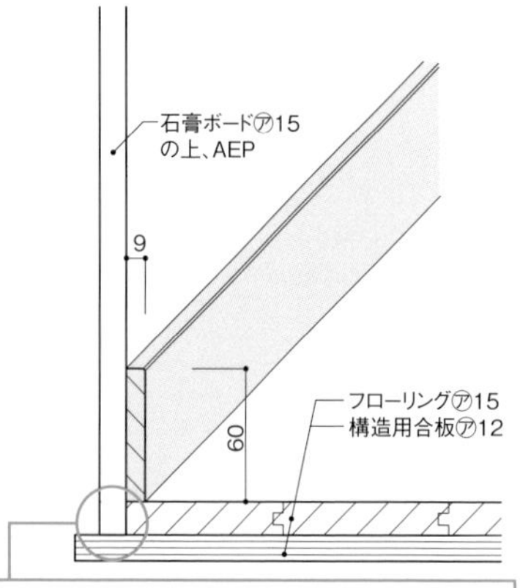

比較的手間の掛からない納まりで、壁の下端部を受け材（壁下地）に留め付けられるというメリットがある。床と壁のどちらを先に施工するかは、現場の状況による

⑤ 畳寄せ

[S=1:5]

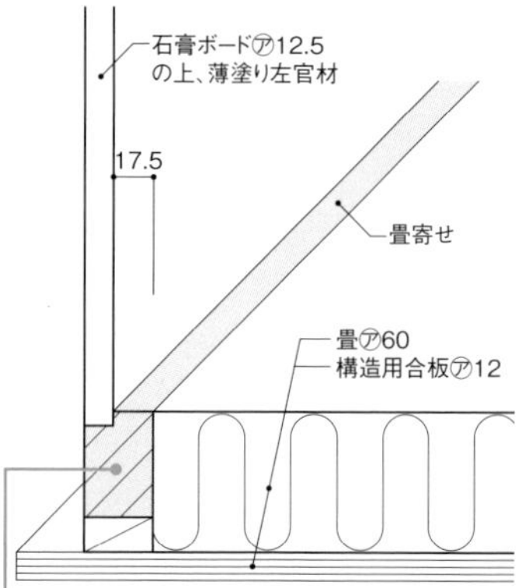

畳寄せには主にスギ、マツ、ヒノキなどを用いるが、その部屋の敷居などと合わせることが多い

⑥ 出幅木―ソフト幅木

[S=1:5]

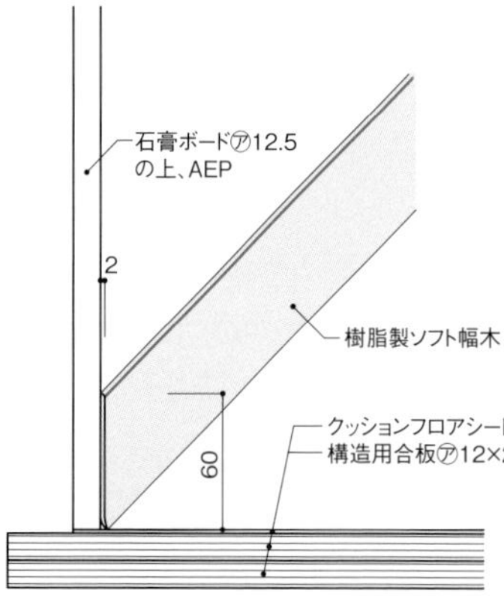

住宅の水廻りなどの床にクッションフロアシートを使用した場合に見られる納まり。他の幅木と異なり、通常は大工の仕事ではない

⑨ 入幅木─端部は木で保護
[S=1:5]

壁端部に木をあてて表面処理（寒冷紗、パテしごき）をし、壁を切り放しのように見せた納まり

- 石膏ボード⑦12.5の上、AEP
- 12.5
- 隠し釘打ち
- 堅木
- 15
- 30〜60
- フローリング⑦15
- 構造用合板⑦12

⑧ 入幅木─化粧合板で切り放しに
[S=1:5]

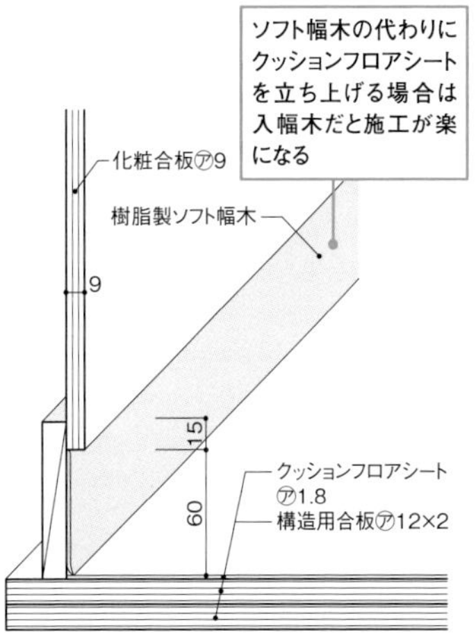

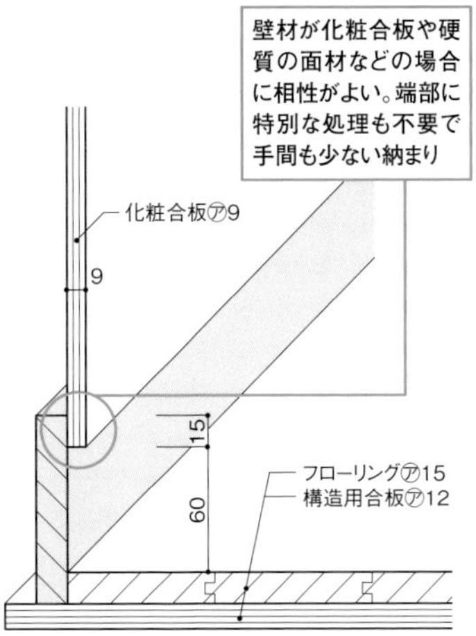

壁材が化粧合板や硬質の面材などの場合に相性がよい。端部に特別な処理も不要で手間も少ない納まり

- 化粧合板⑦9
- 9
- 15
- 60
- フローリング⑦15
- 構造用合板⑦12

⑦ 入幅木─ソフト幅木
[S=1:5]

ソフト幅木の代わりにクッションフロアシートを立ち上げる場合は入幅木だと施工が楽になる

- 化粧合板⑦9
- 9
- 樹脂製ソフト幅木
- 15
- 60
- クッションフロアシート⑦1.8
- 構造用合板⑦12×2

⑫ 面幅木─壁は化粧合板など
[S=1:5]

- 構造用合板またはケイ酸カルシウム板⑦9
- 9
- 6
- 15
- 60
- フローリング⑦15
- 構造用合板⑦12

同面の壁と幅木を細い目地で見切ったシャープな納まり

⑪ 面幅木─厚塗り壁ははっかけで
[S=1:5]

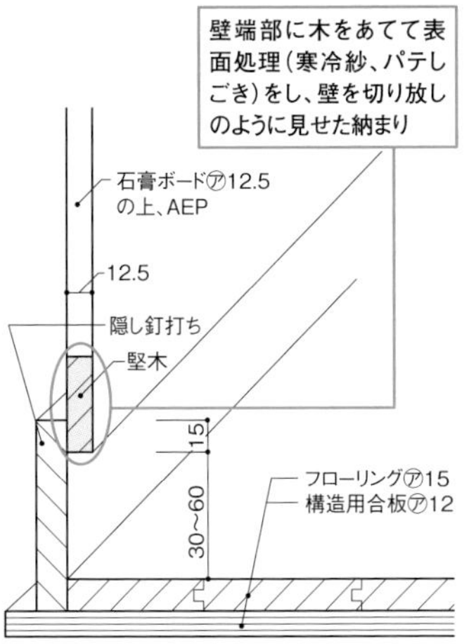

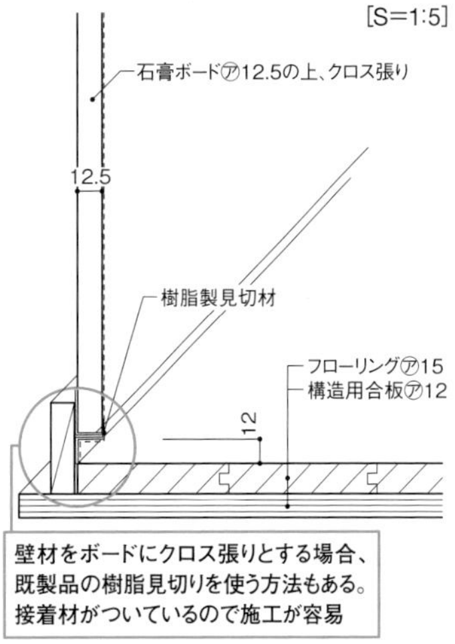

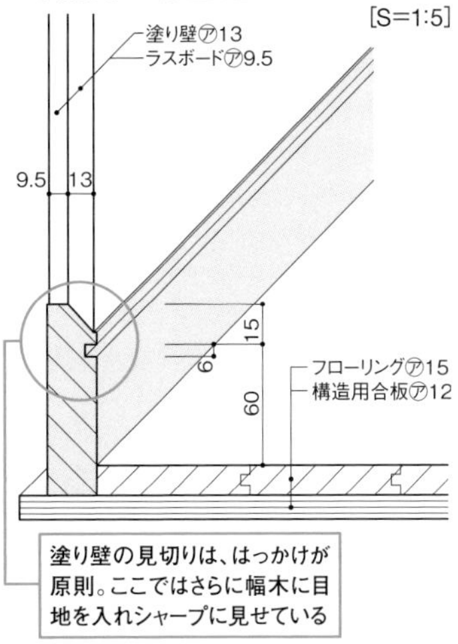

- 塗り壁⑦13
- ラスボード⑦9.5
- 9.5
- 13
- 6
- 15
- 60
- フローリング⑦15
- 構造用合板⑦12

塗り壁の見切りは、はっかけが原則。ここではさらに幅木に目地を入れシャープに見せている

⑩ 入幅木─既製の樹脂見切り
[S=1:5]

- 石膏ボード⑦12.5の上、クロス張り
- 12.5
- 樹脂製見切材
- 12
- フローリング⑦15
- 構造用合板⑦12

壁材をボードにクロス張りとする場合、既製品の樹脂見切りを使う方法もある。接着材がついているので施工が容易

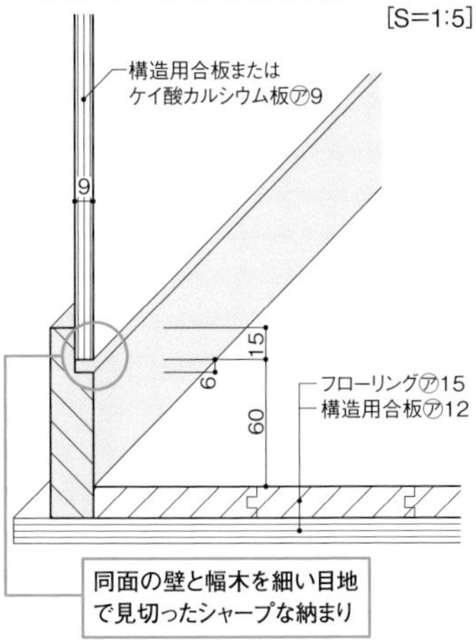

巨匠の幅木納まりを知る

A.レーモンドの幅木

壁と床の取合い部に、板を立てかけて三角に隠した幅木。直角の入り隅がないほうがほうきと雑巾で掃除をしやすい

- 9.5
- 30
- 幅木
- 30

吉村順三の幅木

幅木端部は平面的に丸みを帯びて終わる。シャープでモダンな印象を与える。材質は部屋の壁に応じてベイマツやチークのオイルフィニッシュ塗りとなっている

- 9.5
- 36
- 6
- 幅木
- 9
- 30
- 注：各部の寸法は写真資料からの推測

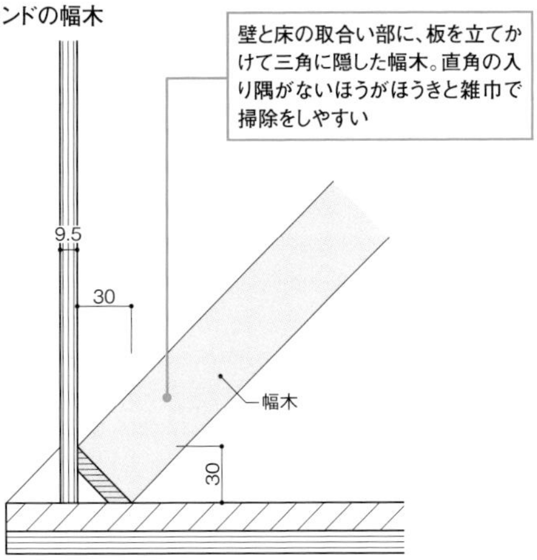

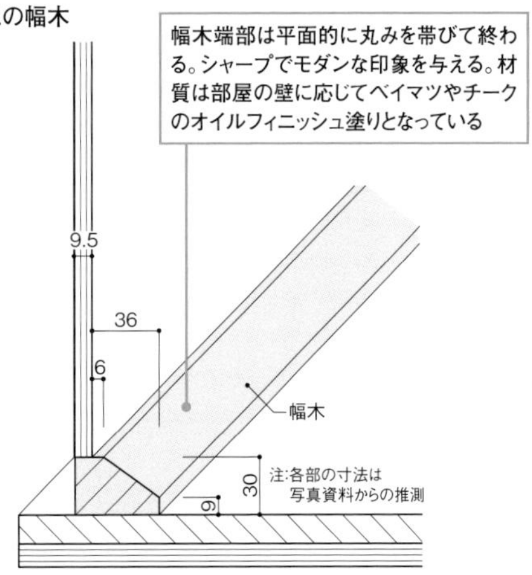

解説：神田雅子／アーキキャラバン建築設計事務所

1 方立、内法材と壁を見切る

方立を壁と同幅にし、端部の材は壁を受けながら目地を取る。方立、内法材と壁を同色に塗装すればモダンな印象にできる

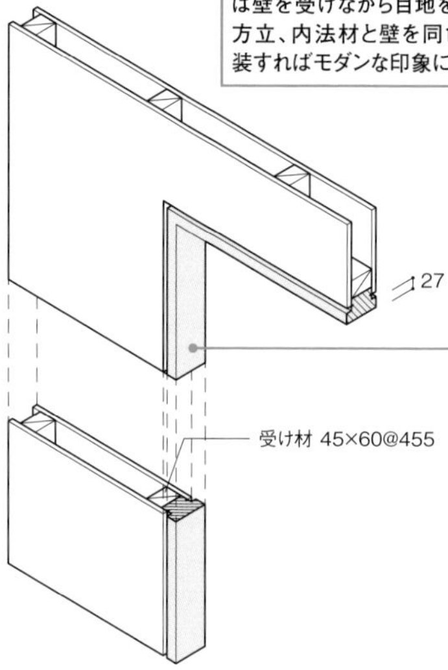

平面詳細[S=1:10]

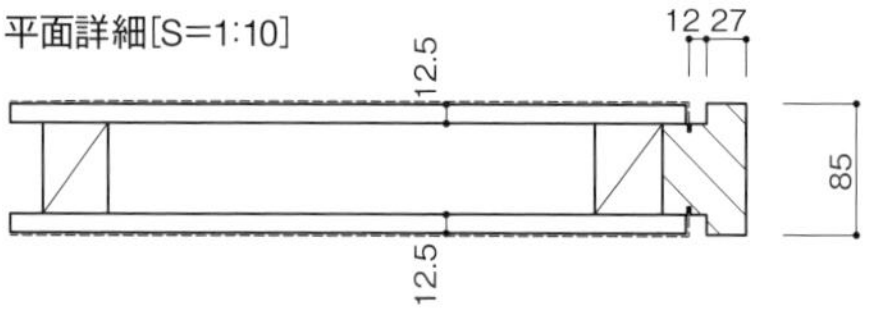

2 端部は柱、柱間に垂壁

内法材を当たり前に見せて垂壁の端部を納める方法。見付けはほかの枠と同寸にすることが多い。見込み寸法は、通常は柱の面内に納める

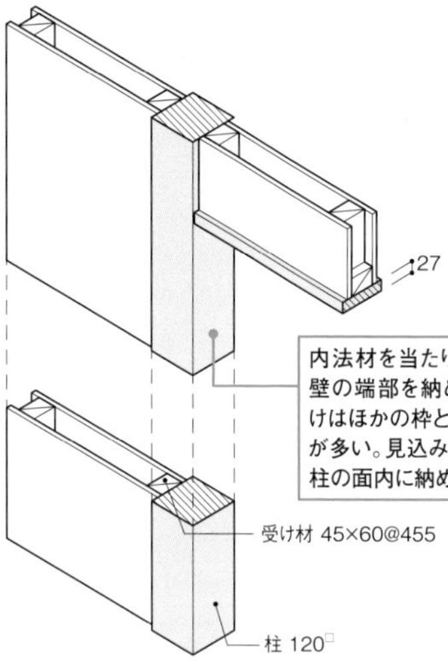

平面詳細[S=1:10]

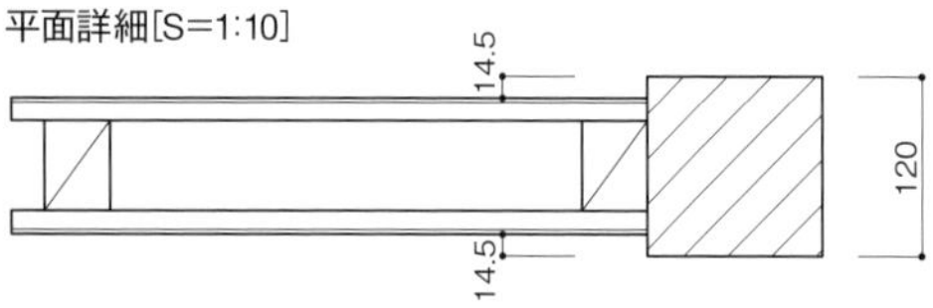

3 クロスを折り込む

壁厚よりも仕上げの厚み分幅の小さい枠を回して納める方法。壁と枠（方立、内法）というエレメントが際立ちながら、面材が張られているということが意識される納まり。壁のボードを目透し目地でパネル状に並べた場合の端部に用いられる

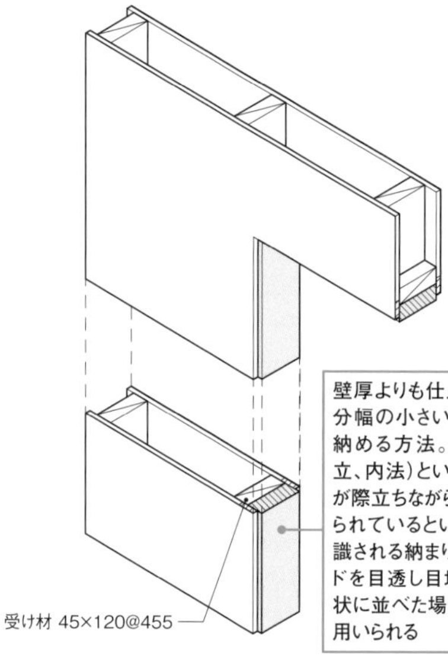

平面詳細[S=1:10]

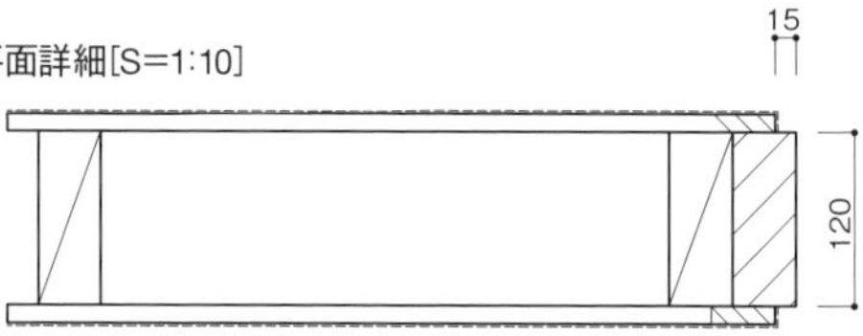

4 壁尻をまわす

空間を構成するエレメントをできるだけ少なく見せたい場合などに有効な方法。コーナーエッジの処理は、仕上げによって経年変化を考慮したものにしたい

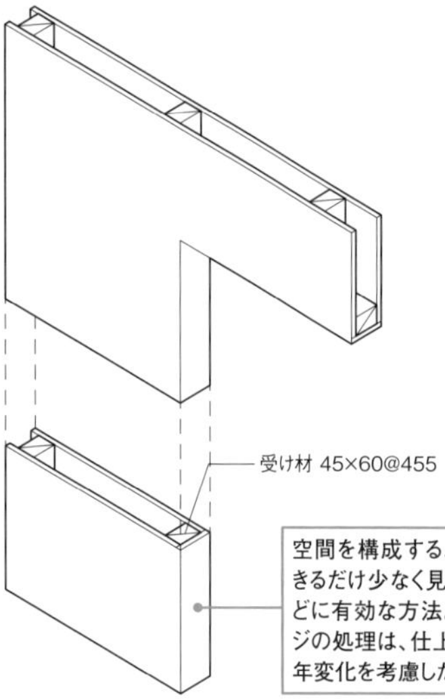

平面詳細[S=1:10]

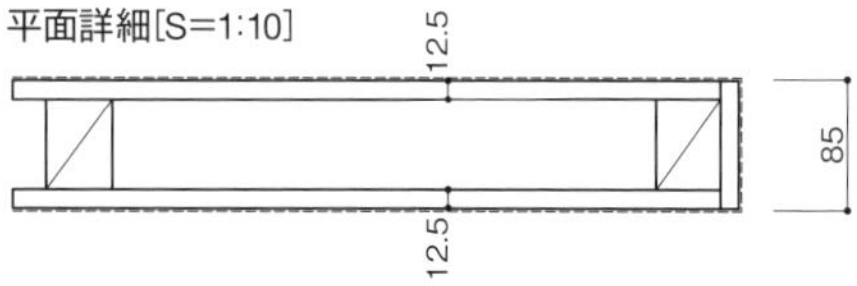

事例　ステンレスブレースで家具を耐力壁に

姿図[S=1:30]

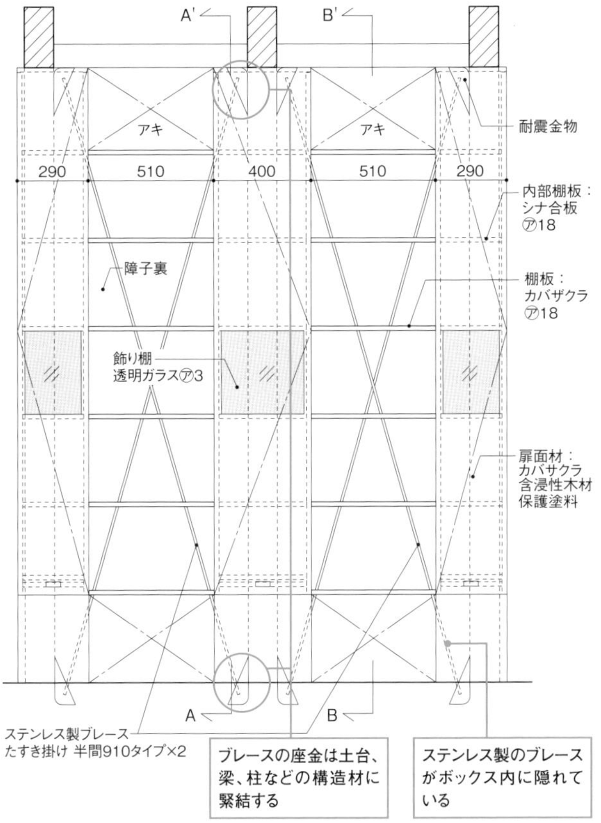
A'
B'
A
B
アキ
アキ
290
510
400
510
290
耐震金物
内部棚板：シナ合板㋐18
障子裏
棚板：カバザクラ㋐18
飾り棚
透明ガラス㋐3
扉面材：カバザクラ含浸性木材保護塗料
ステンレス製ブレース
たすき掛け 半間910タイプ×2
ブレースの座金は土台、梁、柱などの構造材に緊結する
ステンレス製のブレースがボックス内に隠れている

A-A' 断面図[S=1:30]

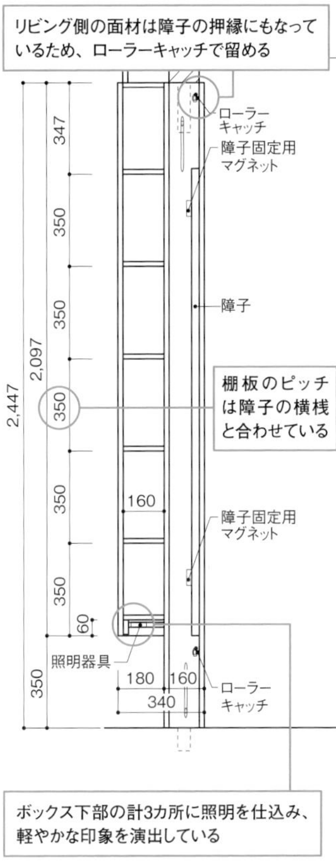
リビング側の面材は障子の押縁にもなっているため、ローラーキャッチで留める
ローラーキャッチ
障子固定用マグネット
障子
棚板のピッチは障子の横桟と合わせている
障子固定用マグネット
照明器具
ローラーキャッチ
347
350
350
350
350
350
60
350
2,097
2,447
160
180
160
340
ボックス下部の計3カ所に照明を仕込み、軽やかな印象を演出している

B-B' 断面図[S=1:30]

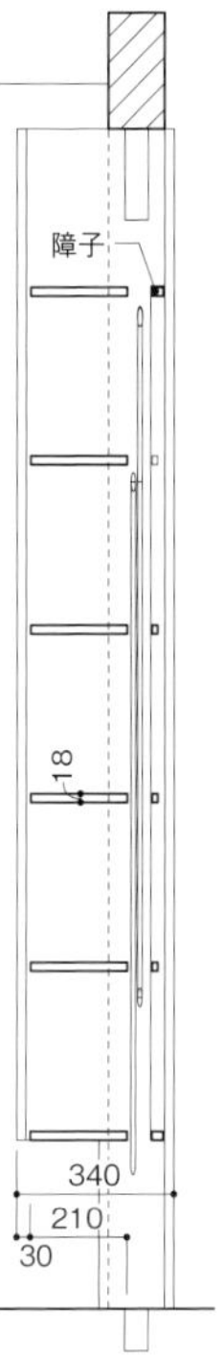
障子
18
340
210
30

平面図[S=1:30]

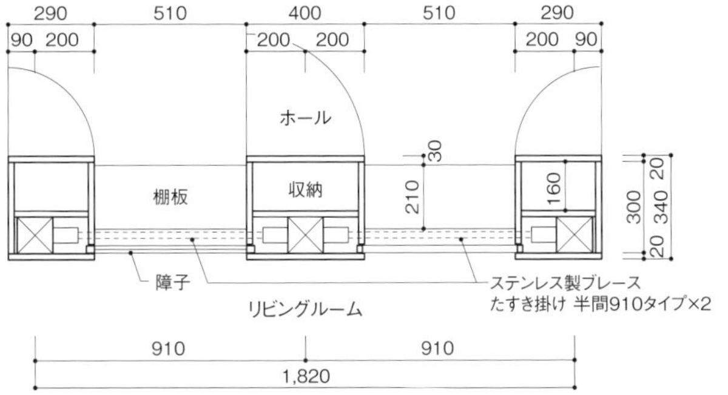

上下で抜きを取りながら、ステンレスブレースを見せない工夫をしている

リビングとホールの間に耐力壁を必要としたが、通常の壁で空間を仕切ることは避けたかった。そこで、910㎜ピッチの柱3本の間にステンレス製のブレースを入れて、障子と収納棚でゆるやかに仕切る家具をしつらえた。ステンレスのブレースは、間口910㎜のもの（コボット壁用ステンブレースシステムたすき掛け）。1セットで壁倍率2.4であるので、この家具に仕込まれた2セットで壁倍率4.8の壁量を確保している

設計：神田雅子＋服部郁子／アーキキャラバン建築設計事務所
写真：木田勝久／FOTOTECA

天井

主な天井の種類とその基本構成、廻り縁のバリエーションのほか、階段や吹抜け廻り、スキップフロアに関連する天井や床の端部の納まりを紹介する。廻り縁については、隠し廻り縁のみを取り上げている。どの納まりも格式のある和室というよりは、現代の一般的な住宅での木質材料の利用をイメージしている

主な天井の形式と構成

1 打上げ天井—突付け本実張り

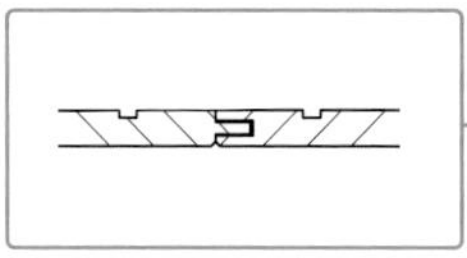

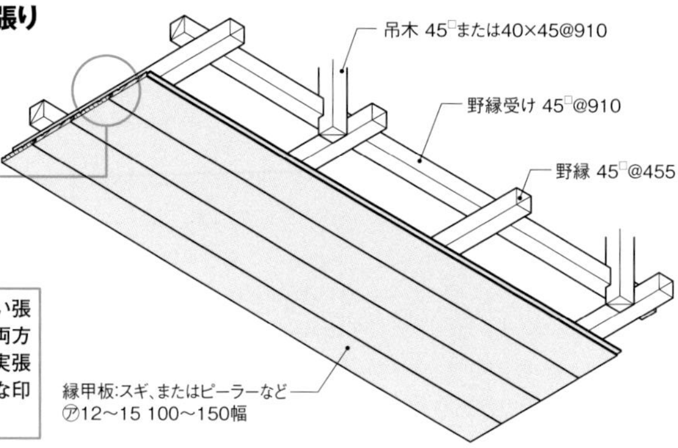
吊木 45□または40×45@910
野縁受け 45□@910
野縁 45□@455
縁甲板:スギ、またはピーラーなど
㋐12～15 100～150幅

材の伸縮を許容しながら、釘を見せない張り方。図の本実張りのほか、接合部の両方を彫り込み、部材を入れて留める雇い実張りがある。板幅が大きいほどクラシックな印象となるが、その分材料費も高くなる

2 目透し天井—合决り張り

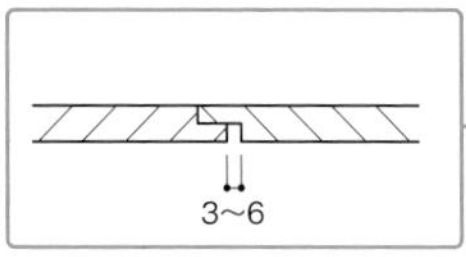
3～6

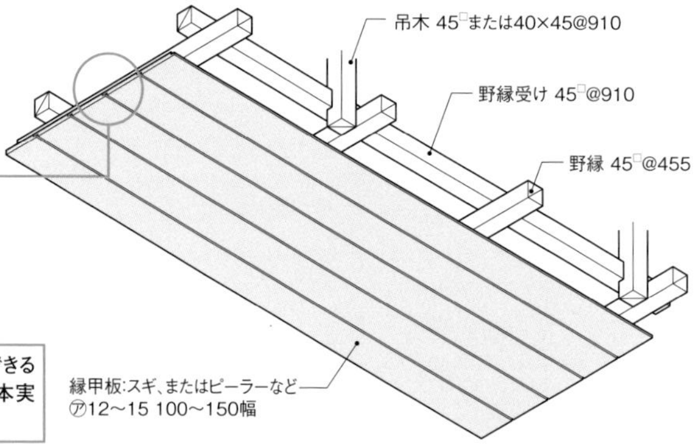
吊木 45□または40×45@910
野縁受け 45□@910
野縁 45□@455
縁甲板:スギ、またはピーラーなど
㋐12～15 100～150幅

突付けに比べ、板の収縮をより吸収できる張り方。板幅にもよるが、意匠的には本実突付け張りよりも軽快な印象となる

3 目透し天井—敷目張り

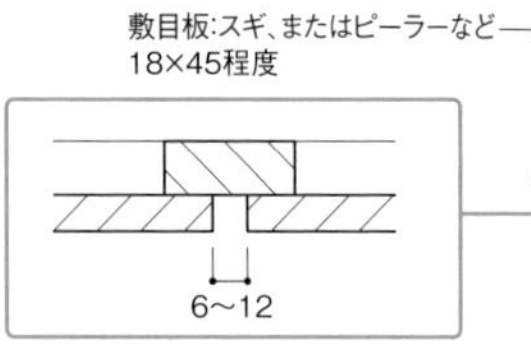
敷目板:スギ、またはピーラーなど
18×45程度
6～12

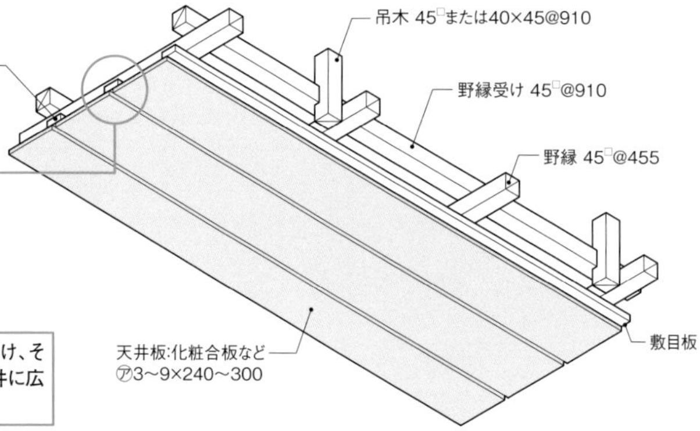
吊木 45□または40×45@910
野縁受け 45□@910
野縁 45□@455
敷目板
天井板:化粧合板など
㋐3～9×240～300

野縁に対して垂直に敷目板を取り付け、その上から天井板を張った、和室の天井に広く使われている形式

4 竿縁天井—猿頬面取り

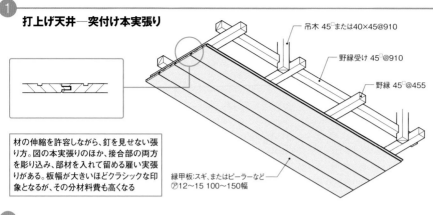

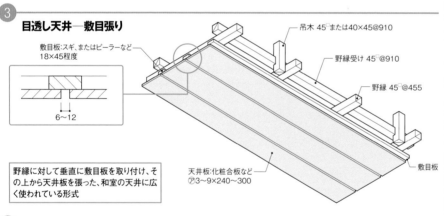

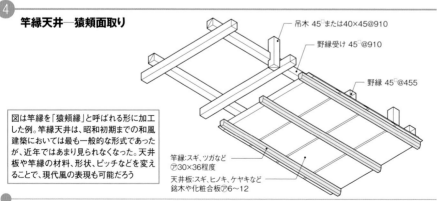

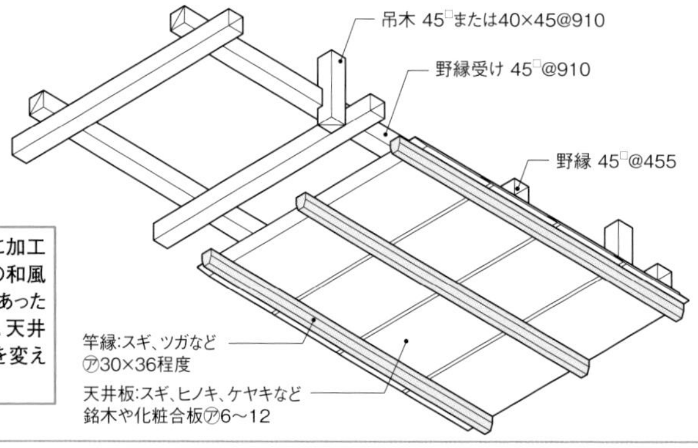
吊木 45□または40×45@910
野縁受け 45□@910
野縁 45□@455
竿縁:スギ、ツガなど
㋐30×36程度
天井板:スギ、ヒノキ、ケヤキなど
銘木や化粧合板㋐6～12

図は竿縁を「猿頬縁」と呼ばれる形に加工した例。竿縁天井は、昭和初期までの和風建築においては最も一般的な形式であったが、近年ではあまり見られなくなった。天井板や竿縁の材料、形状、ピッチなどを変えることで、現代風の表現も可能だろう

6 カーテンボックスの凹凸を消す

ブラインドやカーテンのたたみ代以上の寸法を確保する。120㎜程度が目安

枠を欠き込んで、巻き込んだクロスの端部を押縁で留めることもある(ていねいな仕事)

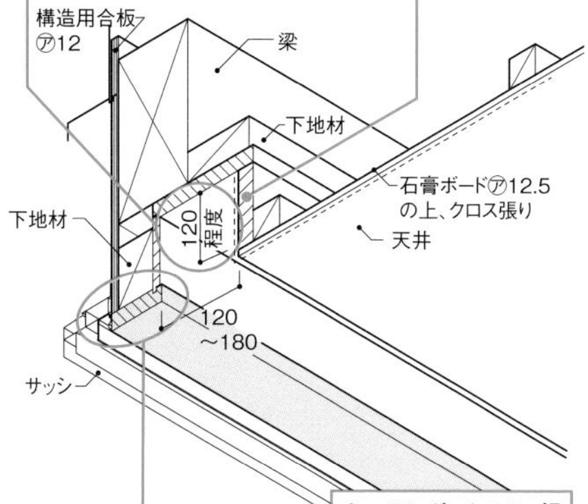

カーテンボックスは、視界の邪魔になるカーテンレールやたたみ上げたブラインドを隠すために、天井に仕込みたい。屋内から屋外へ連続性をもたせるなら、天井から軒天井までをフラットに連続させると効果的

上枠は、建具の縦枠の納まりによって処理を変える。木枠を見せない場合はこの部分までクロスを巻き込む

5 天井廻り縁―隠し廻り縁のバリエーション

樹脂製目透し見切り

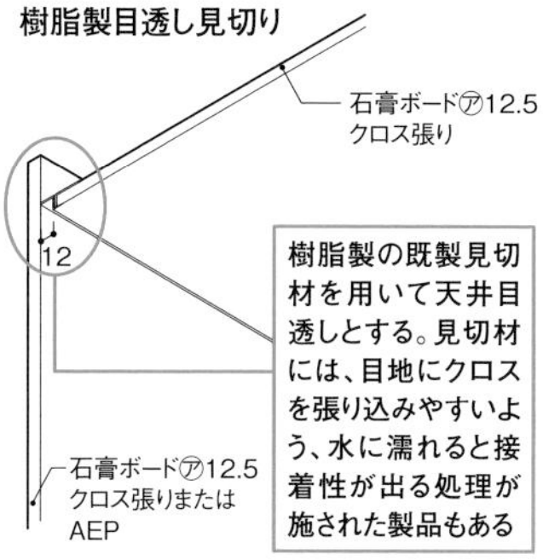

樹脂製の既製見切材を用いて天井目透しとする。見切材には、目地にクロスを張り込みやすいよう、水に濡れると接着性が出る処理が施された製品もある

天井目透し

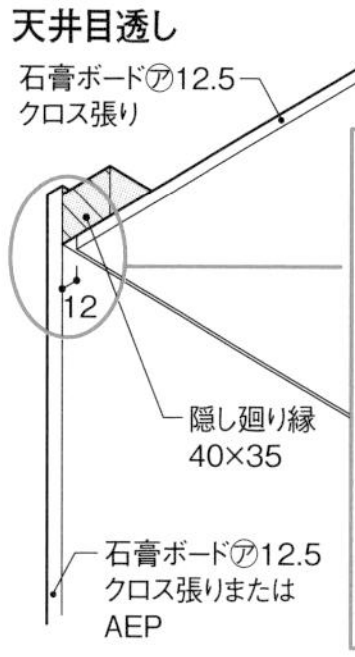

天井面で目透し目地を取ると、天井が軽快に見える効果がある。クロス仕上げの場合、凹凸が少なく柔らかめの品番を選んだほうが巻き込みの施工がしやすく、剥離も起こりにくい

壁で目透し目地をとる

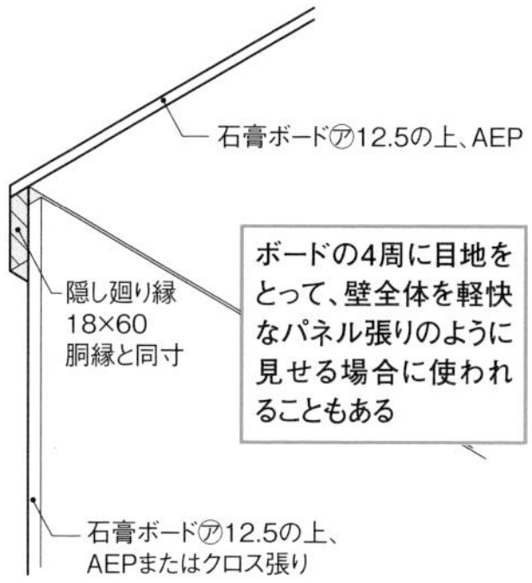

ボードの4周に目地をとって、壁全体を軽快なパネル張りのように見せる場合に使われることもある

真壁で姿を見せる

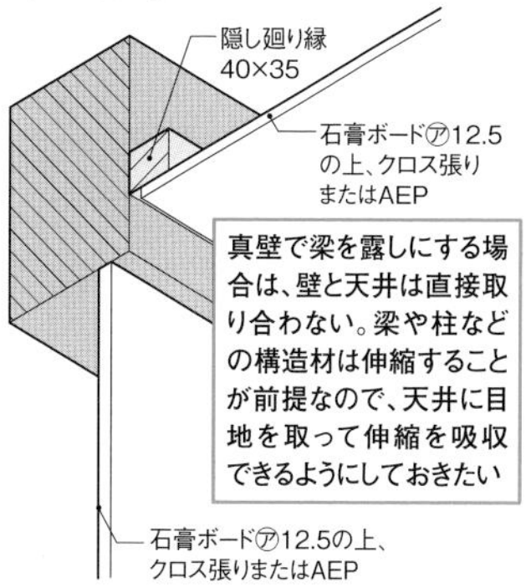

真壁で梁を露しにする場合は、壁と天井は直接取り合わない。梁や柱などの構造材は伸縮することが前提なので、天井に目地を取って伸縮を吸収できるようにしておきたい

7 吹抜け・スキップフロアにおける床と天井端部の納まり

[S=1:12]

真壁で梁が露し

真壁で梁が露しの場合、通常は天井は梁に接して終わる。構造材の伸縮を見込んで、梁と天井は目地で見切るのが望ましい

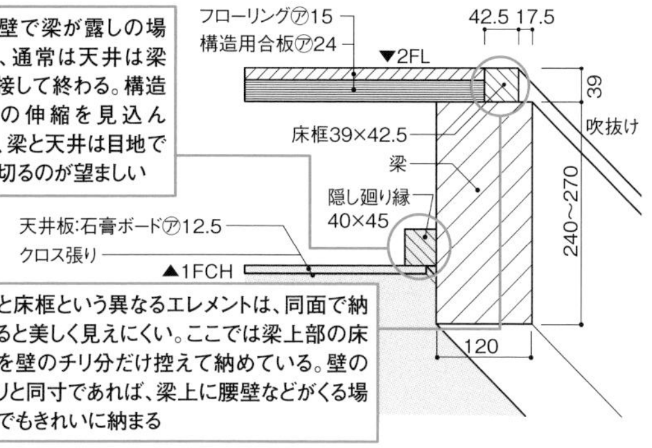

梁と床框という異なるエレメントは、同面で納めると美しく見えにくい。ここでは梁上部の床框を壁のチリ分だけ控えて納めている。壁のチリと同寸であれば、梁上に腰壁などがくる場合でもきれいに納まる

真壁で梁が露し、天井を折り上げる

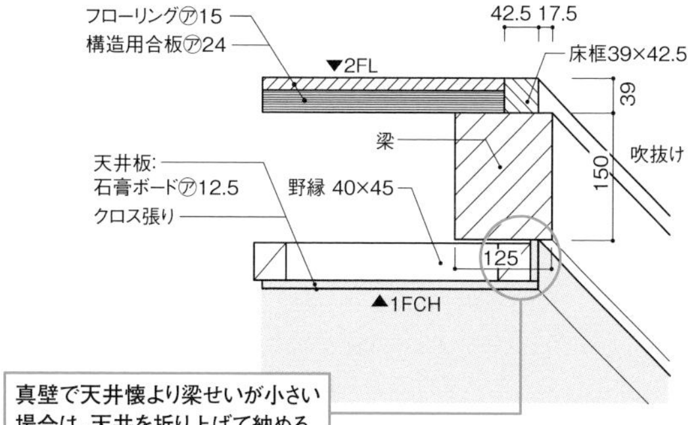

真壁で天井懐より梁せいが小さい場合は、天井を折り上げて納める

大壁で梁を隠し、天井を折り上げる

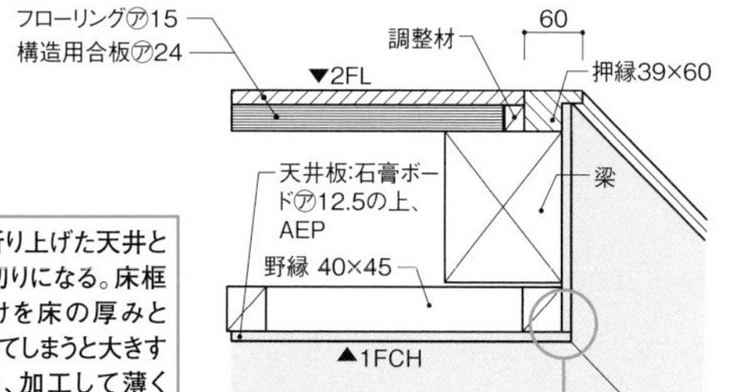

床框が折り上げた天井と床の見切りになる。床框の見付けを床の厚みと同寸にしてしまうと大きすぎるため、加工して薄く見せるようにしたい

大壁で梁を隠し、側面を天井と見切って壁として扱う

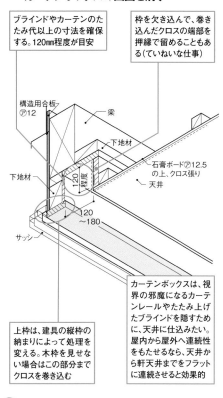

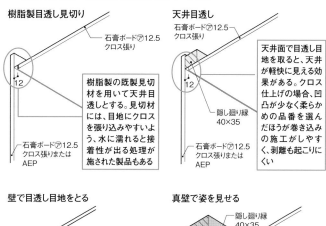

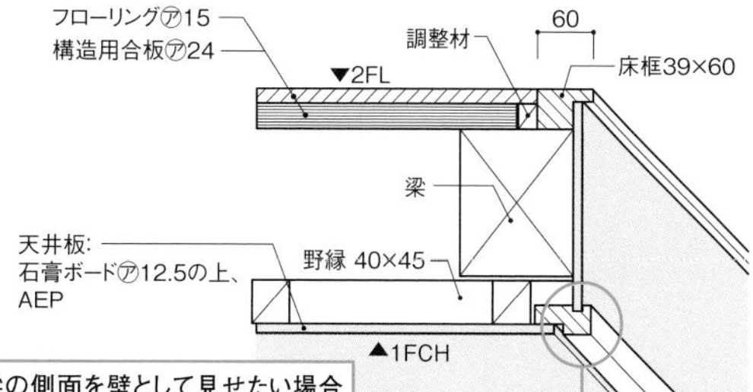

梁の側面を壁として見せたい場合には、天井と梁の側面とを見切る

解説:神田雅子/アーキキャラバン建築設計事務所

まるわかり！アルミサッシができるまで

納まりの基本となる外部の開口部で最も重要な防水性・気密性を高くする施工手順を解説

2

STEP 1 間柱建込み

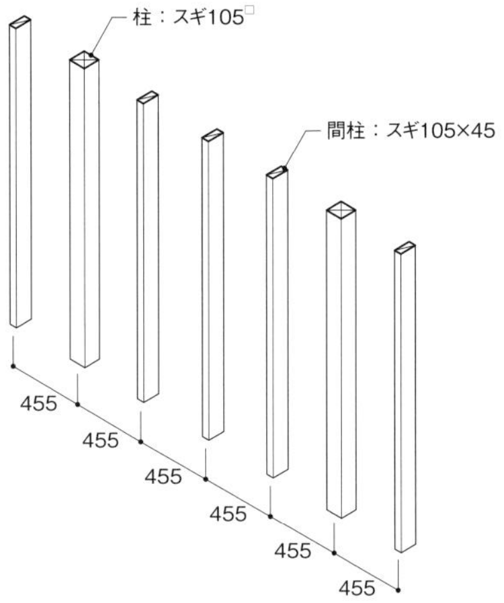
柱：スギ105□
間柱：スギ105×45
455
455
455
455
455
455

STEP 2 合板下地張り

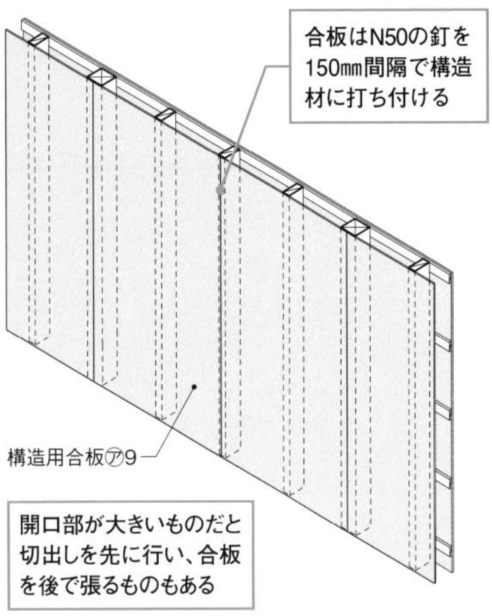
合板はN50の釘を150㎜間隔で構造材に打ち付ける
構造用合板㋐9
開口部が大きいものだと切出しを先に行い、合板を後で張るものもある

STEP 3 開口部切出し＋窓台・まぐさをセット

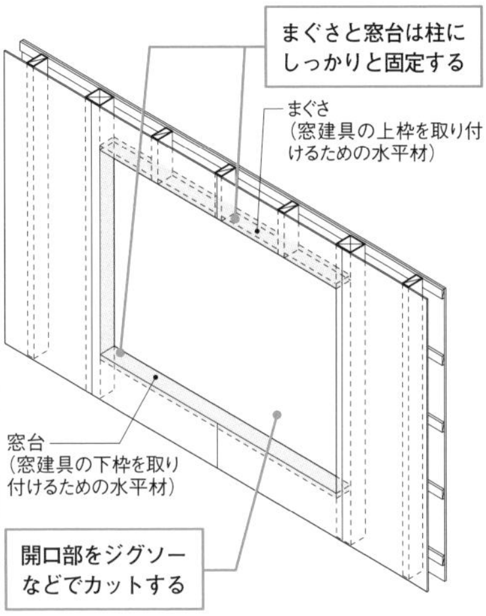
まぐさと窓台は柱にしっかりと固定する
まぐさ
（窓建具の上枠を取り付けるための水平材）
窓台
（窓建具の下枠を取り付けるための水平材）
開口部をジグソーなどでカットする

STEP 4 先張り防水シート張り

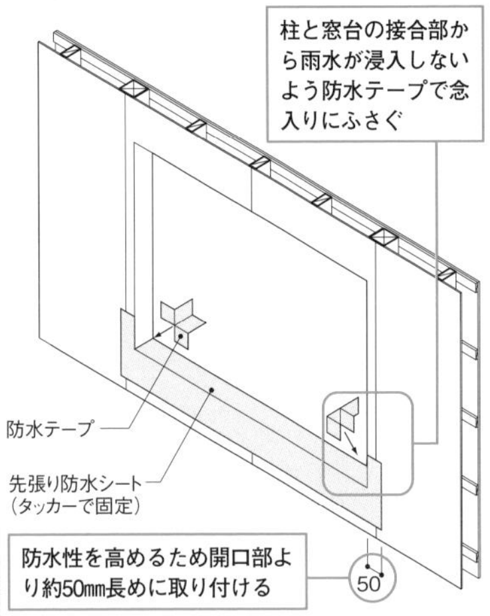
柱と窓台の接合部から雨水が浸入しないよう防水テープで念入りにふさぐ
防水テープ
先張り防水シート
（タッカーで固定）
防水性を高めるため開口部より約50㎜長めに取り付ける
50

STEP 5 サッシ枠建込み＋防水シート・防水テープ張り

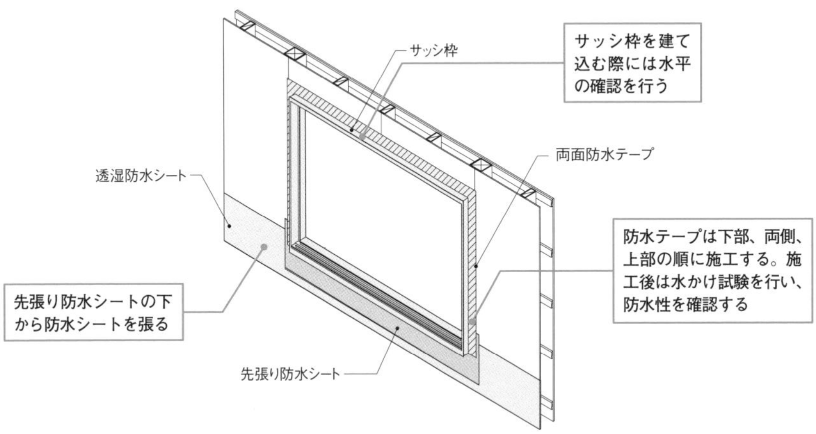
サッシ枠
サッシ枠を建て込む際には水平の確認を行う
両面防水テープ
透湿防水シート
防水テープは下部、両側、上部の順に施工する。施工後は水かけ試験を行い、防水性を確認する
先張り防水シートの下から防水シートを張る
先張り防水シート

STEP 6 透湿防水シート張り＋胴縁取付け＋障子建込み

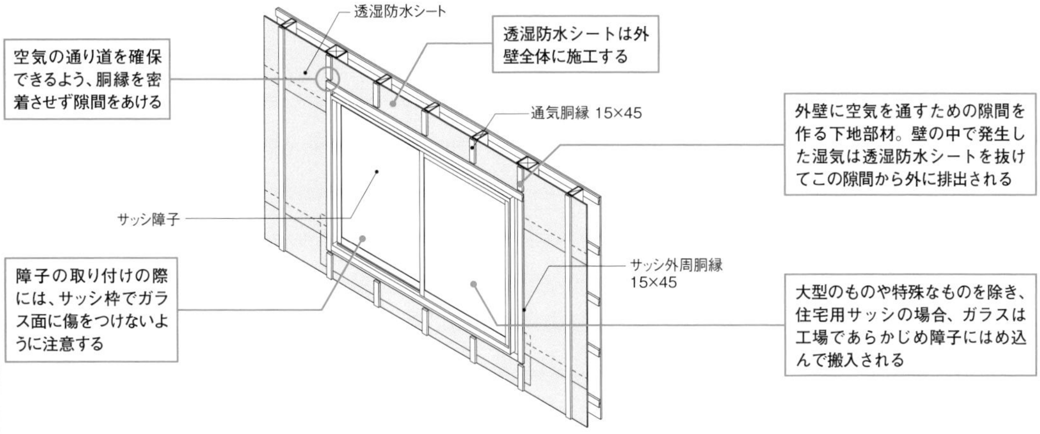

透湿防水シート
透湿防水シートは外壁全体に施工する
空気の通り道を確保できるよう、胴縁を密着させず隙間をあける
通気胴縁 15×45
外壁に空気を通すための隙間を作る下地部材。壁の中で発生した湿気は透湿防水シートを抜けてこの隙間から外に排出される
サッシ障子
障子の取り付けの際には、サッシ枠でガラス面に傷をつけないように注意する
サッシ外周胴縁 15×45
大型のものや特殊なものを除き、住宅用サッシの場合、ガラスは工場であらかじめ障子にはめ込んで搬入される

STEP 7 ラス下地、両面防水テープを張り付ける

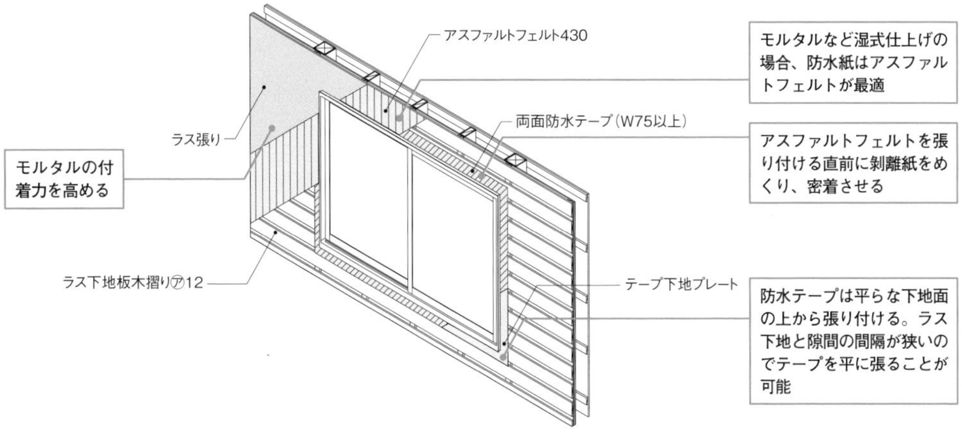

アスファルトフェルト430
モルタルなど湿式仕上げの場合、防水紙はアスファルトフェルトが最適
ラス張り
両面防水テープ（W75以上）
アスファルトフェルトを張り付ける直前に剝離紙をめくり、密着させる
モルタルの付着力を高める
ラス下地板木摺り㋐12
テープ下地プレート
防水テープは平らな下地面の上から張り付ける。ラス下地と隙間の間隔が狭いのでテープを平に張ることが可能

STEP 8 モルタル下地施工＋装飾性塗材吹付け仕上げ

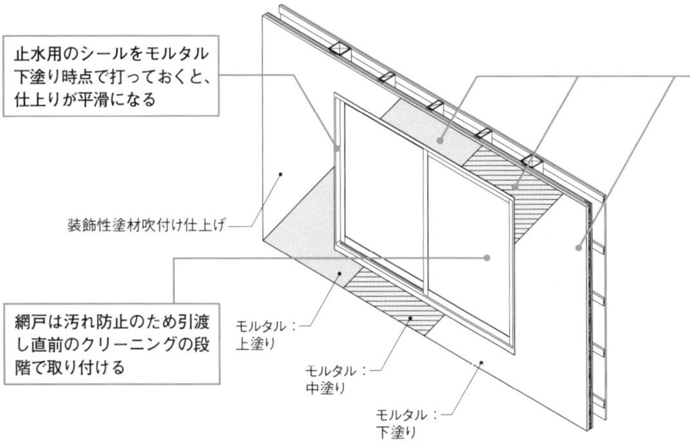

止水用のシールをモルタル下塗り時点で打っておくと、仕上りが平滑になる
季節や使用するモルタルの種類によって2～3回に分けて塗る。分けて塗ることで、仕上げ表面にできるクラックを下地まで到達させないようにする
装飾性塗材吹付け仕上げ
網戸は汚れ防止のため引渡し直前のクリーニングの段階で取り付ける
モルタル：上塗り
モルタル：中塗り
モルタル：下塗り

完成例

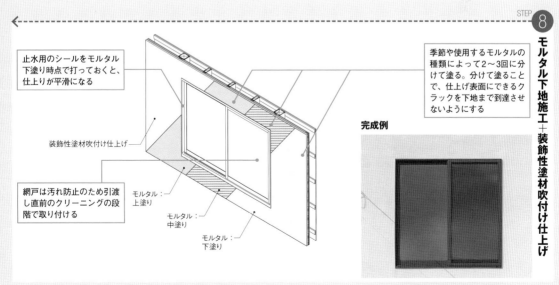

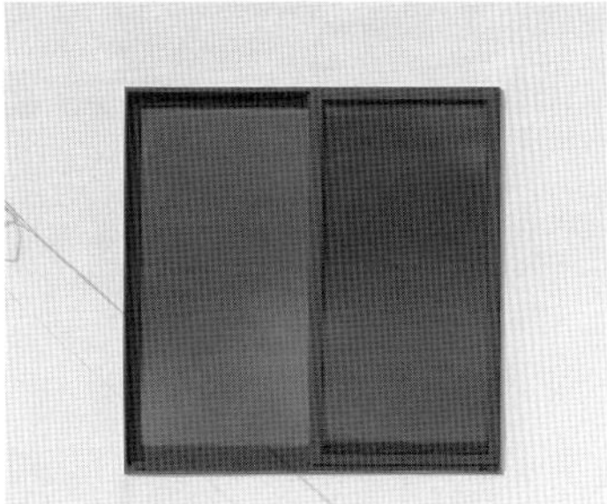

解説：中村高淑／中村高淑建築設計事務所

腰窓（外壁モルタル下地装飾性塗材吹付け仕上げ）

[S=1:15]

防火認定モルタル仕様の場合は塗り付け厚さ15mm以上。その場合は通気層を18～ 20mmとしても可

捨てシール

枠を見せないようクロスを巻き込むこともある

柱：スギ105□

構造用合板⑦9
透湿防水シート
通気縦胴縁15×45
ラス下地板 木摺⑦12
アスファルトフェルト430
ワイヤラス
モルタル⑦20の上、
装飾性塗材吹付け仕上げ

まぐさ

額縁

額縁

モルタル仕上げの下地にはワイヤラスかメタルラスのほか、ラスカットボードを用いることもある

サッシとの取り合い部分はシリコーンで防水施工

窓台

20 15
5 12 9

サッシW

5 6
5

105
188.5

モルタル⑦20の上、
装飾性塗材吹付け仕上げ
ワイヤラス
アスファルトフェルト430
ラス下地板 木摺⑦12
通気縦胴縁15×45
透湿防水シート
構造用合板⑦9

サッシと額縁はビスで留める

防水テープ
透湿防水シート

モルタル⑦20の上、装飾性塗材吹付け仕上げ
ワイヤラス
アスファルトフェルト430
ラス下地板 木摺⑦12
通気縦胴縁15×45
透湿防水シート
構造用合板⑦9

108.5
80

柱105□

サッシW

合板の上、仕上材
捨てシール

柱105□

②

掃出し窓（外壁モルタル下地装飾性塗材吹付け仕上げ）

[S=1:12]

4枚建て合掌部

188.5

構造用合板⑦9
透湿防水シート
通気縦胴縁15×45
ラス下地板
木摺⑦12
アスファルトフェルト430
ワイヤラス
モルタル⑦20の上、
装飾性塗材吹付け仕上げ

捨て
シール

12 9　105
20 15
5

構造用合板⑦9
透湿防水シート
通気縦胴縁15×45
ラス下地板 木摺⑦12
アスファルトフェルト430
ワイヤラス
モルタル⑦20の上、
装飾性塗材吹付け仕上げ

まぐさ

額縁

アスファルトフェルトはモルタル材の下地でしかない。通気層の室内側には必ず透湿防水シートを張る

掃出し窓の場合、下枠をつけずに床板をサッシまで飲み込ませるケースが多い

上枠

フローリング⑦15
パーティクルボード⑦20

35
20 15
75

アングル
掘込み

150

基礎を打つときに基礎高さを75mm欠いておき、フローリングをフラットにする

モルタル仕上げの場合、窓廻りにクラックが発生することを想定して、防水テープを入念に張っておく

モルタル⑦20の上、装飾性塗材吹付け仕上げ
ワイヤラス
アスファルトフェルト430
ラス下地板 木摺⑦12
透湿防水シート
構造用合板⑦9

通気縦胴縁 15×45

188.5

サッシW

5 6
5

合板の上、仕上材

捨てシール

開口部（外部）

床
壁
天井
開口部
階段
玄関
水廻り
外部床
外壁
屋根

半外付けサッシ・引違い戸の納まりと仕上げごとのバリエーション

半外付けサッシの引違い戸、仕上げごとのバリエーションや木製大開口など、さまざまなタイプの外部の開口部の納まりを紹介する

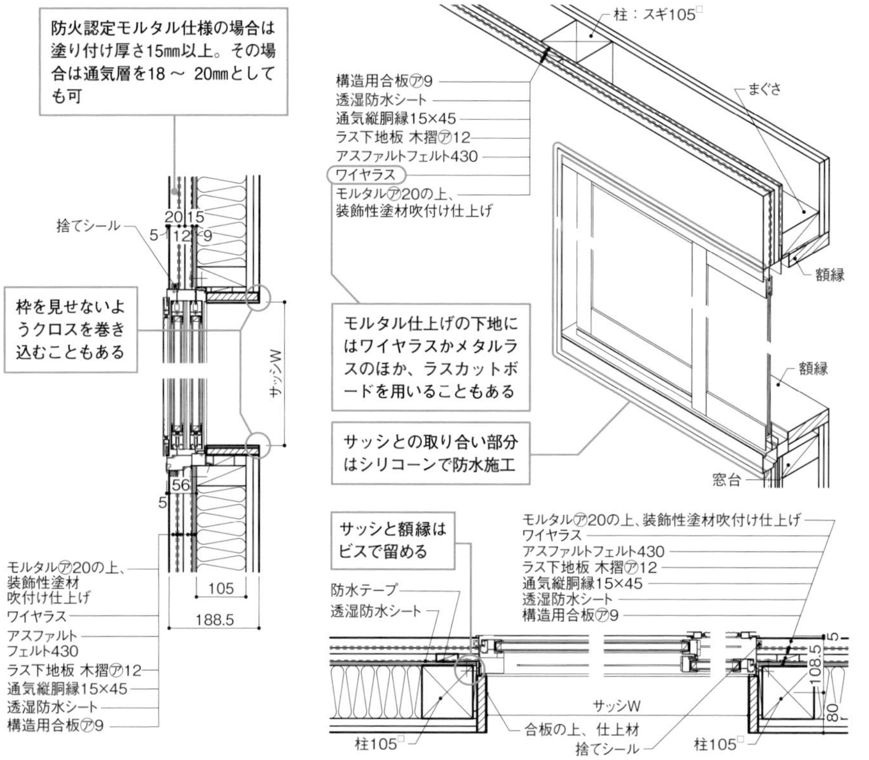

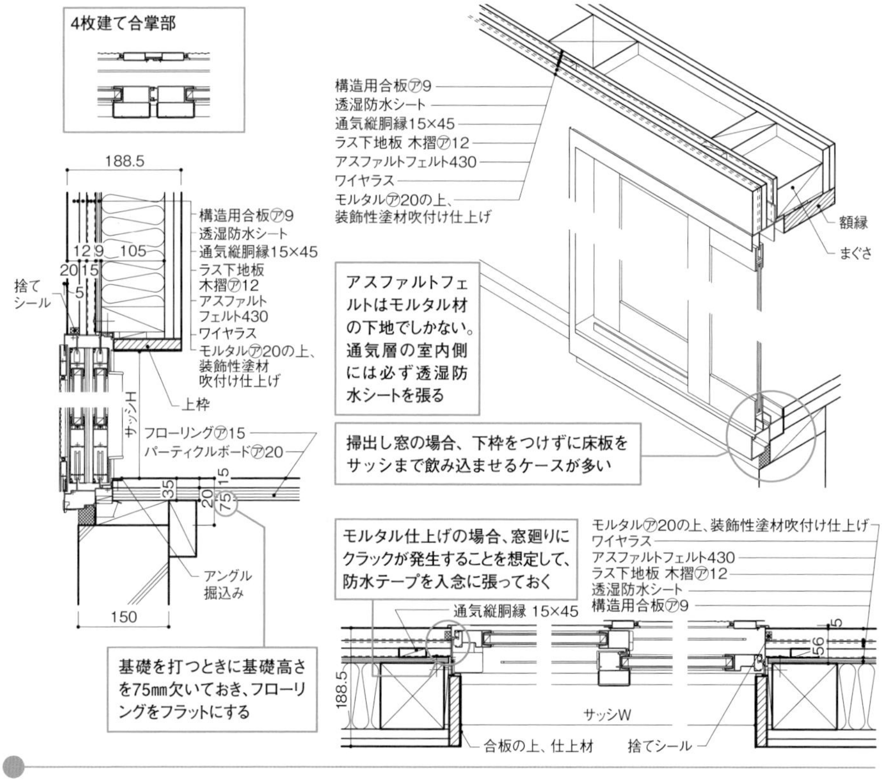

③ 腰窓(外壁ガルバリウム仕上げ)

[S=1:12]

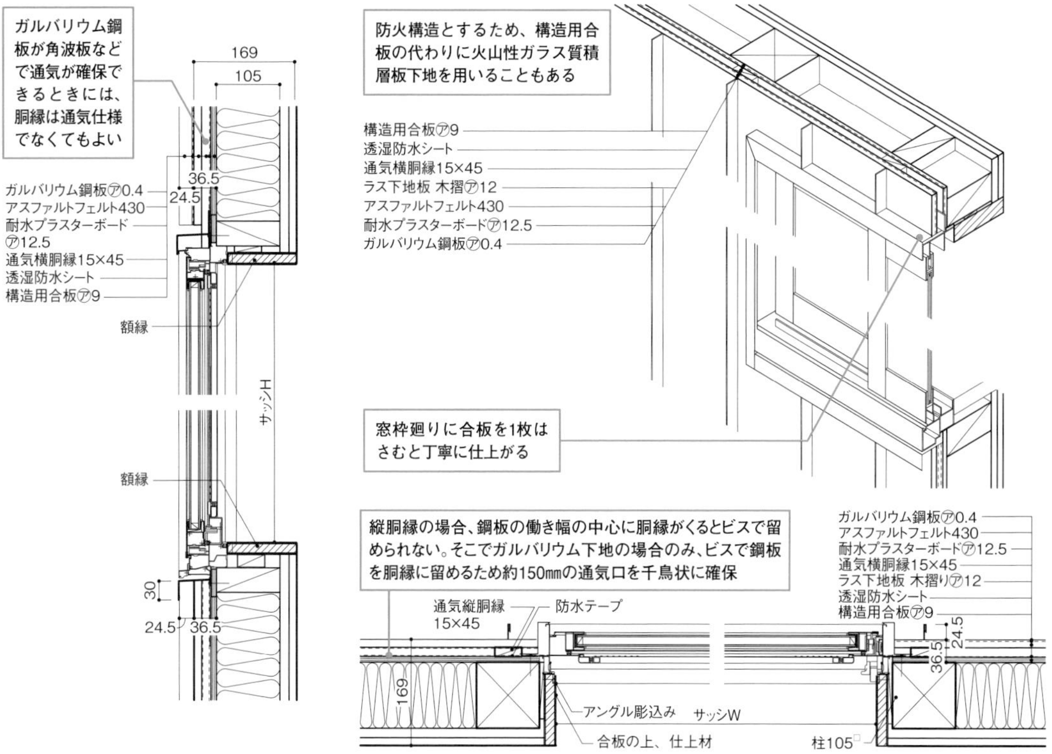

ガルバリウム鋼板が角波板などで通気が確保できるときには、胴縁は通気仕様でなくてもよい
169
105
36.5
24.5
ガルバリウム鋼板㋐0.4
アスファルトフェルト430
耐水プラスターボード㋐12.5
通気横胴縁15×45
透湿防水シート
構造用合板㋐9
額縁
サッシH
額縁
30
24.5
36.5
防火構造とするため、構造用合板の代わりに火山性ガラス質積層板下地を用いることもある
構造用合板㋐9
透湿防水シート
通気横胴縁15×45
ラス下地板 木摺㋐12
アスファルトフェルト430
耐水プラスターボード㋐12.5
ガルバリウム鋼板㋐0.4
窓枠廻りに合板を1枚はさむと丁寧に仕上がる
縦胴縁の場合、鋼板の働き幅の中心に胴縁がくるとビスで留められない。そこでガルバリウム下地の場合のみ、ビスで鋼板を胴縁に留めるため約150㎜の通気口を千鳥状に確保
ガルバリウム鋼板㋐0.4
アスファルトフェルト430
耐水プラスターボード㋐12.5
通気横胴縁15×45
ラス下地板 木摺り㋐12
透湿防水シート
構造用合板㋐9
通気縦胴縁 15×45
防水テープ
169
24.5
36.5
アングル彫込み
サッシW
合板の上、仕上材
柱105□

④ 腰窓(外壁レッドシダー仕上げ)

[S=1:12]

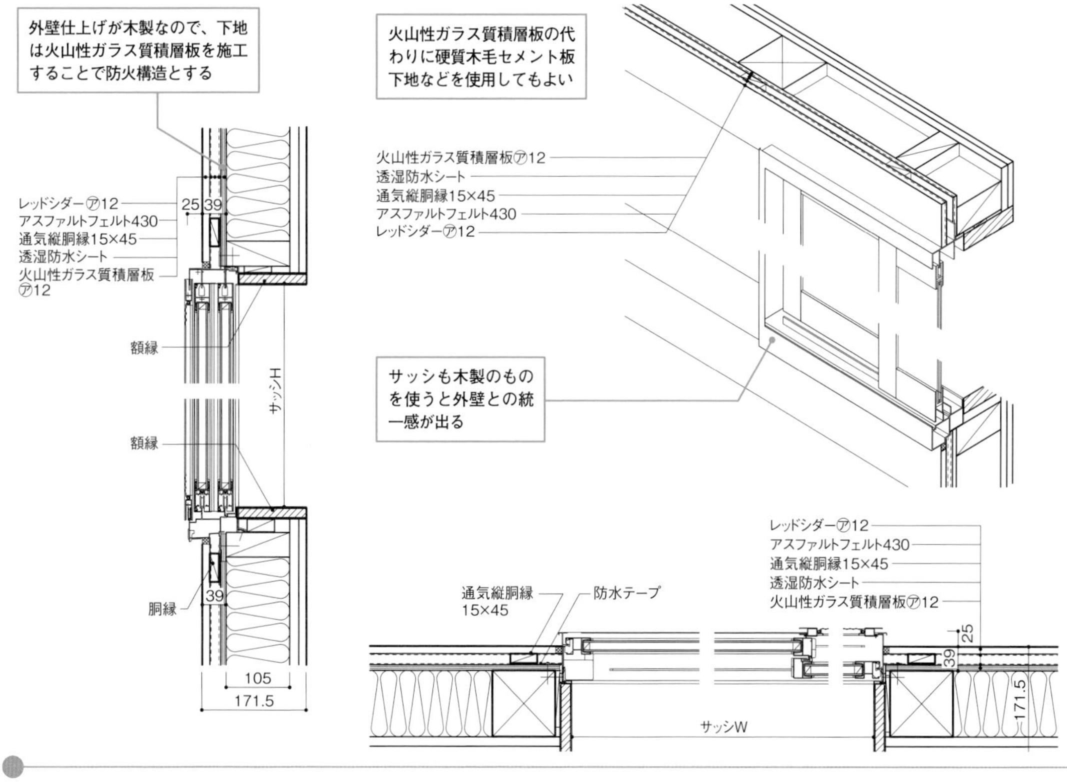

外壁仕上げが木製なので、下地は火山性ガラス質積層板を施工することで防火構造とする
レッドシダー㋐12
アスファルトフェルト430
通気縦胴縁15×45
透湿防水シート
火山性ガラス質積層板㋐12
25
39
額縁
サッシH
額縁
胴縁
39
105
171.5
火山性ガラス質積層板の代わりに硬質木毛セメント板下地などを使用してもよい
火山性ガラス質積層板㋐12
透湿防水シート
通気縦胴縁15×45
アスファルトフェルト430
レッドシダー㋐12
サッシも木製のものを使うと外壁との統一感が出る
レッドシダー㋐12
アスファルトフェルト430
通気縦胴縁15×45
透湿防水シート
火山性ガラス質積層板㋐12
通気縦胴縁 15×45
防水テープ
25
39
171.5
サッシW

解説:中村高淑/中村高淑建築設計事務所

露し柱をまたぐ連窓サッシ

断面（上部）詳細図 [S=1:15]

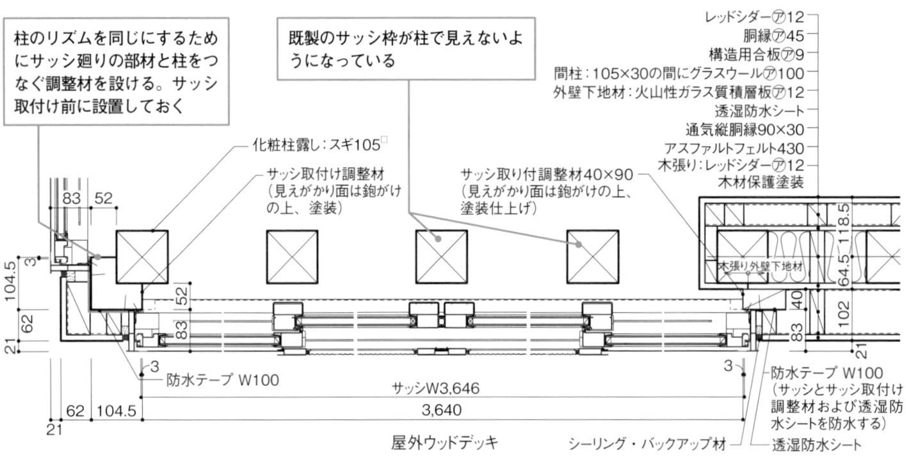
柱のリズムを同じにするためにサッシ廻りの部材と柱をつなぐ調整材を設ける。サッシ取付け前に設置しておく
既製のサッシ枠が柱で見えないようになっている
化粧柱露し：スギ105□
サッシ取付け調整材（見えがかり面は鉋がけの上、塗装）
サッシ取り付調整材40×90（見えがかり面は鉋がけの上、塗装仕上げ）
レッドシダー㋐12
胴縁㋐45
構造用合板㋐9
間柱：105×30の間にグラスウール㋐100
外壁下地材：火山性ガラス質積層板㋐12
透湿防水シート
通気縦胴縁90×30
アスファルトフェルト430
木張り：レッドシダー㋐12
木材保護塗装
木張り 外壁下地材
防水テープ W100
サッシW3,646
3,640
防水テープ W100（サッシとサッシ取付け調整材および透湿防水シートを防水する）
屋外ウッドデッキ
シーリング・バックアップ材
透湿防水シート
83 52 3 104.5 62 21 52 83 118.5 64.5 40 102 83 21 3 62 104.5 21

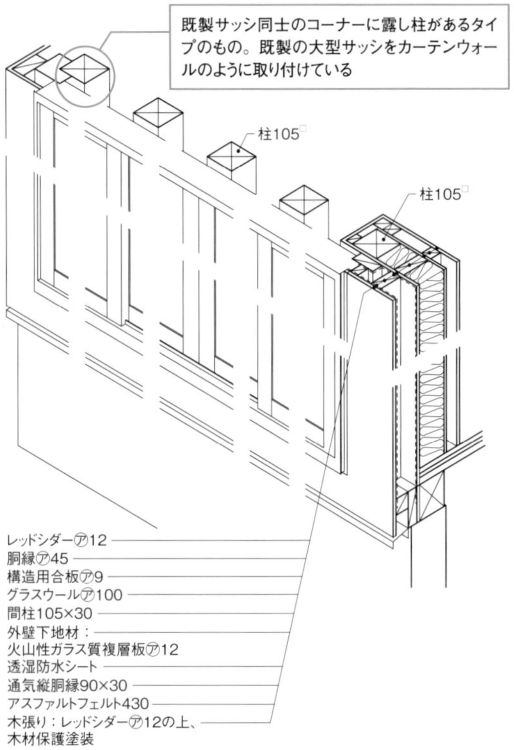
既製サッシ同士のコーナーに露し柱があるタイプのもの。既製の大型サッシをカーテンウォールのように取り付けている
柱105□
柱105□
レッドシダー㋐12
胴縁㋐45
構造用合板㋐9
グラスウール㋐100
間柱105×30
外壁下地材：
火山性ガラス質複層板㋐12
透湿防水シート
通気縦胴縁90×30
アスファルトフェルト430
木張り：レッドシダー㋐12の上、
木材保護塗装

木製の柱で既製サッシが木製建具のように見え、木造の床と調和している（写真：k-est works）

上部詳細図 [S=1:15]

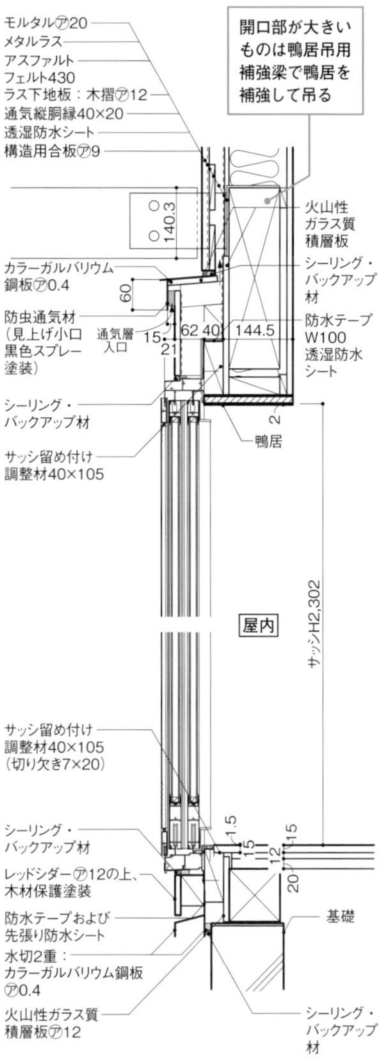
開口部が大きいものは鴨居吊用補強梁で鴨居を補強して吊る
モルタル㋐20
メタルラス
アスファルトフェルト430
ラス下地板：木摺㋐12
通気縦胴縁40×20
透湿防水シート
構造用合板㋐9
140.3
火山性ガラス質積層板
カラーガルバリウム鋼板㋐0.4
60
シーリング・バックアップ材
防虫通気材（見上げ小口黒色スプレー塗装）
通気層入口
15 62 40 144.5 21
防水テープ W100 透湿防水シート
シーリング・バックアップ材
2
鴨居
サッシ留め付け調整材40×105
屋内
サッシH2,302
サッシ留め付け調整材40×105（切り欠き7×20）
シーリング・バックアップ材
1.5 15 11 12 15 20
レッドシダー㋐12の上、木材保護塗装
防水テープおよび先張り防水シート
基礎
水切2重：カラーガルバリウム鋼板㋐0.4
火山性ガラス質積層板㋐12
シーリング・バックアップ材

木製建具による大開口部の納まり

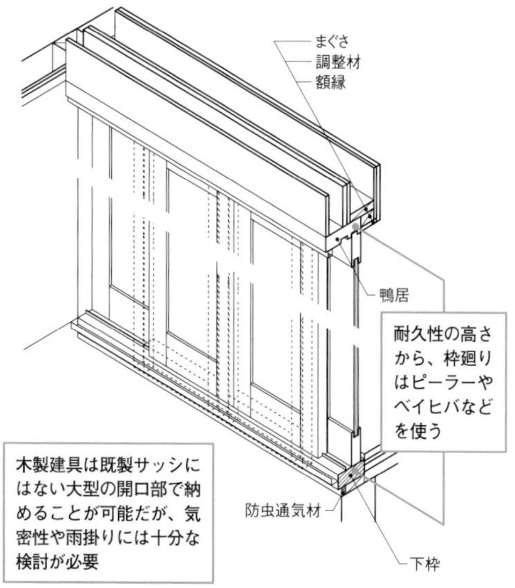

断面詳細図 [S=1:12]

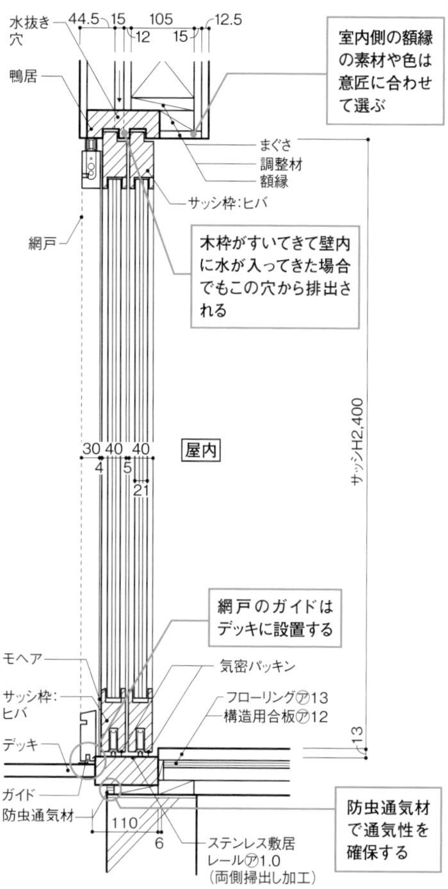

サッシが木製のため、バルコニーのデッキと室内の統一感がある

（写真：GEN INOUE）

上部詳細図 [S=1:12]

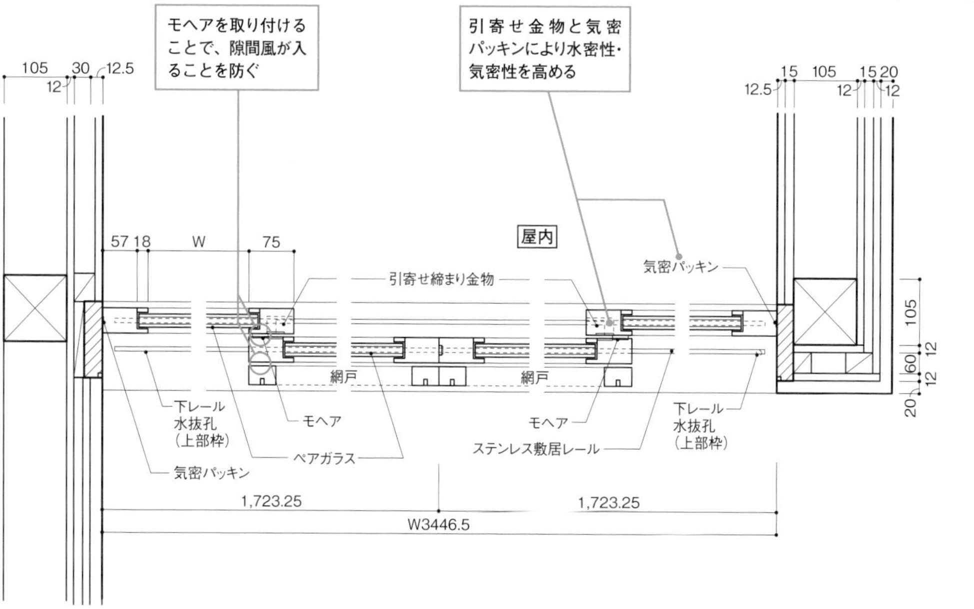

解説：中村高淑／中村高淑建築設計事務所

まるわかり！ 内部開口部ができるまで

3

ここからは室内の建具の施工手順について理解すべき点を紹介する。壁と同面の隠し幅木ですっきりした仕上がりになる手順を取り上げた

STEP 1 軸組下地

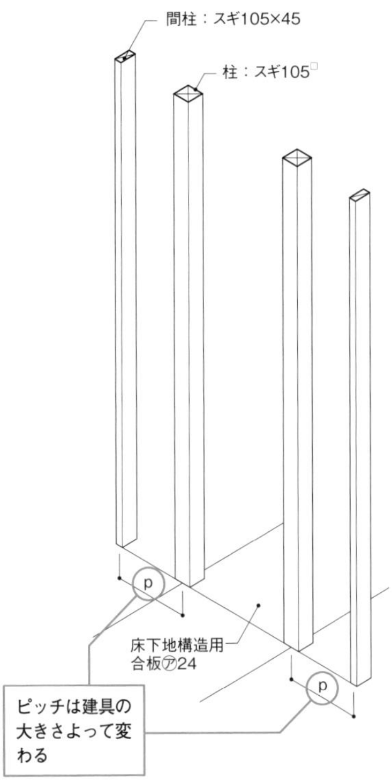
間柱：スギ105×45
柱：スギ105□
p
p
床下地構造用合板㋐24
ピッチは建具の大きさよって変わる

STEP 2 フローリング張り＋胴縁設置

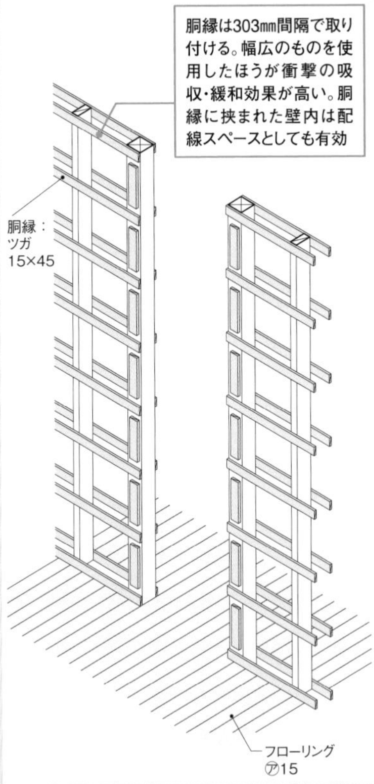
胴縁は303㎜間隔で取り付ける。幅広のものを使用したほうが衝撃の吸収・緩和効果が高い。胴縁に挟まれた壁内は配線スペースとしても有効
胴縁：ツガ15×45
フローリング㋐15

STEP 3 木枠、幅木取付け＋石膏ボード張り

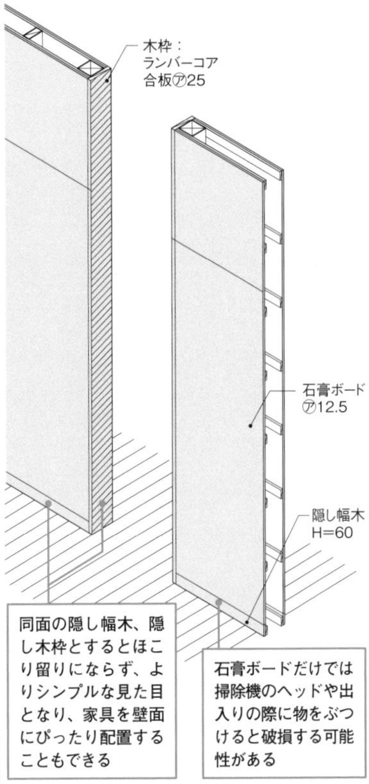
木枠：ランバーコア合板㋐25
石膏ボード㋐12.5
隠し幅木H=60
同面の隠し幅木、隠し木枠とするとほこり留りにならず、よりシンプルな見た目となり、家具を壁面にぴったり配置することもできる
石膏ボードだけでは掃除機のヘッドや出入りの際に物をぶつけると破損する可能性がある

STEP 4 ジョイント部パテ処理＋採寸

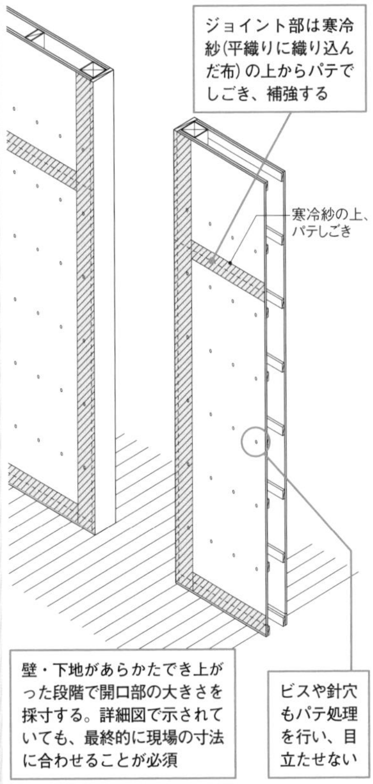
ジョイント部は寒冷紗(平織りに織り込んだ布)の上からパテでしごき、補強する
寒冷紗の上、パテしごき
壁・下地があらかたでき上がった段階で開口部の大きさを採寸する。詳細図で示されていても、最終的に現場の寸法に合わせることが必須
ビスや針穴もパテ処理を行い、目立たせない

STEP 5 クロス張または塗装仕上げ

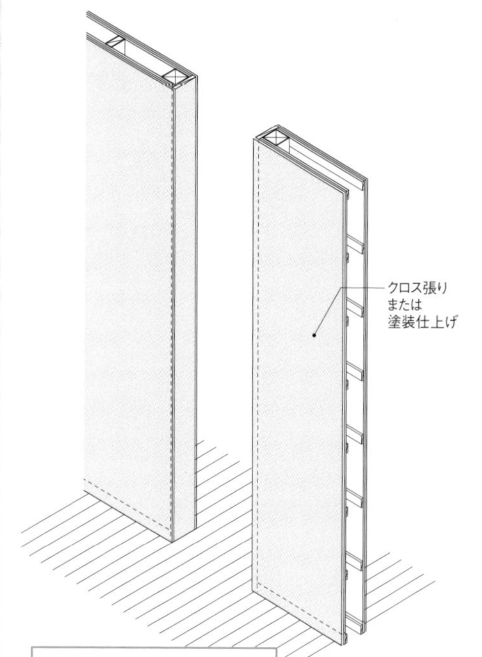
クロス張り
または
塗装仕上げ

壁下地の処理が完了したら、クロス張り付けまたは塗装の工程に移る。同時に工場では建具本体を製作している

STEP 6 天井ガイド・レール取付け

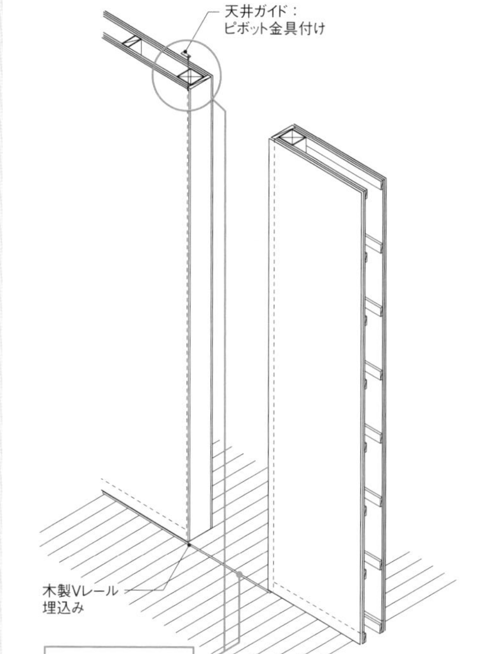
天井ガイド：
ピボット金具付け
木製Vレール
埋込み

建具の吊り込みに必要なレールやガイドなどを先行して施工する

STEP 7 建具仮吊込み＋取手金物取付け

あらかじめ工場で製作された建具を現場に搬入し、仮に吊り込む。建具本体を削ったり金物の位置を動かしたり、微調整を繰り返してスムーズな動作を確認する

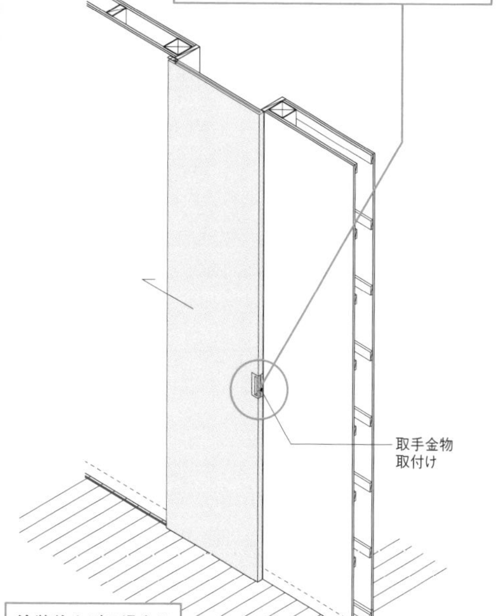
取手金物
取付け

塗装仕上げの場合は建具をクリアラッカーなどで仕上げて完成

完成例

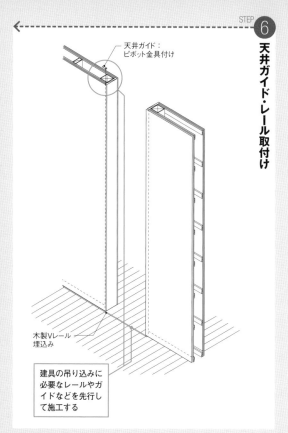

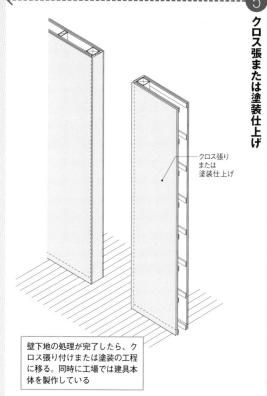

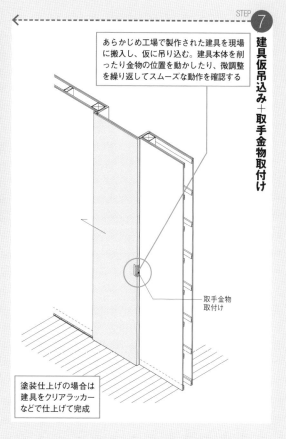

オーソドックスな室内の引戸。幅木がなく凹凸がないのでシンプルな仕上がりになっている（写真：k-est works）

解説：中村高淑／中村高淑建築設計事務所

室内の開口部としてオーソドックスな引違い戸、片引戸、引込み戸のほか、丁番の納まり、クローゼットの扉によく採用される折れ戸の納まりを紹介する

引違い戸と片引戸の納まり

1 引違い戸

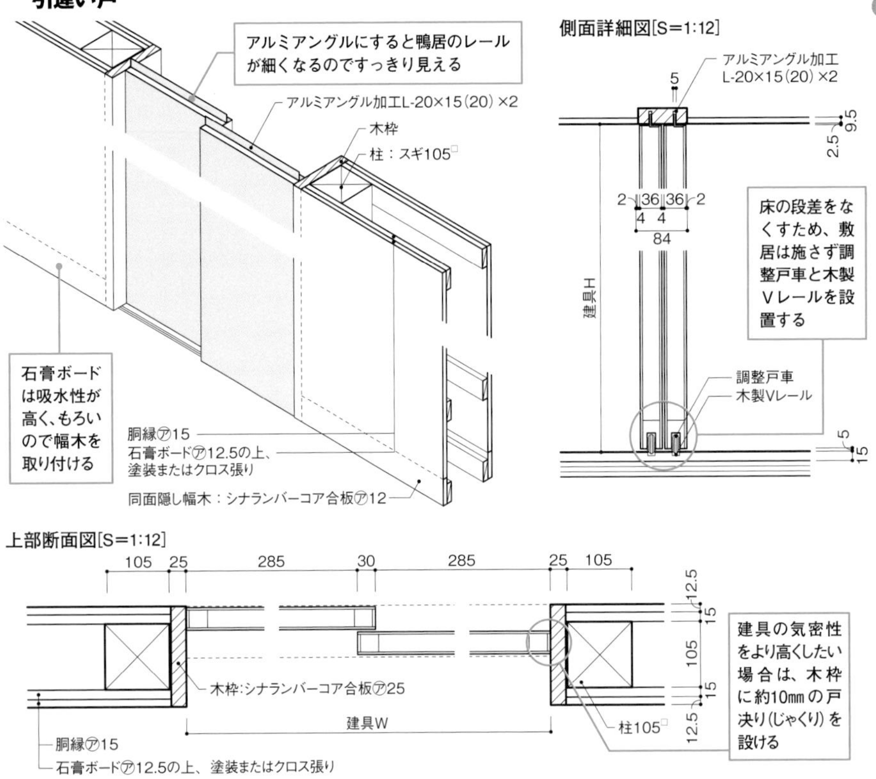
アルミアングルにすると鴨居のレールが細くなるのですっきり見える
アルミアングル加工L-20×15(20)×2
木枠
柱：スギ105□
石膏ボードは吸水性が高く、もろいので幅木を取り付ける
胴縁㋐15
石膏ボード㋐12.5の上、塗装またはクロス張り
同面隠し幅木：シナランバーコア合板㋐12
側面詳細図[S=1:12]
アルミアングル加工
L-20×15(20)×2
5
9.5
2.5
2
36
36
2
4
4
84
建具H
床の段差をなくすため、敷居は施さず調整戸車と木製Vレールを設置する
調整戸車
木製Vレール
5
15
上部断面図[S=1:12]
105
25
285
30
285
25
105
12.5
15
105
15
12.5
木枠:シナランバーコア合板㋐25
建具W
柱105□
建具の気密性をより高くしたい場合は、木枠に約10mmの戸決り(じゃくり)を設ける
胴縁㋐15
石膏ボード㋐12.5の上、塗装またはクロス張り

2 片引戸

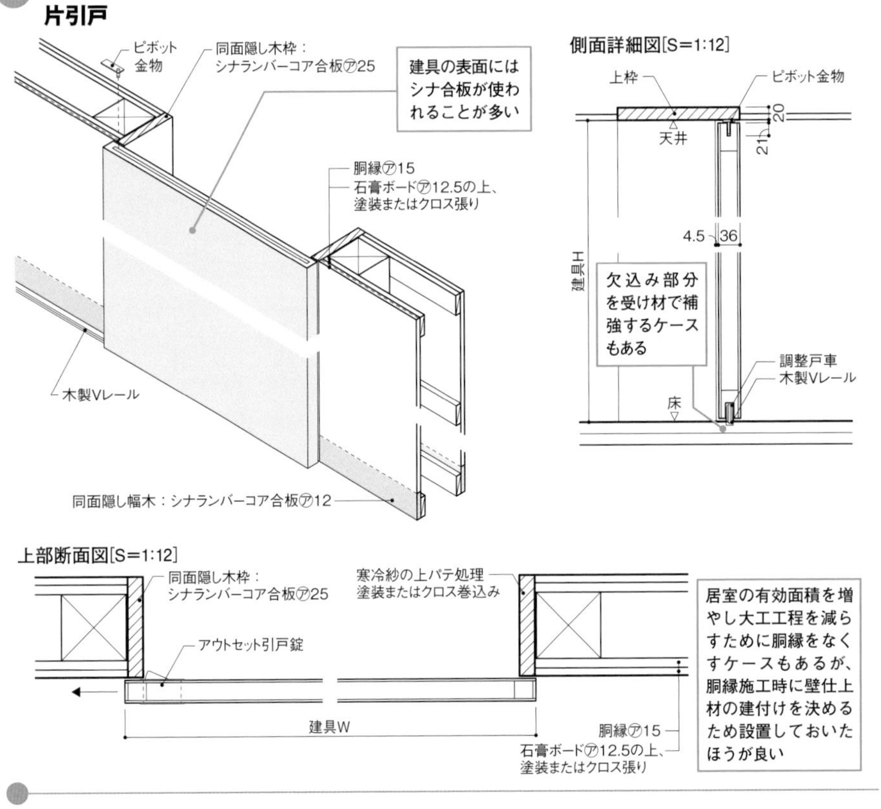
ピボット金物
同面隠し木枠：シナランバーコア合板㋐25
建具の表面にはシナ合板が使われることが多い
胴縁㋐15
石膏ボード㋐12.5の上、塗装またはクロス張り
木製Vレール
同面隠し幅木：シナランバーコア合板㋐12
側面詳細図[S=1:12]
上枠
ピボット金物
天井
20
21
4.5
36
建具H
欠込み部分を受け材で補強するケースもある
調整戸車
木製Vレール
床
上部断面図[S=1:12]
同面隠し木枠：シナランバーコア合板㋐25
寒冷紗の上パテ処理
塗装またはクロス巻込み
アウトセット引戸錠
建具W
胴縁㋐15
石膏ボード㋐12.5の上、塗装またはクロス張り
居室の有効面積を増やし大工工程を減らすために胴縁をなくすケースもあるが、胴縁施工時に壁仕上材の建付けを決めるため設置しておいたほうが良い

1 ライン取手タイプ

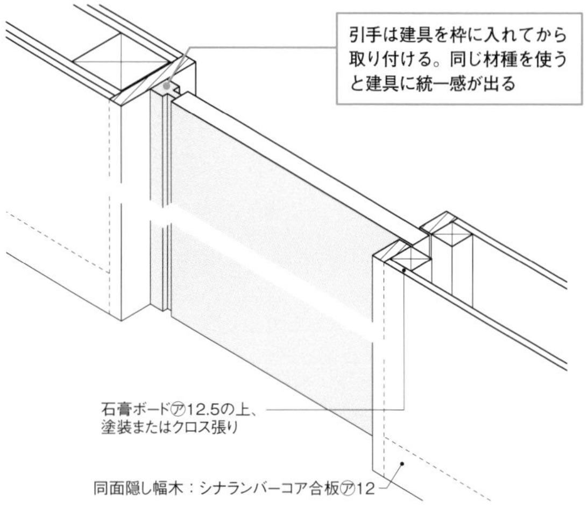

引手は建具を枠に入れてから取り付ける。同じ材種を使うと建具に統一感が出る
石膏ボード㋐12.5の上、塗装またはクロス張り
同面隠し幅木：シナランバーコア合板㋐12

側面詳細図[S=1:12]

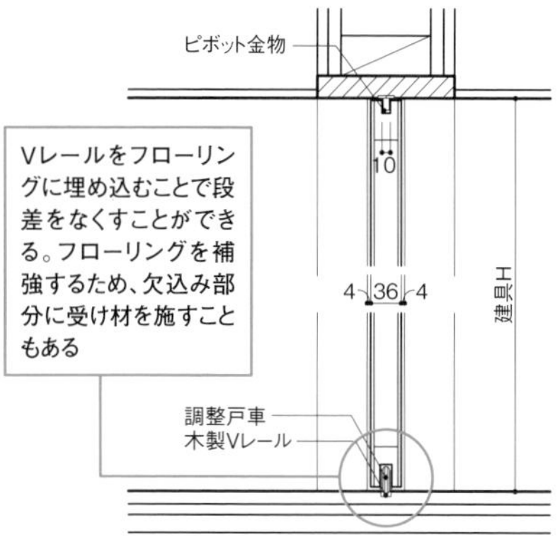

ピボット金物
Vレールをフローリングに埋め込むことで段差をなくすことができる。フローリングを補強するため、欠込み部分に受け材を施すこともある
10
4
36
4
建具H
調整戸車
木製Vレール

上部断面図[S=1:12]

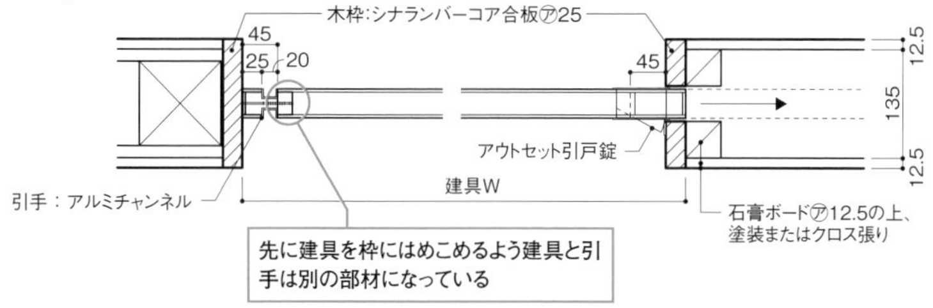

木枠:シナランバーコア合板㋐25
45
25
20
45
12.5
135
12.5
アウトセット引戸錠
引手：アルミチャンネル
建具W
石膏ボード㋐12.5の上、塗装またはクロス張り
先に建具を枠にはめこめるよう建具と引手は別の部材になっている

2 斜め取り付けタイプ

[S=1:12]

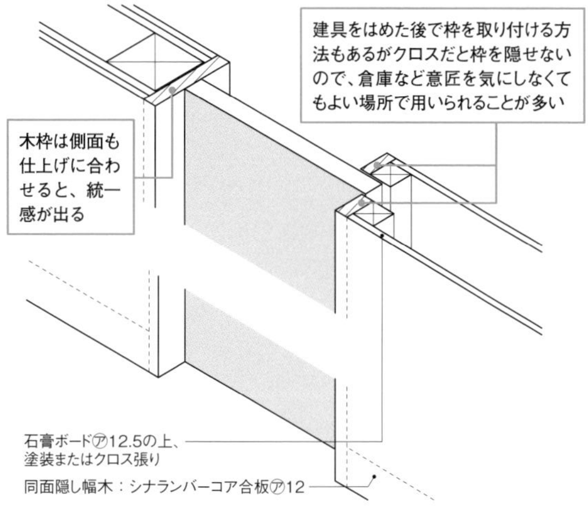

建具をはめた後で枠を取り付ける方法もあるがクロスだと枠を隠せないので、倉庫など意匠を気にしなくてもよい場所で用いられることが多い
木枠は側面も仕上げに合わせると、統一感が出る
石膏ボード㋐12.5の上、塗装またはクロス張り
同面隠し幅木：シナランバーコア合板㋐12

側面詳細図

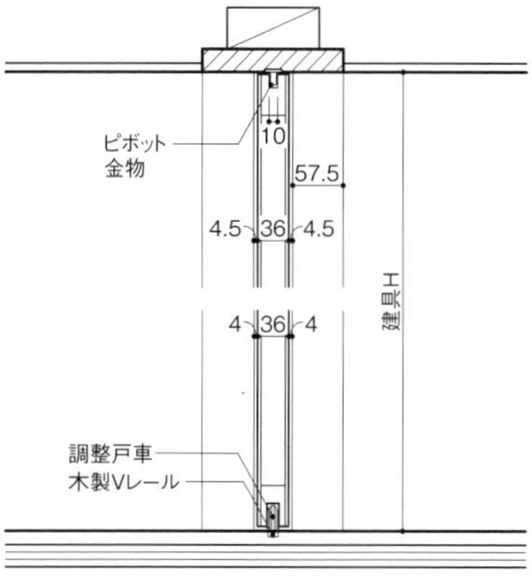

ピボット金物
10
57.5
4.5
36
4.5
4
36
4
建具H
調整戸車
木製Vレール

上部断面図[S=1:12]

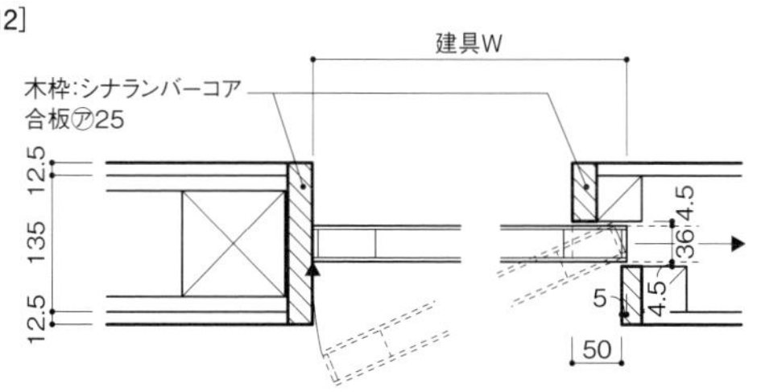

建具を吊る際、回転させながら滑り込ませる。建具幅はW+5㎜でも吊り込み可能。ただし、建具が入る枠幅は見込み+6㎜以上は取っておく

解説:中村高淑／中村高淑建築設計事務所

丁番

柱105□

枠材：シナランバー
⑦25（一部欠込み）

胴縁⑦15
石膏ボード⑦12.5
塗装またはクロス張り

丁番

丁番

建具側面詳細図[S＝1:12]

まぐさ

ドア
ストッパー
3

ドアストッパー

25

額縁

建具H

36

シナベニア
水性CL仕上げ

フローリング張り
構造用合板

アンダーカット
20

扉厚は一般的に金物の対応厚などから33mm以上にする

扉は床上20mmをアンダーカットして通気をよくし、床にすれないようにする

同面隠し幅木：シナランバーコア合板⑦12

建具上部断面図[S＝1:12]

塗装
またはクロス張り 13

13

丁番

石膏ボード
胴縁

36

柱105□

木枠の手前でクロスは止め、木枠は塗装仕上げとする

枠材の幅が欠き込まれて小さくなるので、ぶつかっても破損しにくい硬めの材種を選ぶ

寒冷紗の上、
パテ処理塗装仕上げ

25

建具W

25

枠材：シナランバー⑦25
（一部欠き込み）

隠し丁番

柱105□

枠材：シナランバー
⑦25（一部欠込み）

胴縁⑦15
石膏ボード⑦12.5
塗装
またはクロス張り

丁番

丁番

枠を見せたくないときは壁と同じ色で塗装仕上げとする

床上
アンダーカット20mm

同面隠し幅木：
シナランバーコア合板⑦12

建具側面詳細図[S＝1:12]

40 120

まぐさ

木枠

16

建具H

29

36

アンダーカット
20

建具上部断面図[S＝1:12]

丁番の彫り込み深さに注意する

枠材：シナランバー⑦25
（一部欠き込み）寒冷紗の上パテ
処理、仕上げ

12 13 105

隠し丁番

36

12

12

木枠の手前でクロスは止め、木枠は塗装仕上げとする

92

建具W

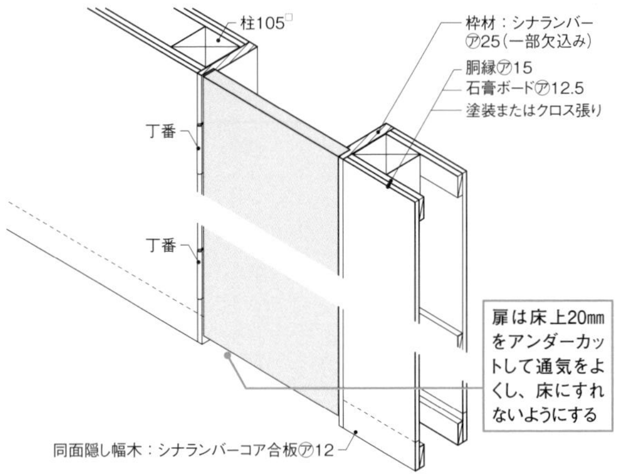

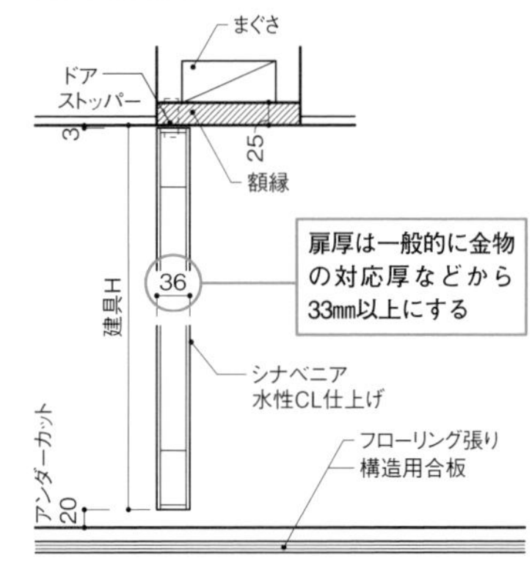

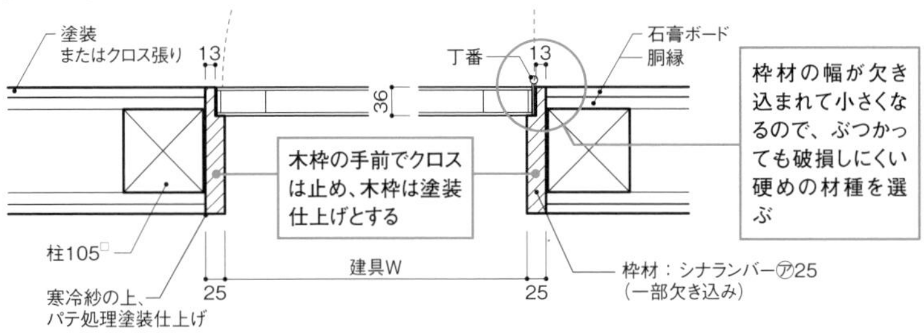

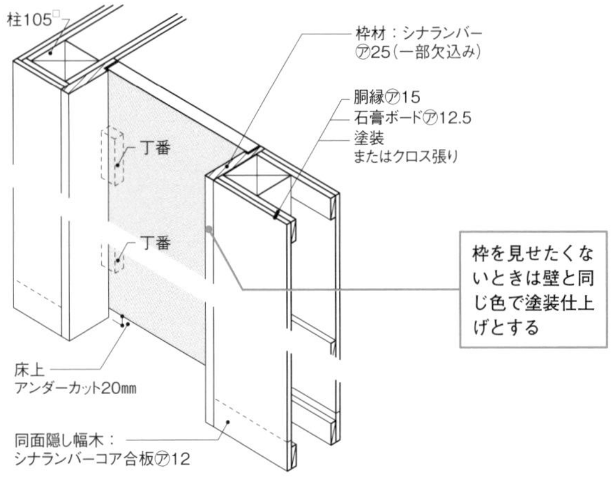

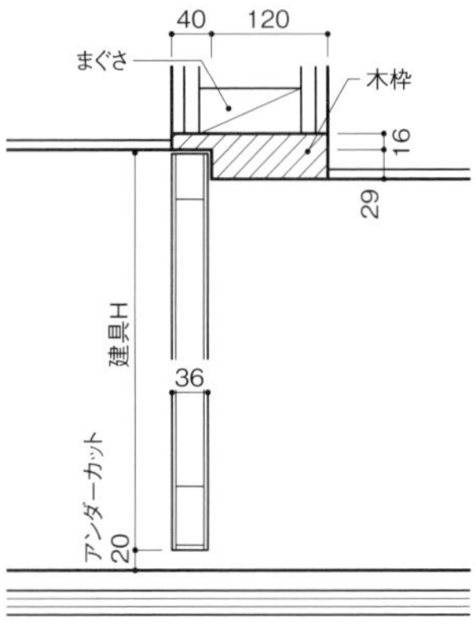

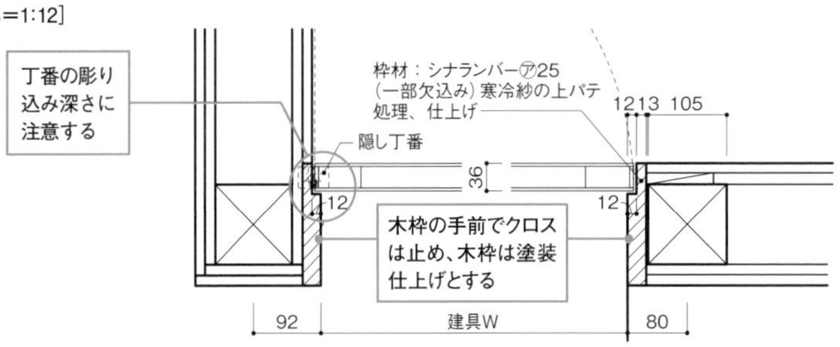

1 アウトセット+下レールなし

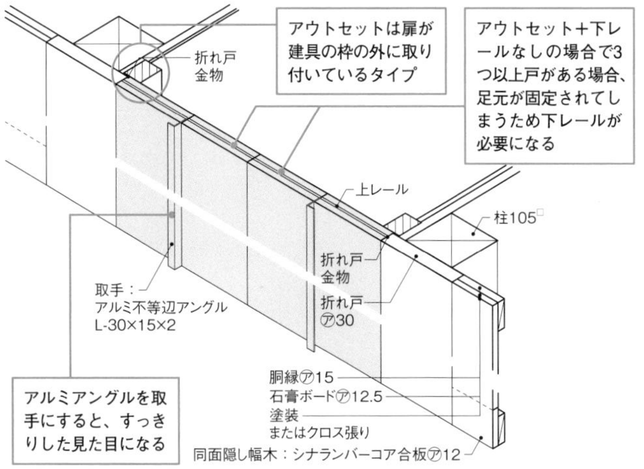
アウトセットは扉が建具の枠の外に取り付いているタイプ
アウトセット+下レールなしの場合で3つ以上戸がある場合、足元が固定されてしまうため下レールが必要になる
折れ戸金物
上レール
柱105□
折れ戸金物
折れ戸㋐30
取手：アルミ不等辺アングル L-30×15×2
アルミアングルを取手にすると、すっきりした見た目になる
胴縁㋐15
石膏ボード㋐12.5
塗装 またはクロス張り
同面隠し幅木：シナランバーコア合板㋐12

建具側面詳細図[S=1:12]

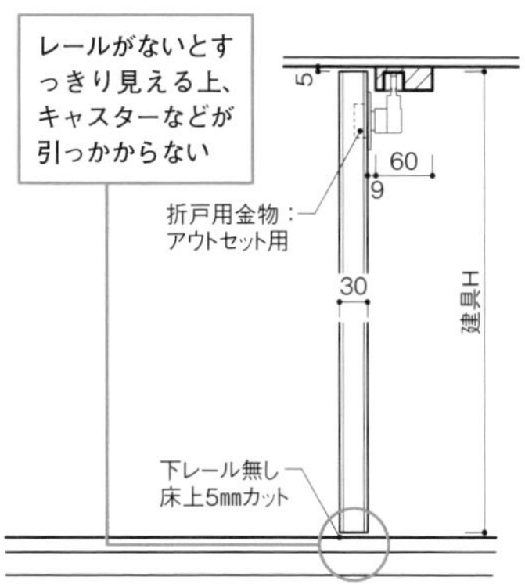
レールがないとすっきり見える上、キャスターなどが引っかからない
5
60
9
折戸用金物：アウトセット用
30
建具H
下レール無し 床上5mmカット

建具上部断面図[S=1:12]

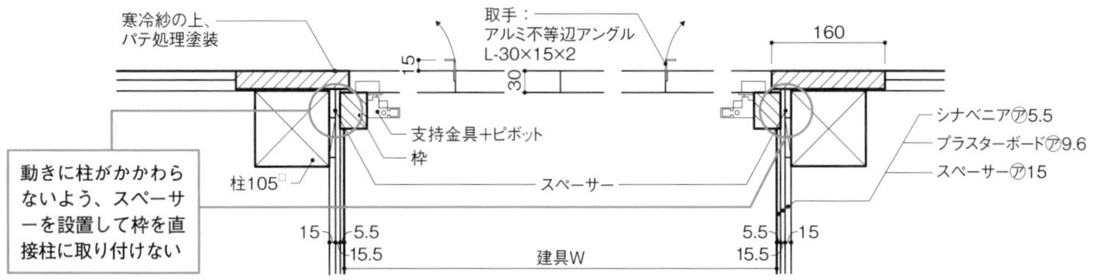
寒冷紗の上、パテ処理塗装
取手：アルミ不等辺アングル L-30×15×2
15
30
160
支持金具+ピボット
枠
柱105□
動きに柱がかかわらないよう、スペーサーを設置して枠を直接柱に取り付けない
スペーサー
シナベニア㋐5.5
プラスターボード㋐9.6
スペーサー㋐15
15
5.5
15.5
建具W
5.5
15
15.5

2 インセット+下レールあり

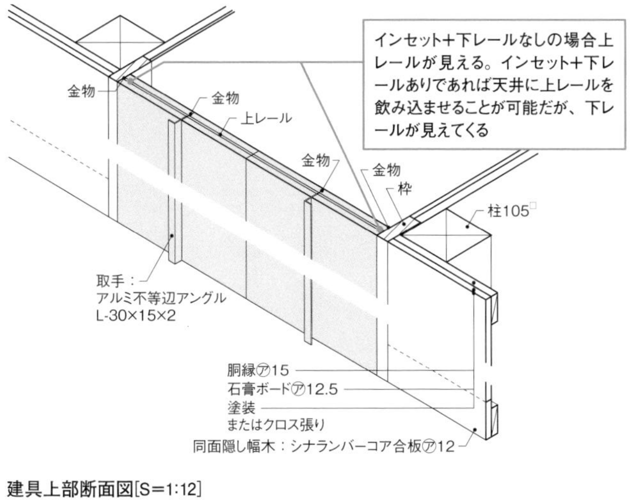
インセット+下レールなしの場合上レールが見える。インセット+下レールありであれば天井に上レールを飲み込ませることが可能だが、下レールが見えてくる
金物
金物
上レール
金物
金物
枠
柱105□
取手：アルミ不等辺アングル L-30×15×2
胴縁㋐15
石膏ボード㋐12.5
塗装 またはクロス張り
同面隠し幅木：シナランバーコア合板㋐12

建具側面詳細図[S=1:12]

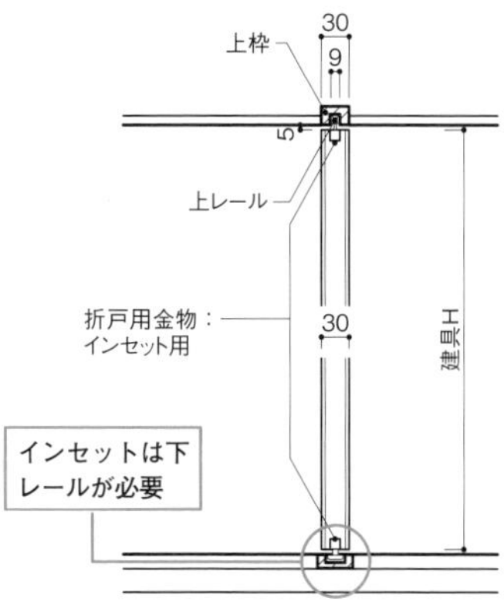
30
上枠
9
5
上レール
折戸用金物：インセット用
30
建具H
インセットは下レールが必要

建具上部断面図[S=1:12]

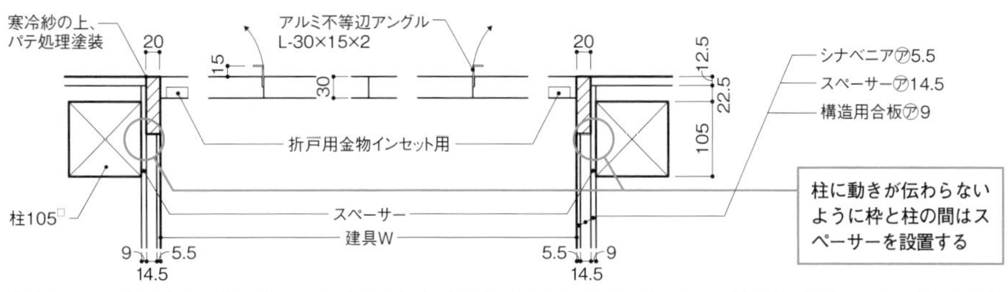
寒冷紗の上、パテ処理塗装
20
アルミ不等辺アングル L-30×15×2
15
30
20
12.5
22.5
105
シナベニア㋐5.5
スペーサー㋐14.5
構造用合板㋐9
折戸用金物インセット用
柱105□
スペーサー
建具W
柱に動きが伝わらないように枠と柱の間はスペーサーを設置する
9
5.5
14.5
5.5
9
14.5

解説：中村高淑／中村高淑建築設計事務所

まるわかり！階段ができるまで

4

一般的な階段の施工手順を紹介しておく。各種の納まりを理解するうえでもきちんと押さえておきたい

STEP 1 構造体を組み上げる

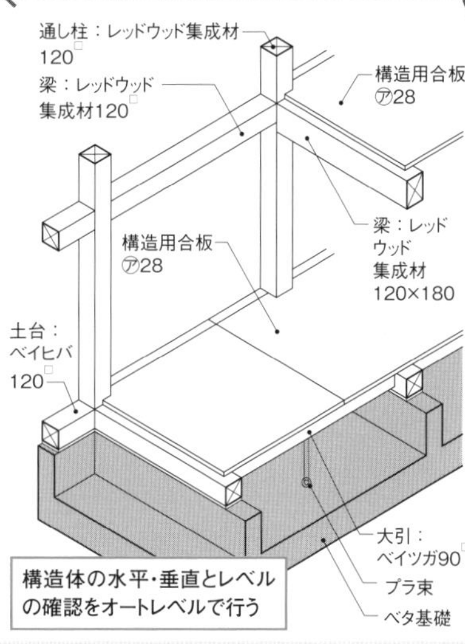
通し柱：レッドウッド集成材120□
梁：レッドウッド集成材120□
構造用合板㋐28
梁：レッドウッド集成材120×180
構造用合板㋐28
土台：ベイヒバ120□
大引：ベイツガ90□
プラ束
ベタ基礎

構造体の水平・垂直とレベルの確認をオートレベルで行う

STEP 2 間柱を立てる

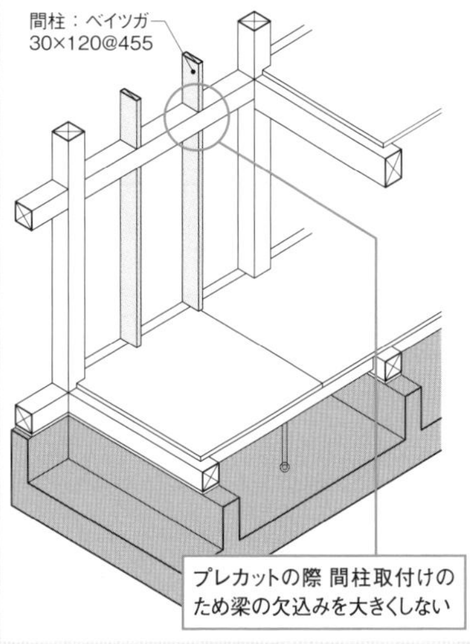
間柱：ベイツガ30×120@455

プレカットの際 間柱取付けのため梁の欠込みを大きくしない

STEP 3 段板支持材を取り付ける

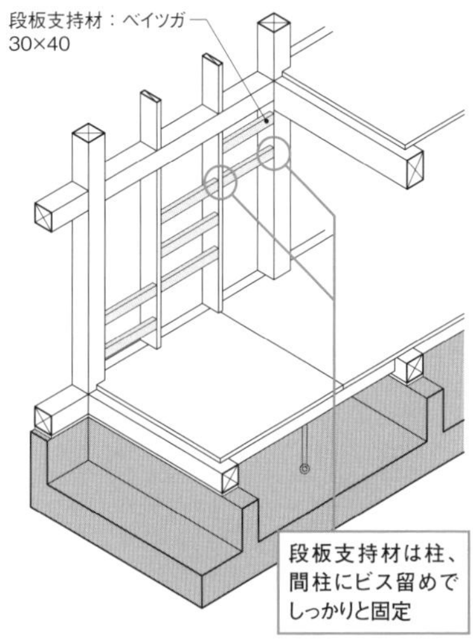
段板支持材：ベイツガ30×40

段板支持材は柱、間柱にビス留めでしっかりと固定

STEP 4 段板を取り付ける

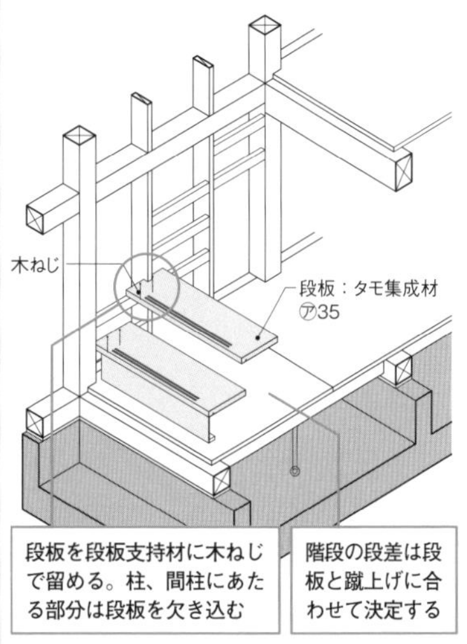
木ねじ
段板：タモ集成材㋐35

段板を段板支持材に木ねじで留める。柱、間柱にあたる部分は段板を欠き込む

階段の段差は段板と蹴上げに合わせて決定する

STEP 5 蹴込み板を取り付ける

蹴込み板は下段の段板小口に接着剤と釘で留める

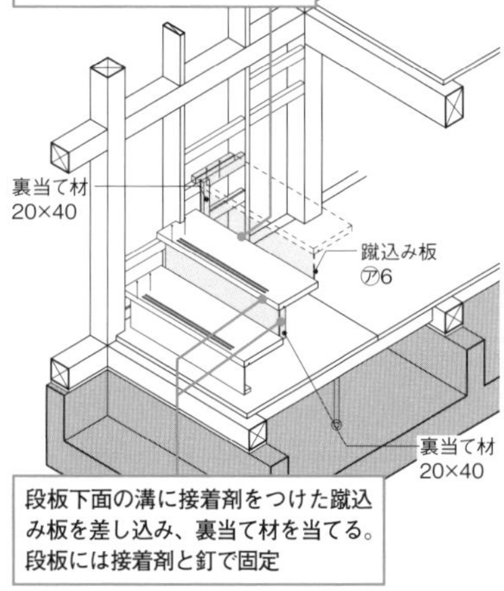
裏当て材20×40
蹴込み板㋐6
裏当て材20×40

段板下面の溝に接着剤をつけた蹴込み板を差し込み、裏当て材を当てる。段板には接着剤と釘で固定

STEP 6 段板・蹴込み板を最上段まで取り付ける

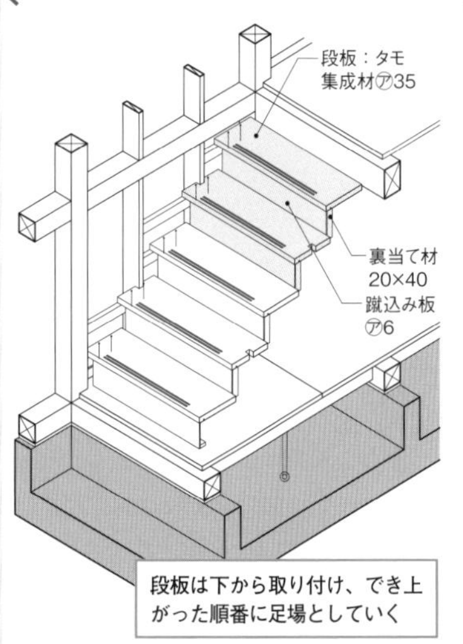

段板は下から取り付け、でき上がった順番に足場としていく

完成例1

右の手順を踏んで上の写真のような階段が完成する。写真は透かし階段のため蹴込み板は取り付けていない（写真：平井広行）

STEP 7

手摺用下地を取り付ける

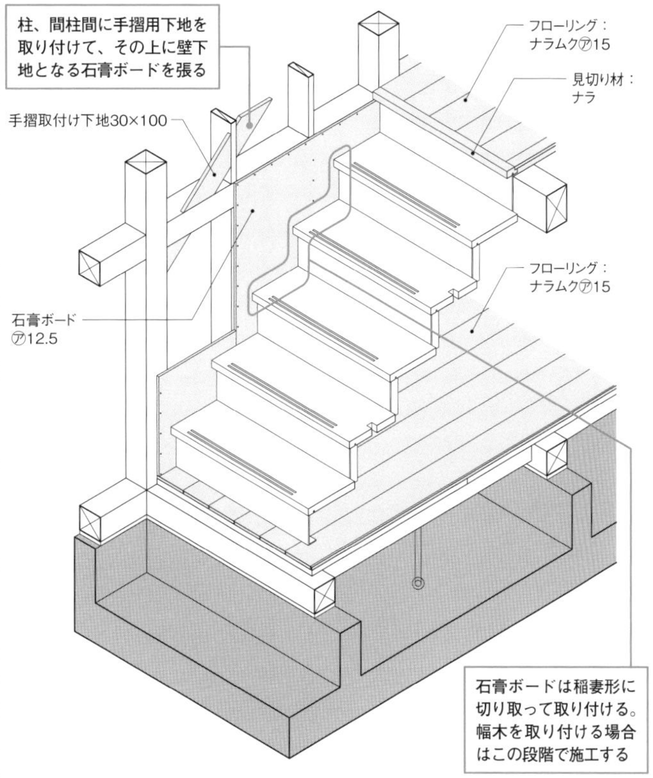

柱、間柱間に手摺用下地を取り付けて、その上に壁下地となる石膏ボードを張る
手摺取付け下地30×100
フローリング：ナラムク㋐15
見切り材：ナラ
フローリング：ナラムク㋐15
石膏ボード㋐12.5
石膏ボードは稲妻形に切り取って取り付ける。幅木を取り付ける場合はこの段階で施工する

完成例2

ガラス窓の前を横切る側桁階段の軽快さを強調するため、箱型の階段と組み合わせた例　（写真：平井広行）

STEP 8

手摺を取り付ける

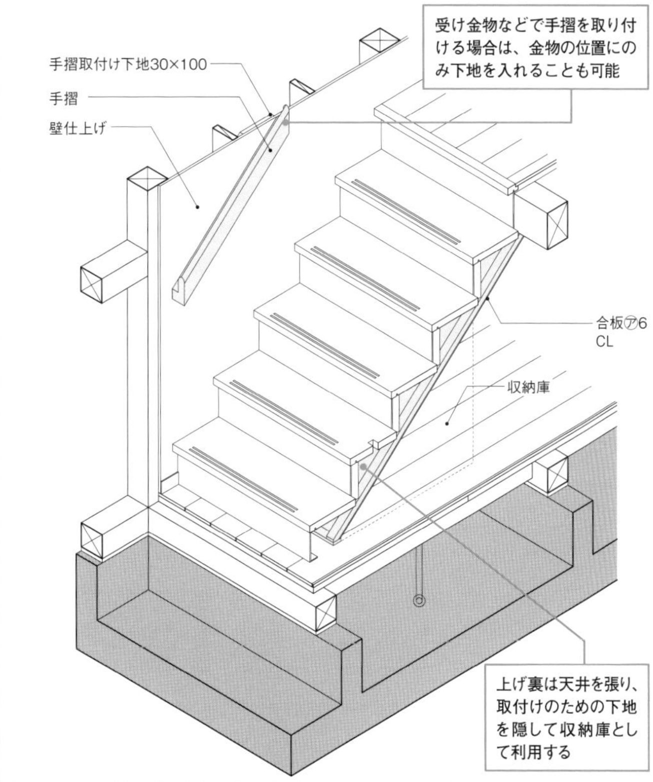

受け金物などで手摺を取り付ける場合は、金物の位置にのみ下地を入れることも可能
手摺取付け下地30×100
手摺
壁仕上げ
合板㋐6
CL
収納庫
上げ裏は天井を張り、取付けのための下地を隠して収納庫として利用する

解説：北川裕記／北川裕記建築設計

「ささら桁階段」の基本構成と納まり

ささら桁階段、力桁階段といった一般的な形式に加え、空間のアクセントとなる鉄骨階段や片持ち階段などの納まりを取り上げる。特に手摺や段板と壁の取合いなど、納まりが複雑な個所は拡大して紹介する

1 ささら桁と段板をすっきり納める

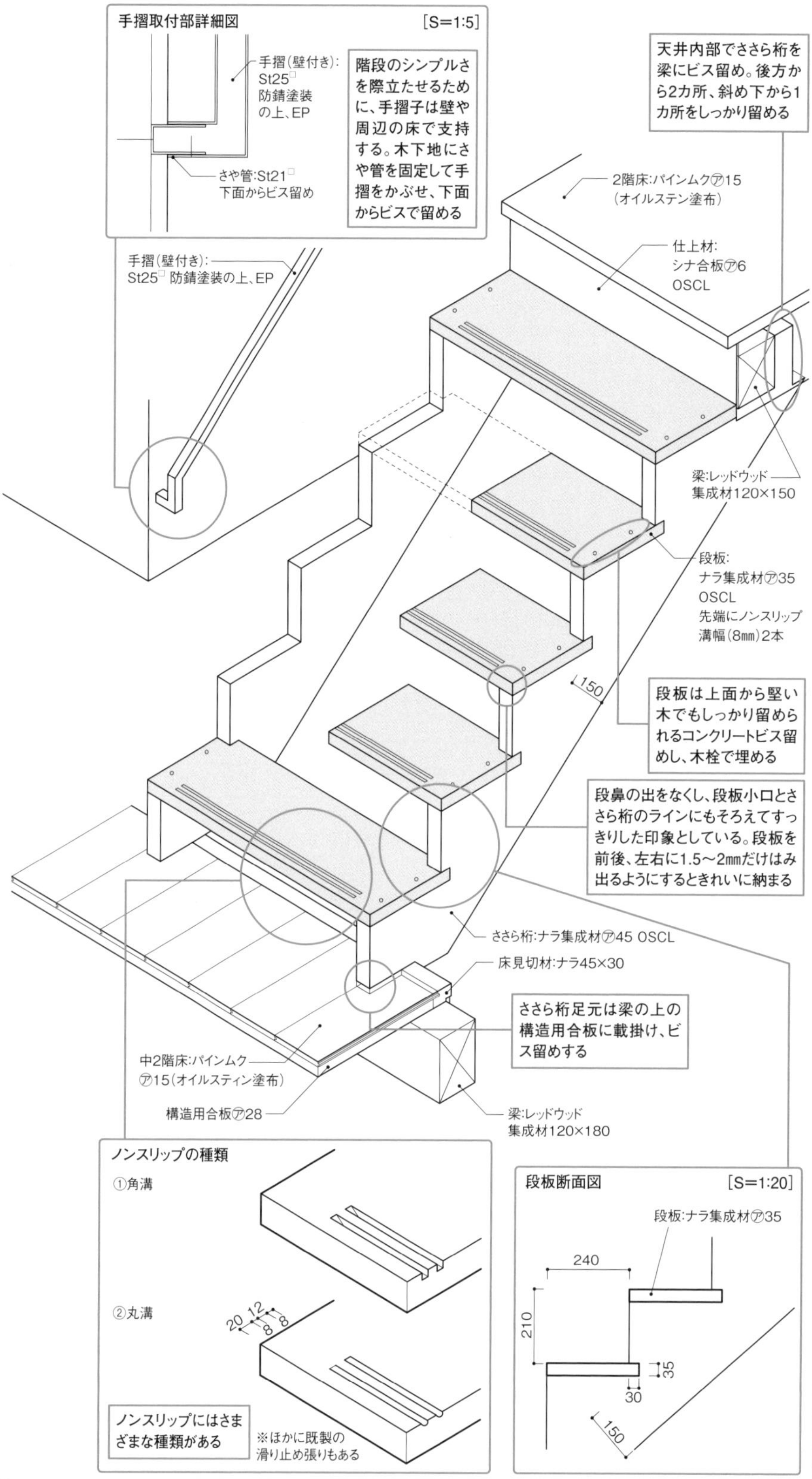
手摺取付部詳細図
[S=1:5]
手摺(壁付き):St25□ 防錆塗装の上、EP
さや管:St21□ 下面からビス留め
階段のシンプルさを際立たせるために、手摺子は壁や周辺の床で支持する。木下地にさや管を固定して手摺をかぶせ、下面からビスで留める
手摺(壁付き):St25□ 防錆塗装の上、EP
天井内部でささら桁を梁にビス留め。後方から2カ所、斜め下から1カ所をしっかり留める
2階床:パインムク㋐15 (オイルステン塗布)
仕上材:シナ合板㋐6 OSCL
梁:レッドウッド 集成材120×150
段板:ナラ集成材㋐35 OSCL 先端にノンスリップ 溝幅(8mm)2本
150
段板は上面から堅い木でもしっかり留められるコンクリートビス留めし、木栓で埋める
段鼻の出をなくし、段板小口とささら桁のラインにもそろえてすっきりした印象としている。段板を前後、左右に1.5～2mmだけはみ出るようにするときれいに納まる
ささら桁:ナラ集成材㋐45 OSCL
床見切材:ナラ45×30
ささら桁足元は梁の上の構造用合板に載掛け、ビス留めする
中2階床:パインムク㋐15(オイルスティン塗布)
構造用合板㋐28
梁:レッドウッド 集成材120×180
ノンスリップの種類
①角溝
②丸溝
20 12 8 8
ノンスリップにはさまざまな種類がある
※ほかに既製の滑り止め張りもある
段板断面図
[S=1:20]
段板:ナラ集成材㋐35
240
210
35
30
150

2 力桁を用いてシンプルで印象的な階段をつくる

CHECK
通常の力桁階段は一本の太い角材を斜め掛けにして段板を支える構成だが、力桁を複数にすることもある

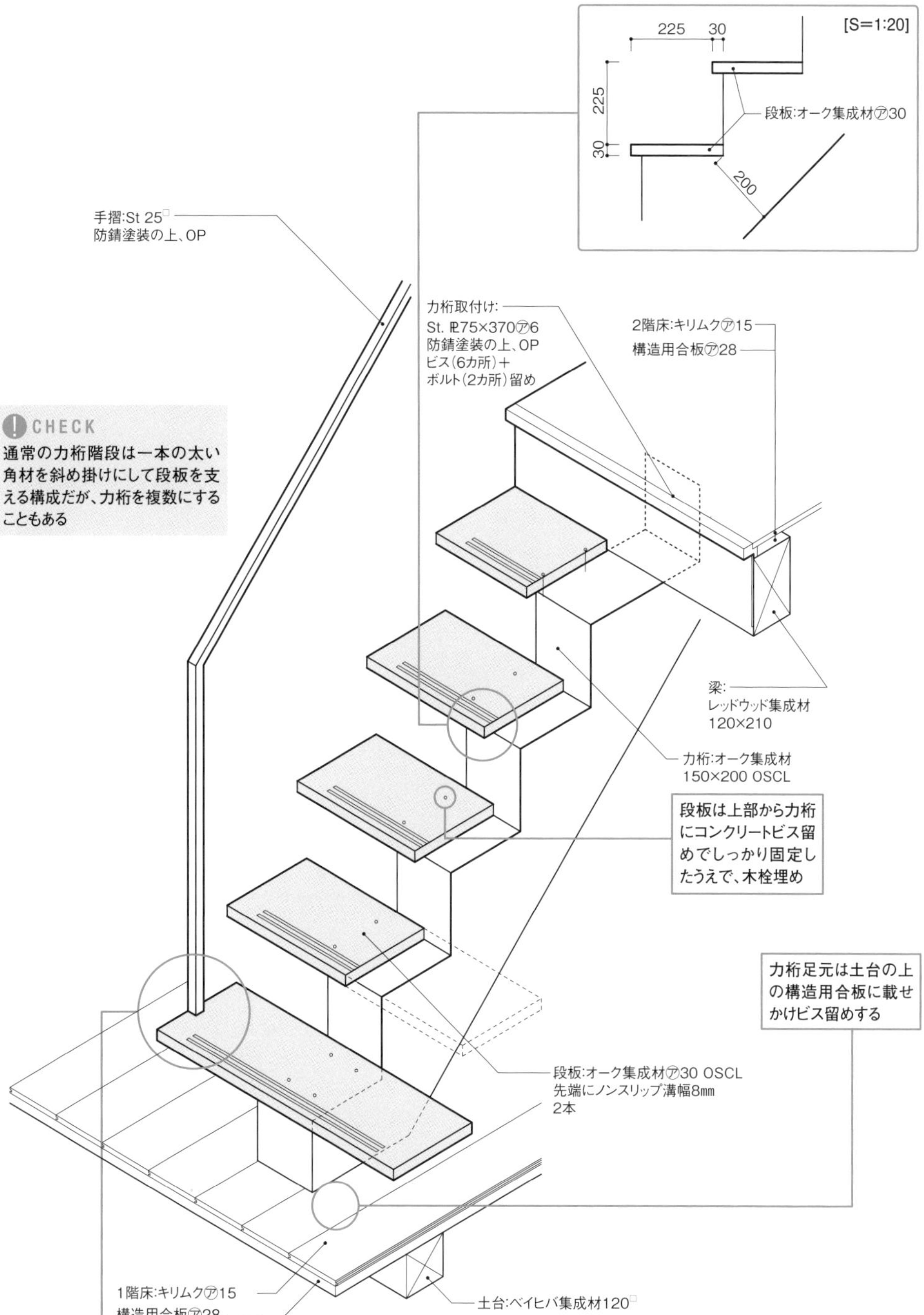
[S=1:20]
225
30
225
30
200
段板:オーク集成材⑦30
手摺:St 25□
防錆塗装の上、OP
力桁取付け:
St. PL75×370⑦6
防錆塗装の上、OP
ビス(6カ所)+
ボルト(2カ所)留め
2階床:キリムク⑦15
構造用合板⑦28
梁:
レッドウッド集成材
120×210
力桁:オーク集成材
150×200 OSCL
段板は上部から力桁にコンクリートビス留めでしっかり固定したうえで、木栓埋め
力桁足元は土台の上の構造用合板に載せかけビス留めする
段板:オーク集成材⑦30 OSCL
先端にノンスリップ溝幅8mm
2本
1階床:キリムク⑦15
構造用合板⑦28
土台:ベイヒバ集成材120□

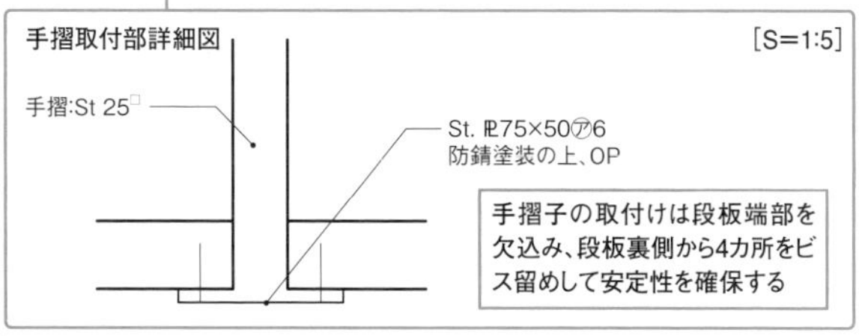
手摺取付部詳細図
[S=1:5]
手摺:St 25□
St. PL75×50⑦6
防錆塗装の上、OP
手摺子の取付けは段板端部を欠込み、段板裏側から4カ所をビス留めして安定性を確保する

解説:北川裕記/北川裕記建築設計

「化粧方立階段」の基本構成と納まり

3 段板を支える化粧方立の納まりを押さえる

方位と段板の断面詳細図 [S=1:20]

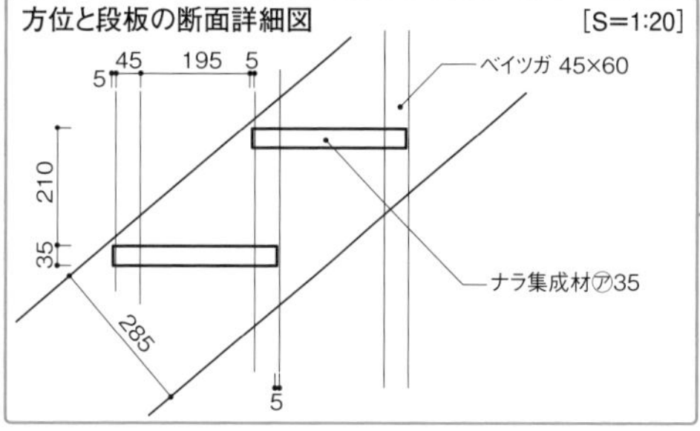

CHECK

垂直の方立と水平の段板のみからなるシンプルなデザイン。斜めの要素である手摺を奥の壁面に設置すれば、デザインに与える影響は小さい

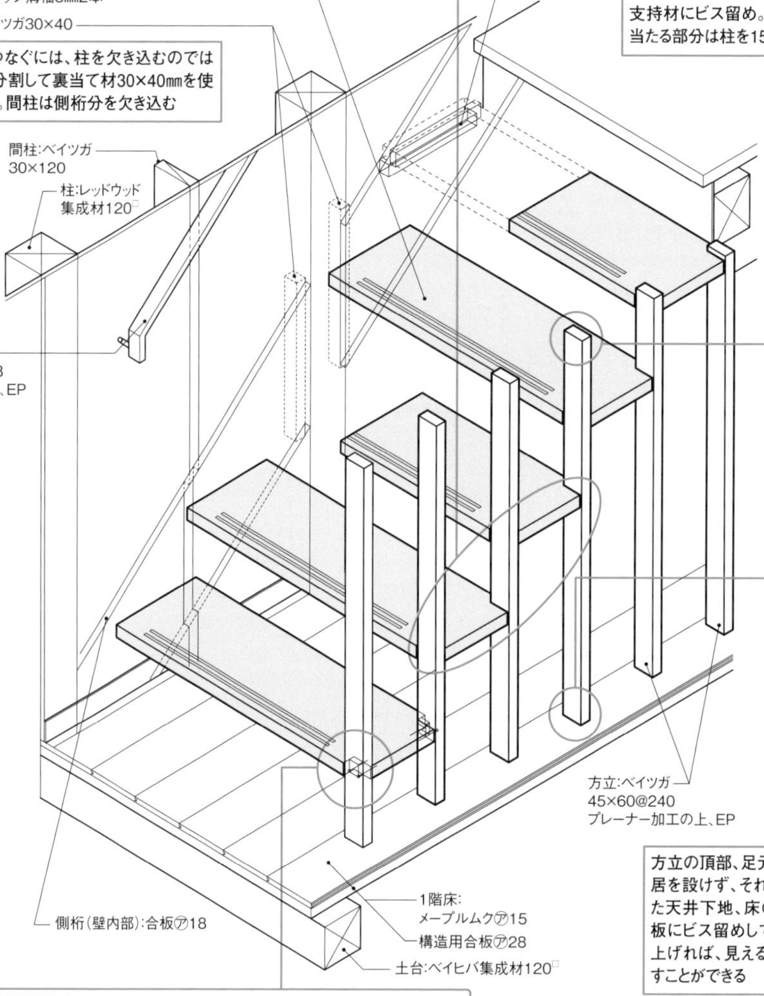
段板支持材:ベイツガ30×40
ビス留め
段板:ナラ集成材㋐35 OSCL
先端にノンスリップ溝幅8㎜2本
裏当て材:ベイツガ30×40
間柱:ベイツガ
30×120
柱:レッドウッド
集成材120□
手摺:
St FB 19×38
防錆塗装の上、EP
方立:ベイツガ
45×60@240
プレーナー加工の上、EP
1階床:
メープルムク㋐15
構造用合板㋐28
土台:ベイヒバ集成材120□
側桁(壁内部):合板㋐18

側桁に段板断面寸法よりひと回り大きい穴を開け、段板を差し入れて、側桁外側下部に固定した支持材にビス留め。段板が柱に当たる部分は柱を15㎜欠き込む

側桁と柱をつなぐには、柱を欠き込むのではなく、側桁を分割して裏当て材30×40㎜を使い取り付ける。間柱は側桁分を欠き込む

方立の頂部、足元は敷居、鴨居を設けず、それぞれ補強した天井下地、床の構造用合板にビス留めして、上から仕上げれば、見える要素を減らすことができる

方立欠込み部詳細図 [S=1:5]

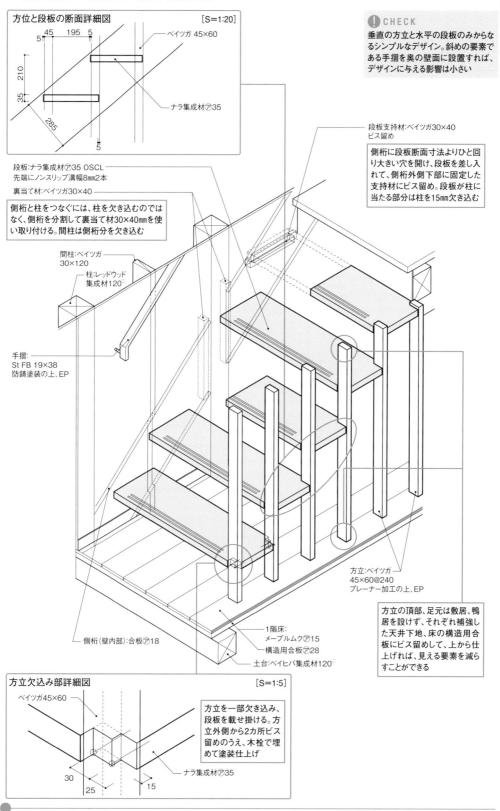

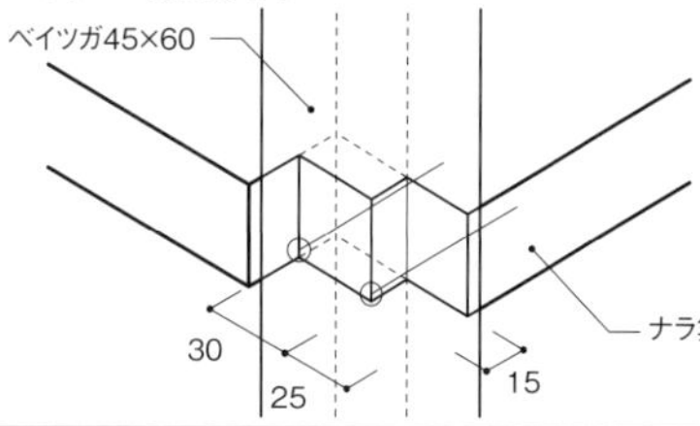
ベイツガ45×60
ナラ集成材㋐35
30
25
15

方立を一部欠き込み、段板を載せ掛ける。方立外側から2カ所ビス留めのうえ、木栓で埋めて塗装仕上げ

4

35㎜厚の支持材を軸にして5段の回り段を納める

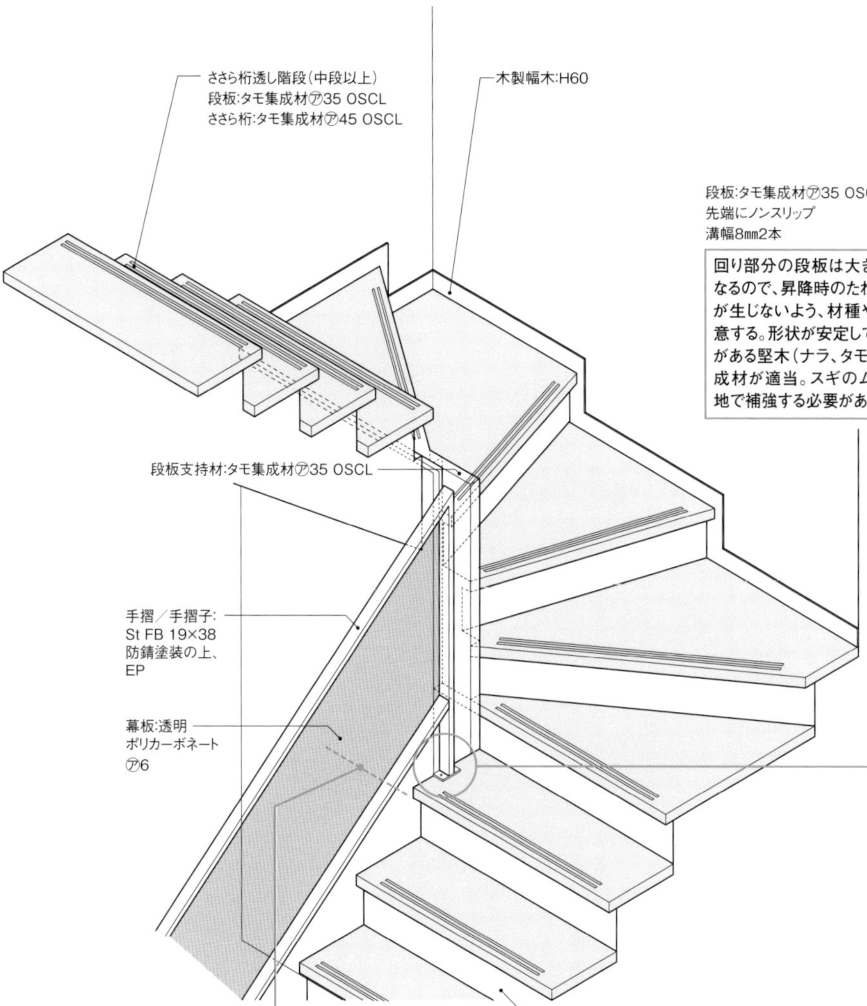
ささら桁透し階段（中段以上）
段板:タモ集成材㋐35 OSCL
ささら桁:タモ集成材㋐45 OSCL
木製幅木:H60
段板:タモ集成材㋐35 OSCL
先端にノンスリップ
溝幅8㎜2本
段板支持材:タモ集成材㋐35 OSCL
手摺／手摺子:
St FB 19×38
防錆塗装の上、
EP
幕板:透明
ポリカーボネート
㋐6
蹴込み板:
タモ合板㋐6 OSCL

回り部分の段板は大きな寸法になるので、昇降時のたわみ、きしみが生じないよう、材種や厚さに注意する。形状が安定していて強度がある堅木（ナラ、タモなど）の集成材が適当。スギのムク材は下地で補強する必要がある

下段、中段以上の2方向の手摺は、それぞれ手摺子足元のベースプレートを段板にビス留めする。手摺同士をつないで1本にすればさらに安定する

手摺幕板取付け詳細 [S=1:5]

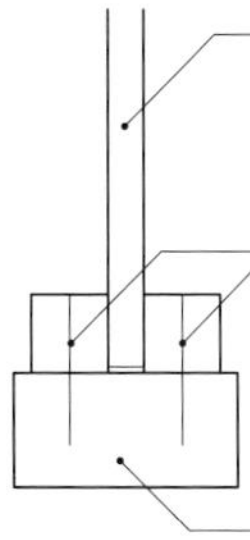
幕板:ポリカーボネート㋐6
押縁:St13□ 防錆塗装の上、EP
手摺下桟:St FB 19×38 防錆塗装の上、EP

回り階段の完成例

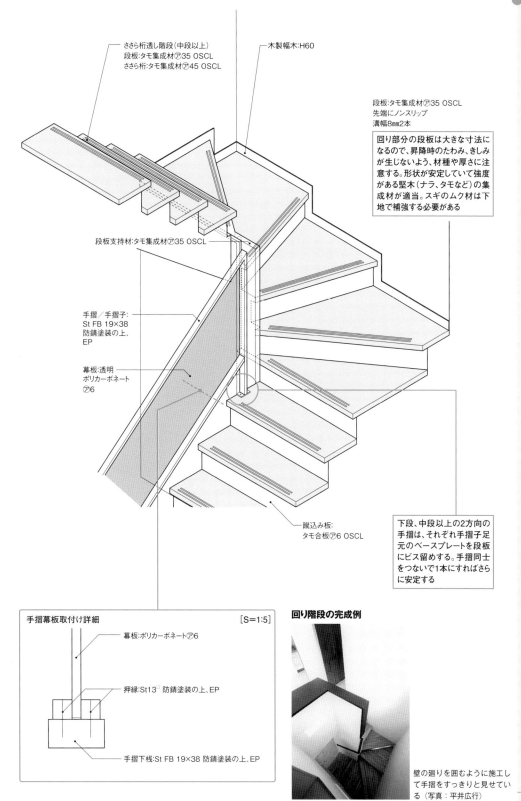

壁の廻りを囲むように施工して手摺をすっきりと見せている（写真：平井広行）

「回り階段」の基本構成と納まり

解説:北川裕記／北川裕記建築設計

5 階段を天井から吊り下げて支持するための構成

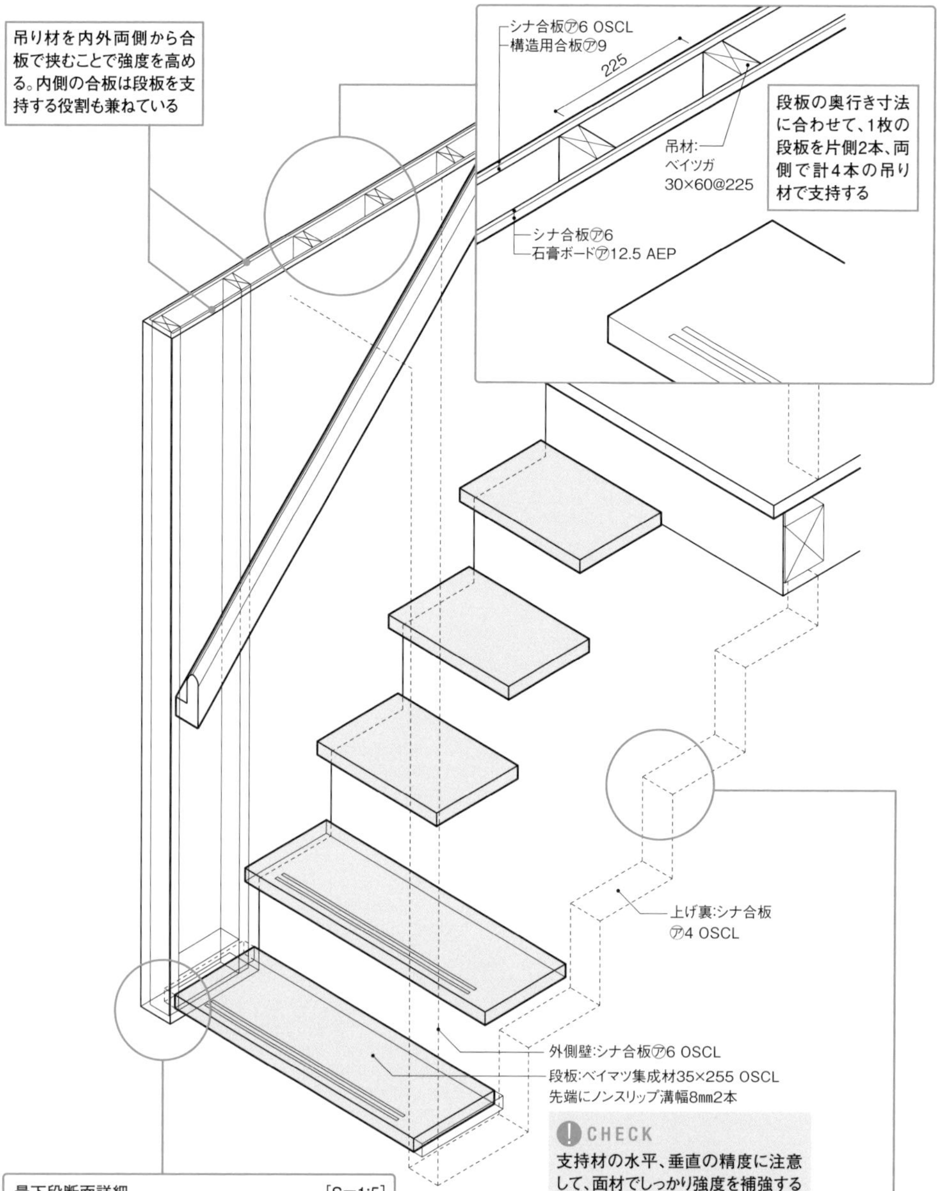

CHECK
支持材の水平、垂直の精度に注意して、面材でしっかり強度を補強する

最下段断面詳細 [S=1:5]

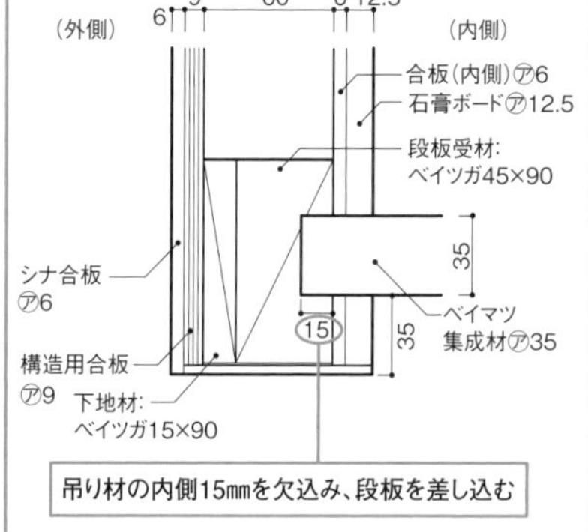

段板断面詳細 [S=1:20]

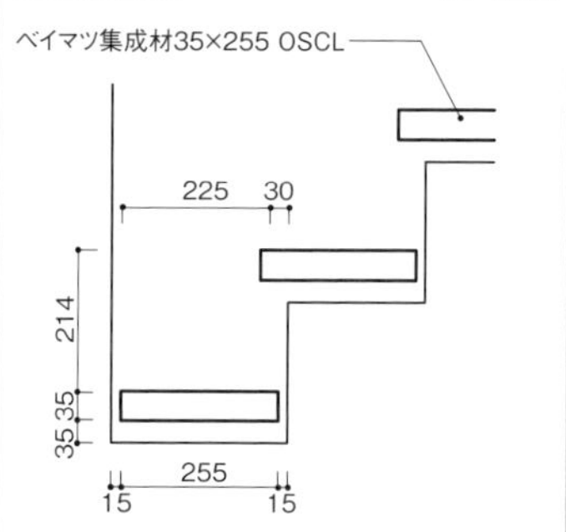

6

段板を片持ちで支持するための部材構成

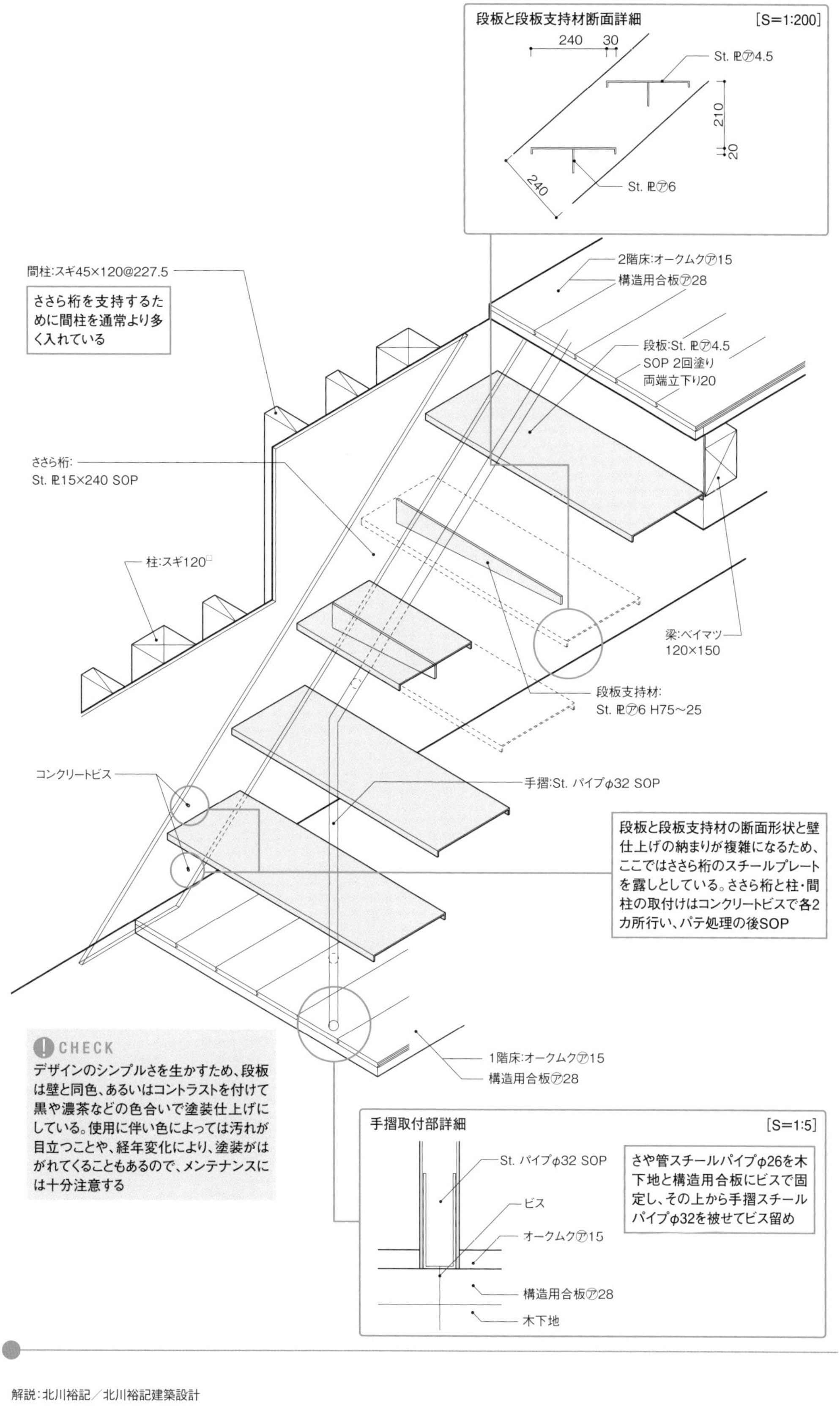
段板と段板支持材断面詳細
[S=1:200]
240
30
St. PL㋐4.5
210
20
240
St. PL㋐6
2階床:オークムク㋐15
構造用合板㋐28
間柱:スギ45×120@227.5
ささら桁を支持するために間柱を通常より多く入れている
段板:St. PL㋐4.5
SOP 2回塗り
両端立下り20
ささら桁:
St. PL15×240 SOP
柱:スギ120□
梁:ベイマツ
120×150
段板支持材:
St. PL㋐6 H75〜25
コンクリートビス
手摺:St. パイプφ32 SOP
段板と段板支持材の断面形状と壁仕上げの納まりが複雑になるため、ここではささら桁のスチールプレートを露しとしている。ささら桁と柱・間柱の取付けはコンクリートビスで各2カ所行い、パテ処理の後SOP
1階床:オークムク㋐15
構造用合板㋐28
手摺取付部詳細
[S=1:5]
St. パイプφ32 SOP
ビス
オークムク㋐15
構造用合板㋐28
木下地
さや管スチールパイプφ26を木下地と構造用合板にビスで固定し、その上から手摺スチールパイプφ32を被せてビス留め

CHECK

デザインのシンプルさを生かすため、段板は壁と同色、あるいはコントラストを付けて黒や濃茶などの色合いで塗装仕上げにしている。使用に伴い色によっては汚れが目立つことや、経年変化により、塗装がはがれてくることもあるので、メンテナンスには十分注意する

解説:北川裕記／北川裕記建築設計

7 印象的な稲妻型のささら桁を生かす階段の取付け方

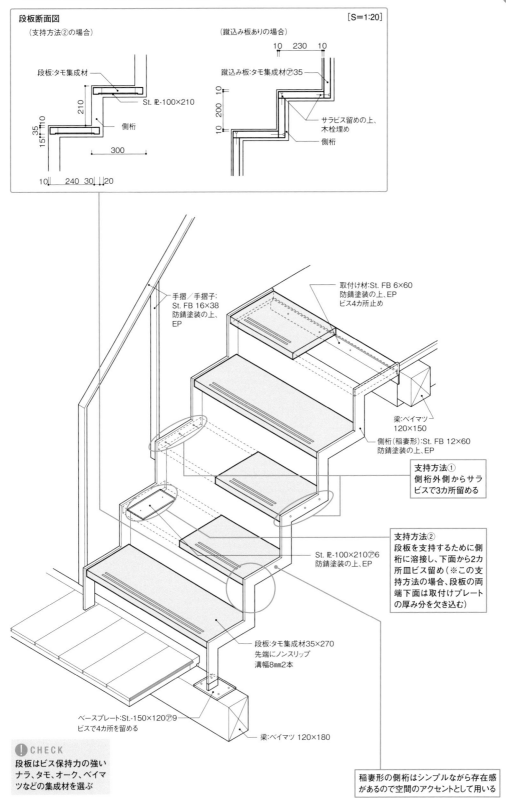

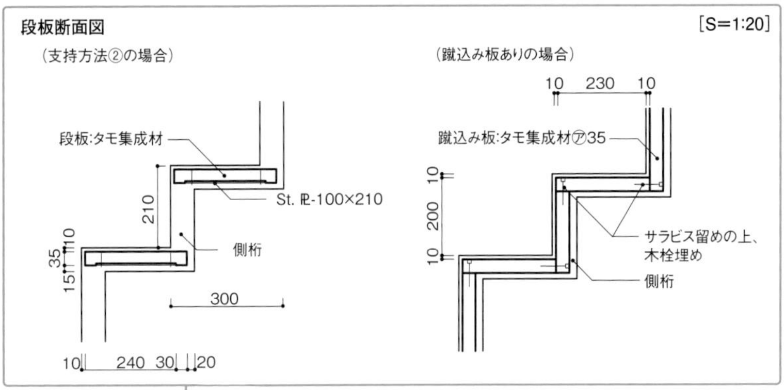

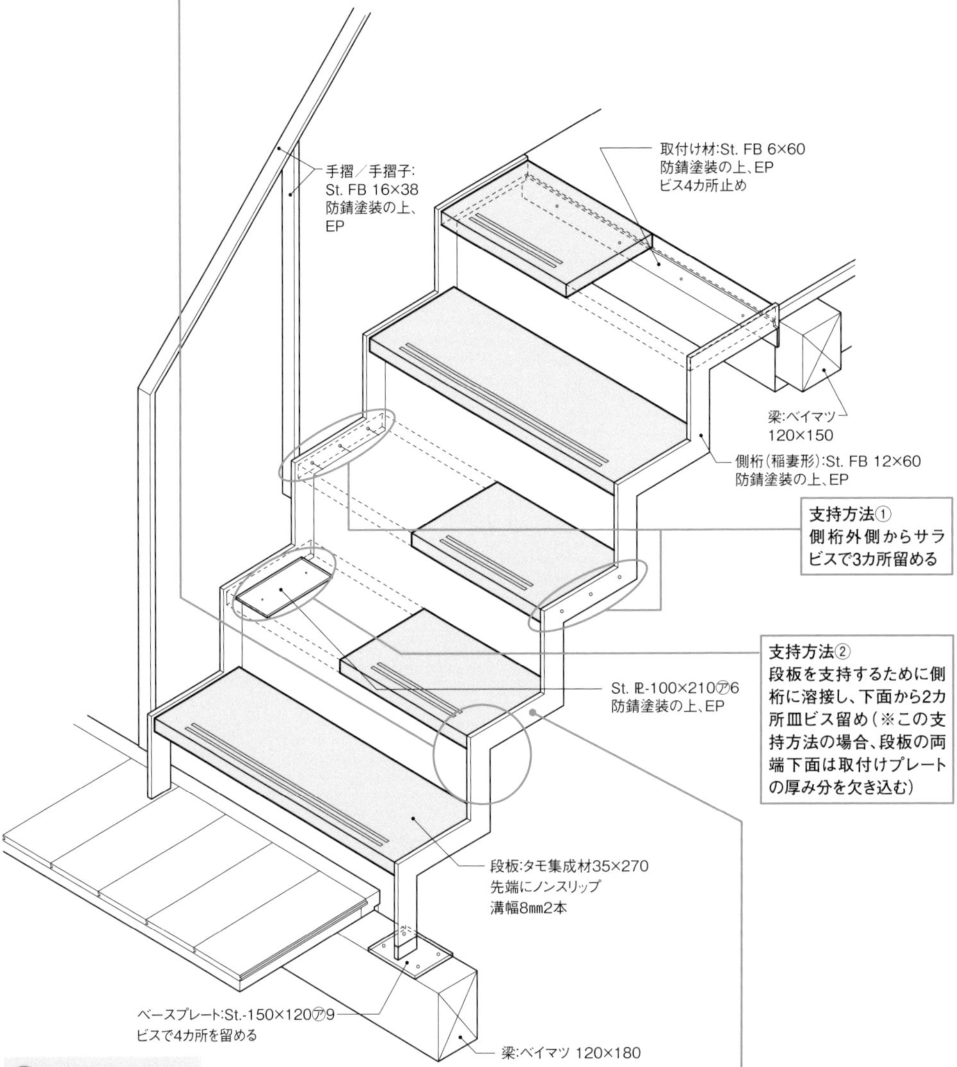
手摺/手摺子:
St. FB 16×38
防錆塗装の上、
EP
取付け材:St. FB 6×60
防錆塗装の上、EP
ビス4カ所止め
梁:ベイマツ
120×150
側桁(稲妻形):St. FB 12×60
防錆塗装の上、EP
支持方法①
側桁外側からサラビスで3カ所留める
支持方法②
段板を支持するために側桁に溶接し、下面から2カ所皿ビス留め(※この支持方法の場合、段板の両端下面は取付けプレートの厚み分を欠き込む)
St. PL-100×210㋐6
防錆塗装の上、EP
段板:タモ集成材35×270
先端にノンスリップ
溝幅8mm2本
ベースプレート:St.-150×120㋐9
ビスで4カ所を留める
梁:ベイマツ 120×180

CHECK

段板はビス保持力の強いナラ、タモ、オーク、ベイマツなどの集成材を選ぶ

稲妻形の側桁はシンプルながら存在感があるので空間のアクセントとして用いる

8 側桁を段板の裏でつないで部材の厚みを抑える

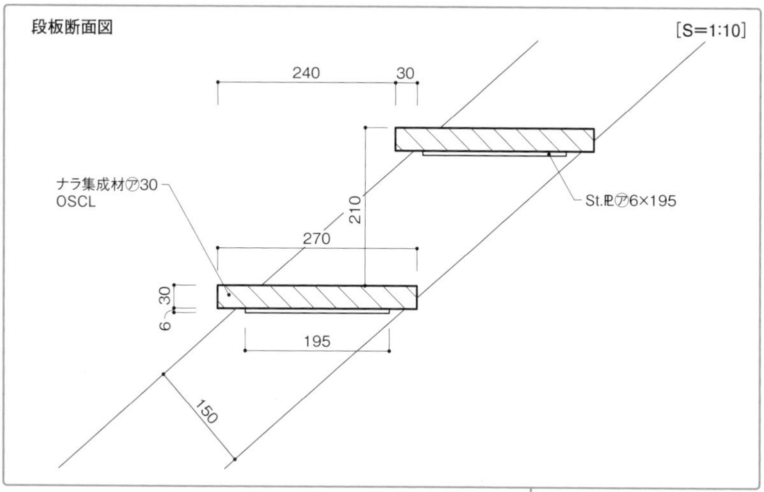

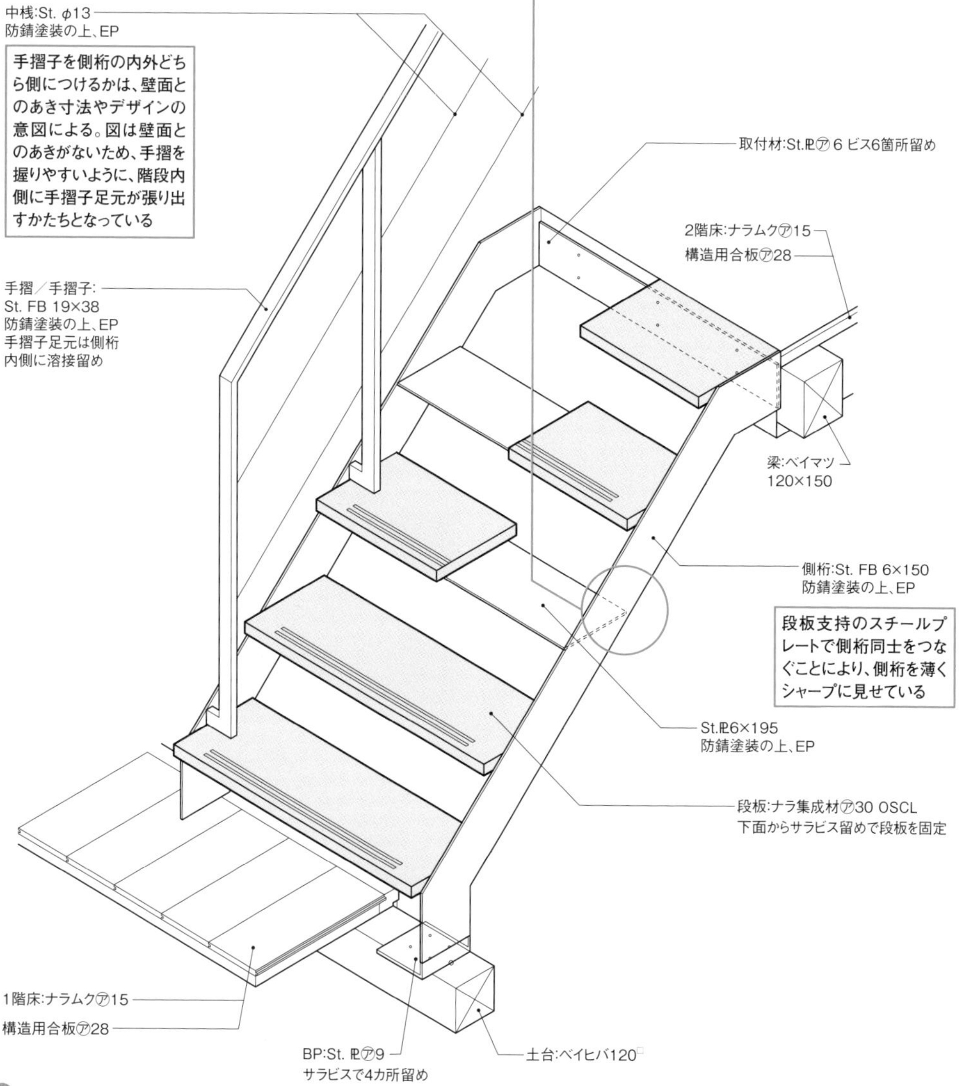

中桟:St. φ13
防錆塗装の上、EP
手摺子を側桁の内外どちら側につけるかは、壁面とのあき寸法やデザインの意図による。図は壁面とのあきがないため、手摺を握りやすいように、階段内側に手摺子足元が張り出すかたちとなっている
手摺/手摺子:
St. FB 19×38
防錆塗装の上、EP
手摺子足元は側桁内側に溶接留め
取付材:St.PL㋐6 ビス6箇所留め
2階床:ナラムク㋐15
構造用合板㋐28
梁:ベイマツ
120×150
側桁:St. FB 6×150
防錆塗装の上、EP
段板支持のスチールプレートで側桁同士をつなぐことにより、側桁を薄くシャープに見せている
St.PL6×195
防錆塗装の上、EP
段板:ナラ集成材㋐30 OSCL
下面からサラビス留めで段板を固定
1階床:ナラムク㋐15
構造用合板㋐28
BP:St. PL㋐9
サラビスで4カ所留め
土台:ベイヒバ120□

解説:北川裕記/北川裕記建築設計

立面図[S=1:60]

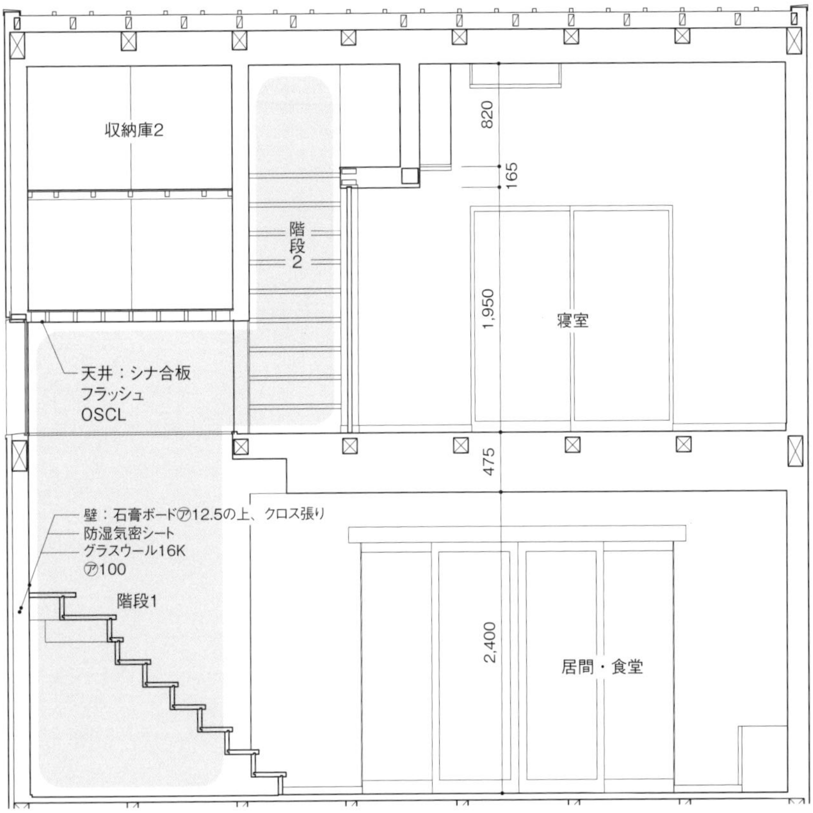
収納庫2
階段2
820
165
1,950
寝室
天井：シナ合板
フラッシュ
OSCL
475
壁：石膏ボード㋐12.5の上、クロス張り
防湿気密シート
グラスウール16K
㋐100
階段1
2,400
居間・食堂

> **CHECK**
> 1階にLDK、2階に個室という、住宅として一般的な構成のなかで、1階と2階にいかにつながりをもたせるかをテーマとした。そのために1階天井近くと2階床近くを「開ける」ことを考えた。1階土間と和室の欄間、2階収納庫下のガラス間仕切り、そしてロフトへの透かし階段などである。これらを通して視線や光が行き交い、気配が伝わることで、家全体に緩やかな一体感を生み出している

1階土間の欄間に空きを設け、上階からの光を取り込んでいる。上下間で気配が伝わる効果も生んでいる

2階平面図

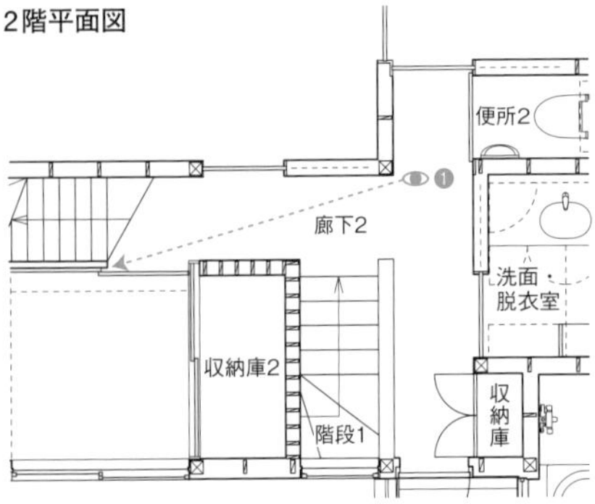
便所2
1
廊下2
洗面・脱衣室
収納庫2
収納庫
階段1

1階平面図

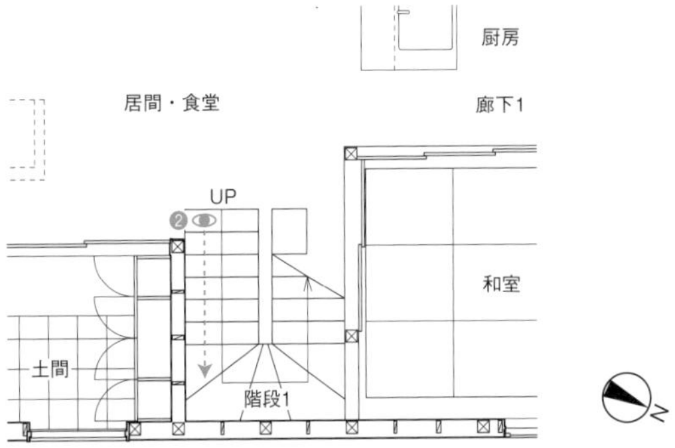
厨房
居間・食堂
廊下1
UP
2
和室
土間
階段1
N

階段室の廊下に面した部分には強化ガラス、ロフトへつながる階段の奥には透明ポリカーボネート板が張られ、暗く孤立しがちな階段室を開いた空間にしている

事例 視線が抜ける階段で空間に一体感をもたらす

2階へと続く階段にも明かり取りの窓が設置されている

2階階段断面図[S=1:50]

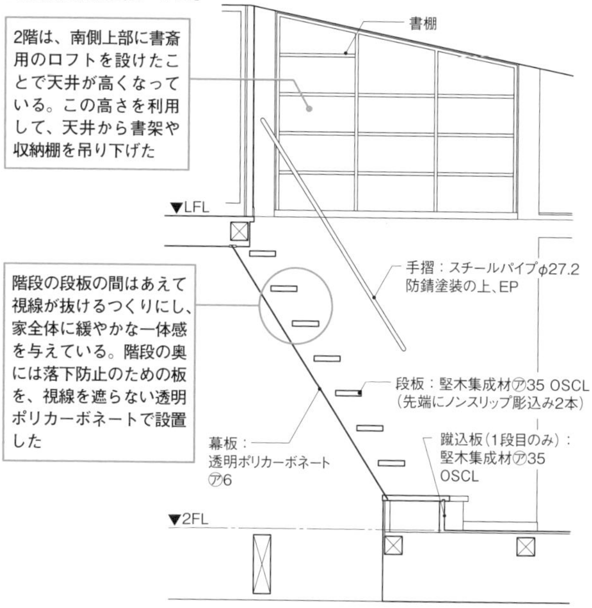
書棚
2階は、南側上部に書斎用のロフトを設けたことで天井が高くなっている。この高さを利用して、天井から書架や収納棚を吊り下げた
▼LFL
手摺：スチールパイプφ27.2
防錆塗装の上、EP
階段の段板の間はあえて視線が抜けるつくりにし、家全体に緩やかな一体感を与えている。階段の奥には落下防止のための板を、視線を遮らない透明ポリカーボネートで設置した
段板：堅木集成材㋐35 OSCL
（先端にノンスリップ彫込み2本）
幕板：
透明ポリカーボネート
㋐6
蹴込板（1段目のみ）：
堅木集成材㋐35
OSCL
▼2FL

2階階段平面図[S=1:50]

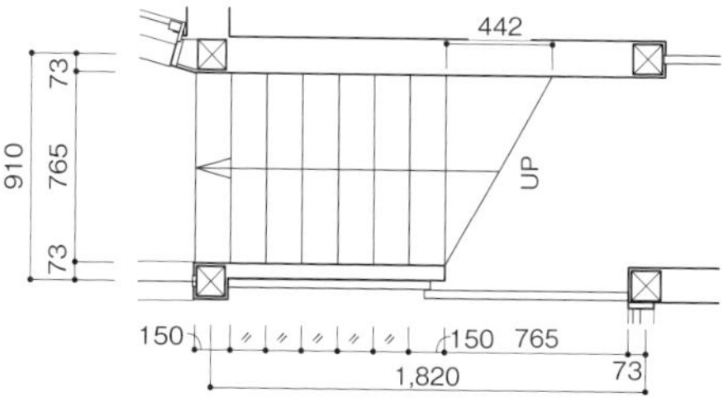

1階階段断面図[S=1:50]

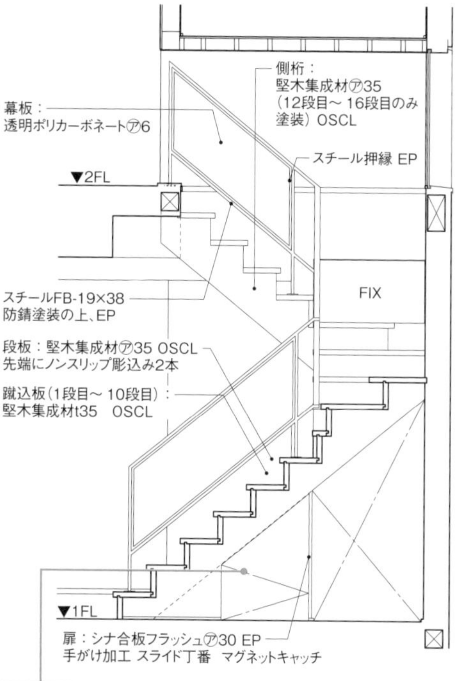
側桁：
堅木集成材㋐35
（12段目～16段目のみ
塗装）OSCL
幕板：
透明ポリカーボネート㋐6
スチール押縁 EP
▼2FL
FIX
スチールFB-19×38
防錆塗装の上、EP
段板：堅木集成材㋐35 OSCL
先端にノンスリップ彫込み2本
蹴込板（1段目～10段目）：
堅木集成材t35　OSCL
▼1FL
扉：シナ合板フラッシュ㋐30 EP
手がけ加工 スライド丁番 マグネットキャッチ

建築主の希望で、階段の蹴上寸法を小さくしている。そのため段数が多くなるが、限られた空間のなかに納めるため回り階段とした。中段より下を収納庫として利用している

1階階段平面図[S=1:50]

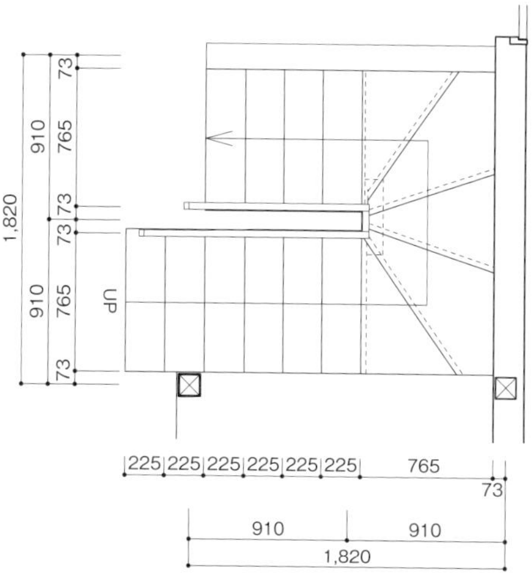

設計：北川裕記建築設計
写真：平井広行

まるわかり！玄関（上がり框）ができるまで 5

木造住宅に見られる一般的な上がり框の施工手順を例に解説する

STEP 1 基礎立上がりに気密パッキンを設置する

床下断熱（床下換気）の場合、外気に接する玄関部分の基礎立上り天端には気密パッキンを施工して、室内の気密性を確保する。基礎断熱の場合は、通気が取れる基礎パッキンを設置する

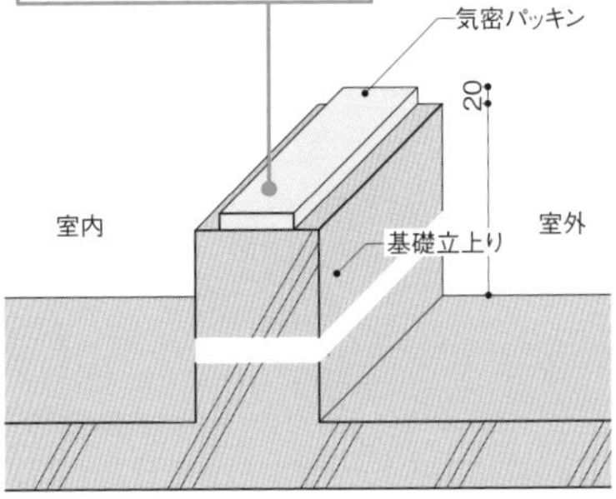
気密パッキン
20
室内
室外
基礎立上り

STEP 2 土台と根太を施工する

1階床は、床下のメンテナンス性を考慮し、根太床とすることが多い

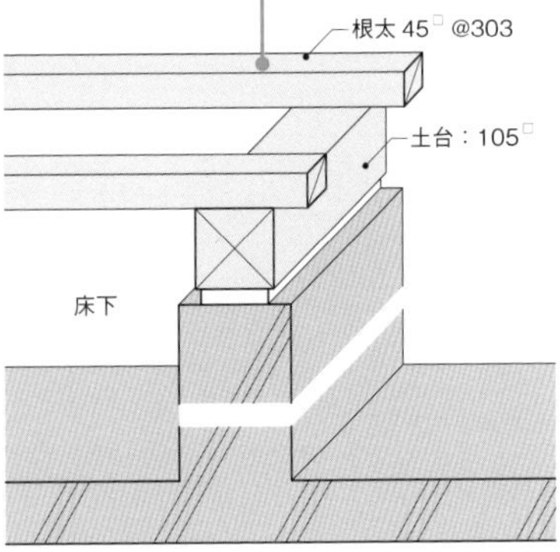
根太 45□ @303
土台：105□
床下

STEP 3 根太の上に床下地の合板を張る

床フローリングの下地となる構造用合板

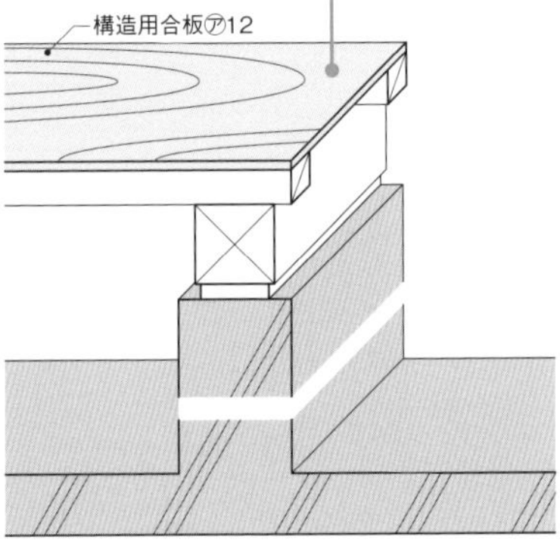

STEP 4 上がり框を取り付ける

上がり框を取り付けた後、土間と壁の仕上げを見切るための付け框を施工する

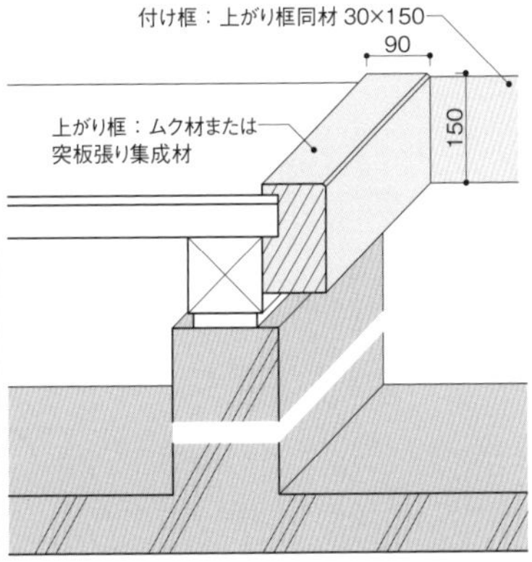
付け框：上がり框同材 30×150
90
150
上がり框：ムク材または突板張り集成材

STEP 5 床にフローリング材を張る

フローリングは上がり框と同材としてもよいが、あえて異なる印象をつくるために別の樹種を用いることもある

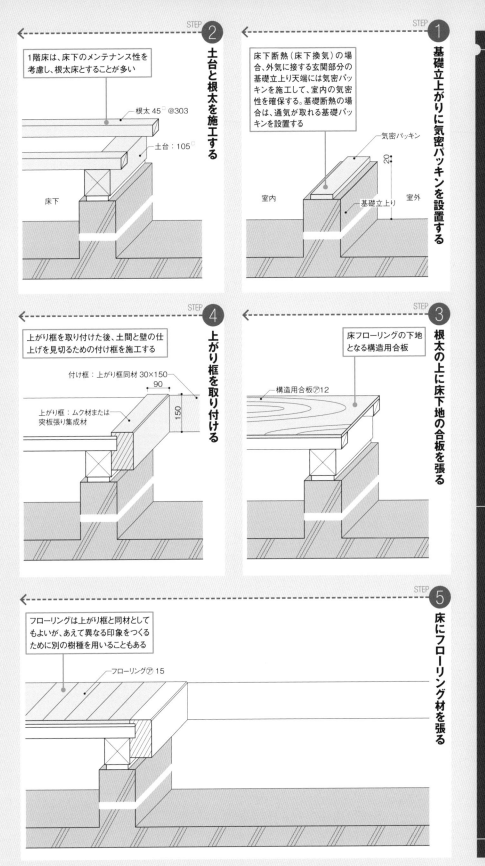

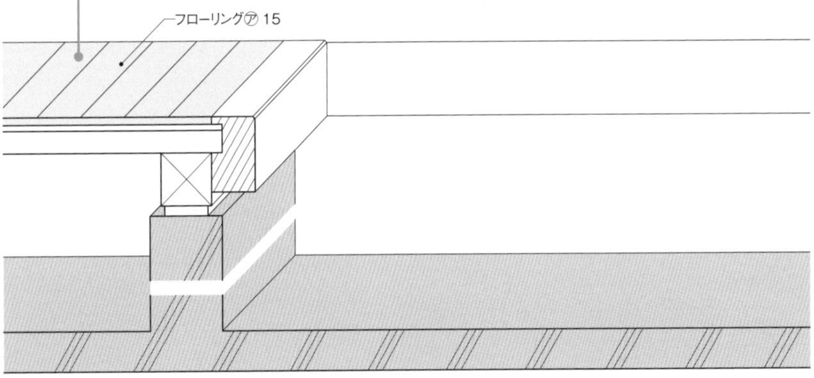

STEP 6 土間の下地となるコンクリートを打設する

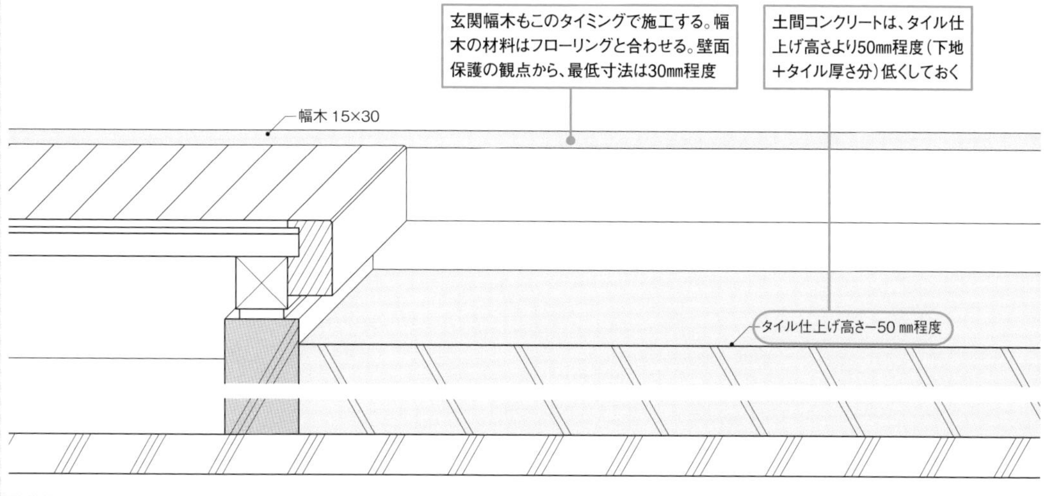
玄関幅木もこのタイミングで施工する。幅木の材料はフローリングと合わせる。壁面保護の観点から、最低寸法は30㎜程度
土間コンクリートは、タイル仕上げ高さより50㎜程度（下地+タイル厚さ分）低くしておく
幅木 15×30
タイル仕上げ高さ−50㎜程度

STEP 7 土間にタイル下地（モルタル）を施工、仕上げ

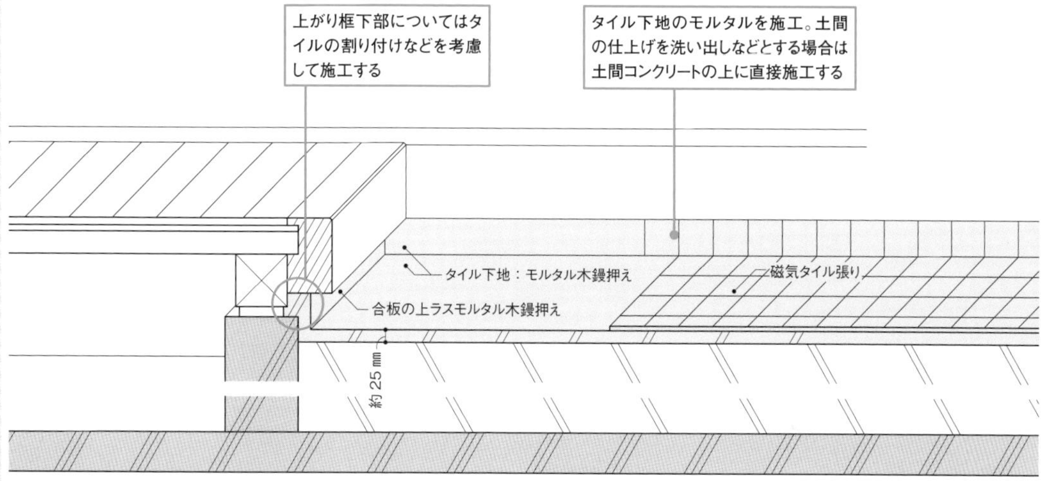
上がり框下部についてはタイルの割り付けなどを考慮して施工する
タイル下地のモルタルを施工。土間の仕上げを洗い出しなどとする場合は土間コンクリートの上に直接施工する
タイル下地：モルタル木鏝押え
合板の上ラスモルタル木鏝押え
磁気タイル張り
約25㎜

完成例

タイル張りの土間に、90㎜×30㎜程度のタモの見切り材を設けた例。フローリングはナラ

昇降のしやすさに配慮し、式台を設けた例。腰掛けて靴の脱ぎ履きもしやすい

レンガ張りの土間に30㎜×90㎜程度のタモの見切り材を設けた例

解説：水口裕之／テントライン

上がり框のバリエーション

玄関の印象をつくる上がり框の納まりを紹介する。バリアフリーの観点から、最近は段差の少ない上がり框が主流だが、ここでは格式のある和風の納まりも取り上げた

1 スタンダードな木製上がり框

[S=1:15]

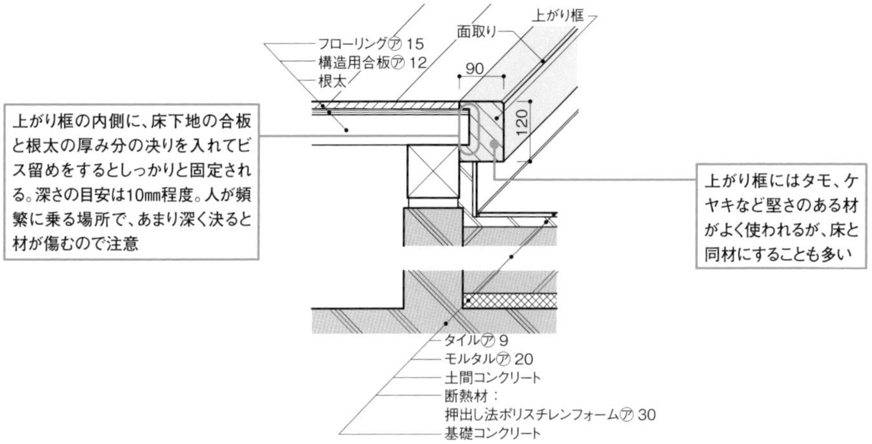
上がり框
面取り
フローリング㋐ 15
構造用合板㋐ 12
根太
90
120
上がり框の内側に、床下地の合板と根太の厚み分の決りを入れてビス留めをするとしっかりと固定される。深さの目安は10㎜程度。人が頻繁に乗る場所で、あまり深く決ると材が傷むので注意
上がり框にはタモ、ケヤキなど堅さのある材がよく使われるが、床と同材にすることも多い
タイル㋐ 9
モルタル㋐ 20
土間コンクリート
断熱材：
押出し法ポリスチレンフォーム㋐ 30
基礎コンクリート

2 木製上がり框(式台)

[S=1:15]

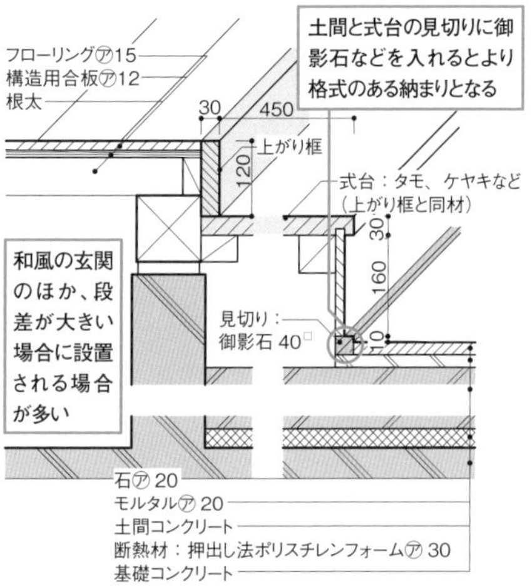
土間と式台の見切りに御影石などを入れるとより格式のある納まりとなる
フローリング㋐15
構造用合板㋐12
根太
30
450
上がり框
120
式台：タモ、ケヤキなど（上がり框と同材）
30
160
和風の玄関のほか、段差が大きい場合に設置される場合が多い
見切り：御影石 40□
10
石㋐ 20
モルタル㋐ 20
土間コンクリート
断熱材：押出し法ポリスチレンフォーム㋐ 30
基礎コンクリート

3 木製上がり框(平使い)

[S=1:15]

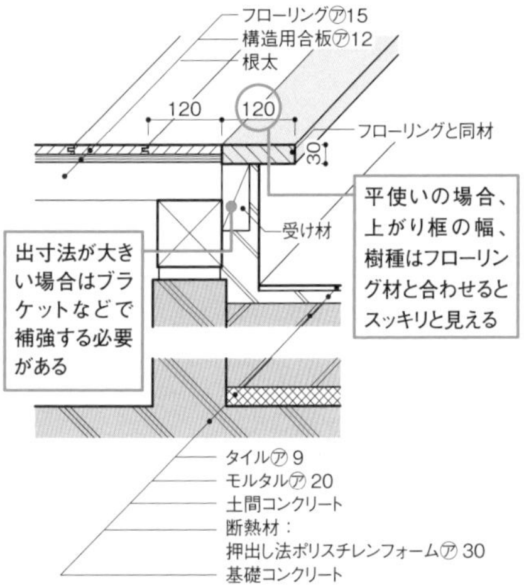
フローリング㋐15
構造用合板㋐12
根太
120
120
フローリングと同材
30
受け材
平使いの場合、上がり框の幅、樹種はフローリング材と合わせるとスッキリと見える
出寸法が大きい場合はブラケットなどで補強する必要がある
タイル㋐ 9
モルタル㋐ 20
土間コンクリート
断熱材：
押出し法ポリスチレンフォーム㋐ 30
基礎コンクリート

4 石板上がり框

[S=1:15]

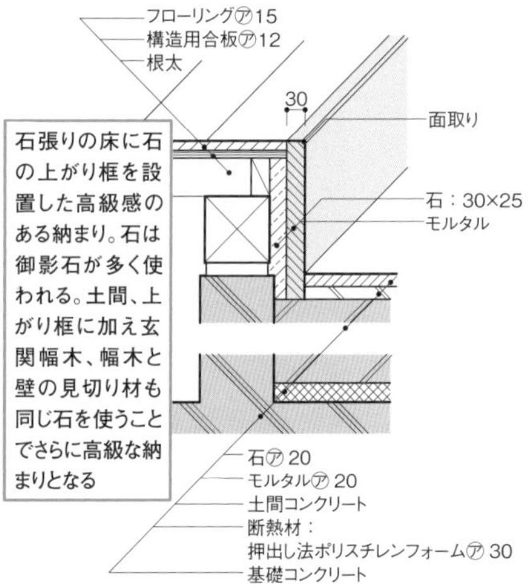
フローリング㋐15
構造用合板㋐12
根太
30
面取り
石：30×25
モルタル
石張りの床に石の上がり框を設置した高級感のある納まり。石は御影石が多く使われる。土間、上がり框に加え玄関幅木、幅木と壁の見切り材も同じ石を使うことでさらに高級な納まりとなる
石㋐ 20
モルタル㋐ 20
土間コンクリート
断熱材：
押出し法ポリスチレンフォーム㋐ 30
基礎コンクリート

5 金属製上がり框

[S=1:15]

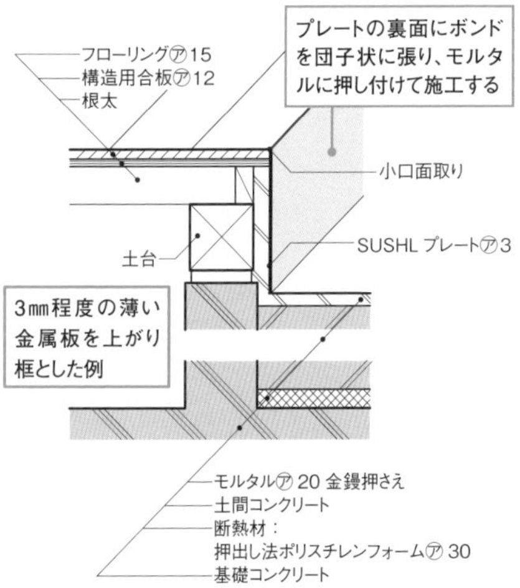
プレートの裏面にボンドを団子状に張り、モルタルに押し付けて施工する
フローリング㋐15
構造用合板㋐12
根太
小口面取り
土台
SUSHL プレート㋐3
3㎜程度の薄い金属板を上がり框とした例
モルタル㋐ 20 金鏝押さえ
土間コンクリート
断熱材：
押出し法ポリスチレンフォーム㋐ 30
基礎コンクリート

7 段差を最小限に抑える

[S=1:15]

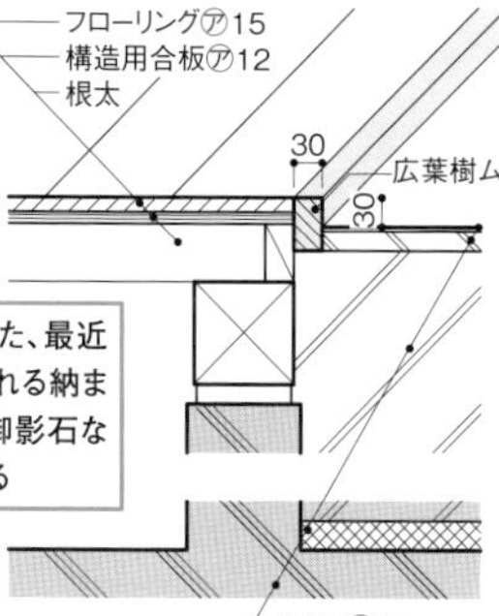

フローリング㋐15
構造用合板㋐12
根太
30
30
広葉樹ムク材または御影石
タイル㋐9
モルタル
土間コンクリート
断熱材：
押出し法ポリスチレンフォーム㋐30
基礎コンクリート

段差を最小限に抑えた、最近の住宅では多く見られる納まり。広葉樹ムク材や御影石など丈夫な材を使用する

6 段差をなくしてフラットに

[S=1:15]

段差を完全になくし、フラットにした納まり。ステンレスのフラットバーで見切ることで、上足と下足の領域を明示する

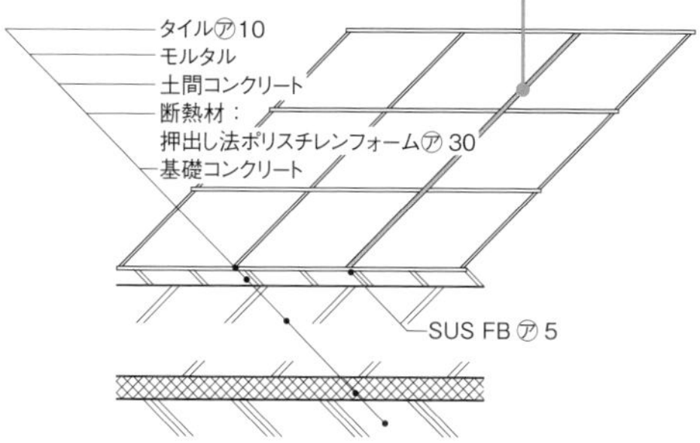

タイル㋐10
モルタル
土間コンクリート
断熱材：
押出し法ポリスチレンフォーム㋐30
基礎コンクリート
SUS FB ㋐5

上がり框と幅木の関係が玄関の印象を変える

付け框、幅木ともに設置

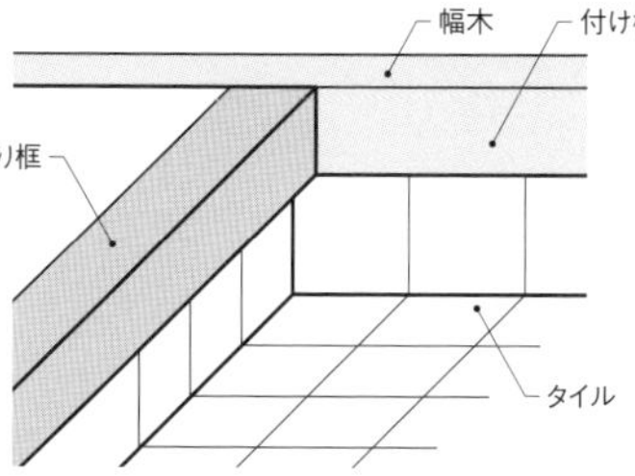

幅木
付け框
上がり框
タイル

最も一般的なケース。少し線が多い印象となる

土間部の幅木を板張りとする

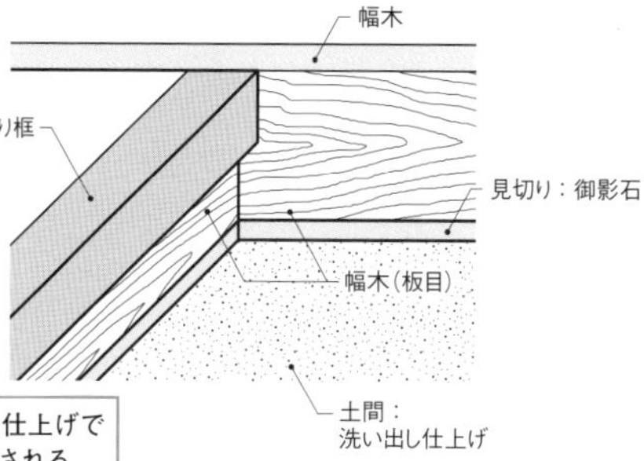

幅木
上がり框
見切り：御影石
幅木(板目)
土間：
洗い出し仕上げ

和風な仕上げでは使用される

土間の仕上がり高さに合わせて幅木を設置

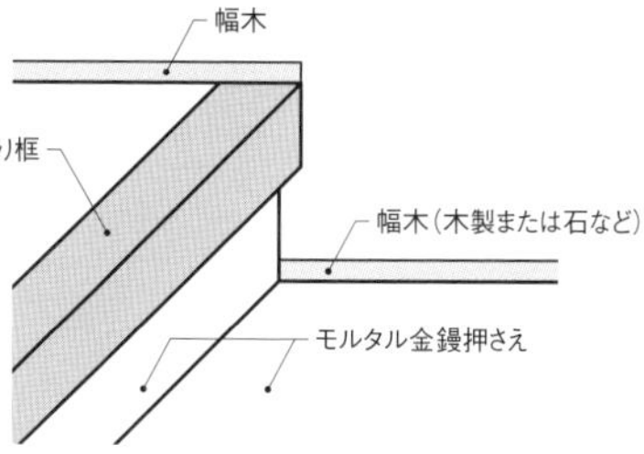

幅木
上がり框
幅木(木製または石など)
モルタル金鏝押さえ

段差を抑えて幅木を通す

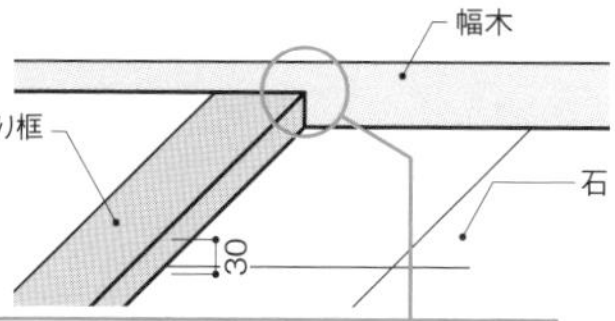

幅木
上がり框
石
30

バリアフリーに適した納まり。段差が小さいため、幅木は段差部もそのまま通せる

付け框、幅木ともに省略

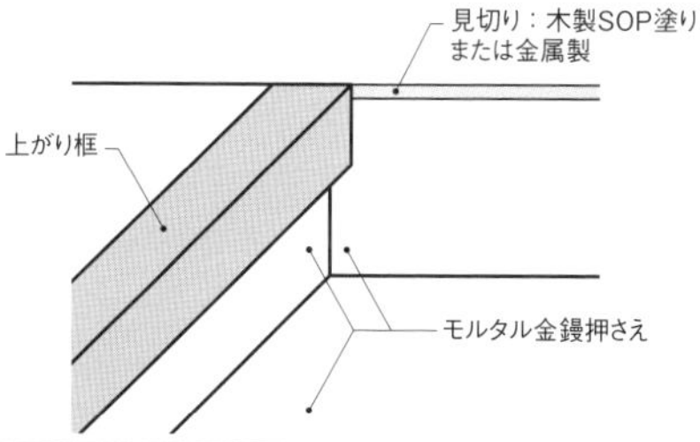

見切り：木製SOP塗り
または金属製
上がり框
モルタル金鏝押さえ

線が少なく、ミニマルなイメージに

幅木

上がり框の高さを抑え、幅木を土間部から通している

解説：水口裕之／テントライン

1 開き戸は外開きがスタンダード

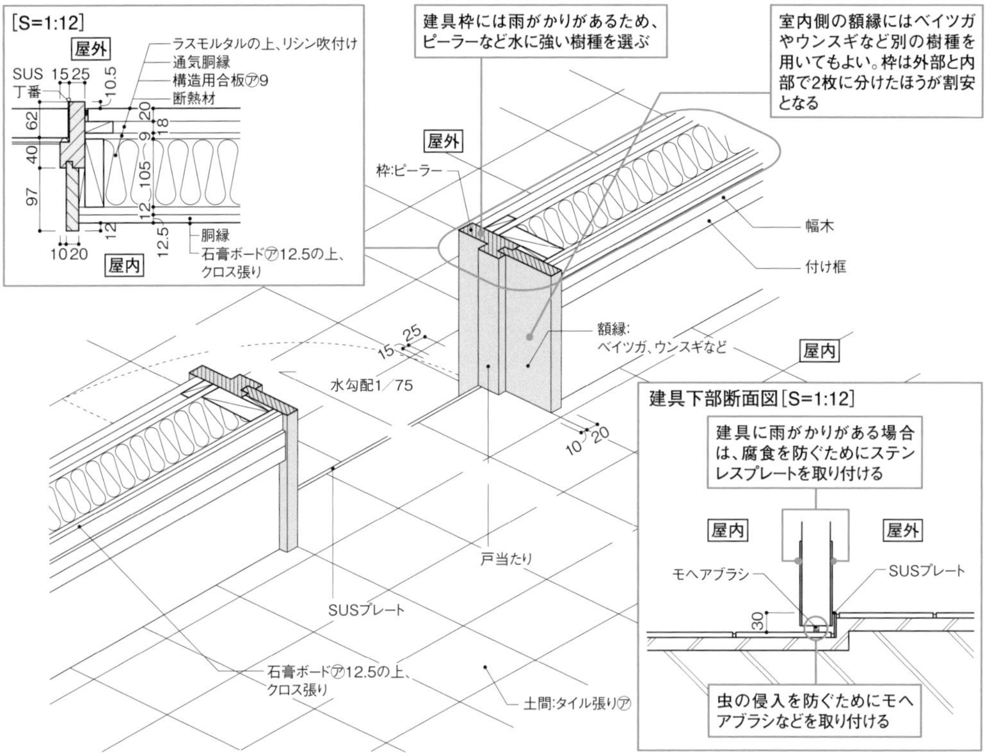
[S=1:12]
屋外
ラスモルタルの上、リシン吹付け
通気胴縁
構造用合板⑦9
断熱材
SUS 丁番
15 25
10.5
62
40
97
20
18
9
105
12
12
12.5
10 20
胴縁
石膏ボード⑦12.5の上、クロス張り
屋内
建具枠には雨がかりがあるため、ピーラーなど水に強い樹種を選ぶ
室内側の額縁にはベイツガやウンスギなど別の樹種を用いてもよい。枠は外部と内部で2枚に分けたほうが割安となる
屋外
枠:ピーラー
幅木
付け框
額縁:ベイツガ、ウンスギなど
屋内
15 25
水勾配1/75
10 20
戸当たり
SUSプレート
石膏ボード⑦12.5の上、クロス張り
土間:タイル張り⑦
建具下部断面図[S=1:12]
建具に雨がかりがある場合は、腐食を防ぐためにステンレスプレートを取り付ける
屋内
屋外
モヘアブラシ
SUSプレート
30
虫の侵入を防ぐためにモヘアブラシなどを取り付ける

2 内開きならドアクローザーは隠したい

CHECK

内開きの玄関戸には、防犯上のメリット(丁番が外部に露出しない、不審者の侵入時に体で押して戸を閉じることができる)のほか、来客を「招き入れる」動作が表現できるというメリットがあるとされている

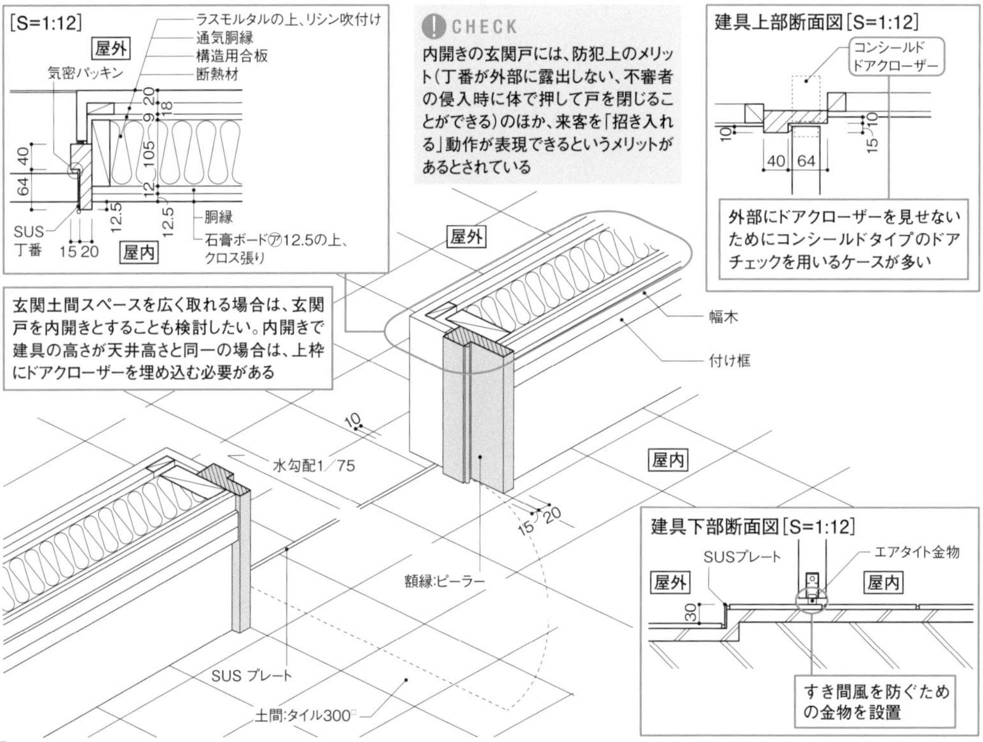
[S=1:12]
屋外
ラスモルタルの上、リシン吹付け
通気胴縁
構造用合板
断熱材
気密パッキン
20
18
9
105
12
40
64
12.5
12.5
SUS 丁番
15 20
屋内
胴縁
石膏ボード⑦12.5の上、クロス張り
玄関土間スペースを広く取れる場合は、玄関戸を内開きとすることも検討したい。内開きで建具の高さが天井高さと同一の場合は、上枠にドアクローザーを埋め込む必要がある
屋外
幅木
付け框
10
水勾配1/75
屋内
15 20
額縁:ピーラー
SUS プレート
土間:タイル300□
建具上部断面図[S=1:12]
コンシールドドアクローザー
10
40
64
15
10
外部にドアクローザーを見せないためにコンシールドタイプのドアチェックを用いるケースが多い
建具下部断面図[S=1:12]
SUSプレート
エアタイト金物
屋外
屋内
30
すき間風を防ぐための金物を設置

1 引戸は隙間風対策が必須

[S=1:00]

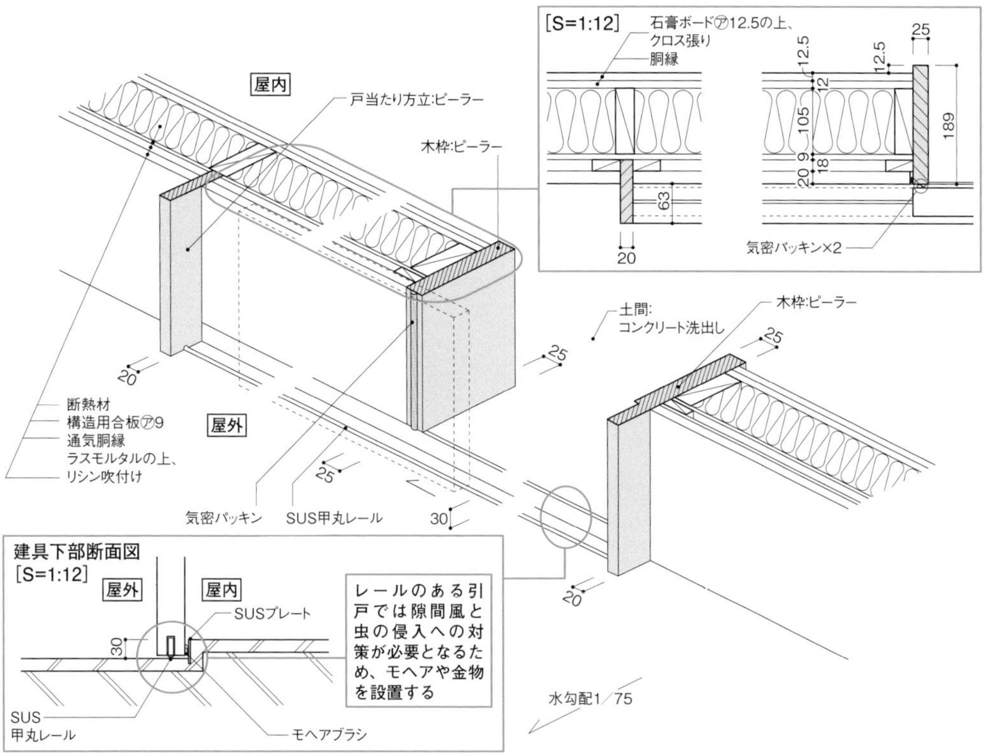
[S=1:12]
石膏ボード㋐12.5の上、
クロス張り
胴縁
25
12.5
12.5
12
105
9
18
20
189
63
20
気密パッキン×2
屋内
戸当たり方立:ピーラー
木枠:ピーラー
土間:
コンクリート洗出し
木枠:ピーラー
25
25
20
断熱材
構造用合板㋐9
通気胴縁
ラスモルタルの上、
リシン吹付け
屋外
25
気密パッキン
SUS甲丸レール
30
20
建具下部断面図
[S=1:12]
屋外
屋内
SUSプレート
30
SUS
甲丸レール
モヘアブラシ
レールのある引戸では隙間風と虫の侵入への対策が必要となるため、モヘアや金物を設置する
水勾配1/75

2 壁厚を抑えたスマートな引込み戸

[S=1:00]

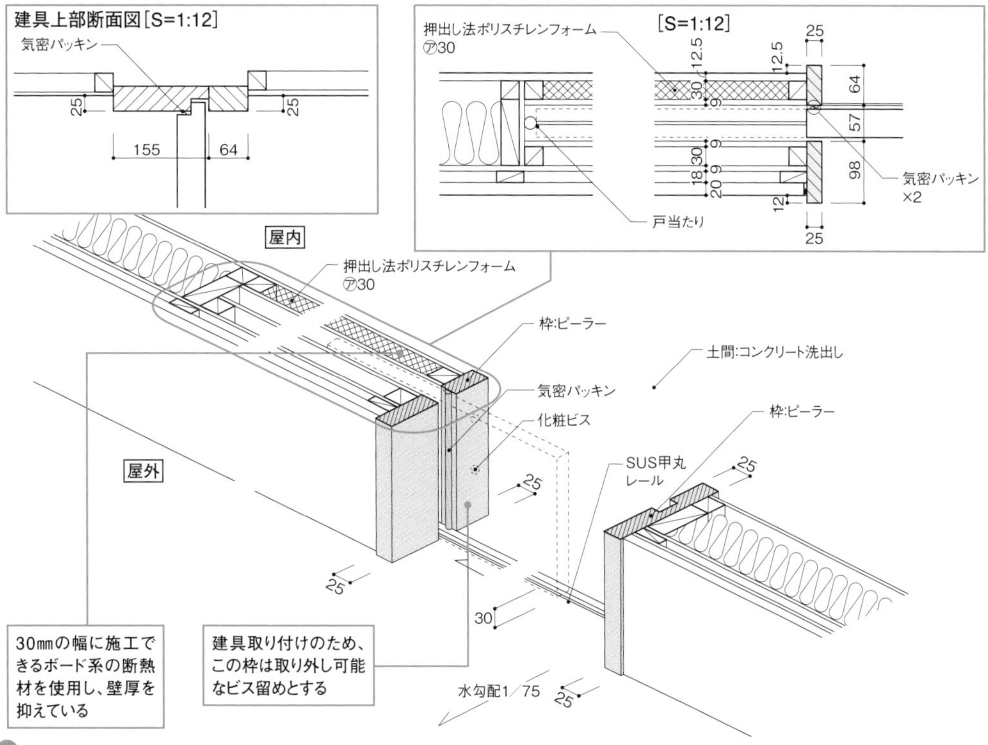
建具上部断面図[S=1:12]
気密パッキン
25
25
155
64
押出し法ポリスチレンフォーム
㋐30
[S=1:12]
25
12.5
12.5
30
9
64
57
9
30
18
9
20
98
12
25
気密パッキン
×2
戸当たり
屋内
押出し法ポリスチレンフォーム
㋐30
枠:ピーラー
土間:コンクリート洗出し
気密パッキン
化粧ビス
枠:ピーラー
屋外
SUS甲丸
レール
25
25
25
30
30㎜の幅に施工できるボード系の断熱材を使用し、壁厚を抑えている
建具取り付けのため、この枠は取り外し可能なビス留めとする
水勾配1/75
25

解説:水口裕之/テントライン

事例 外壁と同化する玄関ドア

断面図[S=1:10]

CHECK
外開きの玄関戸の事例。外壁の板張りの美しさを生かすため、玄関戸を外壁と同材・同面で納めて連続性をもたせている

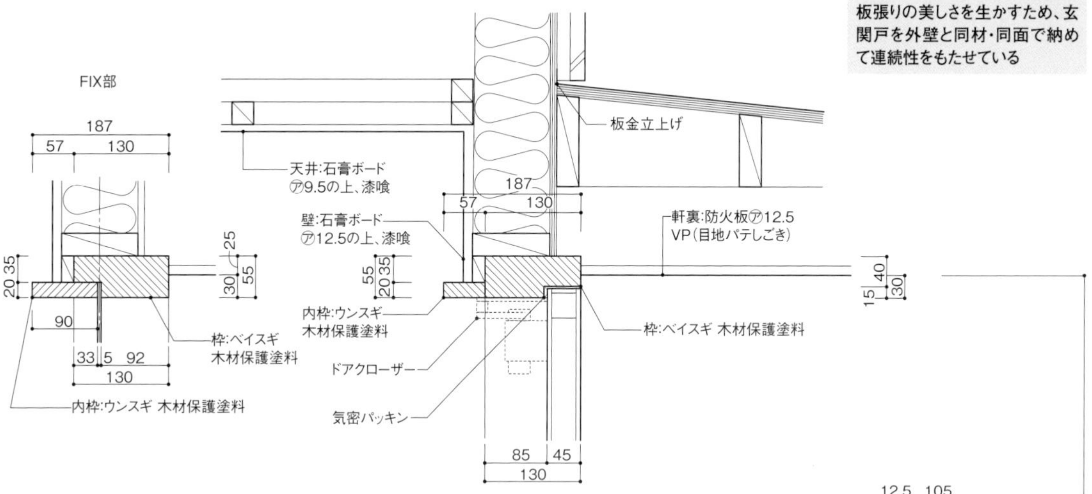
FIX部
187
57
130
20
35
25
55
30
90
33
5
92
130
枠:ベイスギ
木材保護塗料
内枠:ウンスギ 木材保護塗料
天井:石膏ボード
㋐9.5の上、漆喰
壁:石膏ボード
㋐12.5の上、漆喰
内枠:ウンスギ
木材保護塗料
ドアクローザー
気密パッキン
板金立上げ
軒裏:防火板㋐12.5
VP(目地パテしごき)
枠:ベイスギ 木材保護塗料
15
40
30
85
45

平面図[S=1:10]

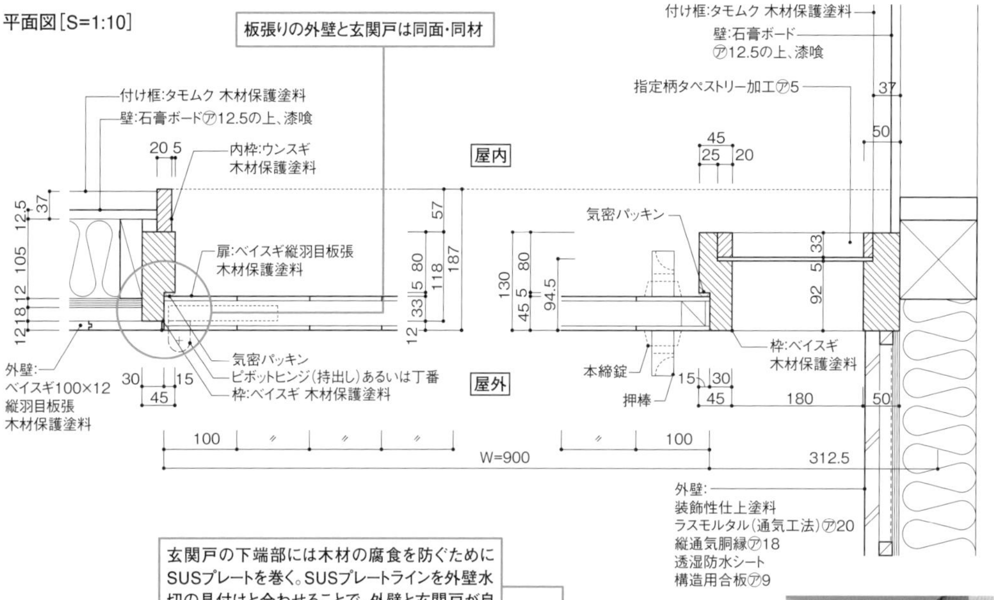
板張りの外壁と玄関戸は同面・同材
付け框:タモムク 木材保護塗料
壁:石膏ボード㋐12.5の上、漆喰
20 5
内枠:ウンスギ
木材保護塗料
屋内
扉:ベイスギ縦羽目板張
木材保護塗料
12.5
37
105
12
18
12
57
5
80
33
118
187
12
外壁:
ベイスギ100×12
縦羽目板張
木材保護塗料
気密パッキン
ピボットヒンジ(持出し)あるいは丁番
枠:ベイスギ 木材保護塗料
30
15
45
屋外
100
W=900
付け框:タモムク 木材保護塗料
壁:石膏ボード
㋐12.5の上、漆喰
指定柄タペストリー加工㋐5
12.5 105
37
50
45
25 20
気密パッキン
130
80
45.5
94.5
33
5
92
本締錠
押棒
枠:ベイスギ
木材保護塗料
15 30
45
180
50
312.5
H=2,500
外壁:
装飾性仕上塗料
ラスモルタル(通気工法)㋐20
縦通気胴縁㋐18
透湿防水シート
構造用合板㋐9

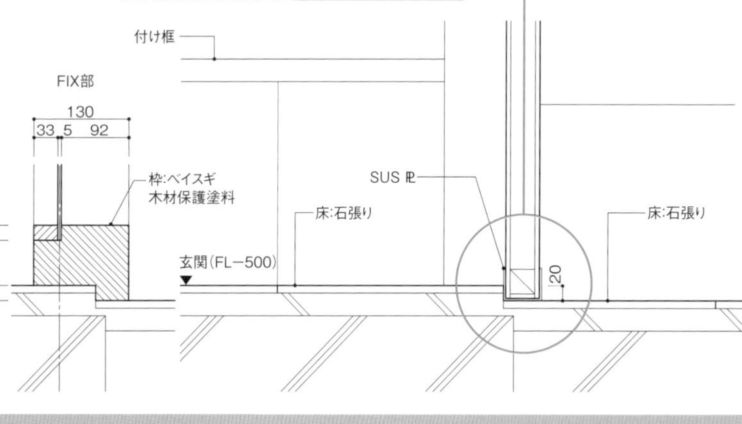

外壁と玄関戸の仕上げをそろえることで外観に連続性を生み出している

設計・写真:水口建築デザイン室

4

絶対使える 玄関収納の基本納まり

CHECK
下足入れは天井までの壁面収納とする場合や、本事例のように中段を飾り棚として利用する場合などがある。必要な収納量などによって使い分けたい

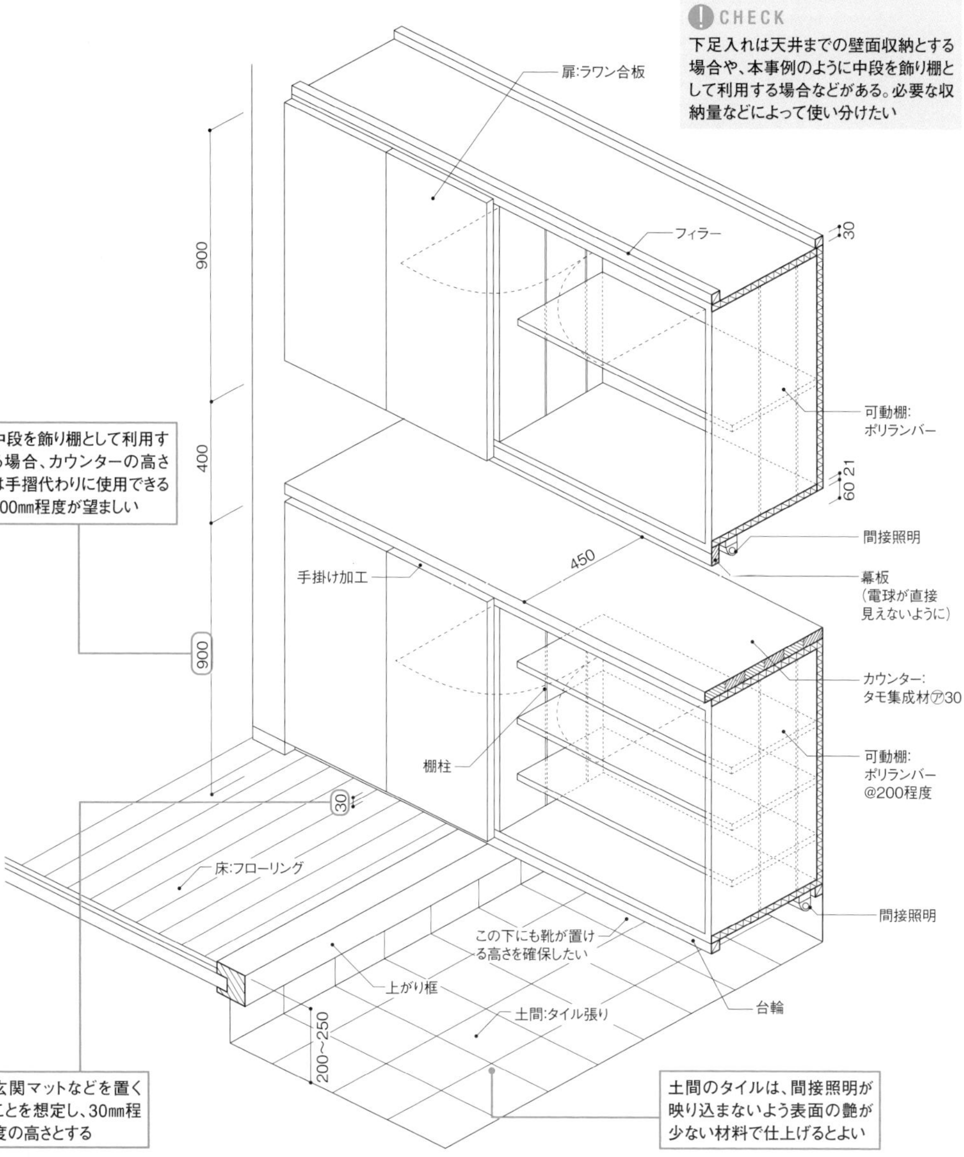

扉:ラワン合板
フィラー
30
可動棚:
ポリランバー
21
60
間接照明
幕板
（電球が直接
見えないように）
900
400
900
450
手掛け加工
カウンター:
タモ集成材⑦30
可動棚:
ポリランバー
@200程度
棚柱
30
床:フローリング
この下にも靴が置ける高さを確保したい
間接照明
上がり框
台輪
土間:タイル張り
200～250

中段を飾り棚として利用する場合、カウンターの高さは手摺代わりに使用できる900㎜程度が望ましい

玄関マットなどを置くことを想定し、30㎜程度の高さとする

土間のタイルは、間接照明が映り込まないよう表面の艶が少ない材料で仕上げるとよい

傘立てを下足入れ内部に収納したり、姿見を下足入れの扉の表面または裏面に張り付けたりする場合もある

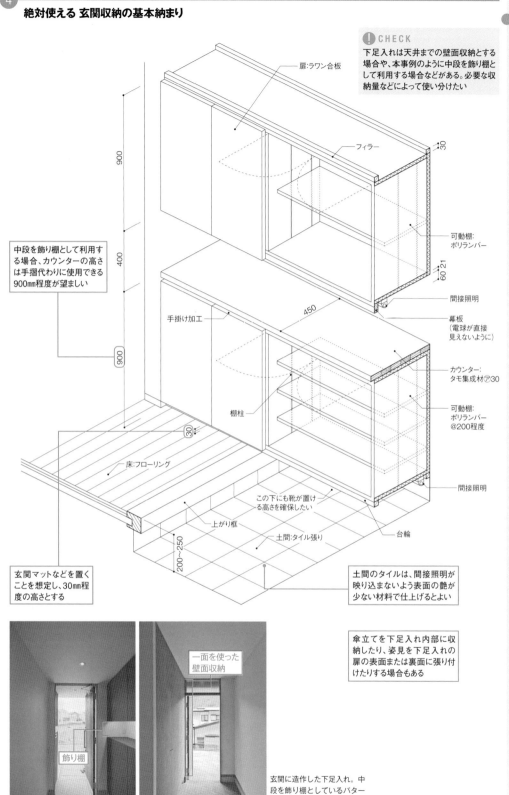

飾り棚

一面を使った
壁面収納

玄関に造作した下足入れ。中段を飾り棚としているパターン（左）と、壁一面の壁面収納とするパターン（右）

解説:水口裕之／テントライン

6 まるわかり！浴室ができるまで

木造住宅の在来浴室の施工手順を紹介する。防水工法の種類や仕上げによって若干工程が異なる。ここでは、FRP防水（STEP③～⑤）とアスファルト防水（STEP⑥～⑧）の施工手順を掲載している

STEP 1 浴室の下地をつくる

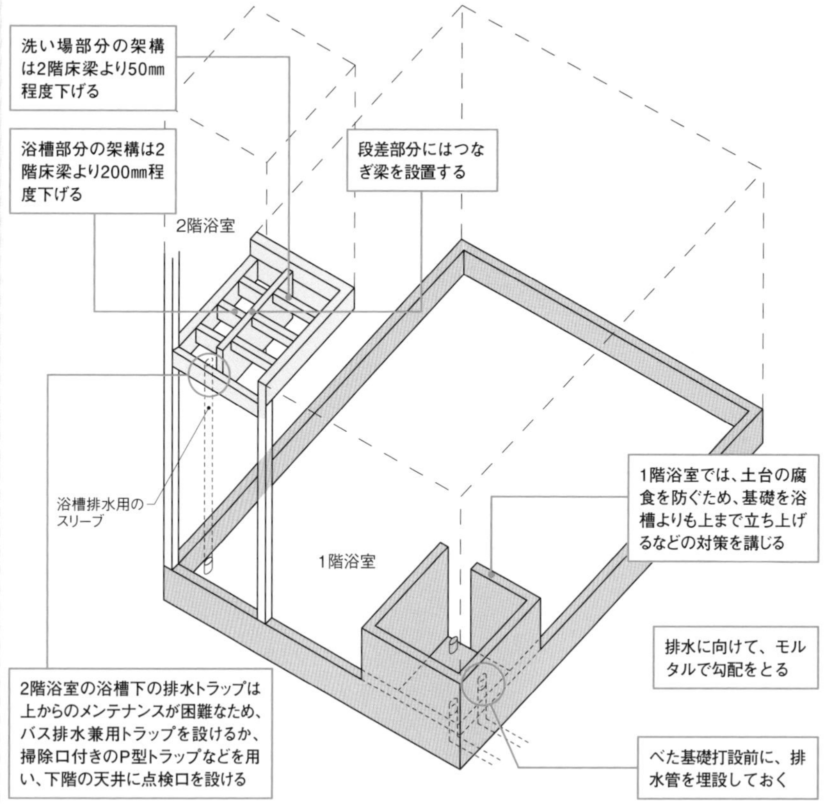
洗い場部分の架構は2階床梁より50㎜程度下げる
浴槽部分の架構は2階床梁より200㎜程度下げる
段差部分にはつなぎ梁を設置する
2階浴室
浴槽排水用のスリーブ
1階浴室
1階浴室では、土台の腐食を防ぐため、基礎を浴槽よりも上まで立ち上げるなどの対策を講じる
排水に向けて、モルタルで勾配をとる
2階浴室の浴槽下の排水トラップは上からのメンテナンスが困難なため、バス排水兼用トラップを設けるか、掃除口付きのP型トラップなどを用い、下階の天井に点検口を設ける
べた基礎打設前に、排水管を埋設しておく

STEP 2 耐水合板を張る

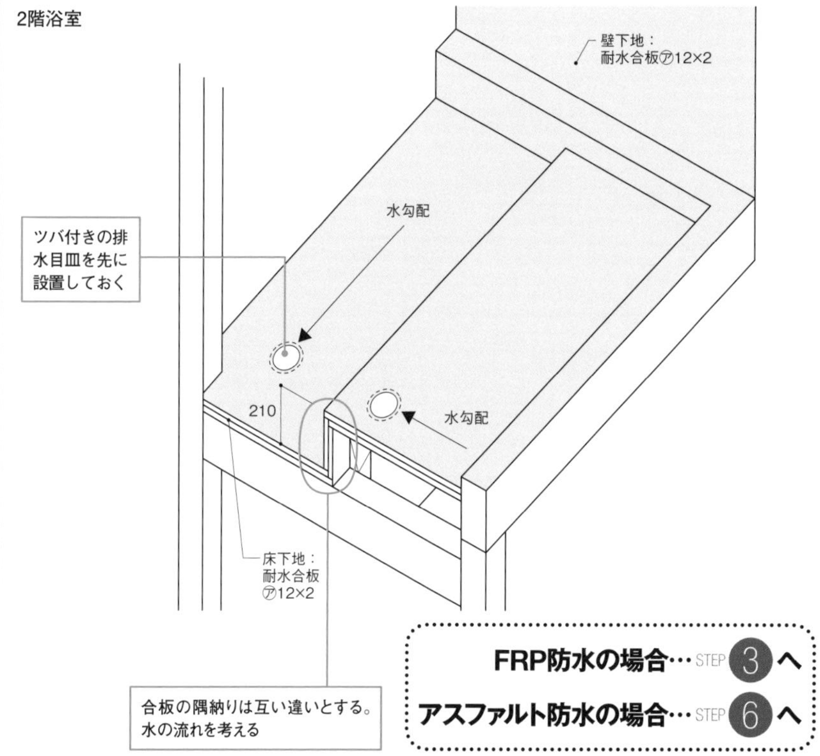
2階浴室
壁下地：
耐水合板㋐12×2
水勾配
ツバ付きの排水目皿を先に設置しておく
210
水勾配
床下地：
耐水合板
㋐12×2
合板の隅納りは互い違いとする。水の流れを考える

FRP防水の場合…STEP 3 へ
アスファルト防水の場合…STEP 6 へ

STEP 3 FRP防水の施工（1プライ）

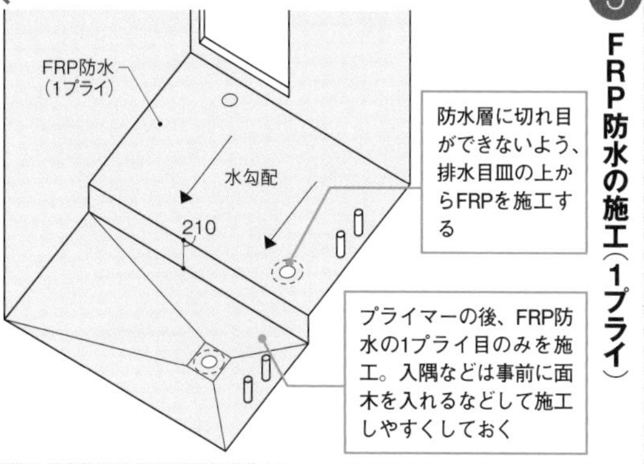
FRP防水
（1プライ）
水勾配
210
防水層に切れ目ができないよう、排水目皿の上からFRPを施工する
プライマーの後、FRP防水の1プライ目のみを施工。入隅などは事前に面木を入れるなどして施工しやすくしておく

STEP 4 FRP防水の施工（2プライ）

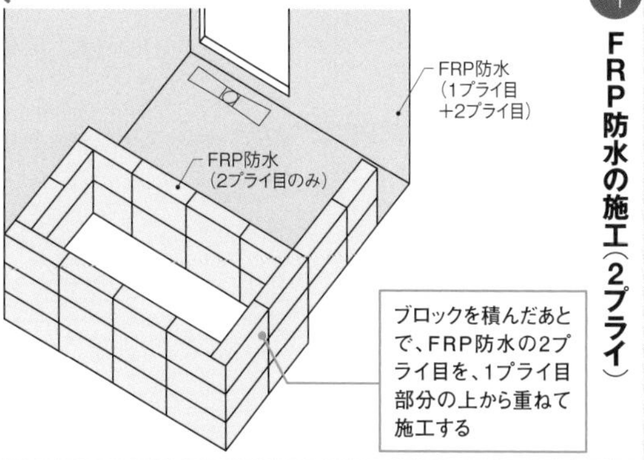
FRP防水
（1プライ目
+2プライ目）
FRP防水
（2プライ目のみ）
ブロックを積んだあとで、FRP防水の2プライ目を、1プライ目部分の上から重ねて施工する

STEP 5 浴槽の設置、仕上げ

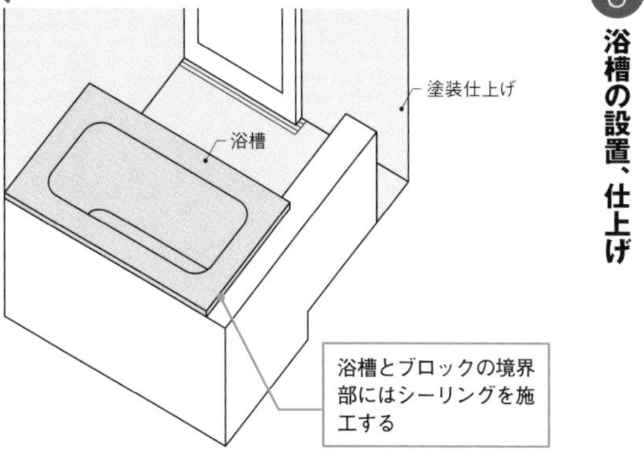
塗装仕上げ
浴槽
浴槽とブロックの境界部にはシーリングを施工する

床、エプロンまでをタイル、壁はFRPトップコート、天井をフッ素塗装仕上げとした浴室。施工者と協議のうえ、FRP防水の上にタイルを接着剤で圧着張りしている（写真：藤江創）

CHECK
FRP防水は、タイルの下地となるモルタルが密着しにくいため、塗装仕上げとしている

STEP 6 アスファルト防水の施工

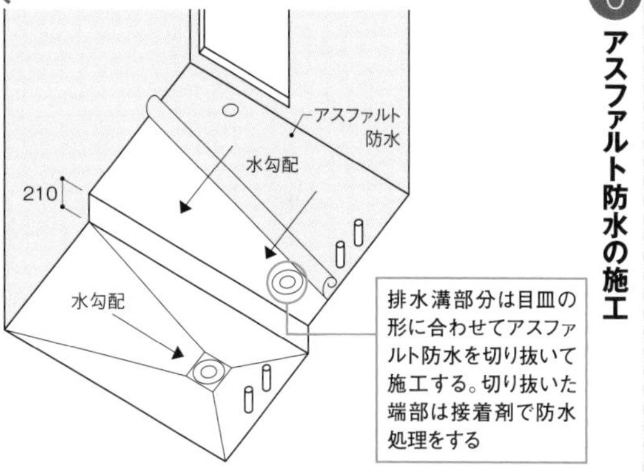
アスファルト
防水
水勾配
210
水勾配
排水溝部分は目皿の形に合わせてアスファルト防水を切り抜いて施工する。切り抜いた端部は接着剤で防水処理をする

STEP 7 タイル下地の施工、ブロックの設置

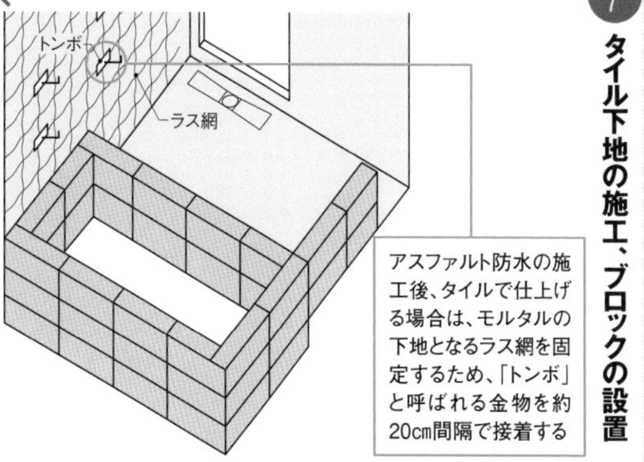
トンボ
ラス網
アスファルト防水の施工後、タイルで仕上げる場合は、モルタルの下地となるラス網を固定するため、「トンボ」と呼ばれる金物を約20㎝間隔で接着する

STEP 8 浴槽の設置、仕上げ

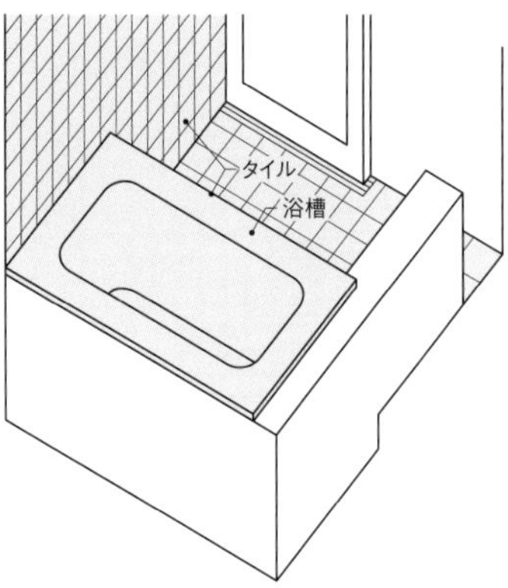
タイル
浴槽

CHECK
アスファルト防水にはモルタルが接着しやすく、タイルの施工がしやすい。ただしタイル割りは慎重に行いたい

解説：藤江創／アーバン・ファクトリー

異なる材料が取り合う

ここでは、内部の仕上げや防水の種類ごとに浴室の納まりを4パターン紹介する。異なる素材が取り合う部分や排水廻りなど、防水上重要となる個所については拡大して詳細を示している

1 1階—腰上を板壁、腰下をタイルで仕上げる

[S=1:15]

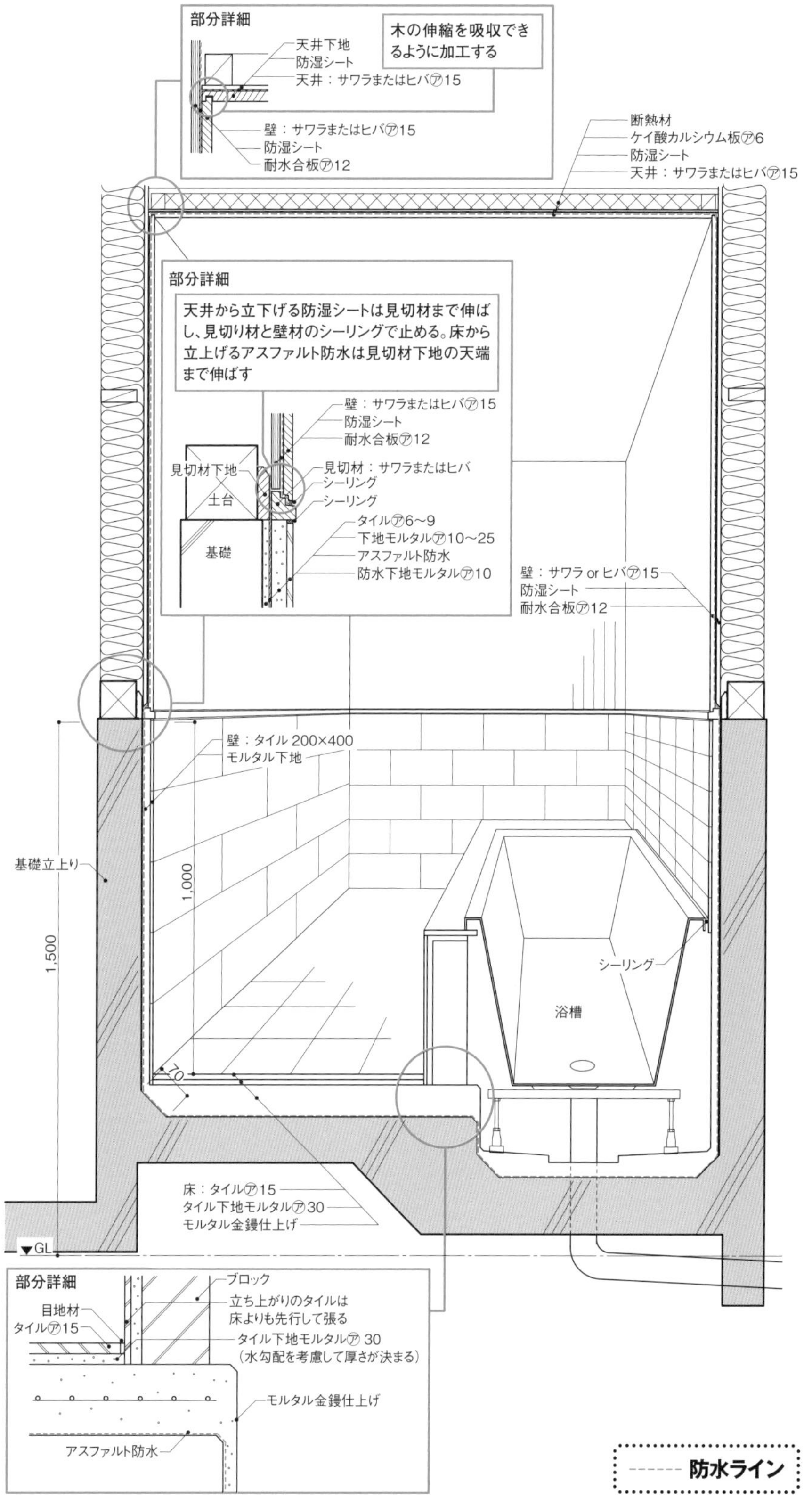
部分詳細
木の伸縮を吸収できるように加工する
天井下地
防湿シート
天井：サワラまたはヒバ㋐15
壁：サワラまたはヒバ㋐15
防湿シート
耐水合板㋐12
断熱材
ケイ酸カルシウム板㋐6
防湿シート
天井：サワラまたはヒバ㋐15
部分詳細
天井から立下げる防湿シートは見切材まで伸ばし、見切り材と壁材のシーリングで止める。床から立上げるアスファルト防水は見切材下地の天端まで伸ばす
壁：サワラまたはヒバ㋐15
防湿シート
耐水合板㋐12
見切材下地
見切材：サワラまたはヒバ
シーリング
土台
シーリング
タイル㋐6〜9
下地モルタル㋐10〜25
基礎
アスファルト防水
防水下地モルタル㋐10
壁：サワラ or ヒバ㋐15
防湿シート
耐水合板㋐12
壁：タイル 200×400
モルタル下地
基礎立上り
1,000
1,500
シーリング
浴槽
70
床：タイル㋐15
タイル下地モルタル㋐30
モルタル金鏝仕上げ
GL
部分詳細
ブロック
目地材
立ち上がりのタイルは床よりも先行して張る
タイル㋐15
タイル下地モルタル㋐ 30（水勾配を考慮して厚さが決まる）
モルタル金鏝仕上げ
アスファルト防水
防水ライン

1 1階—床、壁をFRPで仕上げる(階上も可)

[S=1:15]

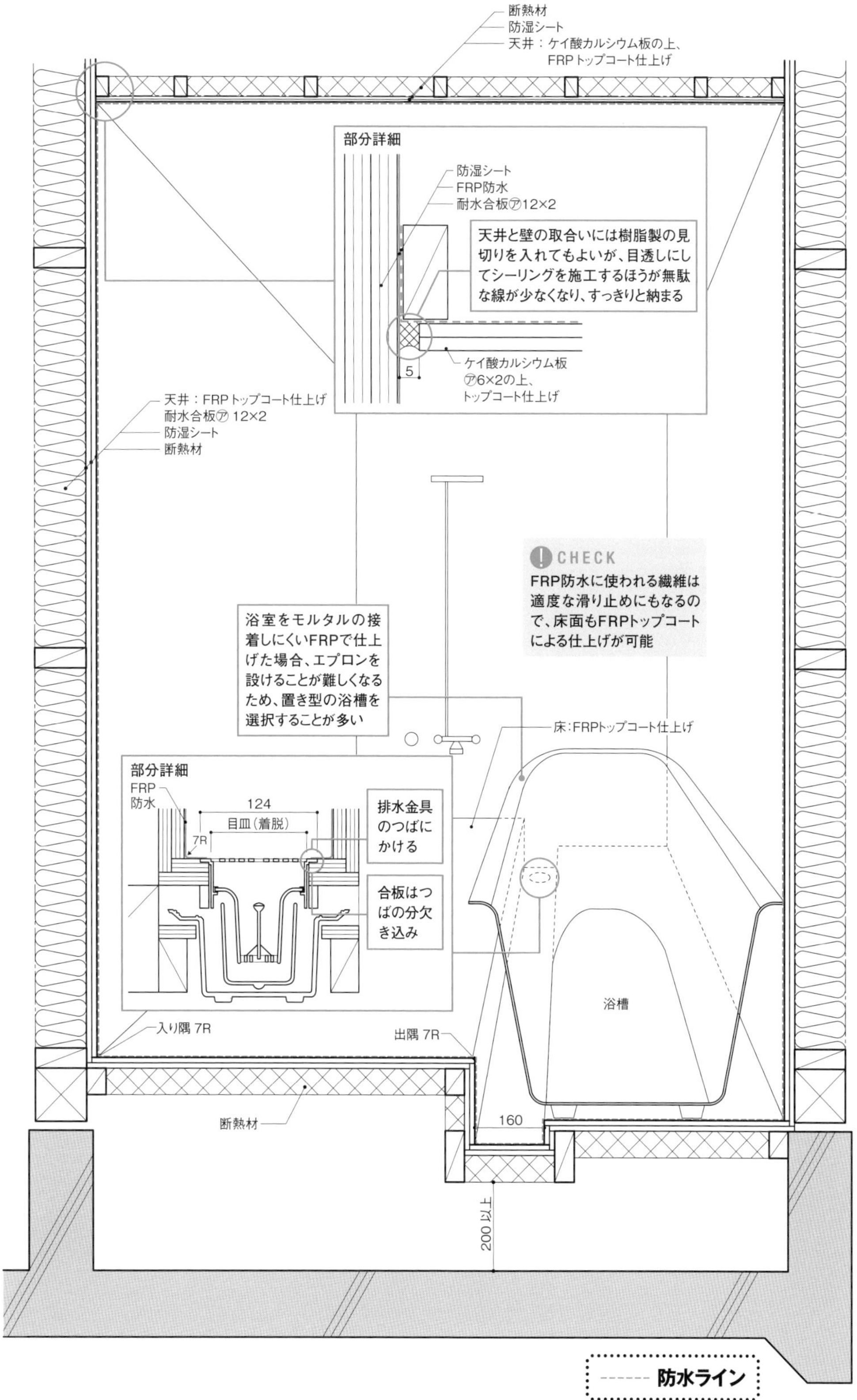
断熱材
防湿シート
天井：ケイ酸カルシウム板の上、
FRPトップコート仕上げ
部分詳細
防湿シート
FRP防水
耐水合板㋐12×2
天井と壁の取合いには樹脂製の見切りを入れてもよいが、目透しにしてシーリングを施工するほうが無駄な線が少なくなり、すっきりと納まる
5
ケイ酸カルシウム板
㋐6×2の上、
トップコート仕上げ
天井：FRPトップコート仕上げ
耐水合板㋐ 12×2
防湿シート
断熱材
CHECK
FRP防水に使われる繊維は適度な滑り止めにもなるので、床面もFRPトップコートによる仕上げが可能
浴室をモルタルの接着しにくいFRPで仕上げた場合、エプロンを設けることが難しくなるため、置き型の浴槽を選択することが多い
床：FRPトップコート仕上げ
部分詳細
FRP
防水
124
目皿(着脱)
7R
排水金具のつばにかける
合板はつばの分欠き込み
浴槽
入り隅 7R
出隅 7R
160
断熱材
200以上
防水ライン

解説：藤江創／アーバン・ファクトリー

1

2階—床をタイル、壁をモルタルで仕上げる

[S=1:15]

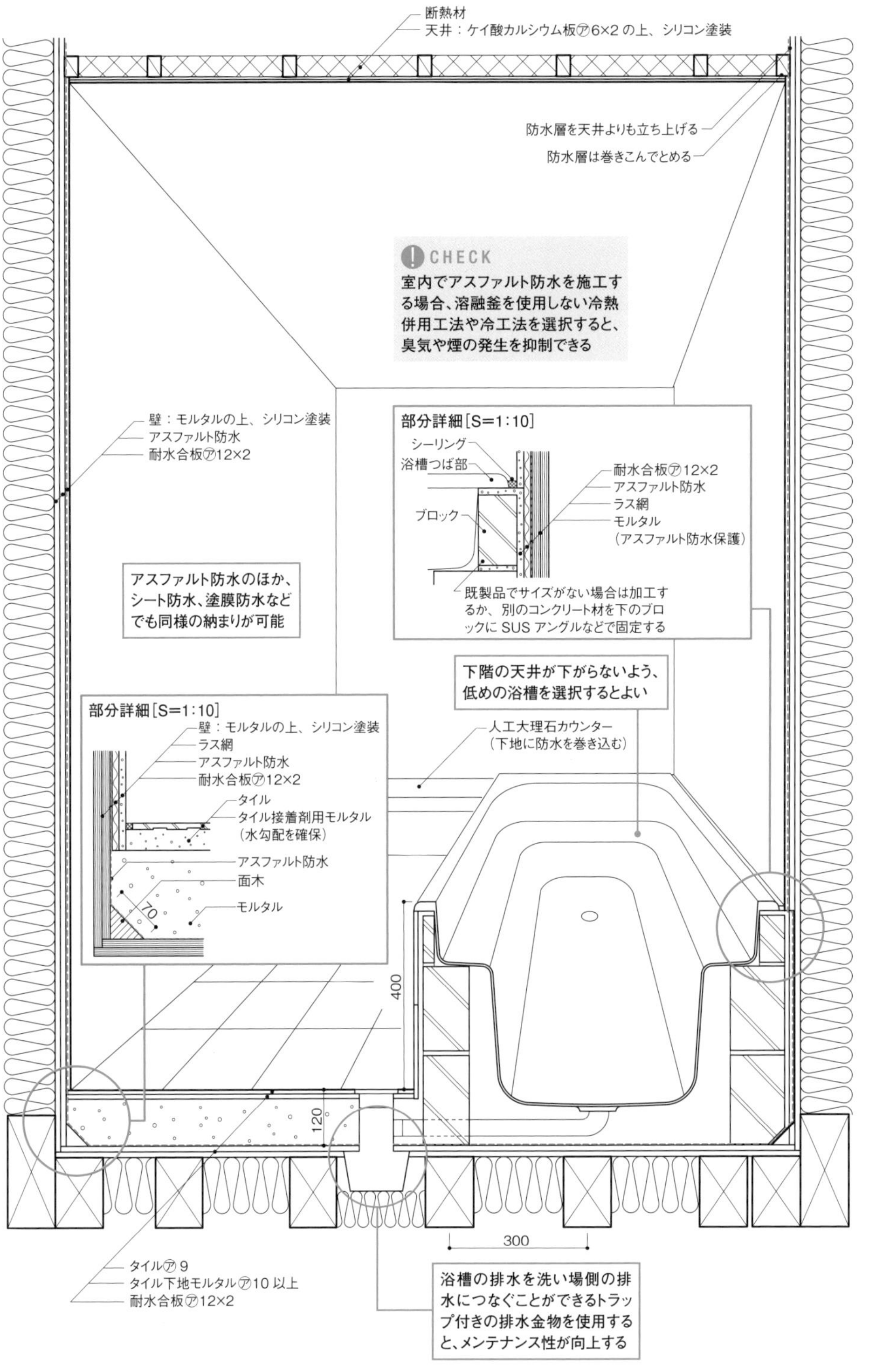
断熱材
天井：ケイ酸カルシウム板㋐6×2の上、シリコン塗装
防水層を天井よりも立ち上げる
防水層は巻きこんでとめる
壁：モルタルの上、シリコン塗装
アスファルト防水
耐水合板㋐12×2
部分詳細[S=1:10]
シーリング
浴槽つば部
ブロック
耐水合板㋐12×2
アスファルト防水
ラス網
モルタル
(アスファルト防水保護)
既製品でサイズがない場合は加工するか、別のコンクリート材を下のブロックにSUSアングルなどで固定する
下階の天井が下がらないよう、低めの浴槽を選択するとよい
人工大理石カウンター
(下地に防水を巻き込む)
アスファルト防水のほか、シート防水、塗膜防水などでも同様の納まりが可能
部分詳細[S=1:10]
壁：モルタルの上、シリコン塗装
ラス網
アスファルト防水
耐水合板㋐12×2
タイル
タイル接着剤用モルタル
(水勾配を確保)
アスファルト防水
面木
モルタル
70
400
120
300
タイル㋐9
タイル下地モルタル㋐10以上
耐水合板㋐12×2
浴槽の排水を洗い場側の排水につなぐことができるトラップ付きの排水金物を使用すると、メンテナンス性が向上する

CHECK

室内でアスファルト防水を施工する場合、溶融釜を使用しない冷熱併用工法や冷工法を選択すると、臭気や煙の発生を抑制できる

------ **防水ライン**

上階の浴室はハーフユニットも検討したい

2階—ハーフユニットバスの納まり

[S=1:15]

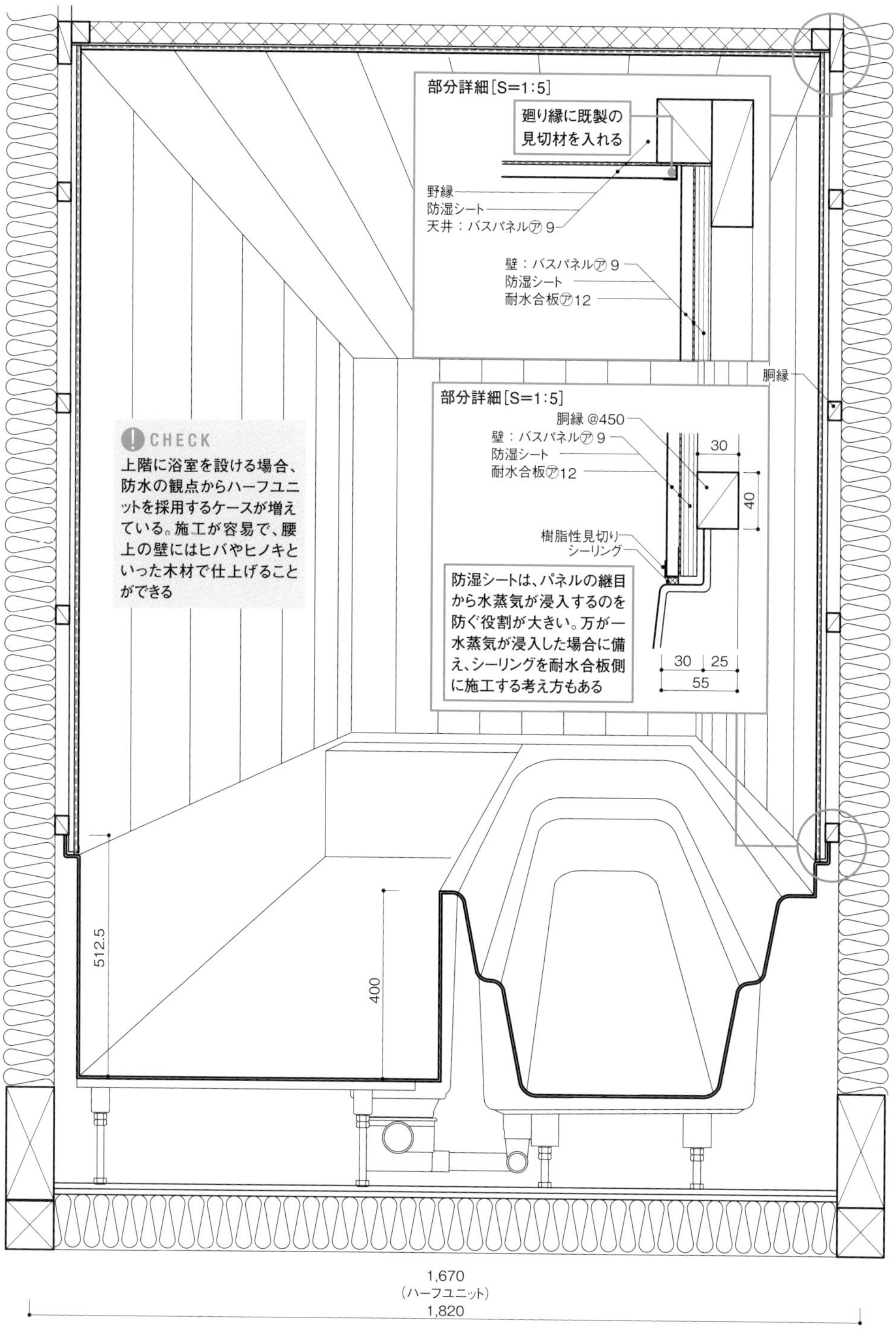
部分詳細[S=1:5]
廻り縁に既製の見切材を入れる
野縁
防湿シート
天井：バスパネル㋐9
壁：バスパネル㋐9
防湿シート
耐水合板㋐12
胴縁
部分詳細[S=1:5]
胴縁@450
壁：バスパネル㋐9
防湿シート
耐水合板㋐12
30
40
樹脂性見切り
シーリング
30
25
55
512.5
400
1,670
(ハーフユニット)
1,820
防水ライン

CHECK

上階に浴室を設ける場合、防水の観点からハーフユニットを採用するケースが増えている。施工が容易で、腰上の壁にはヒバやヒノキといった木材で仕上げることができる

防湿シートは、パネルの継目から水蒸気が浸入するのを防ぐ役割が大きい。万が一水蒸気が浸入した場合に備え、シーリングを耐水合板側に施工する考え方もある

解説：藤江創／アーバン・ファクトリー

事例 ガラス戸で開放感のある浴室をつくる

ガラス開き戸

立面図・平面図[S=1:50]

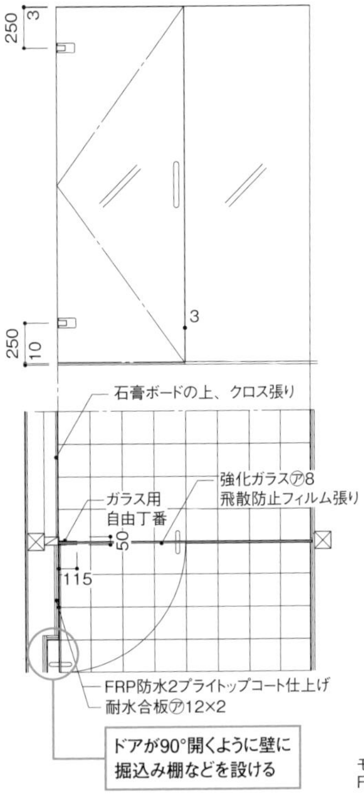

250
3
3
250
10
石膏ボードの上、クロス張り
強化ガラス㋐8
飛散防止フィルム張り
ガラス用
自由丁番
50
115
FRP防水2プライトップコート仕上げ
耐水合板㋐12×2
ドアが90°開くように壁に
掘込み棚などを設ける

断面図[S=1:10]

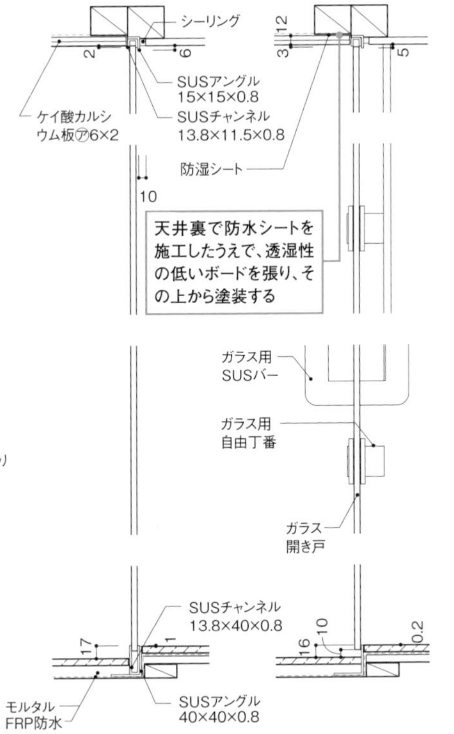

シーリング
2
6
12
3
5
SUSアングル
15×15×0.8
SUSチャンネル
13.8×11.5×0.8
ケイ酸カルシ
ウム板㋐6×2
防湿シート
10
天井裏で防水シートを
施工したうえで、透湿性
の低いボードを張り、そ
の上から塗装する
ガラス用
SUSバー
ガラス用
自由丁番
ガラス
開き戸
SUSチャンネル
13.8×40×0.8
17
1
16
10
0.2
モルタル
FRP防水
SUSアングル
40×40×0.8

2階浴室に設けられたガラスの開き戸。ガラス戸とすることで外部からの光を室内に導き、浴室が緩衝空間としての役割を果たしている

CHECK

ガラスの開き戸を浴室に設ける場合、市販されている専用の丁番を活用したい。その際、金物の耐荷重を確認し、ガラスの重量がその範囲内であることを確認する。さらに、先端が下がらないように適切な位置に丁番を設置する

ガラスの欄間の下に吊り型の引戸を設置した例。蛍光灯が仕込まれた欄間は、浴室とそのほかの部屋をつなぎながら、間接照明として機能している

CHECK

引戸には下部に戸車がついた自走型のものと、上部に滑車がついた吊り型のものがある。脱衣室と浴室をフラットにしてグレーチングを設ける場合は下部にレールを設置できないため、必然的に吊り型を選ぶことになる。この場合、滑車を下から取り外しできるものを選択すると、メンテナンスの際に防水を施した天井をはがさずに済む

ガラス引き戸

立面図・平面図[S=1:50]

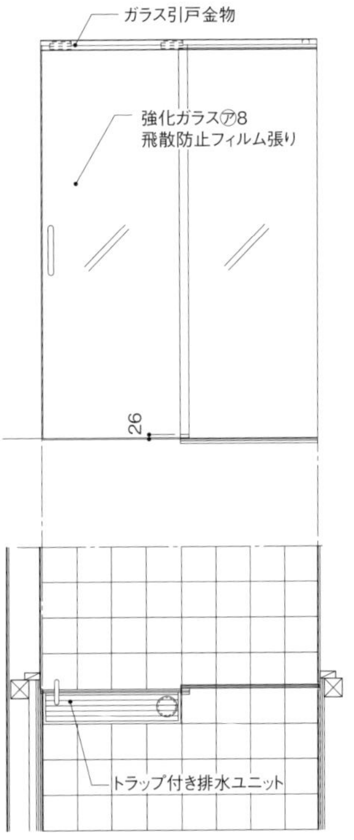

ガラス引戸金物
強化ガラス㋐8
飛散防止フィルム張り
26
トラップ付き排水ユニット

断面図[S=1:10]

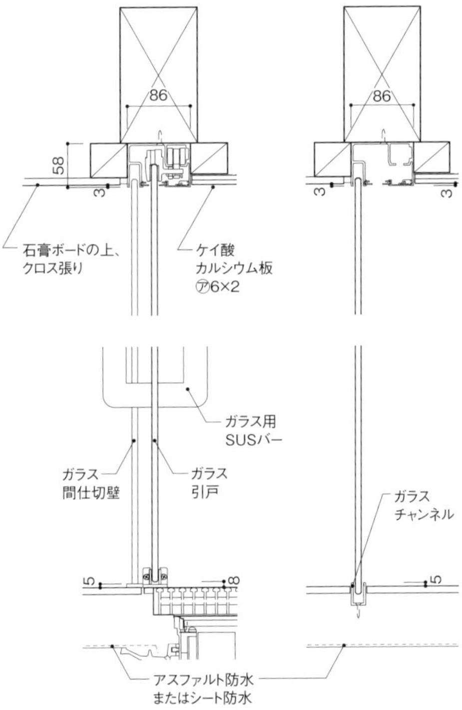

86
86
58
3
3
3
石膏ボードの上、
クロス張り
ケイ酸
カルシウム板
㋐6×2
ガラス用
SUSバー
ガラス
間仕切壁
ガラス
引戸
ガラス
チャンネル
5
8
5
アスファルト防水
またはシート防水

設計：アーバンファクトリー
写真：平井広行

事例 洗面スペース タイプ別納まり

ベッセル式洗面器＋オープンカウンター

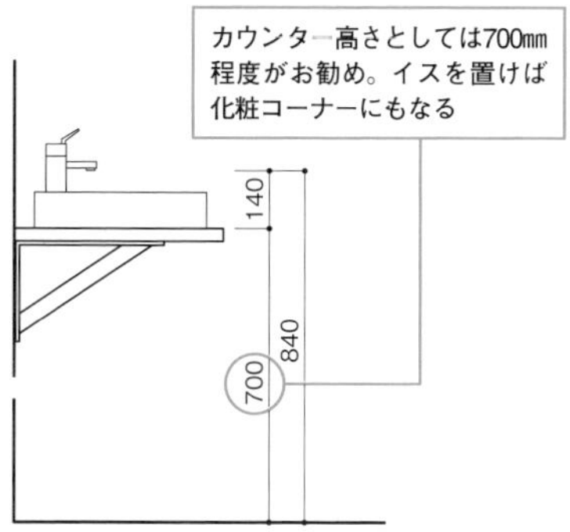
カウンター高さとしては700㎜程度がお勧め。イスを置けば化粧コーナーにもなる
140
840
700

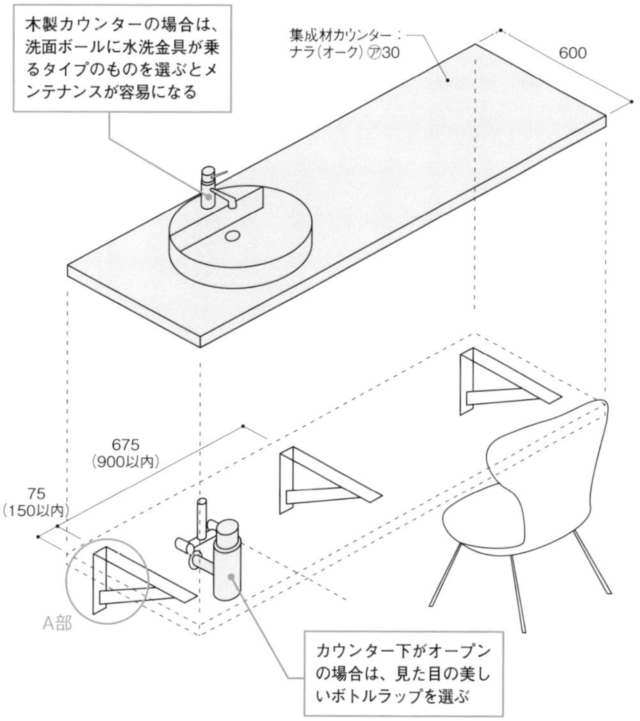
木製カウンターの場合は、洗面ボールに水洗金具が乗るタイプのものを選ぶとメンテナンスが容易になる
集成材カウンター：ナラ（オーク）㋐30
600
675
（900以内）
75
（150以内）
A部
カウンター下がオープンの場合は、見た目の美しいボトルラップを選ぶ

A部断面詳細図［S＝1:8］

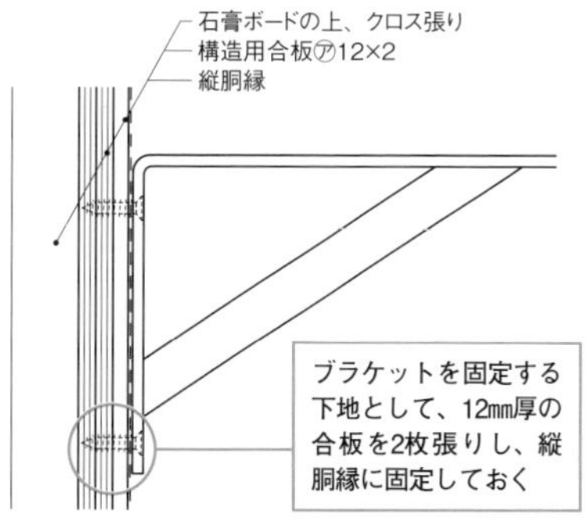
石膏ボードの上、クロス張り
構造用合板㋐12×2
縦胴縁
ブラケットを固定する下地として、12㎜厚の合板を2枚張りし、縦胴縁に固定しておく

ボウル一体型洗面カウンター

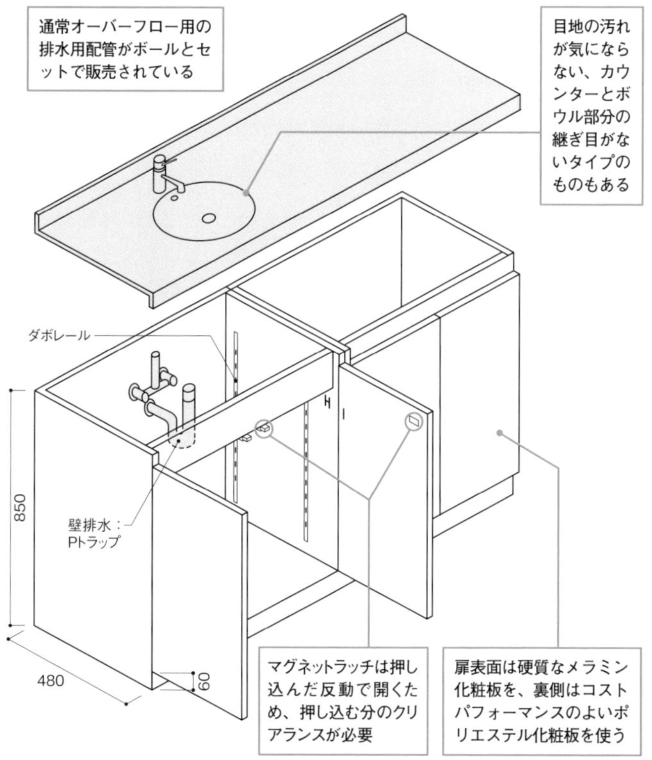
通常オーバーフロー用の排水用配管がボールとセットで販売されている
目地の汚れが気にならない、カウンターとボウル部分の継ぎ目がないタイプのものもある
ダボレール
850
壁排水：Pトラップ
480
60
マグネットラッチは押し込んだ反動で開くため、押し込む分のクリアランスが必要
扉表面は硬質なメラミン化粧板を、裏側はコストパフォーマンスのよいポリエステル化粧板を使う

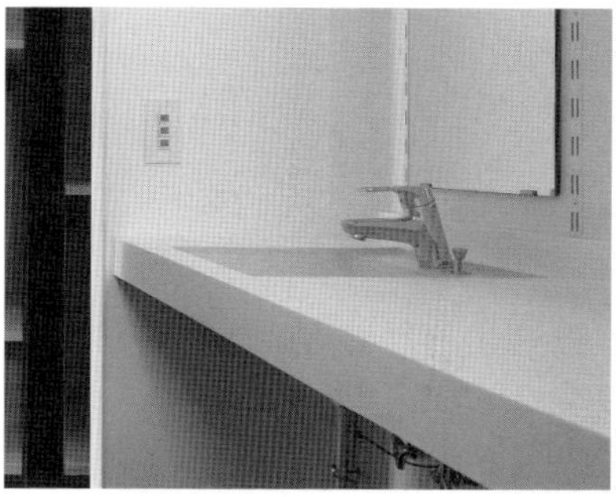

カウンターとボウル部分に継ぎ目がないタイプの洗面台。スッキリと見え、メンテナンスも容易

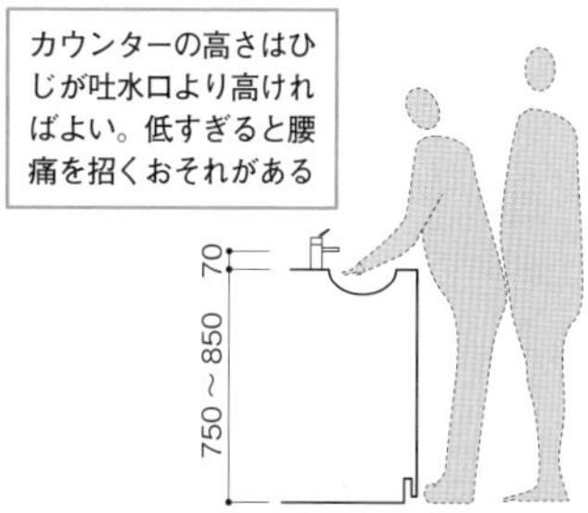
カウンターの高さはひじが吐水口より高ければよい。低すぎると腰痛を招くおそれがある
70
750～850

設計・写真：アーバンファクトリー

まるわかり！バルコニーができるまで①（先張り防水）

7

防水性が要となるバルコニーの施工手順は2種類ある。まずは先張り防水シートを施し、2重防水とする方法の手順を押さえておく

STEP 1 窓台に先張り防水シートを張る

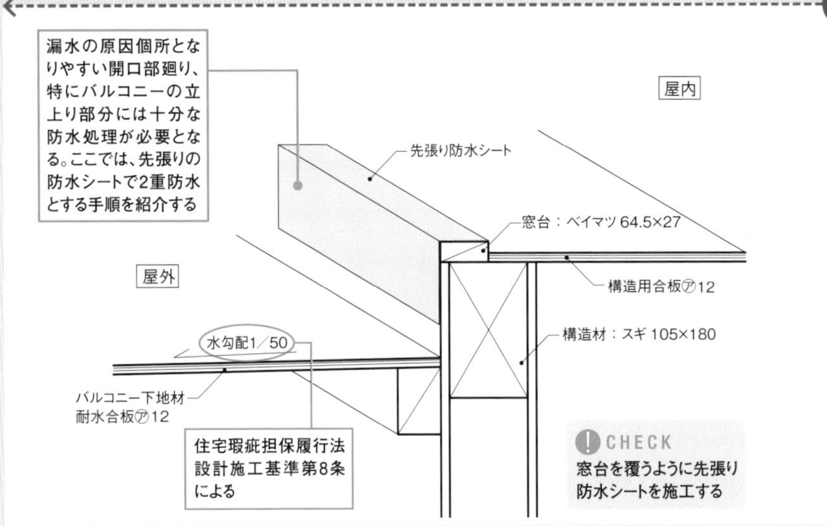
漏水の原因個所となりやすい開口部廻り、特にバルコニーの立上り部分には十分な防水処理が必要となる。ここでは、先張りの防水シートで2重防水とする手順を紹介する
屋内
屋外
先張り防水シート
窓台：ベイマツ 64.5×27
構造用合板㋐12
構造材：スギ 105×180
水勾配1／50
バルコニー下地材
耐水合板㋐12
住宅瑕疵担保履行法設計施工基準第8条による
CHECK
窓台を覆うように先張り防水シートを施工する

STEP 2 バルコニー下地に防水シートを張る

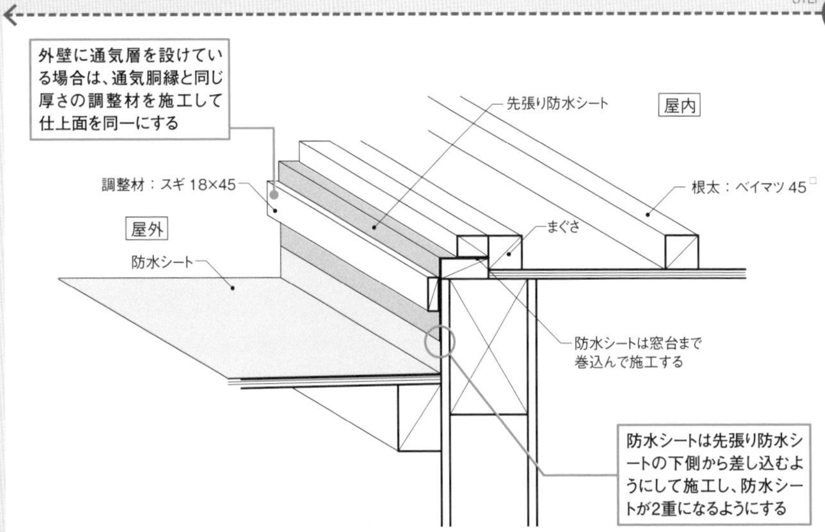
外壁に通気層を設けている場合は、通気胴縁と同じ厚さの調整材を施工して仕上面を同一にする
先張り防水シート
屋内
調整材：スギ 18×45
根太：ベイマツ 45□
屋外
まぐさ
防水シート
防水シートは窓台まで巻込んで施工する
防水シートは先張り防水シートの下側から差し込むようにして施工し、防水シートが2重になるようにする

STEP 3 サッシ下枠と防水下地を施工する

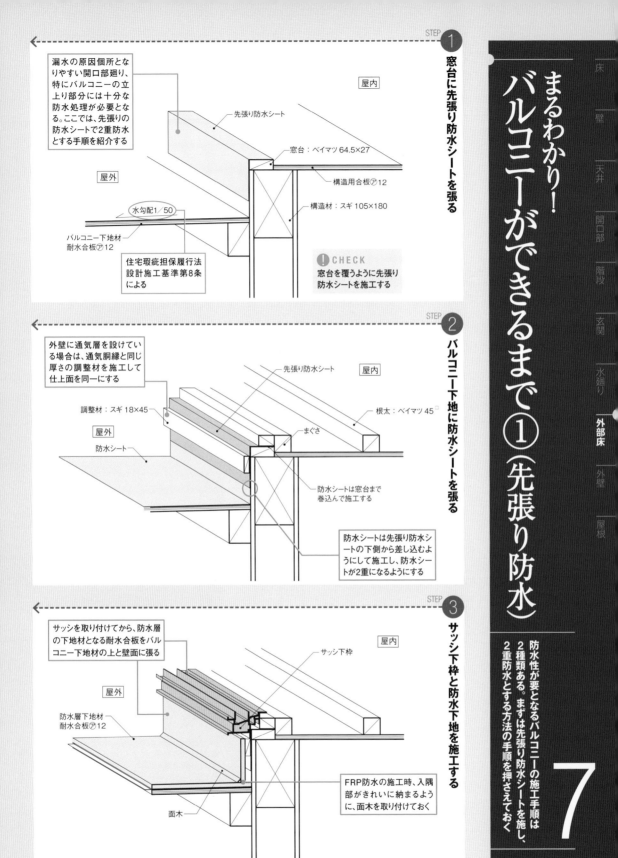

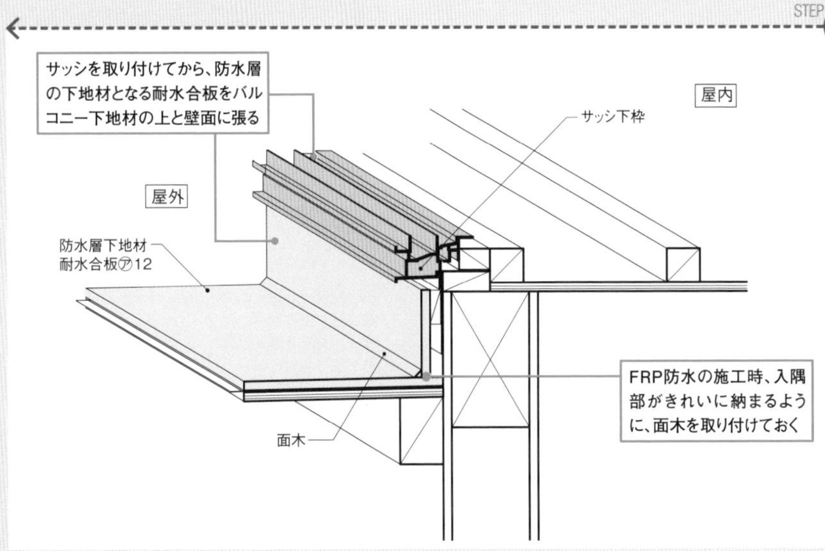
サッシを取り付けてから、防水層の下地材となる耐水合板をバルコニー下地材の上と壁面に張る
屋内
サッシ下枠
屋外
防水層下地材
耐水合板㋐12
FRP防水の施工時、入隅部がきれいに納まるように、面木を取り付けておく
面木

耐水合板の上からFRP防水を施工する。FRP防水はサッシ下枠の部分まで立ち上げる

屋内

サッシ下枠

フローリング：ナラ⑦15

屋外

FRP防水層

シーリング

サッシ下枠、FRP防水層の終端部分にはシーリングを施工する

室内の床にフローリングを張る

FRP防水層の立上がりは、水上のサッシ下場で120mm以上、そのほかの部分では250mm以上とする（住宅瑕疵担保履行法 設計施工基準第8条）

スノコ：
ヒノキ
木材保護塗料

防水工事は完了。室内との段差を解消したり、意匠的に床レベルをそろえたい場合はスノコなどを設ける。スノコには耐水・耐候性の高いヒノキなどを使い、木材保護塗料を施す

断面詳細図［S＝1:10］

サッシ前は網戸のメンテナンスのために30mmほどスノコをカットしておく

調整材：スギ 45×18

スノコ：ヒノキ

先張り防水シート

窓台：ベイマツ 64.5×27

フローリング：ナラ⑦15

構造用合板⑦12

根太：ベイマツ 45□

水勾配1/50

FRP防水層

防水シート

バルコニー下地材
耐水合板⑦12

構造用合板⑦12

構造材：スギ 105×180

水がここで止まらないように、現場では通気用基礎パッキンなどを敷くことが多い

解説：服部郁子／アーキキャラバン建築設計事務所

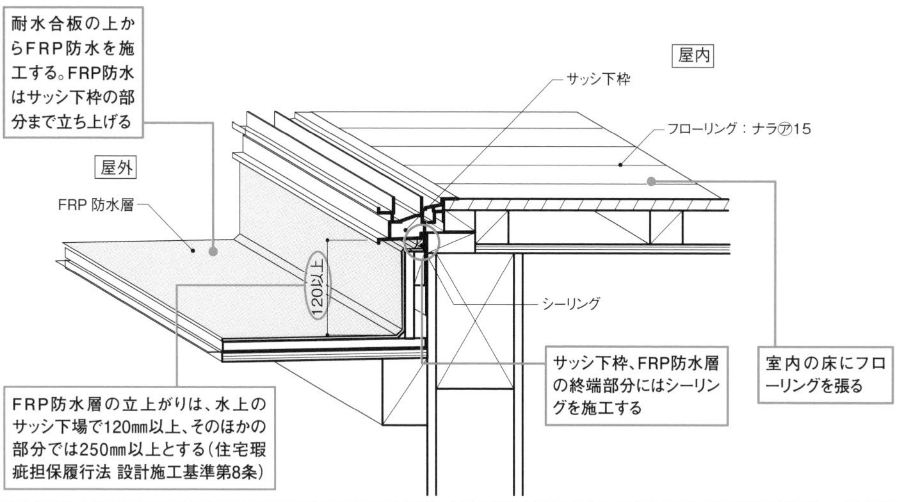

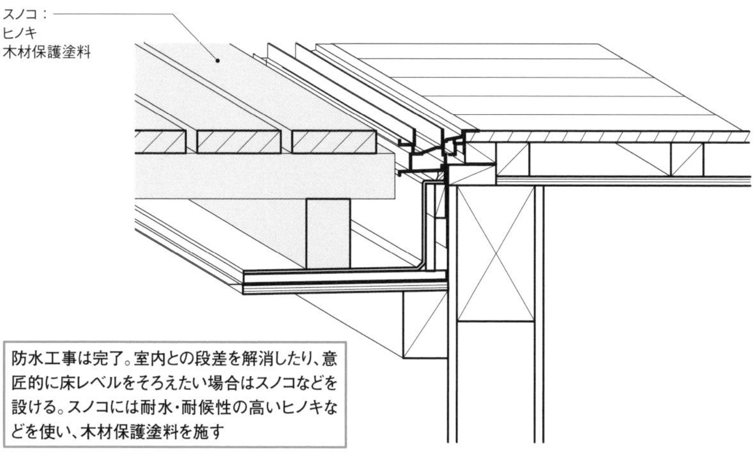

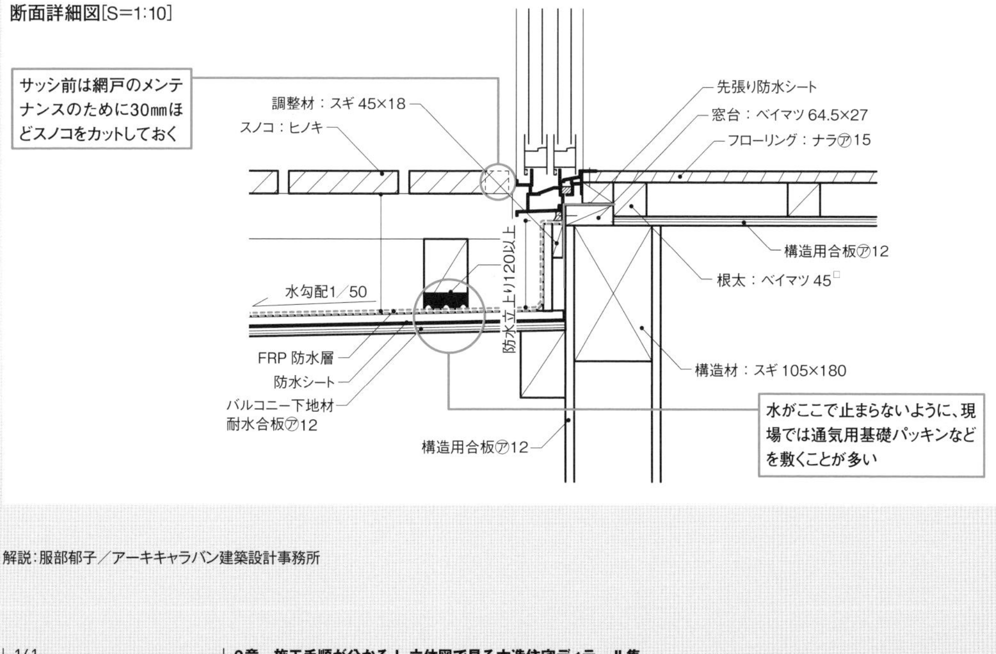

バルコニー

「水を入れない（防水）」と、「空気を通す（通気）」を両立させることが、健全な木造のバルコニーをつくる

防水の要所を押さえる

1 笠木、持出し部、壁との取合いの雨仕舞い

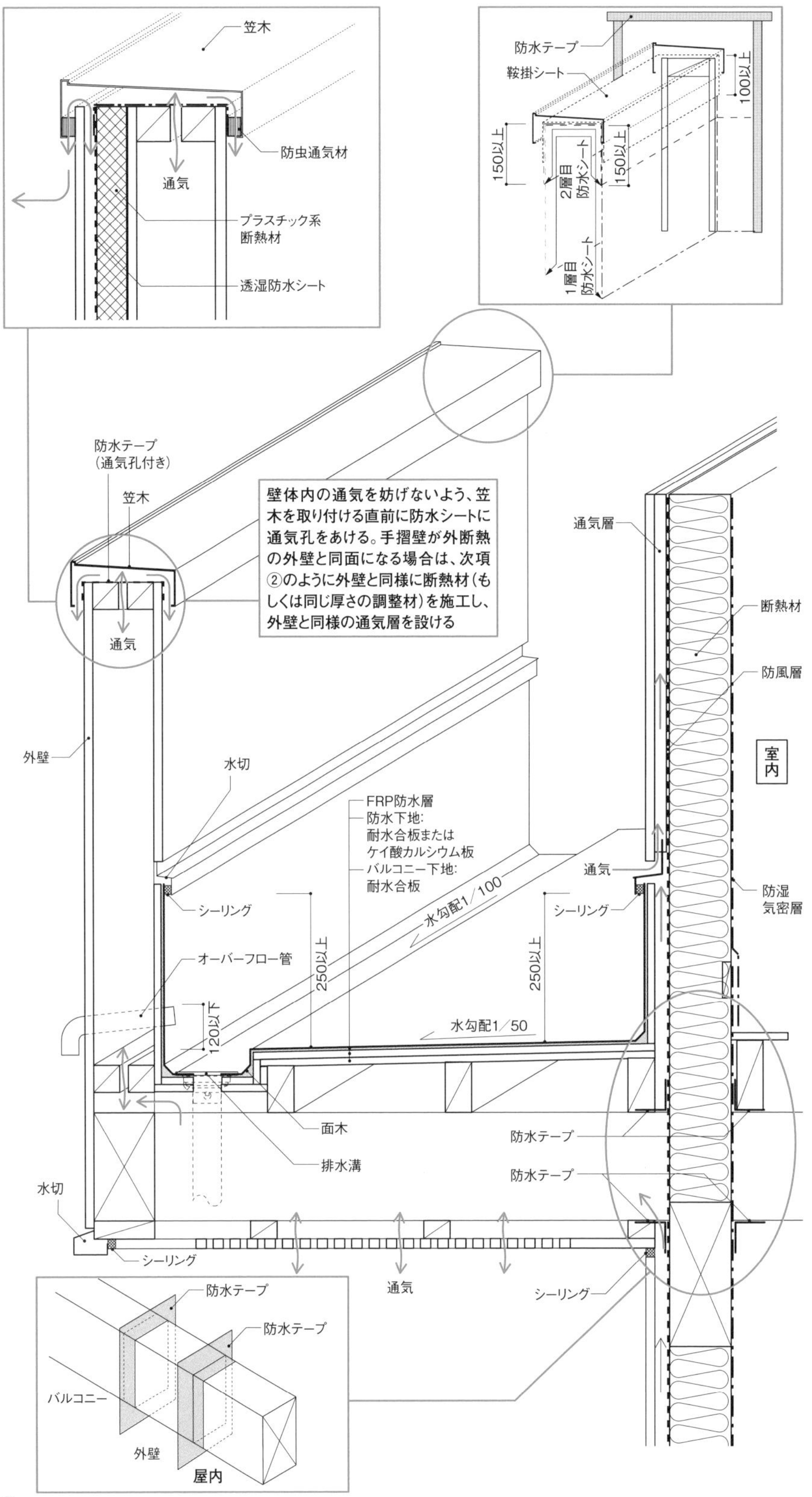
笠木
防虫通気材
通気
プラスチック系
断熱材
透湿防水シート
防水テープ
鞍掛シート
100以上
150以上
150以上
2層目
防水シート
1層目
防水シート
防水テープ
（通気孔付き）
笠木
壁体内の通気を妨げないよう、笠木を取り付ける直前に防水シートに通気孔をあける。手摺壁が外断熱の外壁と同面になる場合は、次項②のように外壁と同様に断熱材（もしくは同じ厚さの調整材）を施工し、外壁と同様の通気層を設ける
通気
通気層
断熱材
防風層
外壁
室内
水切
FRP防水層
防水下地：
耐水合板または
ケイ酸カルシウム板
バルコニー下地：
耐水合板
通気
防湿
気密層
シーリング
シーリング
水勾配1／100
オーバーフロー管
250以上
250以上
120以下
水勾配1／50
面木
排水溝
防水テープ
防水テープ
水切
シーリング
通気
シーリング
防水テープ
防水テープ
バルコニー
外壁
屋内

② 防水層を立ち上げる場合(通気層あり、外張断熱)

パラペットのように外壁が延長し、防水層を天端まで立上げる場合は、通気層より内側に水が入らないよう、断熱材を覆うようにしてFRPなどの防水層を施工する

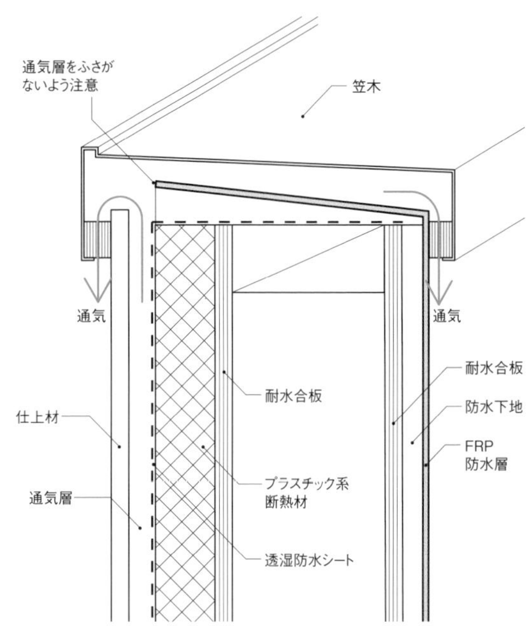

通気層をふさがないよう注意
笠木
通気
通気
耐水合板
耐水合板
防水下地
仕上材
FRP
防水層
プラスチック系
断熱材
通気層
透湿防水シート

③ 笠木上部に手摺を取り付ける(通気層なし)

手摺壁内に通気層を設けない場合で、笠木の上部に手摺を取り付ける場合。笠木取付け用のビスの下を弾性防水テープなどで防水補強する。また、万一内部に水が入った場合に備え、笠木内部の通気を確保しておく

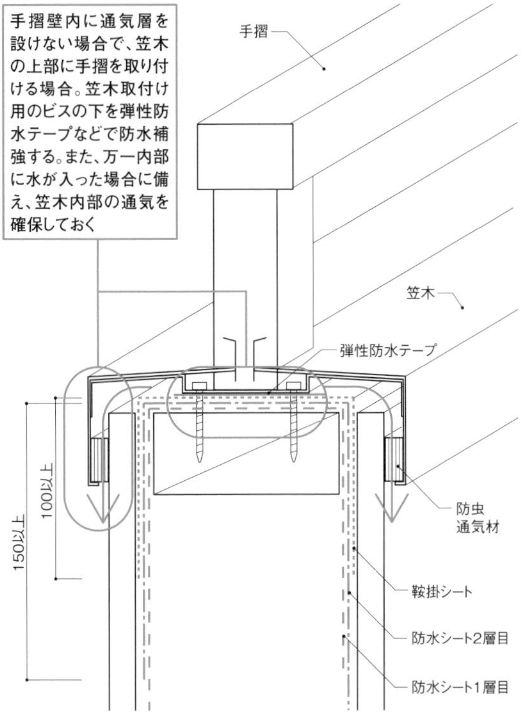

手摺
笠木
弾性防水テープ
100以上
150以上
防虫
通気材
鞍掛シート
防水シート2層目
防水シート1層目

④ 外壁側、防水層の立上り部分(充填断熱)

防水層の立上りは水上から250㎜以上とし、端部はシーリング処理をする

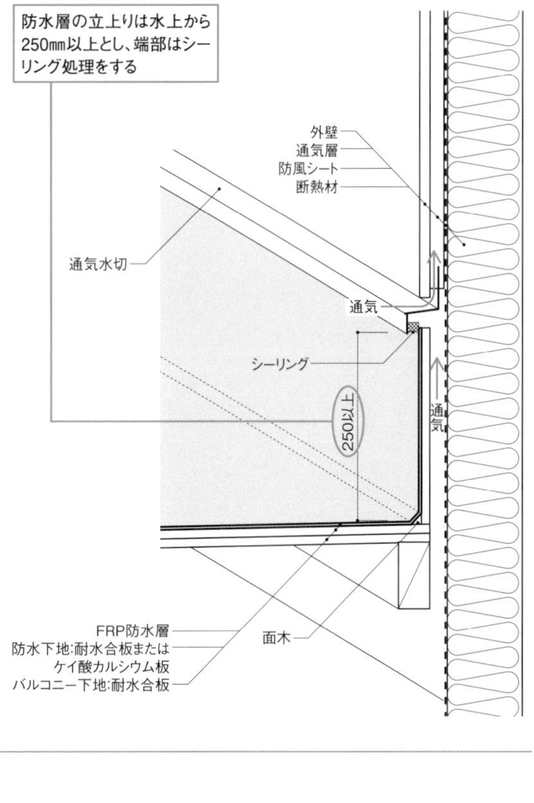

外壁
通気層
防風シート
断熱材
通気水切
通気
シーリング
250以上
通気
FRP防水層
防水下地:耐水合板または
ケイ酸カルシウム板
バルコニー下地:耐水合板
面木

⑤ 排水廻りの処理

オーバーフロー管は防水立上りの一番低いラインである開口部下120㎜より低い位置に設置する。オーバーフロー管の貫通部は弾性防水テープなどで防水補強する

水勾配は、バルコニー面では1/50以上、排水溝内部では1/100以上とする

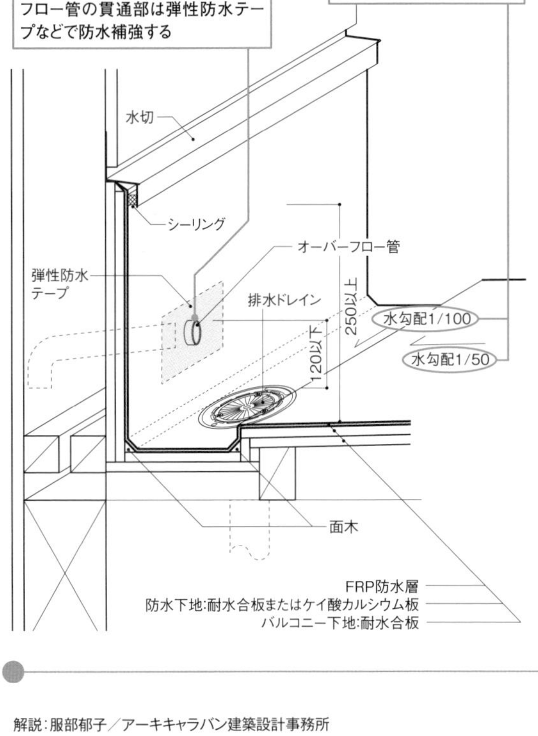

水切
シーリング
オーバーフロー管
弾性防水
テープ
排水ドレイン
250以上
120以下
水勾配1/100
水勾配1/50
面木
FRP防水層
防水下地:耐水合板またはケイ酸カルシウム板
バルコニー下地:耐水合板

解説:服部郁子/アーキキャラバン建築設計事務所

窓台、調整材の取付け

外壁に通気層を設けている場合は、仕上げ面をそろえるため、調整材を施工する

調整材：スギ 18×45

窓台：ベイマツ 64.5×27

構造用合板⑦ 12

水勾配1／50

構造材：スギ 105×180

バルコニー下地材：耐水合板⑦ 12
水勾配1／50

構造用合板⑦ 12

防水下地を施工する

入隅や出隅には面木を設け、FRP防水層がなめらかに施工できるようにする

面木

防水下地材
耐水合板⑦ 12

窓台を覆う部分までFRP防水層を施工する

窓台を覆う部分まで施工することで防水性が高くなる

下地がぬれていると下地と防水層が密着しないので注意する

面木

FRP防水層
水勾配 1／50

120以上

FRP防水層の立上がりは、水上でサッシ下端では120mm以上、そのほかの部分では250mm以上とする

ⒾCHECK
FRP防水は防水の安定性のため、ガラスマット補強材を2層以上施す

まるわかり！
バルコニーができるまで②（防水先工事）

サッシ下枠取付け前に防水工事を行う方法。下枠取付け前に窓台を覆う部分まで防水層を施すことで防水性をより高くすることができる

8

床
壁
天井
開口部
階段
玄関
水廻り
外部床
外壁

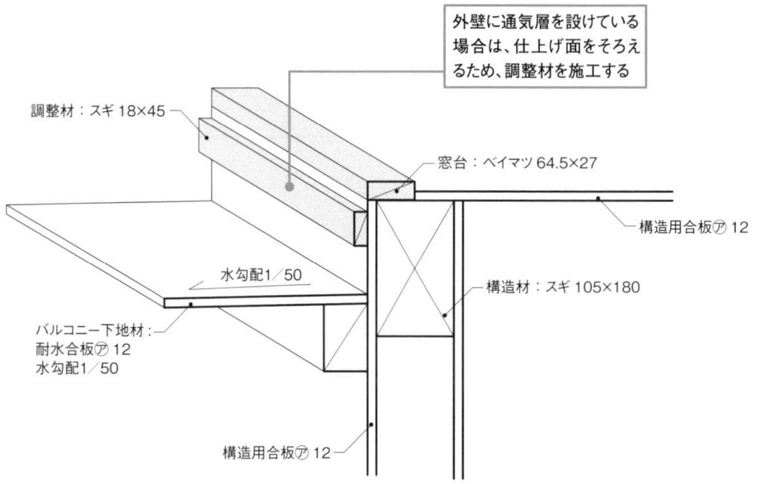

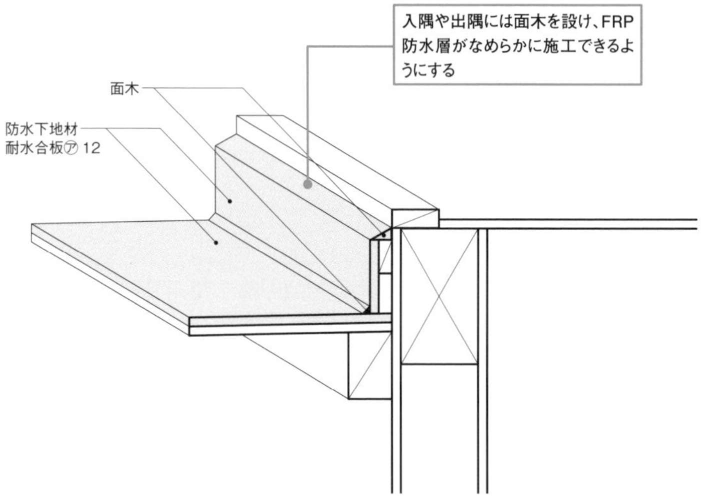

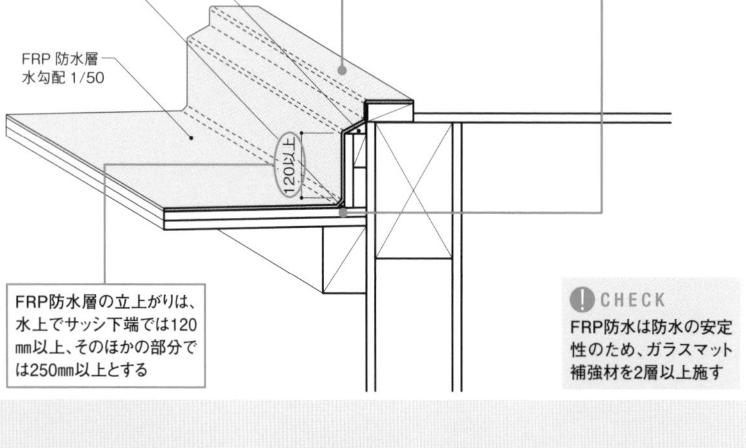

STEP 4

サッシを取り付け、取合い部にシーリングを施す

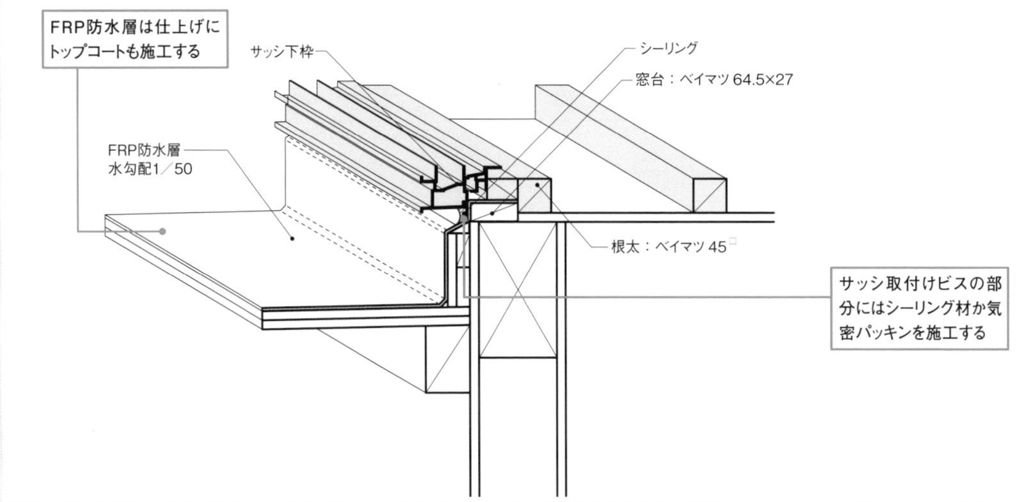

FRP防水層は仕上げに
トップコートも施工する
サッシ下枠
シーリング
窓台：ベイマツ 64.5×27
FRP防水層
水勾配1／50
根太：ベイマツ 45□
サッシ取付けビスの部
分にはシーリング材か気
密パッキンを施工する

STEP 5

床レベルに合わせてスノコを設置して完成

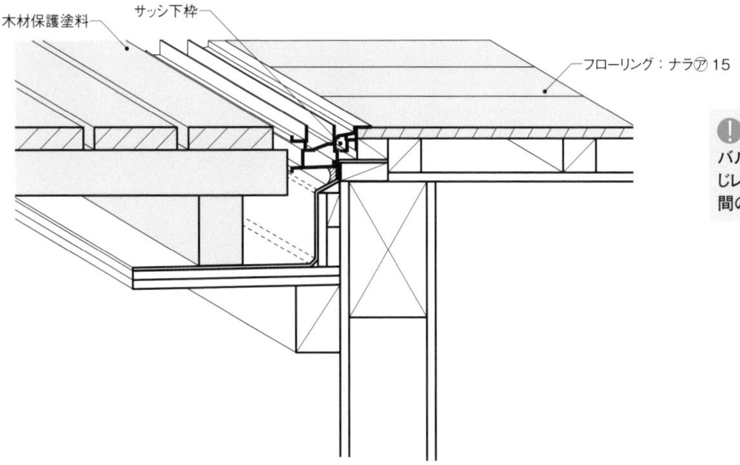

スノコ：ヒノキ 木材保護塗料
サッシ下枠
フローリング：ナラ㋐ 15

CHECK
バルコニーと内部床を同じレベルにすることで、空間の連続性が生まれる

詳細図で確認しよう！

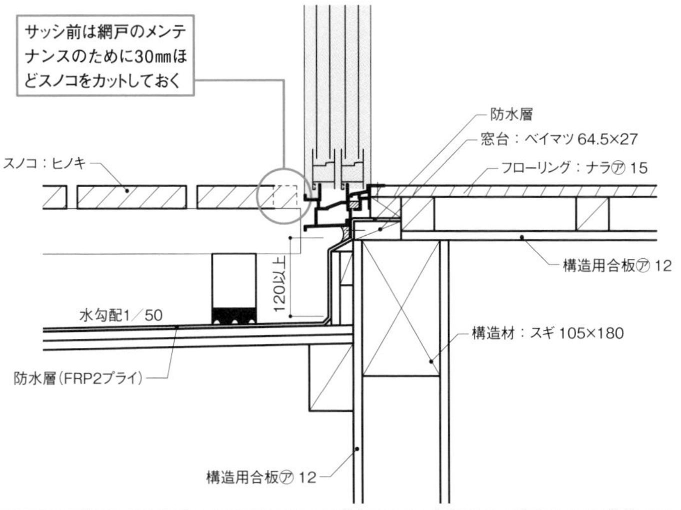

サッシ前は網戸のメンテ
ナンスのために30㎜ほ
どスノコをカットしておく
防水層
窓台：ベイマツ 64.5×27
フローリング：ナラ㋐ 15
スノコ：ヒノキ
構造用合板㋐ 12
120以上
水勾配1／50
構造材：スギ 105×180
防水層（FRP2プライ）
構造用合板㋐ 12

解説：服部郁子／アーキキャラバン建築設計事務所

バルコニー断面詳細図[S=1:30]

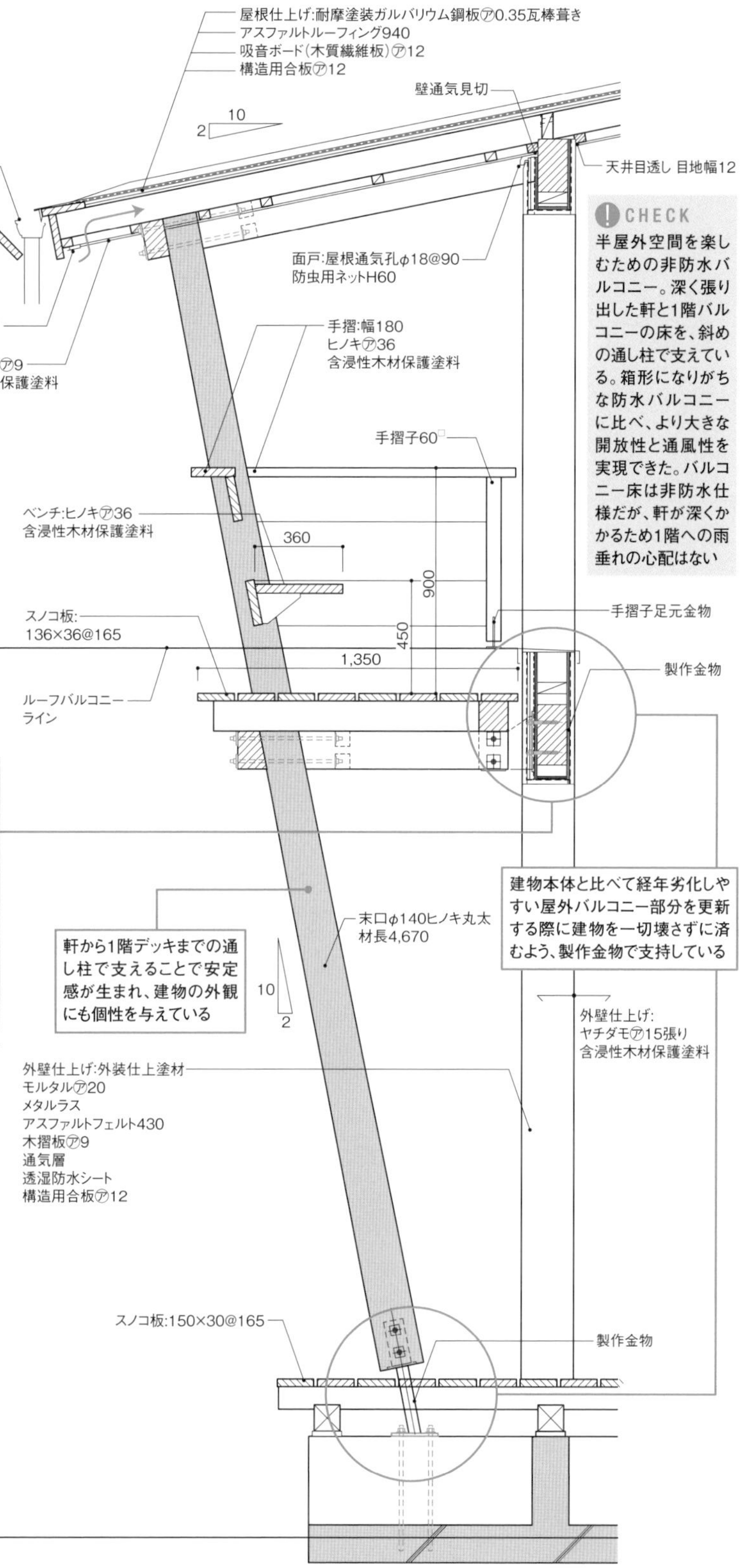
屋根仕上げ:耐摩塗装ガルバリウム鋼板㋐0.35瓦棒葺き
アスファルトルーフィング940
吸音ボード(木質繊維板)㋐12
構造用合板㋐12
壁通気見切
軒高さ
+5,570
10
2
天井目透し 目地幅12
軒樋
鼻隠し30×240
面戸:屋根通気孔φ18@90
防虫用ネットH60
軒天換気材
軒天:スギ板㋐9
含浸性木材保護塗料
手摺:幅180
ヒノキ㋐36
含浸性木材保護塗料
2,210
手摺子60□
ベンチ:ヒノキ㋐36
含浸性木材保護塗料
360
900
スノコ板:
136×36@165
450
手摺子足元金物
2FL
+3,360
1,350
製作金物
ルーフバルコニー
ライン
建物本体と比べて経年劣化しやすい屋外バルコニー部分を更新する際に建物を一切壊さずに済むよう、製作金物で支持している
軒から1階デッキまでの通し柱で支えることで安定感が生まれ、建物の外観にも個性を与えている
末口φ140ヒノキ丸太
材長4,670
10
2
外壁仕上げ:
ヤチダモ㋐15張り
含浸性木材保護塗料
外壁仕上げ:外装仕上塗材
モルタル㋐20
メタルラス
アスファルトフェルト430
木摺板㋐9
通気層
透湿防水シート
構造用合板㋐12
1階階高 2,730
スノコ板:150×30@165
製作金物
1FL
+630
630
設計GL
±0

CHECK

半屋外空間を楽しむための非防水バルコニー。深く張り出した軒と1階バルコニーの床を、斜めの通し柱で支えている。箱形になりがちな防水バルコニーに比べ、より大きな開放性と通風性を実現できた。バルコニー床は非防水仕様だが、軒が深くかかるため1階への雨垂れの心配はない

梁部分に取りついた製作金物。バルコニー部分が単体で更新できるようになっている

事例　半屋外空間を実現したバルコニー

2階

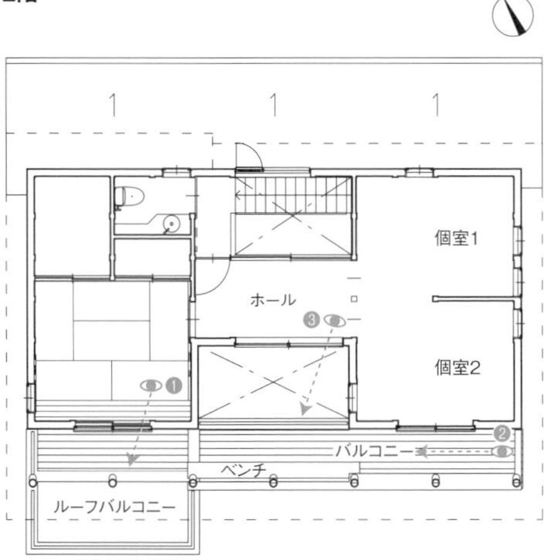

室内からバルコニーを見る（写真❶）。バルコニーのスノコは和室の畳、板敷きと同レベルで続き、立上りを経てルーフバルコニーへと続く。ルーフバルコニーはFRP防水層の上に軽量土を入れ緑化した仕様。ルーフバルコニーの手前、屋外側に見えるのは手摺を兼ねたカウンターとベンチ（写真❷）

1階

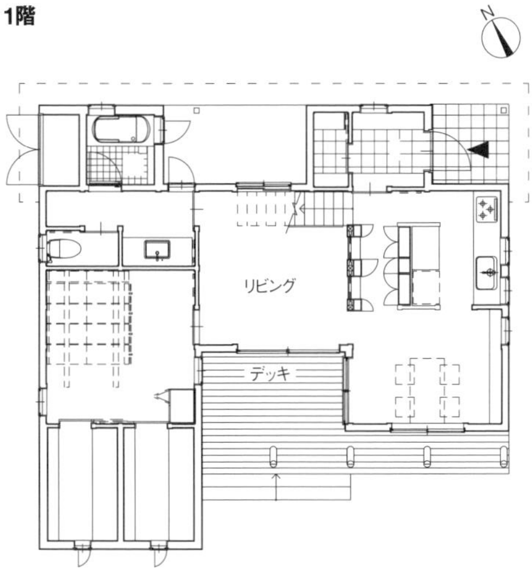

2階からバルコニーと1階デッキを見下ろす（写真❸）。1階デッキのスノコは室内のフローリングと同じレベルで続き、半屋外空間を実現している

設計：神田雅子＋服部郁子／アーキキャラバン建築設計事務所
写真：木田勝久／FOTOTECA

まるわかり！外壁ができるまで

9

通気工法の外壁の施工手順を解説する。内部の通気を確保しつつ、浸入した水を確実に排出することが重要となる。基礎と土台の取合い部には必ず水切りを設けたい

STEP 1 基礎に土台と柱を設置する

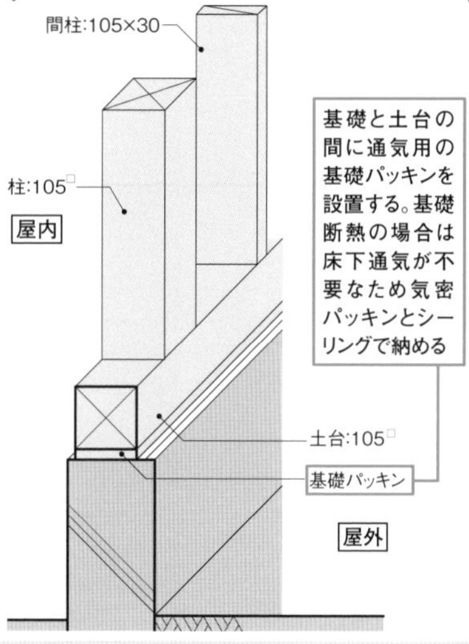
間柱:105×30
柱:105□
屋内
基礎と土台の間に通気用の基礎パッキンを設置する。基礎断熱の場合は床下通気が不要なため気密パッキンとシーリングで納める
土台:105□
基礎パッキン
屋外

STEP 2 土台・柱に構造用合板を張る

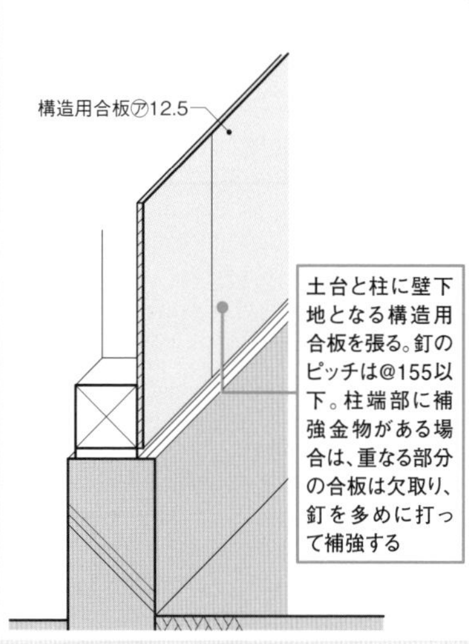
構造用合板㋐12.5
土台と柱に壁下地となる構造用合板を張る。釘のピッチは@155以下。柱端部に補強金物がある場合は、重なる部分の合板は欠取り、釘を多めに打って補強する

STEP 3 構造用合板の上から水切りを設置する

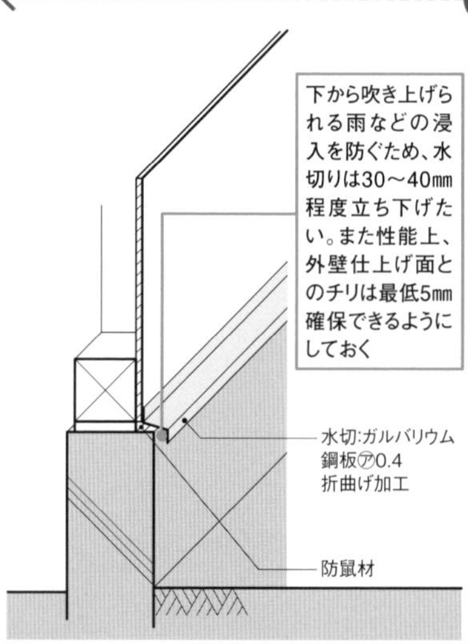
下から吹き上げられる雨などの浸入を防ぐため、水切りは30～40㎜程度立ち下げたい。また性能上、外壁仕上げ面とのチリは最低5㎜確保できるようにしておく
水切:ガルバリウム鋼板㋐0.4折曲げ加工
防鼠材

STEP 4 透湿防水シートを張る

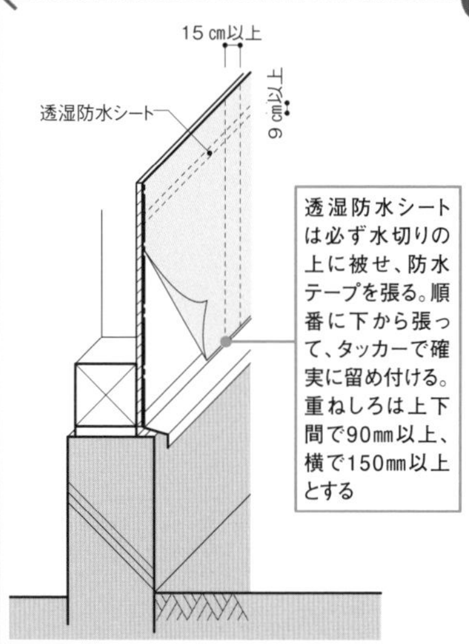
15 ㎝以上
6 ㎝以上
透湿防水シート
透湿防水シートは必ず水切りの上に被せ、防水テープを張る。順番に下から張って、タッカーで確実に留め付ける。重ねしろは上下間で90㎜以上、横で150㎜以上とする

STEP 5 通気のための胴縁を設置する

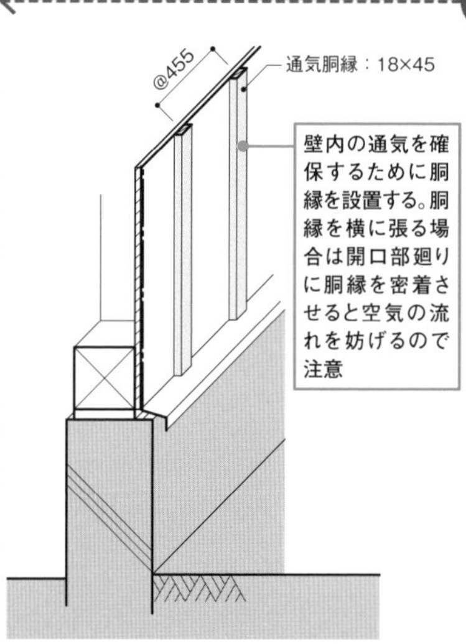
@455
通気胴縁：18×45
壁内の通気を確保するために胴縁を設置する。胴縁を横に張る場合は開口部廻りに胴縁を密着させると空気の流れを妨げるので注意

STEP 6 外壁の下地を施工し、仕上げて完成

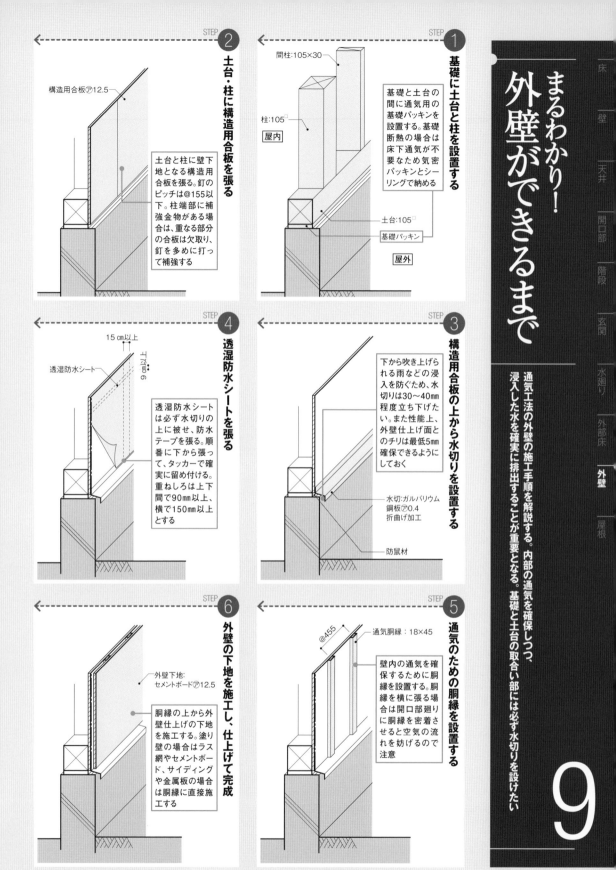

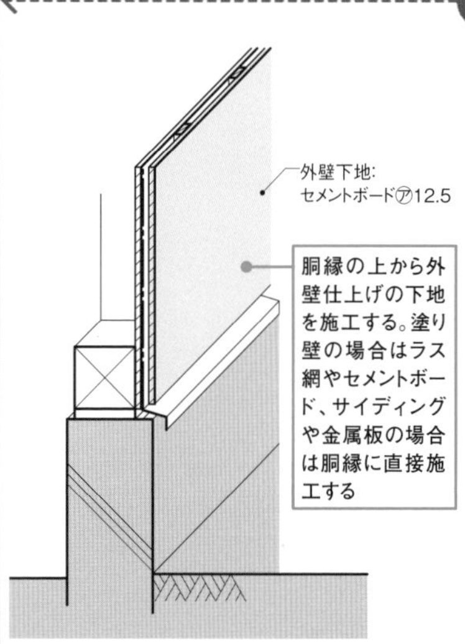
外壁下地:セメントボード㋐12.5
胴縁の上から外壁仕上げの下地を施工する。塗り壁の場合はラス網やセメントボード、サイディングや金属板の場合は胴縁に直接施工する

入隅・出隅の納まり

1 入隅(サイディング)

[S=1:12]

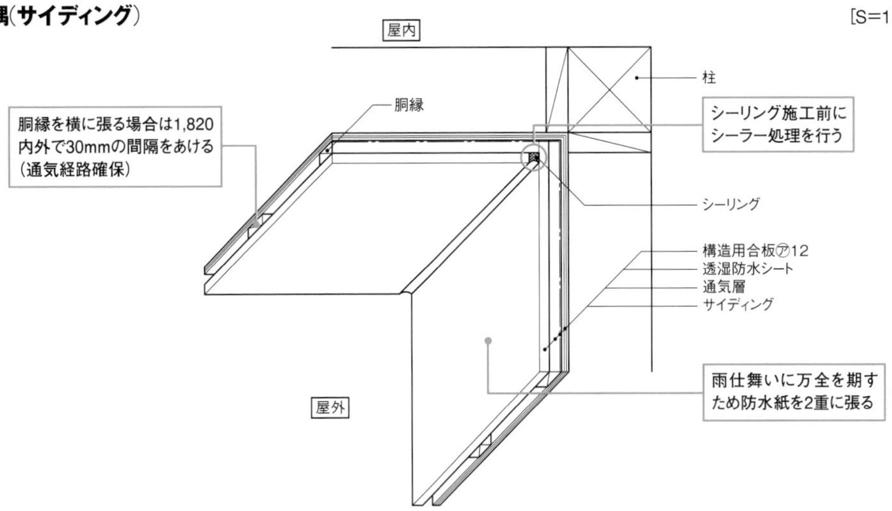
屋内
柱
胴縁
胴縁を横に張る場合は1,820内外で30mmの間隔をあける(通気経路確保)
シーリング施工前にシーラー処理を行う
シーリング
構造用合板㋐12
透湿防水シート
通気層
サイディング
雨仕舞いに万全を期すため防水紙を2重に張る
屋外

2 入隅(板張り)

[S=1:12]

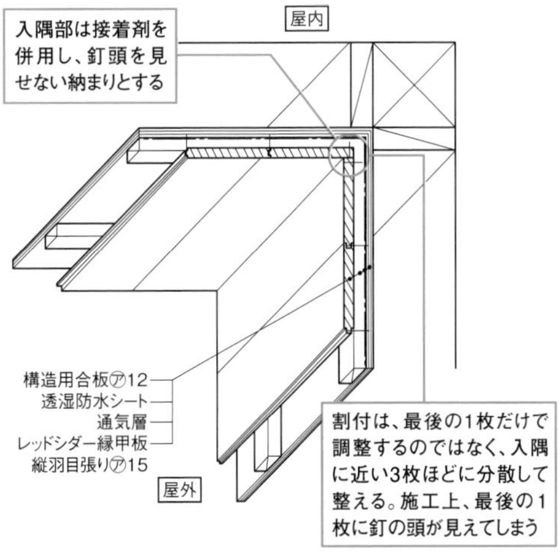
屋内
入隅部は接着剤を併用し、釘頭を見せない納まりとする
構造用合板㋐12
透湿防水シート
通気層
レッドシダー縁甲板縦羽目張り㋐15
割付は、最後の1枚だけで調整するのではなく、入隅に近い3枚ほどに分散して整える。施工上、最後の1枚に釘の頭が見えてしまう
屋外

3 入隅(金属板)

[S=1:12]

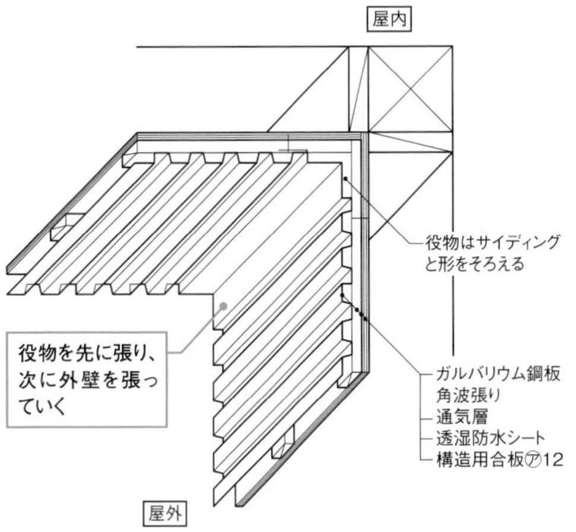
屋内
役物はサイディングと形をそろえる
役物を先に張り、次に外壁を張っていく
ガルバリウム鋼板角波張り
通気層
透湿防水シート
構造用合板㋐12
屋外

4 出隅(サイディング)

[S=1:12]

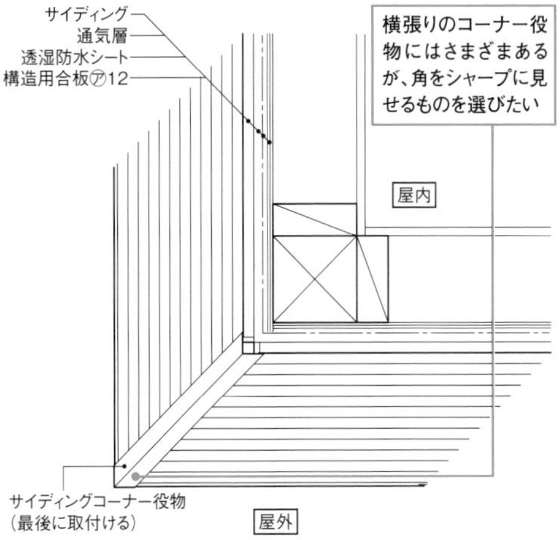
サイディング
通気層
透湿防水シート
構造用合板㋐12
横張りのコーナー役物にはさまざまあるが、角をシャープに見せるものを選びたい
屋内
サイディングコーナー役物(最後に取付ける)
屋外

5 出隅(金属板)

[S=1:12]

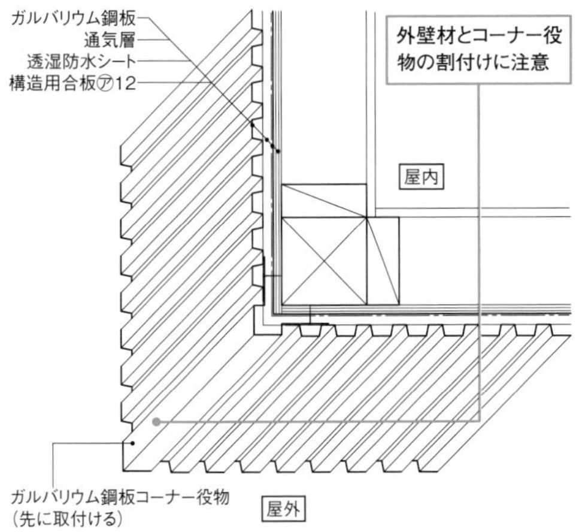
ガルバリウム鋼板
通気層
透湿防水シート
構造用合板㋐12
外壁材とコーナー役物の割付けに注意
屋内
ガルバリウム鋼板コーナー役物(先に取付ける)
屋外

解説:安田博道/環境デザイン・アトリエ

① 充填断熱(金属・サイディング仕上げ)

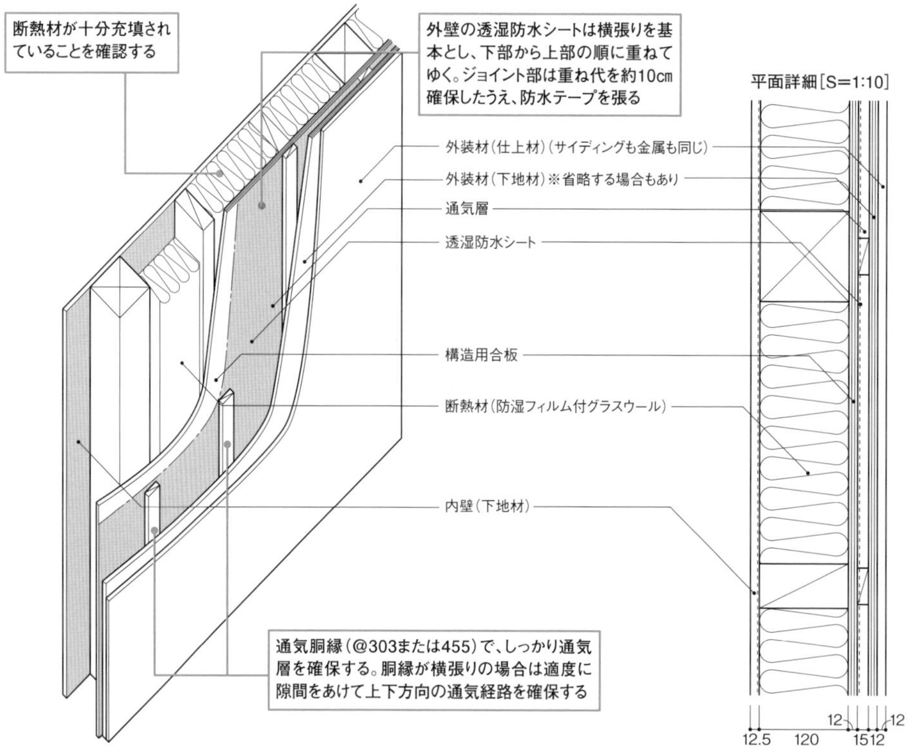
断熱材が十分充填されていることを確認する
外壁の透湿防水シートは横張りを基本とし、下部から上部の順に重ねてゆく。ジョイント部は重ね代を約10㎝確保したうえ、防水テープを張る
平面詳細[S=1:10]
外装材(仕上材)(サイディングも金属も同じ)
外装材(下地材)※省略する場合もあり
通気層
透湿防水シート
構造用合板
断熱材(防湿フィルム付グラスウール)
内壁(下地材)
通気胴縁(@303または455)で、しっかり通気層を確保する。胴縁が横張りの場合は適度に隙間をあけて上下方向の通気経路を確保する
12
12
12.5
120
15
12

② 充填断熱(左官仕上げ)

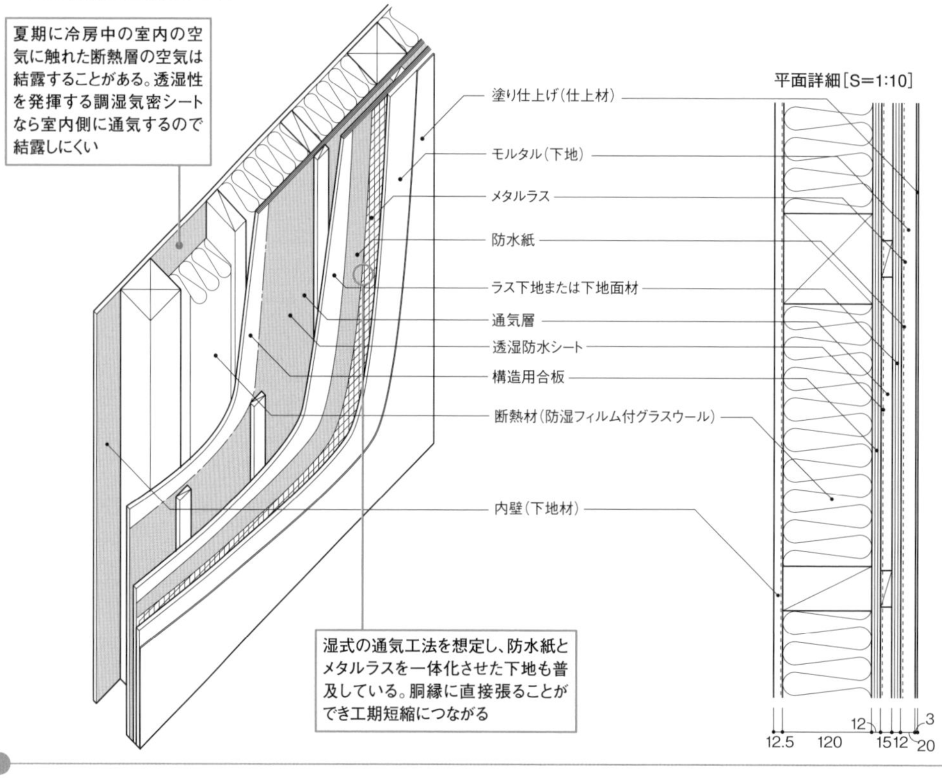
夏期に冷房中の室内の空気に触れた断熱層の空気は結露することがある。透湿性を発揮する調湿気密シートなら室内側に通気するので結露しにくい
平面詳細[S=1:10]
塗り仕上げ(仕上材)
モルタル(下地)
メタルラス
防水紙
ラス下地または下地面材
通気層
透湿防水シート
構造用合板
断熱材(防湿フィルム付グラスウール)
内壁(下地材)
湿式の通気工法を想定し、防水紙とメタルラスを一体化させた下地も普及している。胴縁に直接張ることができ工期短縮につながる
12
3
12.5
120
15
12
20

3 外張り断熱（金属仕上げ・サイディング仕上げ）

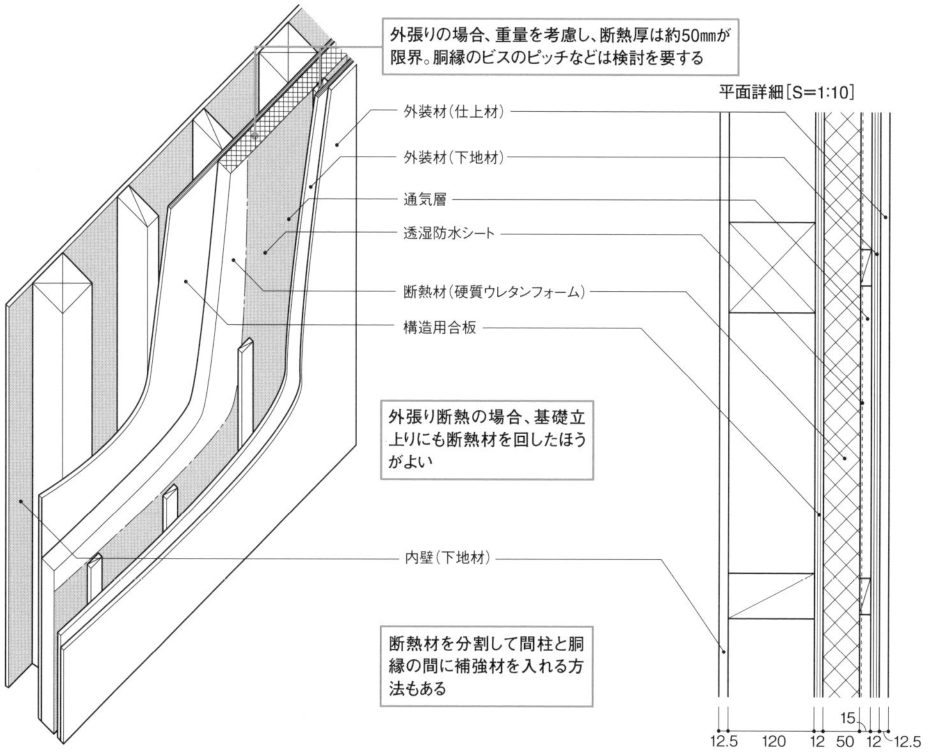

外張りの場合、重量を考慮し、断熱厚は約50㎜が限界。胴縁のビスのピッチなどは検討を要する
平面詳細［S=1:10］
外装材（仕上材）
外装材（下地材）
通気層
透湿防水シート
断熱材（硬質ウレタンフォーム）
構造用合板
外張り断熱の場合、基礎立上りにも断熱材を回したほうがよい
内壁（下地材）
断熱材を分割して間柱と胴縁の間に補強材を入れる方法もある
15
12.5
120
12
50
12
12.5

4 外張り断熱（左官仕上げ）

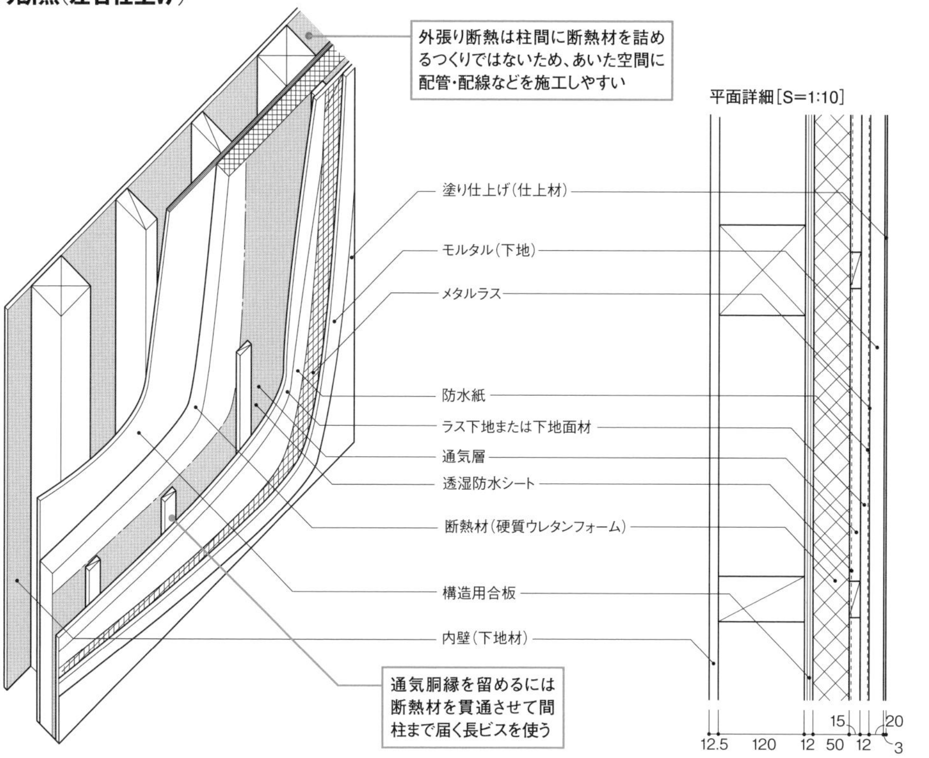

外張り断熱は柱間に断熱材を詰めるつくりではないため、あいた空間に配管・配線などを施工しやすい
平面詳細［S=1:10］
塗り仕上げ（仕上材）
モルタル（下地）
メタルラス
防水紙
ラス下地または下地面材
通気層
透湿防水シート
断熱材（硬質ウレタンフォーム）
構造用合板
内壁（下地材）
通気胴縁を留めるには断熱材を貫通させて間柱まで届く長ビスを使う
15
20
12.5
120
12
50
12
3

解説：安田博道／環境デザイン・アトリエ

外壁

まるわかり! 屋根ができるまで

新築の採用で増加している金属屋根の一般的な施工事例を紹介するが、瓦屋根やスレート屋根でも手順はほぼ同じだ

10

STEP 1 骨組

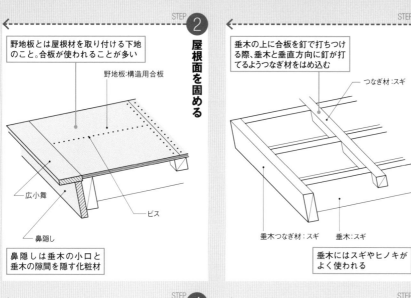

垂木の上に合板を釘で打ちつける際、垂木と垂直方向に釘が打てるようつなぎ材をはめ込む

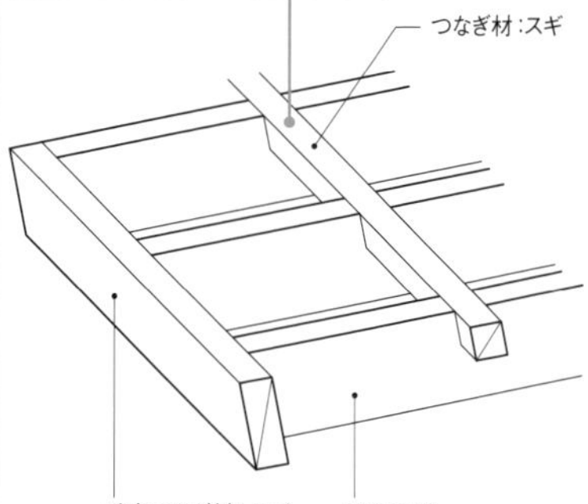

つなぎ材:スギ
垂木つなぎ材:スギ
垂木:スギ

垂木にはスギやヒノキがよく使われる

STEP 2 屋根面を固める

野地板とは屋根材を取り付ける下地のこと。合板が使われることが多い

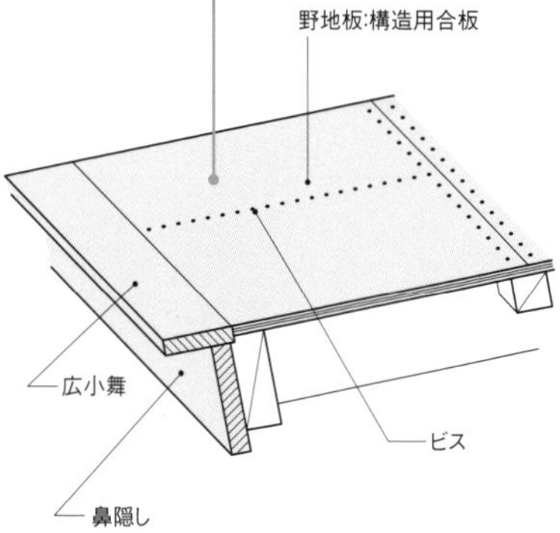

野地板:構造用合板
広小舞
ビス
鼻隠し

鼻隠しは垂木の小口と垂木の隙間を隠す化粧材

STEP 3 防水紙を張る

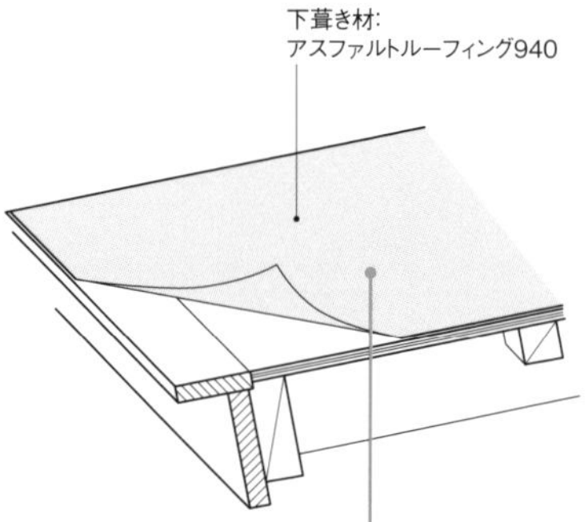

下葺き材:
アスファルトルーフィング940

アスファルトを染み込ませた紙やフェルト。屋根葺き材施工前に結露や湿気をふさぐために敷かれる

STEP 4 金属板を葺く、軒先水切を設置する

金属板を葺く。金属板でも瓦でも軒先から葺き上げる

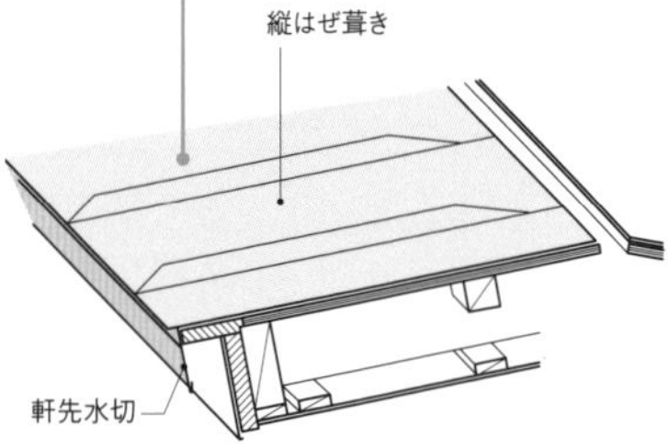

縦はぜ葺き
軒先水切

雨水が回り込まないよう軒先水切を設置

STEP 5 換気棟を設けて屋根通気とする

小屋裏にこもりやすい熱気や湿気を排出する。既製品を使用する場合、屋根勾配に合ったものをものを選ぶ

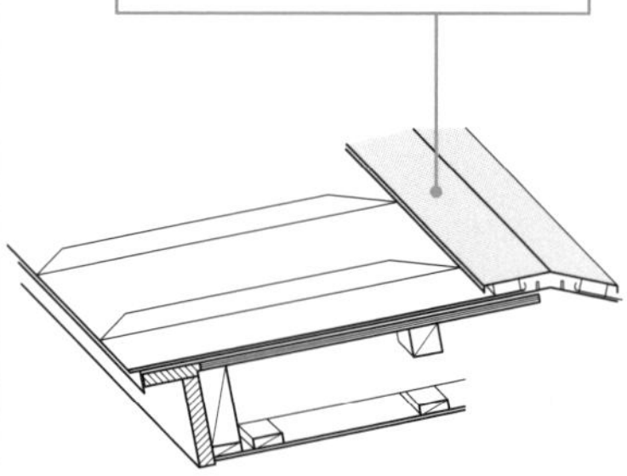

STEP 6 鼻隠しに樋を取り付ける

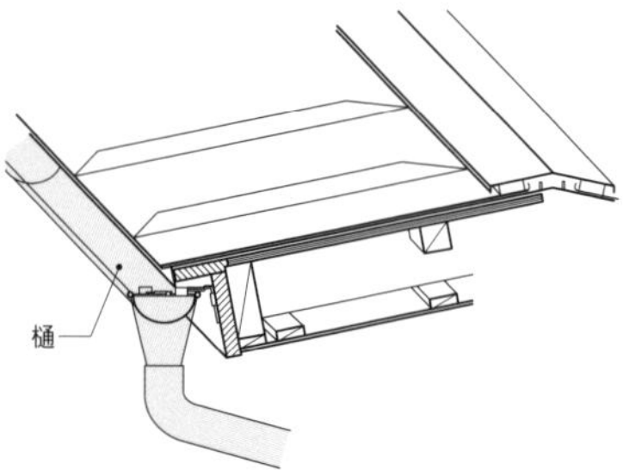

CHECK

金属屋根は昼夜で温度が大きく変化するので、結露が発生しやすくなる。その対応策として、通気用の垂木を伸ばして、結露水を外へ逃しやすくする

① 金属屋根棟（外断熱仕様）

[S=1:15]

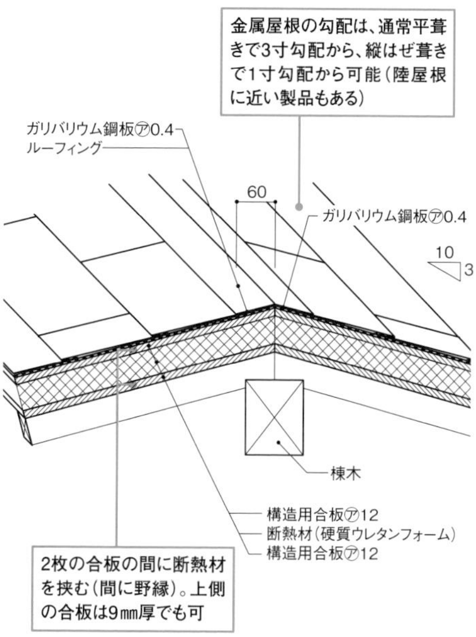

金属屋根の勾配は、通常平葺きで3寸勾配から、縦はぜ葺きで1寸勾配から可能（陸屋根に近い製品もある）
ガリバリウム鋼板㋐0.4
ルーフィング
60
ガリバリウム鋼板㋐0.4
10
3
棟木
構造用合板㋐12
断熱材（硬質ウレタンフォーム）
構造用合板㋐12
2枚の合板の間に断熱材を挟む（間に野縁）。上側の合板は9㎜厚でも可

② 金属屋根棟（屋根換気付）

[S=1:15]

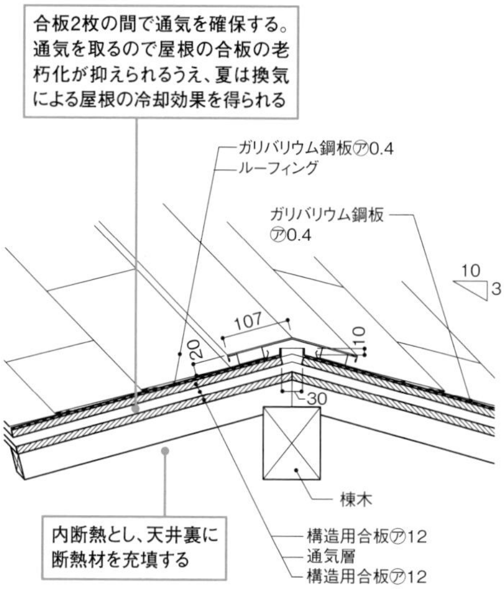

合板2枚の間で通気を確保する。通気を取るので屋根の合板の老朽化が抑えられるうえ、夏は換気による屋根の冷却効果を得られる
ガリバリウム鋼板㋐0.4
ルーフィング
ガリバリウム鋼板
㋐0.4
10
3
107
20
10
30
棟木
内断熱とし、天井裏に断熱材を充填する
構造用合板㋐12
通気層
構造用合板㋐12

③ 金属屋根谷

[S=1:15]

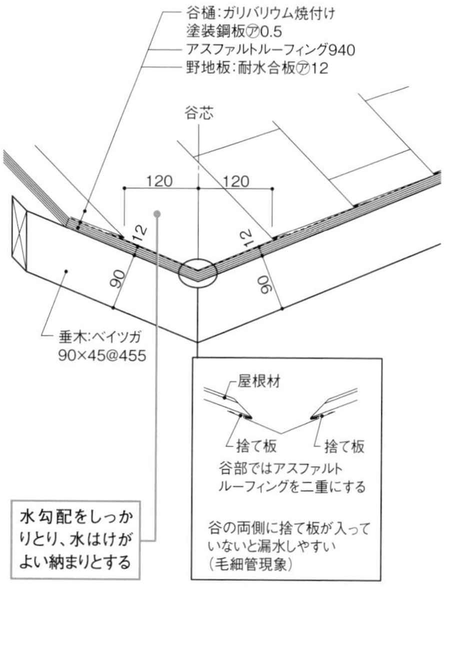

谷樋：ガリバリウム焼付け
塗装鋼板㋐0.5
アスファルトルーフィング940
野地板：耐水合板㋐12
谷芯
120
120
12
12
90
90
垂木：ベイツガ
90×45@455
屋根材
捨て板
捨て板
谷部ではアスファルトルーフィングを二重にする
谷の両側に捨て板が入っていないと漏水しやすい（毛細管現象）
水勾配をしっかりとり、水はけがよい納まりとする

④ FRP（陸屋根、屋上緑化）

[S=1:15]

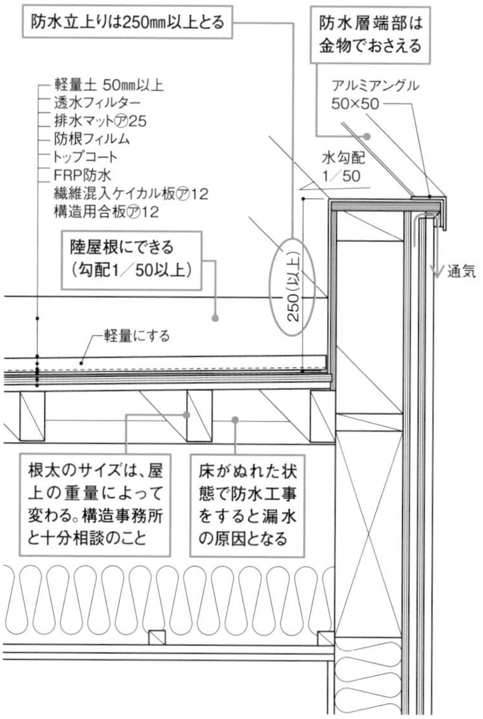

防水立上りは250㎜以上とる
防水層端部は金物でおさえる
軽量土 50㎜以上
透水フィルター
排水マット㋐25
防根フィルム
トップコート
FRP防水
繊維混入ケイカル板㋐12
構造用合板㋐12
アルミアングル
50×50
水勾配
1／50
陸屋根にできる（勾配1／50以上）
250（以上）
通気
軽量にする
根太のサイズは、屋上の重量によって変わる。構造事務所と十分相談のこと
床がぬれた状態で防水工事をすると漏水の原因となる

解説：安田博道／環境デザイン・アトリエ

5 スレート谷

[S=1:10]

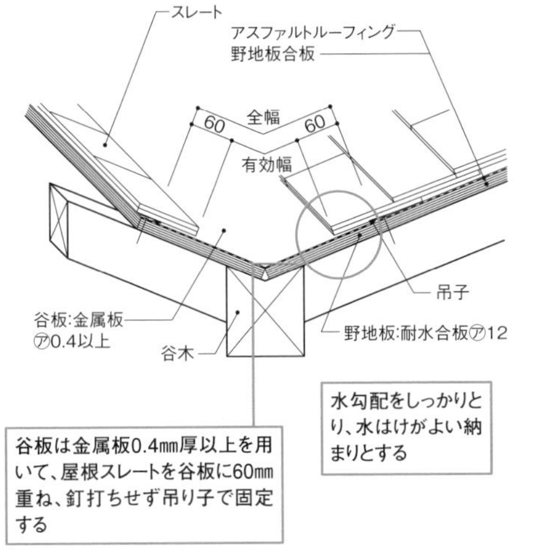
スレート
アスファルトルーフィング
野地板合板
全幅
60
60
有効幅
吊子
野地板:耐水合板㋐12
谷板:金属板
㋐0.4以上
谷木
水勾配をしっかりとり、水はけがよい納まりとする
谷板は金属板0.4㎜厚以上を用いて、屋根スレートを谷板に60㎜重ね、釘打ちせず吊り子で固定する

6 スレート棟

[S=1:10]

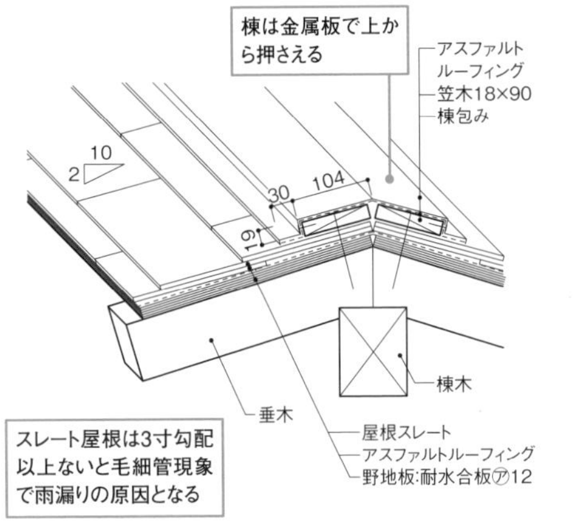
棟は金属板で上から押さえる
アスファルトルーフィング
笠木18×90
棟包み
10
2
30
104
19
棟木
垂木
屋根スレート
アスファルトルーフィング
野地板:耐水合板㋐12
スレート屋根は3寸勾配以上ないと毛細管現象で雨漏りの原因となる

軒先

①外樋の納まり

[S=1:12]

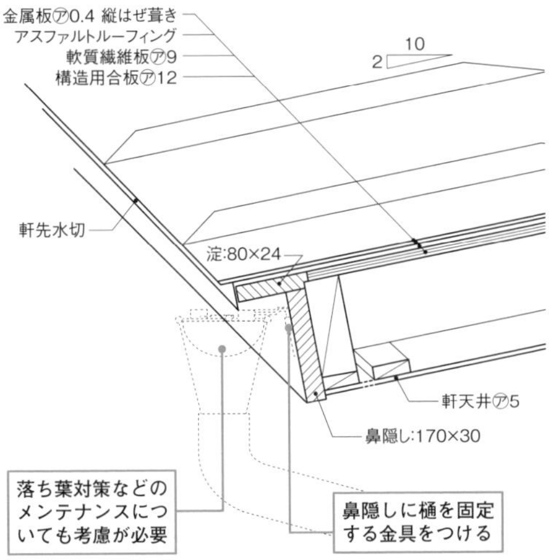
金属板㋐0.4 縦はぜ葺き
アスファルトルーフィング
軟質繊維板㋐9
構造用合板㋐12
10
2
軒先水切
淀:80×24
軒天井㋐5
鼻隠し:170×30
落ち葉対策などのメンテナンスについても考慮が必要
鼻隠しに樋を固定する金具をつける

②内樋の納まり

[S=1:12]

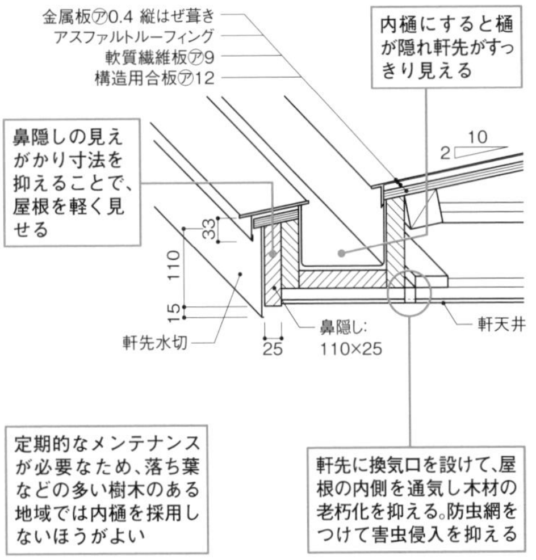
金属板㋐0.4 縦はぜ葺き
アスファルトルーフィング
軟質繊維板㋐9
構造用合板㋐12
内樋にすると樋が隠れ軒先がすっきり見える
鼻隠しの見えがかり寸法を抑えることで、屋根を軽く見せる
10
2
33
110
15
25
軒先水切
鼻隠し:
110×25
軒天井
定期的なメンテナンスが必要なため、落ち葉などの多い樹木のある地域では内樋を採用しないほうがよい
軒先に換気口を設けて、屋根の内側を通気し木材の老朽化を抑える。防虫網をつけて害虫侵入を抑える

③樋がない納まり

[S=1:12]

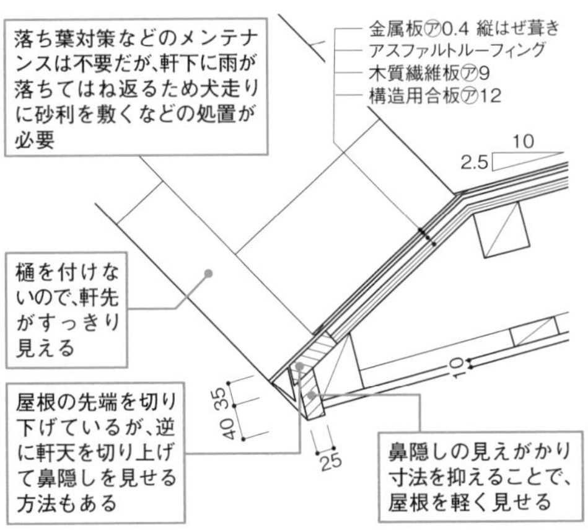
落ち葉対策などのメンテナンスは不要だが、軒下に雨が落ちてはね返るため犬走りに砂利を敷くなどの処置が必要
金属板㋐0.4 縦はぜ葺き
アスファルトルーフィング
木質繊維板㋐9
構造用合板㋐12
10
2.5
樋を付けないので、軒先がすっきり見える
10
35
40
25
屋根の先端を切り下げているが、逆に軒天を切り上げて鼻隠しを見せる方法もある
鼻隠しの見えがかり寸法を抑えることで、屋根を軽く見せる

④内樋のように見せる納まり

[S=1:12]

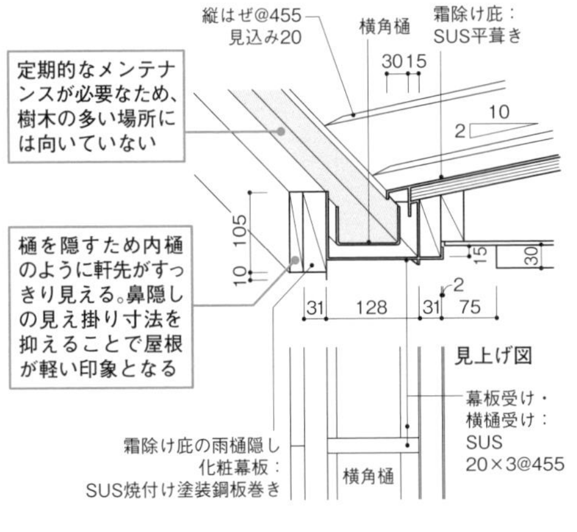
縦はぜ@455
見込み20
横角樋
霜除け庇：
SUS平葺き
30 15
10
2
定期的なメンテナンスが必要なため、樹木の多い場所には向いていない
105
10
15
30
2
31
128
31
75
樋を隠すため内樋のように軒先がすっきり見える。鼻隠しの見え掛り寸法を抑えることで屋根が軽い印象となる
見上げ図
幕板受け・
横樋受け：
SUS
20×3@455
霜除け庇の雨樋隠し
化粧幕板：
SUS焼付け塗装鋼板巻き
横角樋

解説:安田博道/環境デザイン・アトリエ

1 勾配をつけて雨水が溜まらないようにする

[S=1:15]

スノープレートで勾配を調整したときの納まり

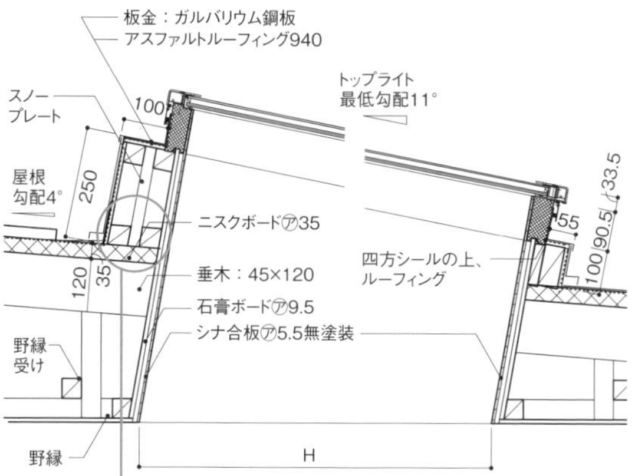
板金：ガルバリウム鋼板
アスファルトルーフィング940
スノープレート
100
トップライト
最低勾配11°
屋根勾配4°
250
ニスクボード㋐35
120
35
垂木：45×120
石膏ボード㋐9.5
シナ合板㋐5.5無塗装
四方シールの上、ルーフィング
55
100
90.5
33.5
野縁受け
野縁
H

既製品は勾配が11～60度と決められている。屋根勾配がそれに満たないときはスノープレートを取り付けて角度を合わせる

既製品を使うときは最低でもメーカー指定の勾配は取る。勾配が足りないと、雨水がたまり劣化しやすくなる

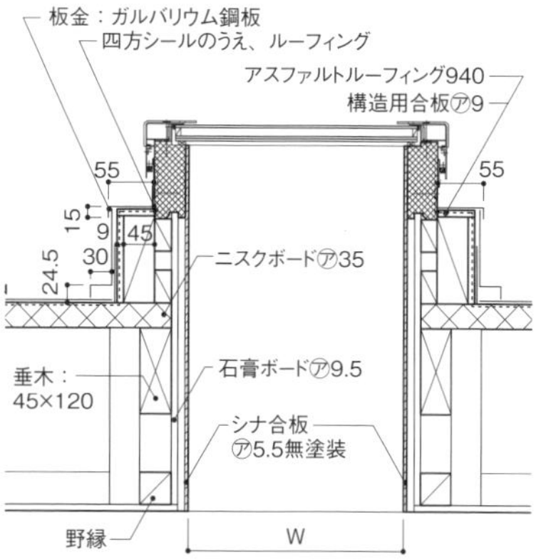

製作するとコスト高となるが、既製品の勾配を調整することで低コストで雨水がたまりにくいトップライトが完成

階下の住人の気配が伝わるトップライト

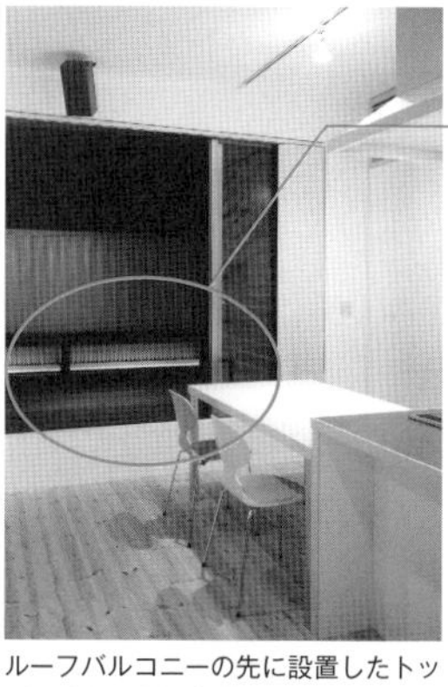

ルーフバルコニーの先に設置したトップライトから親世帯が住む下階の明かりがもれ、気配を感じることができる（写真：k-est works）

デッキ面とガラス面がフラットのため、完成したら上に隙間が大き目のスノコ状のベンチを設置して、子どもが誤って上部に乗る事を防止する

先にパラペットを作っておいて、ガラスを乗せる前に笠木で雨仕舞いをする

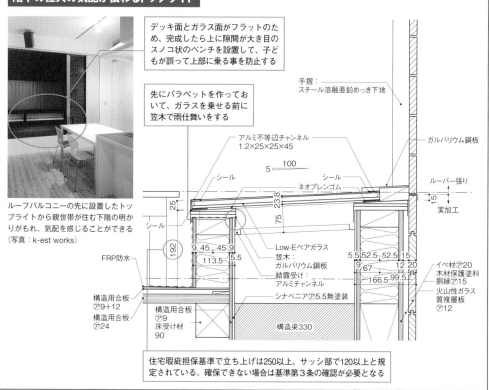

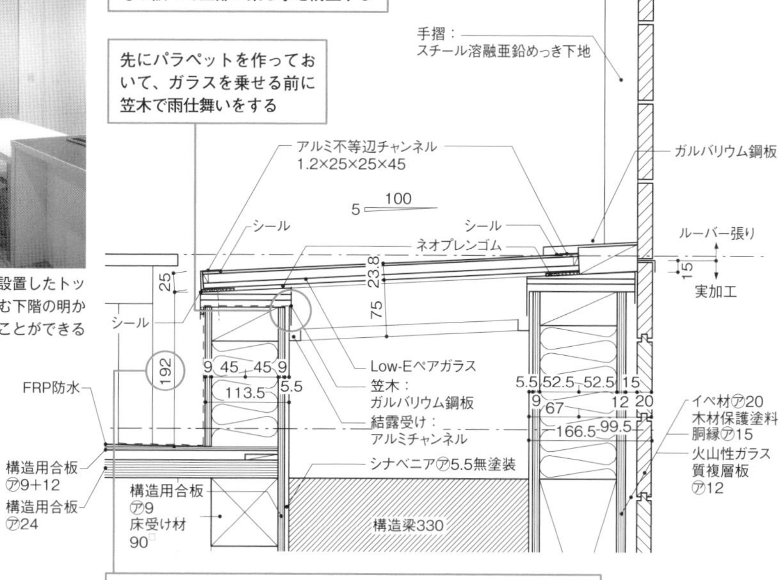
手摺：
スチール溶融亜鉛めっき下地
アルミ不等辺チャンネル
1.2×25×25×45
ガルバリウム鋼板
5
100
シール
シール
ネオプレンゴム
ルーバー張り
実加工
15
25
23.8
75
シール
192
Low-Eペアガラス
笠木：
ガルバリウム鋼板
結露受け：
アルミチャンネル
9 45 45 9
113.5
5.5
5.5 52.5 52.5 15
9 67 12 20
166.5 99.5
FRP防水
イペ材㋐20
木材保護塗料
胴縁㋐15
火山性ガラス質複層板
㋐12
構造用合板
㋐9+12
構造用合板
㋐24
構造用合板
㋐9
床受け材
90
シナベニア㋐5.5無塗装
構造梁330

住宅瑕疵担保基準で立ち上げは250以上、サッシ部で120以上と規定されている。確保できない場合は基準第3条の確認が必要となる

解説：中村高淑／中村高淑建築設計事務所

Keywords

空間デザインのセオリーがわかるキーワード130

執筆者プロフィール（五十音順）

1章　理想の空間をつくるためのディテール集

赤沼修［あかぬま・おさむ］
赤沼修設計事務所
1959年東京都生まれ。'82年東海大学工学部建築学科卒業、林寛治設計事務所を経て、'94年赤沼修設計事務所設立。2010年よりNPO法人「家づくりの会」設計会員。

浅利幸男［あさり・ゆきお］
ラブアーキテクチャー一級建築士事務所
1969年に東京都生まれる。'94年武蔵野美術大学造形学部建築学科卒業後、'96年芝浦工業大学大学院建築工学科修士課程を修了。株式会社相和技研研究所勤務を経て、'01年有限会社ラブアーキテクチャー一級建築士事務所設立。

出原賢一［いずはら・けんいち］
レベルアーキテクツ
1974年生まれ。芝浦工業大学大学院工学研究科建設工学専攻修了。納谷建築設計事務所を経て、2004年LEVEL Architects設立。

神家昭雄［かみや・あきお］
神家昭雄建築研究室
1953年岡山県生まれ。'74年明石工業高等専門学校建築学科卒業。1987年PLUS建築研究所設立、1994年神家昭雄建築研究室に改称。古民家再生工房メンバー。主な受賞歴に、1998年日本建築学会作品選奨、1999年日本建築学会業績賞、2009年第1回JIA中国建築大賞、2010年第11回JIA環境建築賞優秀賞など。主な著書に「古民家再生術」（共著／住まいの図書館出版局）がある。

七條章裕［しちじょう・あきひろ］
ストック建築設計事務所
1968年大阪府生まれ。'91年大野アトリエ入所。1993年Ms建築設計事務所入所。2000年ストック建築設計事務所設立。'07年株式会社ストック建築設計事務所に改組。

島田陽［しまだ・よう］
タトアーキテクツ／島田陽建築設計事務所
1972年兵庫県生まれ。'95年京都市立芸術大学美術学部環境デザイン学科卒業後、同大学大学院修士課程修了。'97年タトアーキテクツ／島田陽建築設計事務所設立。主な著書に『日常の設計の日常』等。主な受賞歴にLIXILデザインコンテスト2012金賞、第29回吉岡賞、第1回日本建築設計学会賞大賞。オーストラリア建築家協会National Commendation、Dezeen Awards2018 House of the Yearなど。

須賀茂幸［すが・しげゆき］
ラブアーキテクチャー一級建築士事務所
1972年東京都生まれ。'98年武蔵野美術大学大学院造形研究科建築コース修士課程修了。'05～'08年まで株式会社小川広次建築設計事務所勤務。'01年に有限会社ラブアーキテクチャー一級建築士事務所入所。

杉浦英一［すぎうら・えいいち］
杉浦英一建築設計事務所
1957年東京都生まれ。1981年東京芸術大学建築科卒業、1983年同大学院修了、1983年より内井昭蔵建築設計事務所勤務を経て、1993年杉浦英一建築設計事務所設立。YMCAデザイン研究所講師、日本建築家協会中央地域会代表等歴任。東京建築賞都知事賞、グッドデザイン賞、INAXデザインコンテスト金賞、等受賞。

中村和基［なかむら・かずき］
レベルアーキテクツ
1973年生まれ。日本大学理工学部建築学科卒業。納谷建築設計事務所を経て、2004年LEVEL Architects設立。

彦根明［ひこね・あきら］
株式会社彦根建築設計事務所
1962年埼玉県生まれ。'85年東京藝術大学建築科卒業後、'87年同大学大学院美術研究科建築専攻を修了。磯崎新アトリエを経て、'90年彦根建築設計事務所設立。'99年より東海大学非常勤講師。主な著書に「最高に美しい住宅をつくる方法」（エクスナレッジ）がある。主な受賞歴に'93年日経ニューオフィス賞中部ニューオフィス推進賞、第24回富山県建築賞、'94年日本建築士連合会賞、グッドデザイン賞、'03年グッドデザイン賞、'08年日本建築家協会 優秀建築選2008、日本建築学会 作品選集2009、'10日本建築家協会 優秀建築選2010、'11グッドデザイン賞、日本建築家協会 優秀建築選2011などがある。

藤原慎太郎［ふじわら・しんたろう］
藤原・室　建築設計事務所
1974年大阪府生まれ。'97年近畿大学建築学科環境デザインコース卒業後、近畿大学大学院工学科建築科を修了。'02年、室とともに、藤原・室建築設計事務所を設立。'05年有限会社藤原・室建築設計事務所に改組。

松本直子［まつもと・なおこ］
松本直子建築設計事務所
1969年東京都生まれ。日本女子大学住居学科卒。川口通正建築研究所を経て、1997年に松本直子建築設計事務所を設立。NPO法人「家づくりの会」理事。

村田淳［むらた・じゅん］
村田淳建築研究室
1971年東京都生まれ。'95年東京工業大学建築学科卒業。'97年東京工業大学大学院建築学専攻修了。建築研究所アーキヴィジョンを経て、'06年村田靖夫建築研究室。'07年同事務所代表。'09年村田淳建築研究室に改称。現在、NPO法人「家づくりの会」設計会員。

室喜夫［むろ・よしお］
藤原・室　建築設計事務所
1974年愛知県生まれ。'99年近畿大学建築学科環境デザインコース卒業。2002年藤原とともに、藤原・室建築設計事務所を設立。'05年有限会社藤原・室建築設計事務所に改組。

横関正人［よこぜき・まさと］
一級建築士事務所NEOGEO
1962年兵庫県生まれ。'84年福井工業大学建設工学科卒業後、㈲コンコード建築設計事務所入所。'91年横関正人建築研究所設立、'94年有限会社NEOGEOに改称改組、現在に至る。その他、大阪府下で唯一重要伝統的建造物群保存地区に指定されている富田林寺内町でまちづくりを視野に入れた活動をしている。主な受賞歴に、第61回大阪建築コンクール大阪府知事賞などがある。

2章　立体図で見る木造住宅ディテール集

神田雅子［かんだ・まさこ］
アーキキャラバン建築設計事務所
1964年東京都生まれ。'90年東京藝術大学美術学部建築科卒業。'92年東京藝術大学大学院美術研究科建築専攻修了。設計事務所勤務を経て、2000年にアーキキャラバン建築設計事務所を設立

北川裕記［きたがわ・ひろき］
北川裕記建築設計
1962年愛知県生まれ。'86年京都大学工学部建築学科卒業。'89年東京大学大学院修士課程修了。磯崎新アトリエ勤務を経て、2000年に北川裕記建築設計を設立

中村高淑［なかむら・たかよし］
中村高淑建築設計事務所
1968年東京都生まれ。'92多摩美術大学美術学部建築学科卒業。大岡山建築設計研究所を経て、'99年中村高淑建築設計事務所設立

服部郁子［はっとり・いくこ］
アーキキャラバン建築設計事務所
1952年東京都生まれ。'75年日本女子大学住居学科卒業。設計事務所勤務を経て2000年より神田雅子とアーキキャラバン建築設計事務所を共同主催。NPO法人「高齢社会の住まいをつくる会」会員

藤江創［ふじえ・そう］
アーバン・ファクトリー
1972年東京都生まれ。'95年日本大学理工学部建築学科卒業。'97年東京藝術大学大学院美術研究科建築専攻修了。今村雅樹アーキテクツを経て、2003〜'08年に首都大学東京（東京都立大学）COEリサーチフェロー、'06年にアーバン・ファクトリーを設立

水口裕之［みずぐち・ひろゆき］
一級建築士事務所水口建築デザイン室
1967年香川県生まれ。'91年東京大学工学部建築学科卒業。'91〜98年清水建設設計本部勤務。'99年に水口建築デザイン室を設立。2017年テントラインに改組

安田博道［やすだ・ひろみち］
環境デザイン・アトリエ一級建築士事務所
1965年静岡県生まれ。'88年横浜国立大学工学部建築学科卒業。'90年横浜国立大学工学部修士課程修了。アトリエ第五建築界、ワークステーションを経て、'98年環境デザイン・アトリエ一級建築士事務所設立

area045［エリアゼロヨンゴ］

http://www.area045.com/introduction.html

電話の市外局番が「045」の地域、横浜に活動の拠点を置く建築家が自主運営するグループ。年齢や作風、建築についての考え方もさまざまな、多様で個性的な22名の建築家たちが共に活動し、情報交換しつつ、よい家を求める人々に情報を発信している。横浜市内で、area talk bar、area045カフェなど、小さな講演会（不定期）を開催するほか、住宅模型展、見学会、共同執筆などを行う。2012年4月に10周年を迎えた。Webサイトにてオープンハウス情報、イベント・メディア情報、建築家のコラムなどを発信中。

木造住宅ディテール集 最新版

2021年7月13日　初版第1刷発行

発行者　澤井聖一

発行所　株式会社エクスナレッジ
〒106-0032　東京都港区六本木7-2-26
https://www.xknowledge.co.jp/

問合先　編集　Tel:03-3403-1381
Fax:03-3403-1345
Mail:info@xknowledge.co.jp
販売　Tel:03-3403-1321
Fax:03-3403-1829